Die Eroberung der

GIGANTEN

Von der Erstbesteigung des Montblanc
bis zum Freeclimbing

BUCHER

EVEREST 82
sun ice

Die Eroberung der

GIGANTEN

Texte: Stefano Ardito
Übersetzung: Monika Eingrieber
Redaktion: Jutta Hemminger, Gabriele Kutscha
Gestaltung: Laura Accomazzo, Livio Bourbon
Grafik: Patrizia Balocco Lovisetti
Satz und Typografie: BuchHaus Robert Gigler

ISBN 3-7658-1258-7
Printed and bound in Italy

INHALT

1 Die Gehtechnik an steilen Schneehängen ist in den Alpen nicht anders als im Himalaja. Mit Steigeisen und Eispickel bewältigt ein Alpinist die Nordwand der Grande Casse, mit 3852 Metern der höchste Gipfel des Vanoisemassivs.

2–3 Der Makalu, mit 8481 Metern der fünfthöchste Berg der Erde, wurde 1955 erstmals von einer französischen Expedition bestiegen. In nepalesischer Sprache bedeutet sein Name «der große Schwarze», wegen seines dunklen, pyramidenförmigen Gipfelaufbaus.

4–5 Der 8846 Meter hohe Gipfel des Mount Everest bleibt eines der begehrtesten Ziele der Alpinisten aus aller Welt. Die Sherpas Lhakpa Tsering und Pema Dorje feiern ihren Gipfelsieg zusammen mit der kanadischen Expedition im Jahr 1982.

6–7 Dougal Haston (1940 bis 1977) gehört zu den besten Himalaja-Bergsteigern aller Zeiten. In der Südwestwand hat er den «Hillary Step» am Mount Everest erreicht.

7 Der Italiener Emilio Comici (1901–1940) war *der* Felskletterer zwischen den beiden Weltkriegen. Er hangelt sich an einem Überhang im Rosandratal nahe Triest empor.

Wie alles anfing

Because it's there, «weil er da ist», gab George Leigh Mallory lakonisch zur Antwort, als er vor seiner Abreise zum Mount Everest nach seinen Motiven für die Besteigung gefragt wurde. Die Neugier lässt den Menschen die Welt erforschen, er erforscht nicht nur die Ozeane und die Wüsten, die großen Flüsse und die Tiefen der Meere, sondern seit langem auch die höchsten, schönsten und auffälligsten Gipfel. Mallory, dessen Reise nach Tibet vor mehr als 75 Jahren stattfand, gehörte zur ersten Bergsteigergeneration, die sich berechtigte Hoffnungen darauf machen konnte, den Fuß auf den höchsten Gipfel der Erde zu setzen.

Andere mutige Männer hatten lange vor seiner Zeit ganz andere Ziele. Die Kristallsucher und Jäger von Chamonix und Saint-Gervais versuchten sich seit bereits 1775 an den Gletschern des Montblanc, um einen Weg zum höchsten Alpengipfel zu finden. Und neunzig Jahre später stand der Engländer Edward Whymper, der um jeden Preis den Wettlauf zum Matterhorn gewinnen wollte, auf der Spitze des «edelsten Felsens Europas». Heimatliebe und sportlicher Ehrgeiz, wissenschaftlicher Forscherdrang und nicht selten patriotische Ziele waren in der Frühzeit des Alpinismus die Motive der Eroberer.

Der Beginn des Alpinismus

«Offiziell» beginnt der Alpinismus am Abend des 8. August 1786, als Michel-Gabriel Paccard und Jacques Balmat, beide aus Chamonix, den 4807 Meter hohen Gipfel des Montblanc erreichen.

Das war nicht nur eine geografische, sondern vor allem eine kulturelle Aneignung. Jahrhundertelang galten im ganzen Alpenraum die hohen, eisbedeckten Gipfel als menschenfeindlich und als Sitz böser Geister. Hochtäler, die nicht zu Übergängen hinaufführten, wurden von den Reisenden gemieden.

Im Zeitalter der Aufklärung schwand die Furcht vor höheren Wesen. Besonders die Gebildeten begannen sich für die Berge zu interessieren. Von den Gletschern des Montblanc, aber auch des Berner Oberlands und des Monte Rosa ließen sich Wissenschaftler wie Künstler anlocken.

Kurz nach dem Abenteuer von Balmat und Paccard fanden sich berühmte Persönlichkeiten des europäischen Kulturlebens am Fuß des Montblanc ein, unter anderen Lord Byron, Chateaubriand und Goethe.

Ein Jahr nach der Eroberung erreicht auch ihr geistiger Vater, der Schweizer Naturforscher Horace-Bénédict de Saussure, den Gipfel, nachdem er 26 Jahre zuvor einen Preis für die erfolgreiche Besteigung des Montblanc ausgesetzt hatte.

In einem anlässlich der Zweihundertjahrfeier der Erstbesteigung veröffentlichten Buch sprach der Historiker Pierre Joutard zu Recht von der «Erfindung» und nicht der «Eroberung» des Montblanc. Leslie Stephen war es, der Mitte des 19. Jahrhunderts die Alpen als *The Playground of Europe*, «den Tummelplatz Europas», bezeichnet hat. Diese Definition könnte auch heute noch ihre Gültigkeit haben.

Eine Beziehung zu den Bergen haben Menschen sicherlich nicht erst seit zweihundert Jahren. In seiner *Vita Hadriani*

8–9 Die Barre des Ecrins ist der höchste Gipfel des Oisansmassivs in den französischen Alpen. 1864 wurde sie von einer Gruppe, die aus den Briten Edward Whymper, Adolphus W. Moore und Horace Walker, den Bergführern Christian Almer aus der Schweiz und Michel Croz aus Chamonix bestand, das erste Mal bestiegen. Die Normalroute ist zwar kein Spaziergang, aber nicht schwierig und wird häufig begangen.

9 oben Die Gletscherspalten der Jonction stellen noch immer ein ernsthaftes Hindernis für die Seilschaften auf dem Normalweg zum Montblanc dar. Bewundernswert, dass sie bereits 1775 von Jean-Nicolas Couteran, François Paccard, Michel-Gabriel Paccard und Victor Tissai aus Chamonix überquert worden waren. Die Lithografie von T. D. H. Browne entstand 1852 und stellt die Überbrückung einer großen Spalte dar.

9 Mitte Das Matterhorn ist geradezu ein Symbol für «den Berg». Über den Liongrat (links), heute die normale Route von Italien aus, gingen 1865 als Erste Jean-Antoine Carrel und Jean-Baptiste Bich. Rechts davon die gefährliche Südwand, 1931 zum ersten Mal bezwungen, und ganz rechts der Furggengrat, 1911 von Mario Piacenza mit den Bergführern J. Gaspard und J. Carrel erstmals bestiegen.

9 unten In den Westalpen eignet sich das Monte-Rosa-Massiv am besten für Leute, die ohne besondere Schwierigkeiten einen Viertausender besteigen wollen. 1893 weiht die italienische Königin Margherita von Savoyen, im Bild beim Überqueren des Lyskamms, die nach ihr benannte, höchstgelegene Schutzhütte der Alpen auf 4554 Meter Höhe an der Punta Gnifetti ein (rechts auf dem Foto).

10 oben Die 1957 von den Österreichern Kurt Diemberger, Fritz Wintersteller, Marcus Schmuck und Hermann Buhl erstbegangene Normalroute auf den Broad Peak bereitet keine besonderen technischen Probleme.

10–11 Naturgemäß bieten alle Routen auf die Achttausender im Himalaja grandiose Ausblicke. Mitten auf dem Gletscher steht wie verloren das erste Lager einer französischen Expedition, die auf der Normalroute die Annapurna besteigt.

11 unten Auf diesem berühmten Foto von Doug Scott aus dem Jahr 1975 nähert sich Dougal Haston dem Gipfel des Mount Everest, nachdem er zuvor die Südwestwand erklommen hatte. Die von der britischen Expedition unter der Leitung von Chris Bonington eröffnete Route ist und bleibt eine der schwierigsten im Himalaja.
Der Dreifuß auf dem Gipfel beweist den bislang skeptischen westlichen Alpinisten, dass die chinesischen Expeditionen bereits 1960 und 1975 den Gipfel erreicht haben.

(«Das Leben des Kaisers Hadrian»), berichtet Aelius Spartianus vom Aufstieg des Kaisers auf den 3323 Meter hohen Ätna um das Jahr 126 n. Chr. Der Bergbeschreibung des Historikers kann man entnehmen, dass der Weg zum Krater bereits vor 1900 Jahren von Neugierigen zurückgelegt wurde.
Dass sich auch unsere Urahnen in den Bergen auskannten, zeigt der mumifizierte Körper des Mannes vom Similaun, «Ötzi» genannt, der im Sommer 1991 gefunden wurde. Dieser Reisende, der in der Bronzezeit bei der Überquerung eines Alpenpasses auf über 3000 Meter Höhe ums Leben kam, war mit Fellen bekleidet und trug mit getrockneten Kräutern ausgepolsterte Schuhe. Er war mit einem Bogen, 14 Pfeilen, einem steinernen Dolch und einer Kupferaxt ausgestattet und hatte einen Rucksack aus Rinde mit getrocknetem Gämsenfleisch, einer Handvoll Kohle und einem steinernen Amulett bei sich.

Wir wissen nicht, ob er ein Bandit, ein Händler, ein Viehzüchter oder ein Schamane war. Auch können wir nicht wissen, wohin ihn seine Reise führen sollte. Seine Überreste lassen jedenfalls den Schluss zu, dass sich der Mensch am Ende der Eiszeit in den Alpentälern angesiedelt hatte. Neben «Ötzi» und den wenigen Dorfruinen, die die Archäologen gefunden haben, zeugen die Felszeichnungen im Val Camonica, am Monte Bego und in den übrigen «Freilichtmuseen» im Alpenraum von der Präsenz des Menschen.

Das Gebirge als Zuflucht

Für die antike Kultur wie für die Bibel existiert das Gebirge als physischer Ort nicht. Ob es sich nun um den Olymp, den Parnass, den Ararat oder den Sinai handelt – auf den Gipfeln residieren die Götter, das Heilige; es sind Orte, an denen Erde und Himmel aufeinander treffen.
In der Spätantike und im Mittelalter wurden von Meteora bis zum Berg Athos und von Äthiopien bis zur Maiella Schluchten und Felsen zum Zufluchtsort für Mönche und Eremiten, die sich weltlicher Versuchung und Verfolgung entziehen wollten. Der heilige Franziskus suchte für seine Gebete und die Treffen mit «Bruder Wind» und «Schwester Wasser» die Alpe della Luna und den Subasio auf. 1294 stieg der Eremit Pietro da Murrone von den Felsen der Abruzzen herab, um unter dem Namen Cölestin V. Papst zu werden und die Unmoral und den Machthunger der Kirche in Frage zu stellen.
Diese Geschichten haben jedoch wenig mit dem Bergsteigen und seinen Motivationen zu tun. Der erste uns bekannte Aufstieg auf einen Gipfel zu rein kontemplativen Zwecken ist der Petrarcas auf den Mont Ventoux 1336. Von dort blickte er «wie in Ekstase» auf ein Panorama, das vom «verschneiten Alpenkamm» bis zum «Meer von Marseille und Aigues-Mortes reicht, die viele Tage Weges entfernt liegen».

Die «Tore zur vertikalen Welt öffnen»

Viel anspruchsvoller war mehr als eineinhalb Jahrhunderte später der Aufstieg Antoine de Villes und seiner Gefährten auf den Mont Aiguille, den eindrucksvollsten Gipfel des Vercors in den französischen Voralpen. Um den Gipfel zu erreichen, wurden 1492, dem Jahr, in dem Kolumbus den Ozean überquerte, die Spalten im Gestein mit Seilen und Leitern

Wie alles anfing

12 links Die Frontalzackentechnik wird nicht nur am vergänglichen Eis gefrorener Wasserfälle eingesetzt. Auch die Winterbesteigung der Nordwand der Aiguille du Midi im Herzen des Montblancmassivs ist nur mittels dieser Technik möglich.

bestückt. Den Befehl zum Besteigen des Gipfels gab König Karl VIII. selbst. Reinhold Messner, der fünfhundert Jahre später die von Antoine de Ville gewählte Route beging, nannte den Protagonisten dieses Abenteuers einen, «der der Menschheit die Tore zur vertikalen Welt geöffnet hat».

Im 16. Jahrhundert sollte die Beziehung der gebildeten Menschen in Europa zur Bergwelt enger werden. Leonardo da Vinci besuchte die Grigne und bestieg 1511 den «Monboso», heute Cima del Bo genannt, in der Nähe des Monte Rosa. Im Jahr 1520 schickte der Conquistador Hernán Cortéz einen Trupp auf den 5452 Meter hohen Popocatépetl in Mexiko.

Zwischen 1518 und 1555 stiegen die Schweizer Vadianus (Joachim de Watt), Johann Rhellicanus (Johann Müller) und Conrad Gesner auf den Gnepfstein, das Stockhorn und den Niesen. «Ich erkläre jeden, der die hohen Berge nicht für mehr als würdig erachtet, lange bewundert zu werden, zum Feind der Natur», schrieb Gesner 1541. Sein Landsmann Josias Simler behandelte 1574 in seinem Werk *De Alpibus Commentarius* die Geografie und die Einteilung der Alpen, ferner Alpenstraßen, Flüsse, Pflanzen- und Tierwelt sowie das Bergsteigen.

Auch die Berge Südeuropas waren im 16. Jahrhundert Schauplatz interessanter Ereignisse. Vor 1555 versuchte schon ein Herr de Candale auf den Pic du Midi d'Ossau zu steigen, einen der schönsten Pyrenäengipfel. Achtzehn Jahre später kletterte Francesco de Marchi auf den 2912 Meter hohen Corno Grande im Gran-Sasso-Massiv.

Aber erst das 18. Jahrhundert bereitet die Geburt des Alpinismus vor. 1726 besteigen die Botaniker Pietro Stefanelli und Giorgio Zanichelli aus Venedig den Cimone del Cavallo in den Dolomiten als ersten Gipfel der «Bleichen Berge». 1744 misst die Expedition der französischen Akademie der Wissenschaften unter Charles-Marie de la Condamine den Chimborazo auf 6310 Meter, der damit zum höchsten zu jener Zeit bekannten Berg wird. Ein Besteigungsversuch wird auf 4750 Metern abgebrochen.

1770 gelangen zwei Genfer, die Brüder Jean-André und Guillaume-Antoine Deluc, auf den 3094 Meter hohen Gipfel des Buet, von dem man einen herrlichen Blick auf den Montblanc hat. Ein anderer Schweizer, der Mönch Placidus Spescha, verließ 1788 die Abtei von Disentis, um im Alleingang das Stockhorn, den Oberalp und den Urlaun zu besteigen.

1779 erreicht der Kanonikus des Großen Sankt Bernhard, Laurent-Joseph Murit, in Begleitung der Jäger Genoud und Moret den Gipfel des Mont Vélan (3734 Meter).

Humboldt als Vorreiter

Sinnbild des wissenschaftlichen Alpinismus zu jener Zeit sind zweifellos die Expeditionen des Naturwissenschaftlers Alexander von Humboldt, der die Überfahrt nach Amerika unterbrach, um den 3718 Meter hohen Pico de Teide zu besteigen, den höchsten Punkt der Kanarischen Inseln. Drei Jahre später versuchte sich der Deutsche zusammen mit dem Franzosen Aimé Bonpland und dem Ecuadorianer Carlos Montùfar am Chimborazo. Die drei litten unter heftigen Schwindelanfällen und waren in einem schlechten Gesundheitszustand, mit aufgesprungenen Lippen und blutendem Zahnfleisch.

Sie mussten aufgeben, als sie sich vor einer «mehr als 400 Fuß tiefen und 60 Fuß breiten Spalte» befanden, neben der sich «links ein verschneiter Abgrund und rechts eine schreckliche Kluft» auftaten. Es war zwar eine Niederlage, man war an dem Andengipfel aber doch bis auf die beachtliche Höhe von 5875 Metern vorgedrungen.

Bereits sechzehn Jahre vor diesem mühsamen Unterfangen war es zwei mutigen Männern gelungen, den Gipfel des Montblanc im Herzen der Alten Welt zu bezwingen. Jacques Balmat und Michel-Gabriel Paccard aus Chamonix erreichen den höchsten Punkt Europas am 8. August 1786 um 18.23 Uhr. An diesem Tag nimmt das Abenteuer Bergsteigen seinen Anfang.

12 rechts Die Exposition zur Sonne sorgt dafür, dass die Südwände der Aiguille du Midi und der Ausläufer des Mont Blanc du Tacul von Kletterern bestiegen werden können, die ähnlich leicht angezogen sind wie in den tiefer gelegenen Klettergärten. Rucksack, Bergschuhe, Steigeisen und Pickel werden am Einstieg zurückgelassen und nach dem Abseilen mit dem Doppelseil wieder angelegt.

12–13 Dank des Trainings an den talnahen Kletterfelsen, der Schuhe mit glatten Reibungssohlen und der Sicherung mit Klemmkeilen, «Friends» und Bohrhaken können die Kletterer heute auch in großer Höhe sehr schwierige Passagen überwinden. Der gut sichtbare Riss, der sich durch einen Pfeiler in der Nähe der Aiguille du Midi (Montblanc) zieht, wird auf der französischen Skala mit 8a bewertet. Auf der Welzenbach-Skala liegt er zwischen dem neunten und zehnten Schwierigkeitsgrad.

13 rechts Die französische Bergsteigerin Cathérine Destivelle erklettert einen Eisfall in der Nähe des Col des Grands Montets (Montblanc). Das Eisklettern wurde in den siebziger Jahren revolutioniert durch neue, für die Frontalzackentechnik geeignete Pickel und Steigeisen.

Folgende Doppelseite: An den großen Graten des Montblanc ist das Bergsteigen das geblieben, was es vor einem Jahrhundert war. Eine Seilschaft erreicht gerade den Gipfel des 4465 Meter hohen Mont Maudit. Links von der Spitze erscheinen die Aiguilles du Diable, der Mont Dolent und die Aiguille de Leschaux. Rechts sieht man die Grandes Jorasses.

Die «Erfindung» des Montblanc

Der 8. August 1786 ist ein bedeutender Tag im Buch der Abenteuer der Menschheit. An diesem Tag beobachtet gegen sechs Uhr abends von Chamonix aus der deutsche Baron Adolf von Gersdorf durch sein Fernglas den Gipfel des Montblanc. Die Gletscherströme des Bergmassivs sind in die warmen Farben des Spätnachmittags getaucht. Weiter unten beginnen die Schatten auf den Weiden, in den Wäldern und Dörfern im Tal länger zu werden.

Plötzlich erscheinen im Blickfeld des Barons auf den Schneeflanken zwei kleine schwarze Punkte, die sich zur höchsten Bergspitze Europas bewegen. Die beiden Männer sind am Fuß des Berges geboren, im Arvetal, das noch weitere siebzig Jahre lang zum Königreich Sardinien gehören wird. Jacques

Balmat, 24 Jahre alt, verdient seinen Lebensunterhalt mit der Suche nach Kristallen an den Hängen des Bergmassivs. Michel-Gabriel Paccard ist 29 und Arzt.

Während der Baron sie mit seinem Fernglas verfolgt, klettern die Männer in der Nähe der Rochers Rouges, jener Felsen, die in etwa 4500 Meter Höhe aus dem steilen, schneebedeckten Hang ragen. Um 18.12 Uhr, notiert von Gersdorf, lassen die zwei die Petits Mulets hinter sich, die letzten Granitfelsen, die vor der runden, schneebedeckten Gipfelkuppe liegen.

Elf Minuten später sind die beiden auf 4807 Meter Höhe, auf dem Gipfel des Montblanc und damit auf dem höchsten Punkt der Alten Welt angekommen. Dem Tagebuch des Barons kann man entnehmen, dass Jacques Balmat und Michel-Gabriel Paccard die letzten Meter auf etwas unterschiedlichen Routen im Eiltempo zurückgelegt haben, als würden sie um die Wette laufen.

Die späte Stunde und der eisige Nordwind lassen den ersten «richtigen Alpinisten» der Geschichte nicht viel Zeit, das unendliche Panorama zu genießen, das vor ihren Augen liegt. Die Befriedigung darüber, als Erste den Gipfel erreicht zu haben, werden sie erst später auskosten können, nach ihrer Rückkehr ins sichere Tal.

Auf dem Gipfel des Montblanc zeigt das Thermometer 7,5 Grad unter Null und das Barometer knapp über 5000 Meter an. Der Himmel ist klar, der Schnee vom Wind verfestigt, was Balmat und Paccard aber nicht daran hindert, auf dem Gipfel einen Stock mit einem roten Tuch einzurammen. Im Tal nehmen Adolf von Gersdorf und die übrigen Zeugen des Unterfangens dieses bescheidene und doch stolze Zeichen des Sieges zur Kenntnis.

Um 18.47 Uhr verlassen die beiden Bergsteiger das »Dach Europas». Die weiten Abhänge zwischen dem Gipfel und der Mur de la Côte überwinden sie mit einer schnellen Abfahrt, die sie mit den eisenbewehrten Spitzen ihrer Alpenstöcke lenken. Dann wenden sie sich nach links und folgen den eigenen Anstiegsspuren. Dabei überqueren sie vorsichtig die steile Gletscherrampe, die als «Ancien Passage» bekannt ist. Heutzutage wäre es undenkbar, diese Passage ohne Eispickel und Steigeisen überwinden zu wollen.

Nach dem steilsten Stück erreichen sie schließlich das Grand Plateau, eine Gletschermulde am Fuß des pyramidenförmigen Gipfelaufbaus. Bis zu den Moränen der Montagne de la Côte fehlen noch 1600 Höhenmeter, es gilt also, keine Zeit zu verlieren.

Der Arzt und der Bergführer marschieren entlang der unsicheren Gletscherrampen zurück, die von den Eisbrüchen des Dôme du Goûter bedroht werden, und lassen die Granitpfeiler der Grands Mulets hinter sich.

Die beiden Bergsteiger überqueren im letzten Abendlicht die Jonction, jenes Chaos aus Spalten und Eistürmen, wo der

16 oben Das schönste Panorama des Montblanc bietet sich von den Aiguilles Rouges, weil das Massiv als Ganzes zu sehen ist. Auf dem Gemälde von 1860 kann man alle Gipfel der Bergkette erkennen, von der Aiguille du Tour bis zur Aiguille du Goûter. In der Mitte beherrscht der Montblanc das Bild.

16 unten Generationen von Reisenden und Künstlern ließen sich von der Grotte, in der der Arveyron der Tiefe des Mer de Glace entspringt, inspirieren. Zu ihr gelangt man heute über einen bequemen Pfad.

17 oben Der Talèfregletscher (links), der Leschauxgletscher und die Vallée Blanche fließen im Mer de Glace zusammen und formen eine Himalaja-ähnliche Landschaft. Im Hintergrund sieht man die Grandes Jorasses (links), die Dent du Géant und den Montblanc.

16–17 Im Winter bildet die eisüberkrustete Kette aus Aiguille du Dru (links), Aiguille Verte und den Droites ein überwältigendes Panorama im Montblancmassiv.
Im Vordergrund beleuchtet die späte Sonne die Pointes Croz, Whymper und Walker der Grandes Jorasses.

17 unten Auf einer Nahaufnahme der Pointe Walker – mit 4208 Meter die höchste Erhebung der Grandes Jorasses – ist deutlich der luftige, schneebedeckte Kamm zu sehen, der sie mit der Pointe Whymper und der Gletscherkanzel am Gipfel verbindet. Links im Schatten die Schlusspassage in der Nordwand des Walkerpfeilers.

Bossons- und der Taconnazgletscher sich trennen, bevor sie hinunter ins Arvetal stürzen.

Es ist beinahe Mitternacht, als die zwei Männer aus Chamonix endlich den Gletscher hinter sich gelassen haben und den Felsgrat erreichen, auf dem sie am Vorabend ihr behelfsmäßiges Biwak errichtet hatten. Beide haben beginnende Erfrierungen an den Händen, Paccard leidet unter einer Augenentzündung, er ist schneeblind.

Trotz dieser Probleme werden den beiden Eroberern des Montblanc am 9. August vier Stunden ausreichen, um nach Chamonix zurückzukehren.

Jahre der Vorbereitung

Michel-Gabriel Paccard begann seine Versuche, den Gipfel des Montblanc zu erreichen, am 2. September 1775 mit einer Besteigung der Montagne de la Côte und des Taconnazgletschers, die er zusammen mit dem schottischen Botaniker Thomas Blaikie unternahm. Zweifellos zügig und mit Bergkenntnis durchgeführt, endete dieser Vorstoß am Fuß der Steilhänge des Dôme und der Aiguille du Goûter.

Aus Jacques Balmat war erst kurz zuvor eine der Hauptpersonen bei den Besteigungsversuchen geworden. Ihm gelang es, die Schlüsselpassage vom Grand Plateau zu dem leicht begehbaren Grat zu entdecken, der zum Gipfel führt. Zwei Monate vor dem erfolgreichen Anstieg war er bei einem Alleingang von der Dunkelheit überrascht worden und musste auf fast 4000 Meter Höhe in einer Schneehöhle übernachten, die er sich mit dem Alpenstock gegraben hatte – der Rucksack diente ihm als Decke. Diese dramatische Erfahrung half ihm jedoch, die weit verbreitete Angst vor einer Nacht in vergletschertem Gelände zu überwinden, die bis dahin den Tatendrang der Bergbewohner aus Saint-Gervais und Chamonix gebremst hatte.

In die Wildnis von Chamonix

Ein Blick zurück in die Geschichte zeigt, dass der Weg, der Paccard und Balmat auf den Montblanc bringen wird, 16 Jahre vor der Geburt des Arztes und 22 Jahre vor der Geburt des Kristallsuchers seinen Anfang nahm.

Am Nachmittag des 21. Juni 1741 erreicht eine seltsame Gruppe das Tal von Chamonix. William Windham und Richard Pococke, zwei in Genf ansässige junge englische Gentlemen, haben eine Reise organisiert, an der neben fünf Bediensteten weitere sechs Untertanen des britischen Königs teilnehmen. Nach einer dreitägigen Reise lässt die Gruppe Sallanches und Passy hinter sich, überwindet die steilen Rampen der Montée Pélissier und erreicht das Tal von Chamonix zu Füßen der spektakulären Gletscher, die vom Montblanc herabfließen.

Aus Angst vor unliebsamen Begegnungen sind die Briten und ihr Personal sehr wachsam, haben alles Lebensnotwendige dabei und sind schwer bewaffnet. Als der Pfarrer sie zum Abendessen einlädt, begreifen die Reisenden, dass die Leute im Priorat und in den Dörfern nichts gegen Fremde haben. Wir befinden uns im Herzen Europas, mitten im Jahrhundert der Aufklärung. Aber diese Reise in die «Wildnis von Chamonix», die eher einer Expedition nach Schwarzafrika ähnelt als dem, was in den goldenen Jahren der *Grand Tour* üblich ist, zeigt, wie rätselhaft die Gletscher des Montblanc für die gebildeten Menschen in Europa damals noch waren.

In jenen Jahren hatten bereits einige Schriftsteller die Kulisse der Eisgipfel im Berner Oberland beschrieben, die man von Bern aus sieht. Sogar aus Leonardo da Vincis Zeiten

18–19 Wer den Montblanc von Chamonix aus betrachtet, kann einen guten Teil der Route von Paccard und Balmat verfolgen. Man unterscheidet die Séracs der Jonction (unten), die steilen Gletscherhänge zwischen den Grands Mulets und dem Dôme du Gouter sowie den letzten Abhang (links, gegen den Himmel), den die beiden Bergsteiger überquert hatten, bevor sie den Gipfel erreichten.

18 unten Mit einer Höhe von 4465 Metern ist der Mont Maudit einer der höchsten und eindrucksvollsten Gipfel der Montblancgruppe, hier bei Sonnenaufgang vom Mont Blanc du Tacul aus gesehen. Am linken Rand lugt der höchste Gipfel hervor.

existieren Berichte über den Monte Rosa, der an klaren Tagen Flüsse und Städte der Poebene dominiert.

Der Montblanc ist jedoch ein Rätsel geblieben. Man kann ihn vom Aostatal aus nur schwer sehen; er wird für den Reisenden erst auf halber Strecke zwischen dem Hauptort Aosta und Courmayeur sichtbar, dafür beherrscht die Berggruppe mit ihren Gipfeln und Gletschern Savoyens Panorama aus Bergen und grünen Hügeln. An schönen Tagen kann man sie von Genf und Lyon aus erkennen.

«Der Glaciale Maudite, der höchste Berg des Landes, ist so imposant, dass man ihn sehen kann, wenn man Lyon durch das St.-Sebastian-Tor verlässt, auch wenn er vierzig Meilen von der Stadt entfernt ist», notierte 1626 Pierre d'Avity aus Lyon. Für einen Großteil der europäischen Kulturwelt existierte der Montblanc jedoch noch nicht.

Die Reise der Briten im Jahr 1741, so paradox und pittoresk sie zeitweise gewesen sein mag, stand nicht nur im Zeichen der geografischen Erforschung. Nach Philippe Joutard handelte es sich um eine regelrechte «Erfindung», um die Entdeckung einer außerordentlichen Landschaft, die es wert war, zu Studien- oder Erholungszwecken von den Eliten des Kontinents besucht zu werden.

William Windham und seine Freunde sind die Ersten, die sich den mysteriösen Gletschern nähern. Sie fragen die Talbewohner von Chamonix um Rat, die sie zum nahe gelegenen Bossonsgletscher schicken, welcher sich in jenen Jahren bis knapp an die Häuser und Felder schob.

Die Bergbewohner raten den Fremden davon ab, dem steilen Pfad zum Mer de Glace zu folgen. Aber Pococke und Windham lassen sich nicht entmutigen. Am Tag nach ihrer Ankunft steigen sie vier Stunden lang durch den Wald Richtung Montenvers, wo man eine großartige Sicht auf den eindrucksvollsten Gletscher im Alpenraum hat. Vier Stunden dauert der Anstieg. Nach einer Erholungspause setzen die Reisenden schließlich ihren Fuß auf den Gletscher. «Ich habe noch nie etwas Vergleichbares gesehen», notiert Windham nach seiner Rückkehr. «Am besten scheinen mir Reisebeschreibungen von Grönland zu entsprechen. Sie müssen sich den Genfer See von starkem Wind aufgewühlt vorstellen, und dann friert er auf einen Schlag zu. Aber vielleicht reicht nicht einmal dieses Bild aus.»

Wie spätere Nachforschungen in Archiven ergeben, sind Windham und seine Kameraden in Wirklichkeit nicht die ersten Fremden, die Chamonix besuchen. Doch dieser Bericht. der nie in Buchform veröffentlicht wurde, sondern in ein paar Dutzend Kopien die Runde machte, weckte in Europa die Neugier. Die dramatischen Töne, die hier angeschlagen werden, dienten vor allem dazu, die Gefühle der Leser aufzuwühlen.

In den folgenden Jahren kommen nur wenige Besucher in das Arvetal. Unter ihnen sticht der Botaniker und Geograf Pierre Martel hervor, der das Tal 1742 mit einer Gruppe aus Genf erreicht und zum ersten Mal die Gipfel um das Mer de Glace beschreibt.

Neben dem Montblanc nennt er in seinem Bericht auch die Dent du Géant (die Martel als *Mont Mallay* bezeichnet) und die Felspyramide der zweigipfeligen Aiguilles du Dru, die wie ein einziger Berg erscheinen.

19 unten links William Windham verkörpert den typischen Engländer zur Zeit der *Grand Tour.* Seine Neugier auf die Gletscher am Montblanc wurde durch die Werke des Schweizer Naturforschers Jakob Scheuchzer über die Alpen geweckt.

19 oben rechts Im Gegensatz zu Windham war Pococke ein erfahrener Reisender, der nach einer vierjährigen Fahrt durch den Nahen Osten nach Genf gelangt war. Vor der berühmten Exkursion zum Montblanc ließ er sich in türkischen Gewändern malen.

19 unten rechts Auch Horace Bénédict de Saussure war von der Eisgrotte, aus der der Arveyron entspringt, fasziniert: «Stellen Sie sich eine tiefe Höhle vor, deren Eingang aus einem Eisgewölbe besteht, das mehr als 1000 Fuß hoch ist [...] und am Grunde dieser großen Höhle entspringt ungestüm ein weißer Schaumfluss [...] Wenn man den Blick hebt, schaut man auf den immensen Gletscher», schreibt der Genfer Gelehrte.

Das Preisausschreiben

Der Mann, der den Weg zur Eroberung des Montblanc freimachen soll, kommt 1760 nach Chamonix. Er heißt Horace Bénédict de Saussure und stammt aus der Nähe von Genf. Dort wird er einige Jahre später zum Professor für Naturphilosophie an der Akademie ernannt und heiratet die reiche Erbin Amelia Boissier, die beste Partie am Genfer See. Aber die Liebe Saussures zu den Alpen ist mindestens genauso groß wie die zu seiner Amelia, denn zwischen 1760 und 1790 nimmt er an «14 Alpenüberquerungen über acht verschiedene Pässe und mehr als 13 großen Forschungsreisen» teil, die er im Jahr 1804 in seinen *Voyages dans les Alpes* beschreibt.

Bei seiner Ankunft in Chamonix erstarrt de Saussure, als er den Montblanc sieht. Mit dem Bergführer Pierre Simond erreicht er über einen steilen Pfad den 2524 Meter hohen Brévent. «Die majestätischen Gletscher, voneinander durch große Wälder getrennt und von Granitfelsen gekrönt, die sich in erstaunliche Höhen erheben, bieten eines der grandiosesten Schauspiele, die man sich vorstellen kann», vermerkt der Gelehrte.

Durch de Saussure ändert sich das Schicksal von Chamonix. Er bietet nämlich eine «recht beachtliche» Belohnung für denjenigen, der einen Weg zum höchsten Gipfel des Kontinents entdeckt. Die Bewohner von Chamonix scheinen jedoch nicht in Wettstreit um die Prämie treten zu wollen. 1762 unternimmt Pierre Simond, der erste Führer de Saussures, eine Erkundung entlang des Mer de Glace, das die Chamoniarden gut kennen, weil es zum Gletscher von Talèfre führt, wo es viele Kristalle gibt. Bald stellt er jedoch fest, dass auch der längste Gletscher der Berggruppe nicht auf den höchsten Gipfel führt.

Einige Wochen später ist es erneut Pierre Simond, der die richtige Route entdeckt. Über einen nicht enden wollenden Pfad im Zickzack den Grat der Montagne de la Côte hinauf erreicht er die vergletscherte Hochebene der Jonction mit ihren tückischen Spalten. Aber erst die nächste Generation der Bergbewohner wird entschlossen in Richtung Gipfel steigen. Pierre Simond selbst arbeitet weiterhin für de Saussure, den er auf der ersten Umrundung des Montblanc und zu den aussichtsreichen Gipfeln von Crammont und Buet führt.

20 oben Zu Beginn des 19. Jahrhunderts stellt der Kupferstecher Jean-Antoine Linck (1770–1843) mit erstaunlichem Realismus das Montblancmassiv dar. Dent du Géant, die Aiguilles de Chamonix und die Montblancgletscher sind von der Chapeau-Höhle aus festgehalten.

Rivalen auf Routensuche

Der erste richtige Besteigungsversuch erfolgt dann zu Beginn des Sommers 1775. An ihm nehmen Jean-Nicolas Couteran, Victor Tissay, genannt *Le Chamois*, und die Brüder François und Michel Paccard teil. Die vier steigen nachts auf die Montagne de la Côte, im Morgengrauen geht es weiter auf die «Eisfläche am Fuß des Montblanc, die die Gletscher von Taconnaz und Bossons versorgt», und «entlang eines steilen, schneebedeckten Abhangs, der von Eismauern großer Höhe überragt wird».

Am Rande des Grand Plateau auf fast 4000 Meter Höhe muss die Gruppe umkehren. Beim Abstieg entdecken sie, dass der von der Sonne erwärmte Schnee das Vorankommen viel gefährlicher macht als beim Anstieg. Nur der in die Wände einer Spalte gestoßene Alpenstock rettet Couteran vor dem Tod, als sich eine Schneebrücke unter seinen Füßen öffnet. Im September darauf versucht Michel-Gabriel Paccard, damals Medizinstudent an der Universität Turin, das erste Mal eine Besteigung. Dann werden die Gletscher acht Jahre lang in Ruhe gelassen.

Die Versuche werden 1783 wieder aufgenommen, als Joseph Carrier, der *Bouquet* genannt wird, Jean-Marie Couttet und Jean-Baptiste Lombard, alias *Jorasse*, zum Grand Plateau steigen und weiter zum Col du Dôme, dem weiten Schneesattel, der den Montblanc vom Dôme du Goûter trennt. Im

20 unten Die Aiguille du Midi ist seit 1955 bequem mit der Seilbahn zu erreichen. Sie gewährt einen wunderschönen Blick auf den Montblanc. Über den vergletscherten Hängen des Mont Blanc du Tacul tauchen der höchste Gipfel und der Mont Maudit auf. Rechts, halb hinter den Wolken der Bossesgrat und die Aiguille du Goûter.

20–21 Im Sommer ist der Normalweg auf den Montblanc an den tiefen Spuren zu erkennen, auf denen man – per Fernglas oder Teleobjektiv – die Bergsteiger beobachten kann. Von der Aiguille du Midi ist die Schulter des Mont Blanc du Tacul auf dem Weg vom Col du Midi zum Montblanc zu sehen.

21 rechts Mitte Auf der vereisten Nordseite ist der Mont Maudit nicht steil – aber zur Brenva fällt er mit einer kombinierten Wand ab, die 1929 von Lino Binel, Renato Chabod und Amilcare Crétier erstmals bezwungen wurde.

folgenden Jahr erforscht Michel-Gabriel Paccard erstmals die Strecke, die die Normalroute von St.-Gervais aus werden sollte, indem er über Felsen und Schneefelder bis zur Terrasse der Tête Rousse am Fuß der gefährlichen Wand der Aiguille du Goûter klettert.

Die Möglichkeit, sehr weit nach oben zu steigen, ohne Gletscher traversieren zu müssen, sorgt dafür, dass diese Route den Männern, die weder über Seile noch Eispickel oder Steigeisen verfügen, vielversprechend erscheint. Nun tritt auch die aufkeimende Rivalität zwischen den Chamoniarden und den Bergbauern aus dem Montjoietal zutage, die beide auf der Suche nach einer Gipfelroute sind, welche in ihrem Tal beginnen soll.

21 unten Dank ihrer Erfahrung und Trittsicherheit werden die Kristallsucher und Gamsjäger am Montblanc seit dem 18. Jahrhundert als Begleiter der Fremden im Gebirge eingesetzt. Damals gehörte die Berggruppe mit den Orten Chamonix und Courmayeur zum Königreich Sardinien.

22 oben Der Blick auf eine Karte aus dem Jahr 1789 zeigt, dass die Topografen zur Zeit der Französischen Revolution den Verlauf der Dora Baltea und der Arve genau kannten. Das Herzstück des Montblancmassivs ist damals jedoch immer noch ein «weißer Fleck».

22–23 Wer den Montblanc vom Arvetal aus betrachtet, dem scheinen die Aiguilles de Chamonix ein unüberwindbares Hindernis. Ganz oben sieht man die winterlich verschneite Dent du Caiman und die Dent du Crocodile. Davor durchstoßen die Aiguille des Pèlerins, die Aiguille du Peigne und ihre schroffen Nachbarn die Wolken.

Der Weg wird gefunden

Im September 1784 regt der Genfer Kantor und Schriftsteller Marc-Théodore Bourrit einen neuen Versuch auf der Route von St.-Gervais an. Seit 1766 fördert er die Besteigungsidee. Der Rivale von Horace-Bénédict de Saussure wird von vier Bergführern aus Bionnassay zur Tête Rousse begleitet. Jean-Marie Couttet und François Cuidet gehen weiter bis zur Aiguille du Goûter, wo heute eine der meistbesuchten Schutzhütten der Berggruppe steht. Ein breiter Gletschergrat führt sie bis zum Col du Dôme, dem höchsten Punkt, den man bis dahin von Chamonix aus erreicht hatte – bis zu den Felsen, an denen hundert Jahre später die Vallothütte erbaut werden sollte.

1785 kehrt Jean-Marie Couttet zur Aiguille du Goûter zurück. Eine Gruppe, zu der auch Saussure und Bourrit gehören, wird vom Neuschnee aufgehalten, der sich auf den Felsen der Aiguille du Goûter gesammelt hatte. Erst ein Versuch der Bewohner von Chamonix im Juni 1786 beantwortet die Frage, welche Route zum Gipfel des Montblanc die sicherste ist.

François Paccard und Joseph Carrier steigen zur Jonction und zum Grand Plateau auf und erreichen die 4360 Meter hohe Spitze des Col du Dôme viel früher als Jean-Marie Couttet und Pierre Balmat, die gleichzeitig über die Aiguille du Goûter angestiegen sind. Von der Passhöhe aus machen sich die vier Bergführer als Erste daran, den steilen und scharfkantigen, schneebedeckten Bossesgrat zu bezwingen, der dann erst 1859 erstmals in voller Länge begangen wird.

Die Route bietet für Menschen unserer Zeit, die mit Eispickel und Steigeisen ausgerüstet sind, keine Schwierigkeiten. Aber für jene Bergbewohner, die nur Schuhe mit Nagelsohlen und ihren Alpenstock zur Verfügung haben, ist sie nicht begehbar. Die vier gehen ein Stück, dann kommen sie nur noch auf allen vieren voran, und schließlich müssen sie umkehren. Nun haben sie keine Zweifel mehr: Zum Gipfel kommt man nur über die steilen Gletscherfelder oberhalb des Grand Plateau.

Den letzten Teil, der noch zur Route fehlt, entdeckt Jacques Balmat, der Joseph Carrier und François Paccard bereits seit dem Biwak auf der Montagne de la Côte, wo diese übernachtet hatten, gefolgt war. Während die vier Bergführer nach Chamonix absteigen, überwindet der Kristallsucher den

23 oben Beim Wettlauf um die Eroberung des Montblanc war Marc-Théodore Bourrit (1739–1819) aus Genf sicher der große Verlierer. Dem Kantor und zähen Wanderer gelang es nie, sich dem höchsten Gipfel Europas nennenswert zu nähern.

23 Mitte Die Aiguille du Midi wurde als zweiter Gipfel der Montblancgruppe bestiegen. 1818 erreichten Jean-Michel Balmat und der Pole A. Malczewski den Nordgipfel; den etwas höheren Südgipfel bezwangen 1856 drei Bergführer aus Chamonix.

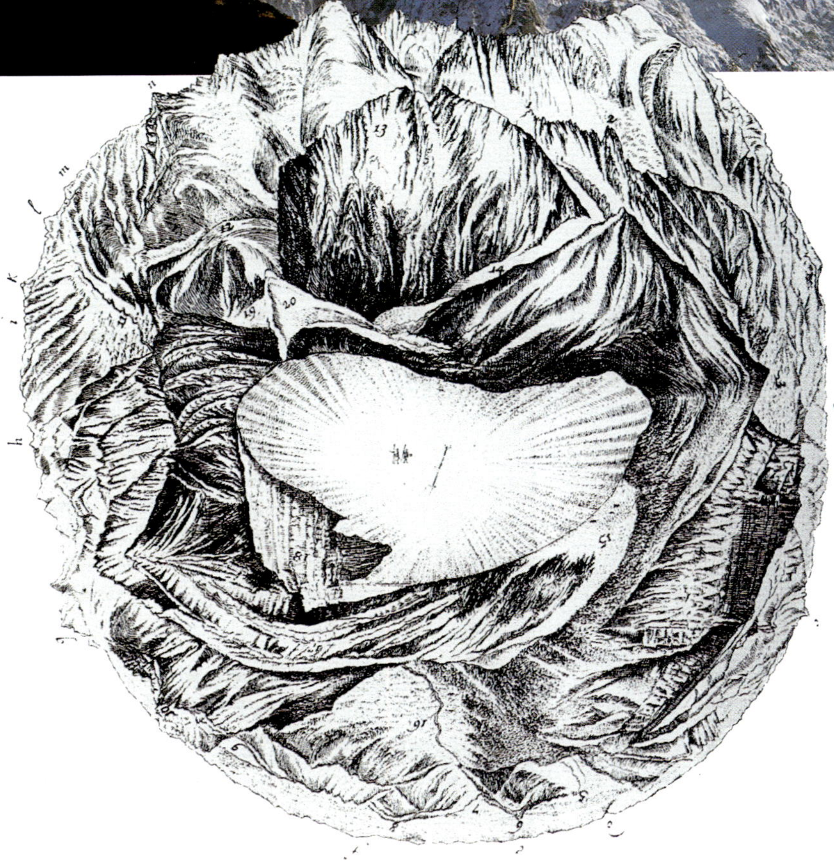

höchsten Punkt, den die vier Männer auf dem Kamm der Bosses erreicht hatten. Dann gibt auch er auf und kehrt zum Grand Plateau zurück. Ein Blick nach oben überzeugt ihn, dass es hier eine begehbare Aufstiegsroute geben muss.

Trotz der späten Stunde verlässt Balmat den Weg, der ihn nach Chamonix zurückbrächte, und steigt nochmals über eine der steilen Rampen des Gletschers an, die das Grand Plateau mit den Rochers Rouges zu verbinden scheinen. Vor Sonnenuntergang erreicht der ehrgeizige Kristallsucher das Ende des steilsten Stücks. Vor ihm liegen, jenseits der vereisten Abhänge der Brenvaflanke, die Berge des Aostatals. Es ist sehr spät geworden, und das Wetter schlägt um, weshalb Jacques Balmat umkehren muss. Aber der Vierundzwanzigjährige weiß, dass der Weg zum Gipfel nun offen ist. Beim

23 unten Bis zur Erfindung des Teleobjektivs wird es noch eine Weile dauern. Diesem Stich von Marc-Théodore Bourrit gelingt es jedoch, den außerordentlichen Blick auf den Montblanc einzufangen, den man auf 3099 Meter vom Buet aus hat; der Mont Blanc des Dames erhebt sich jenseits der Aiguilles Rouges. Den höchsten Gipfel Europas erkennt man oben rechts.

24 oben links «Gestern abend habe ich auf diesen Flegel Jacques Balmat gewartet, aber er war in Sallanches geblieben, um sich malen zu lassen.» Dieser wenig elegante Satz in einem Brief von de Saussure an seine Frau überliefert uns das genaue Datum (4. Juli 1788), an dem sich Jacques Balmat, genannt Le Mont Blanc, von A. Baker d'Albe hat porträtieren lassen.

24 oben rechts Auch Paccard läßt sich von Baker d'Albe in einem Medaillon porträtieren. Man beachte das lateinische Zitat von Claudiano, das der Künstler unten eingefügt hat: «Scandit inaccessos brumali sydere montis, nil hyemis coelive memor *(er steigt auf die steilen Hänge zur winterlichen Jahreszeit, ohne Rücksicht auf Sturm und Witterung)*».

24 unten Von den beiden Eroberern des Montblanc erscheint Balmat heute als der ungehobelte Bergler, der gegenüber dem lebhaften Intellektuellen Paccard ein schlechtes Bild abgibt. Es war jedoch Balmat, der zwei Monate vor der geglückten Besteigung den Weg zum Montblanc eröffnete und bewies, dass man ein eisiges Biwak am Gletscher überleben kann.

Abstieg bringt ihn auch die eiskalte Nacht im Biwak nicht von seinem Wunsch ab, es wieder zu versuchen.

Balmat ist bei den anderen Führern im Tal nicht sehr beliebt, er findet jedoch in Michel-Gabriel Paccard, der aus Turin nach Chamonix zurückgekehrt und immer noch vom Montblanc fasziniert ist, einen enthusiastischen Kameraden. Es handelt sich allerdings nicht um Freundschaft. Beide wissen, dass der andere eigentlich der gefährlichste Rivale beim Gipfelwettlauf ist, und jeder sieht ihn deshalb lieber neben als gegen sich.

Die beiden verlassen das Arvetal am 7. August und nehmen den langen Pfad, der sie zur Montagne de la Côte bringt. Sie haben eine Decke, ein Thermometer, ein Barometer und ihre Alpenstöcke dabei. Am 8. August um vier Uhr früh, als der Himmel hinter dem Mont Blanc du Tacul heller wird, kommen die beiden an die Spalten der Jonction und erreichen das Grand Plateau. Paccard ist voller Begeisterung, Balmat scheint sich nur mühsam voranzuschleppen. Er weiß, dass sein Sohn krank ist – bei seiner Rückkehr ins Tal wird er bereits tot sein. Trotzdem steigt er weiter.

Bei den Rochers Rouges reißt ein Windstoß dem Arzt die Mütze herunter und lässt sie in Richtung Courmayeur fliegen. Gleich danach entdeckt Baron von Gersdorf die beiden Bergsteiger am Hang, der zum Gipfel führt. Eine halbe Stunde später sind die zwei oben.

Der Geburtstag des Alpinismus

Jacques Balmat und Michel-Gabriel Paccard sind nicht die ersten Menschen, die auf Berge steigen. Es gibt jedoch keinen Zweifel daran, dass der Tag der Eroberung des Montblanc zugleich der Geburtstag des Alpinismus ist. Die beiden jungen Männer aus Chamonix haben nicht nur den höchsten Gipfel des Kontinents erreicht (und das allein ist schon eine große Sache), sie sind auch den technischen Problemen und Herausforderungen der großen Alpenberge begegnet und haben sie überwunden. Es ist nicht nur eine geografische Eroberung – wie später die Bezwingung von Kilimandscharo, Mount Everest, Mount McKinley und Mount Vinson –, die Erstbesteigung des «Dachs Europas» zeigt auch, dass der Mensch schneebedeckte Hänge und Gletscherspalten überwinden und wackeligen Séracs auszuweichen vermag – und daran sogar noch Spaß haben kann.

Bereits viereinhalb Jahrhunderte vor diesem offiziellen Datum lieferte Francesco Petrarca eine bewegende Beschreibung seines Aufstiegs auf den Mont Ventoux. Später waren Antoine de Ville und seine Kameraden die senkrechten Wände des Mont Aiguille hochgeklettert, Francesco de Marchi hatte sich am brüchigen Fels des Gran Sasso in den Abruzzen emporgezogen, andere Abenteurer hatten die Pyrenäengipfel und die Vulkane Mexikos bezwungen.

Bei der Rückkehr ins Tal wird das Fest zu Ehren der beiden Alpinisten durch Lügen und Neid gestört. Dabei hat Marc-Théodore Bourrit seine Finger im Spiel, der ewige Montblanc-Verliebte, der den Gipfel jedoch nie erreichen wird. Der Neid bringt ihn dazu, Paccard anzugreifen; er schickt dem *Journal historique et politique de Genève* eine Chronik der Besteigung, die am 22. September veröffentlicht wird. Darin wird Paccard als «atemlos, müde, verschreckt» beschrieben, der praktisch von Balmat, dem «mutigeren und besser

24–25 Vom Col de la Brenva sieht man die Hänge zwischen den Rochers Rouges und dem Gipfel, die Paccard und Balmat laut Baron von Gersdorf praktisch im Laufschritt genommen haben. Im Vordergrund die steile Mur de la Côte. Links, zu Füßen des Montblanc de Courmayeur, öffnet sich die weiße Fläche des Brenvabeckens.

trainierten» hinaufgeschleppt werden muss. Und Bourrit schreibt auch einige Monate später einen Brief an König Viktor Amadeus III. von Sardinien, aufgrund dessen allein Balmat vom Hause Savoyen einen Geldpreis und das Patent erhält, das ihm erlaubt, seinen Namen in *Balmat, genannt Le Mont Blanc*, zu ändern. Paccard reagiert natürlich mit Härte. Er lässt Balmat vor Zeugen ein Dokument unterzeichnen, in dem dieser zugibt, dass es der Arzt war, der sich die Unternehmung ausgedacht, die Route festgelegt und während des Aufstiegs die meiste Zeit geführt und den Gipfel als Erster erreicht hatte. Aber es ist zu spät. Die Leute aus Chamonix haben bereits beschlossen, Balmat als den Sohn des Dorfes, der den Montblanc bezwungen hatte, zu verehren.

Einige Jahre herrscht Ruhe, dann nimmt Balmat die Fehde wieder auf. Im Jahr 1830 schreibt Alexandre Dumas d. Ä. nach einem Gespräch mit dem alten Bergführer ein weiteres Pamphlet gegen den Arzt, der damals schon seit einigen Jahren tot ist. Mehr als ein Jahrhundert lang wird Balmat von den verschiedensten Schriftstellern beweihräuchert und sein Kamerad vergessen.

Auch das Bronzedenkmal, das 1887 in Chamonix aufgestellt wird und nur Balmat zeigt, wie er dem adeligen Naturforscher de Saussure den Weg auf den Montblanc weist, gehört zu dieser unwürdigen «Umschreibung der Geschichte». Erst 1986, anläßlich der 200-Jahr-Feier der Erstbesteigung, erhält Paccard ein Denkmal am Ufer der Arve.

Der Erfinder dokumentiert seine Besteigung

Aber es fehlt noch ein Stück Geschichte, bis man wirklich sagen kann, der Montblanc sei erobert worden – nämlich die Besteigung durch Horace-Bénédict de Saussure. Der Genfer erreicht das Tal zehn Tage nach der Rückkehr von Paccard und Balmat und organisiert einen Besteigungsversuch für den 20. und 21. August. Er muss aber aufgrund der schlechten Berg- und Wetterverhältnisse den Rückweg antreten.
Im folgenden Jahr schafft er es. Am 4. Juli kehrt Balmat zu einer Inspektion auf den Berggipfel zurück, gemeinsam mit Jean-Michel Cachat und Alexis Tournier, die einige Tage zuvor als Erste den Col du Géant überquert hatten. De Saussure startet in Chamonix am 1. August in Begleitung seines Dieners und mit 18 Bergführern. Die erste Nacht verbringt er in einer eigens errichteten rustikalen Steinhütte am Rand des Gletschers. Am folgenden Tag steigt die Gruppe bis zum Rand des Grand Plateau, wo sie das Nachtlager errichtet. De Saussure ruht auf einem Klappbett, das ein kräftiger Träger bis hierher getragen hat. Die Bergführer haben Stroh und Decken dabei. Am nächsten Morgen ist es noch eisig, und der Schnee auf dem Hang, der zu den Rochers Rouges führt, ist sehr hart, aber die Äxte der Bergführer schlagen sichere Stufen. Das Seil wird noch nicht eingesetzt. De Saussure hat «zur Sicherung» nur einen Stock zur Verfügung, der von den Bergführern vor und hinter ihm gehalten wird und den er zum Abstützen verwenden kann.
Um elf Uhr am Morgen des 3. August hat Horace-Bénédict de Saussure endlich seinen größten Traum verwirklicht: Er steht auf Europas höchstem Gipfel. Das Wetter ist schön, der Nebel verhüllt die Ebenen in Savoyen und im Piemont, aber die Bergsteiger sehen alle wichtigen Gipfel der Westalpen.
Die wissenschaftlichen Experimente werden durch die Müdigkeit und die Höhenluft erschwert, aber man führt alle durch. Die «offizielle» Höhe des Montblanc wird so auf 2450 Klafter, also 4775 Meter, festgesetzt. Dann steigt der ganze Tross auf dem gleichen Weg wieder hinunter und verbringt eine weitere Nacht auf der Felsnase aus Granit, die der Genfer Gelehrte *Rocher de l'Heureux Retour* tauft. Am Tag darauf wird die Gruppe von Horace-Bénédict de Saussure in Chamonix vom Jubel der Einheimischen begrüßt.
Bis zur vierten Besteigung des Montblanc vergehen dann jedoch nur sechs Tage. Mark Beufoy führt sie durch, der Erste in einer langen Reihe von Untertanen Seiner Majestät des englischen Königs, die ihren Namen in das Geschichtsbuch der Alpen eintragen werden.
Zwei Jahre später verbringt de Saussure 16 Tage in einer Steinhütte auf dem Col du Géant in 3350 Meter Höhe, um die wissenschaftliche Erforschung der Berggruppe zu vervollständigen.

26 oben Betrachtet man von der Aiguille du Midi aus den Grat, der über Mont Blanc du Tacul und Mont Maudit zum Montblanc leitet, dann sieht man eine riesige Treppe aus Gletschern. Der Weg zum Gipfel über die großen Flanken des Tacul und die Maudit-Schulter wurde seit 1853 von den Bergführern aus Courmayeur erforscht, die ihn über den Col du Géant erreichten.

26 unten Die dritte Besteigung des Montblanc durch Horace-Bénédict de Saussure im Jahr 1787 mit einem Diener und 18 Bergführern läutet den Abschluss der jahrelangen Eroberung des Bergriesen ein. Auf diesem berühmten Aquarell sieht man den langen Tross beim Aufstieg zwischen den tiefen Spalten der Jonction.

26–27 Die letzten Lichtstrahlen eines herrlichen Sonnenuntergangs im Winter bringen die Granitwände und -kanten der Aiguilles de Chamonix zum Leuchten. Eindrucksvoll der Grat von der Aiguille du Peigne (rechts) bis zur Aiguille du Plan über die Aiguille des Pèlerins und die Aiguille des Deux Aigles.

27 oben Einer der entscheidenden Momente während der Besteigung durch de Saussure: Bei Sonnenaufgang am 2. August lassen die Bergführer und ihr illustrer Gast die Felsen der Montagne de la Côte hinter sich, um sich auf den gefährlichen Gletscher zu begeben.

27 unten links Im Alter von 47 Jahren war er am höchsten Punkt Europas angelangt: Horace-Bénédict de Saussure verdient zweifellos den Titel «Erfinder» des Montblanc. Jean-Pierre Saint-Ours hat ihn in kontemplative Betrachtungen versunken porträtiert, während er einige Kristalle prüft. Man hat fast den Eindruck, dass er dabei den Blick auf den Montblanc gerichtet hat.

27 unten rechts Auch wenn der Abstieg vom Montblanc nicht so anstrengend wie der Aufstieg ist, darf man ihn doch auch heutzutage noch nicht auf die leichte Schulter nehmen: Die Müdigkeit und der aufgeweichte Schnee können den Bergsteigern üble Streiche spielen. Das Aquarell zeigt de Saussure, als er ein Stück weit auf dem Hosenboden rutscht. Das Seil wurde zu jener Zeit von den Bergführern nur im Ausnahmefall eingesetzt.

Kleine Menschen vor großen Gletschern

Am 23. Juli 1801 um vier Uhr nachmittags nimmt ein piemontesischer Arzt seinen Federhalter zur Hand, taucht ihn ins Tintenfass und beginnt, seinem Freund einen Brief zu schreiben. Interessant ist nicht der Akt als solcher, sondern der Ort, an dem er stattfindet. Pietro Giordani sitzt nämlich auf einem großen Stein auf 4046 Meter Höhe, umgeben von den Felswänden und Gletschern des Monte-Rosa-Massivs.

Auch was er schreibt, ist ungewöhnlich: «Ich schreibe Euch von hoch oben in den Alpen, höher als die Gipfel der höchsten Berge, mit Ausnahme des Monte Rosa, dessen Gipfel noch ein paar hundert Klafter höher sind. Eine geneigte Granitplatte, die gerade so weit aus dem Schnee ragt, dass ich das Blatt darauf legen kann, dient mir als Tisch, um diese Zeilen darauf zu kritzeln. Ein Stück blauen Eises ist mein Stuhl», teilt er seinem Freund Michele Cusa, einem Notar im nahen Varallo, mit.

Giordani ist in Alagna losgelaufen und hat fast dreitausend Höhenmeter überwunden. Auf dem bescheidenen Gipfel, der heute seinen Namen trägt, ist er nach vielen anstrengenden Stunden angelangt. «Es tut mir unaussprechlich Leid, dass ich in diesem Heiligtum der Natur nicht über die geeigneten Instrumente verfüge, um die Höhen zu messen und die vielen physikalischen Experimente durchzuführen, zu denen ich hier die seltene Gelegenheit hätte», bedauert er in seinem Brief an Cusa.

Wenn man den Brief zweihundert Jahre später liest, gewinnt man fast den Eindruck, dass Pietro Giordani schreibt, was man von ihm erwartet, dass er aber nicht seine wahren Gedanken wiedergibt. Wie viele gebildete Menschen im Voralpenland ist der Arzt aus Alagna sehr gut über die Abenteuer de Saussures, Bourrits und der anderen Protagonisten der Montblancbesteigung informiert.

28–29 oben Die Ostwand des Monte Rosa, die höchste und eindrucksvollste Wand der Alpen, ist an klaren Tagen bereits von der Poebene aus zu sehen. Sie wird von Signalkuppe, Zumsteinspitze, Dufourspitze und Nordend gekrönt (von links).

29 oben rechts Die Nordwand des Lyskamms ist zwischen 800 und 1000 Metern hoch und ragt aus dem Strom des Grenzgletschers heraus. Den Bergsteigern, die zu den höchsten Gipfeln des Monte-Rosa-Massivs steigen, zeigt sie sich in ihrer ganzen Schönheit.

29 unten Wenn die Wolken im Tal hängen, erscheinen die Gipfel des Monte-Rosa-Massivs wie Inseln in einem stürmischen Ozean. Die Punta Tre Amici ist hier von der Punta Gnifetti aus gesehen. Zwischen den beiden Gipfeln wogen die Schneefelder und Felsen des Signalgrats, über den eine der klassischen Routen der Walliser Alpen führt.

28 unten und 28-29 unten Zwischen 1702 und 1711 reist der Züricher Arzt Johann Jakob Scheuchzer neunmal durch die Schweizer Bergregionen und gehört somit zu den berühmtesten Vertretern des neu erwachten Interesses der helvetischen Kulturszene an der Welt der Alpen. Die vier Bände seiner *Itinera per Helvetiae alpinas regiones*, veröffentlicht 1723 in Leiden, sind mit farbigen, detaillierten Karten wie der hier abgebildeten versehen, die die Penninischen (Walliser) und Lepontinischen Alpen darstellt. Die Gipfel sind allerdings noch auf die herkömmliche Art wiedergegeben.

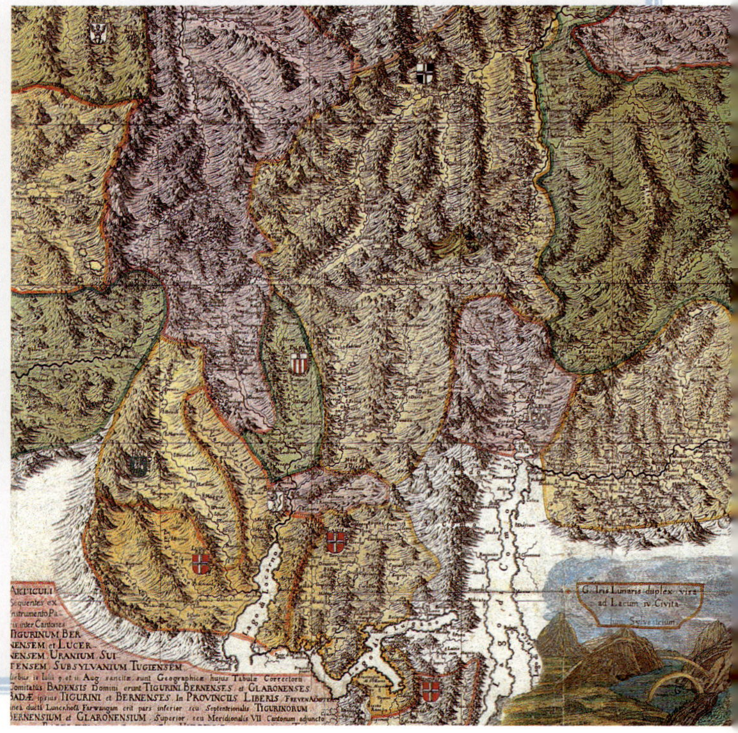

Offenbar haben ihn Neugier und Abenteuerlust, die treibenden Kräfte im Alpinismus, zu den Gipfeln und Gletschern des Monte-Rosa-Massivs geführt. Das scheint der Enthusiasmus zu beweisen, der aus seinem Brief hervorgeht, nachdem er von seinem Bedauern schreibt, das Barometer nicht mitgenommen zu haben. «Stell Dir vor, mein Freund, was für ein Schauspiel! Nicht zu verstehen, wenn man es nicht gesehen hat!», fährt er im Brief fort.

«Im Norden stehen die hohen, weißen Gipfel der Monte-Rosa-Gruppe, im Nordwesten sehe ich die großen Gipfel bis zum Montblanc, dahinter die ganze Kette der Grajischen Alpen, der Cottischen Alpen und der Seealpen bis zum ligurischen Apennin, im Nordosten tauchen die unzähligen Gebirgsketten auf, die die Schweiz zerteilen, der Sankt Gotthard und die Rätischen Alpen bis hin zu den Bergen Tirols.»

«Im Umkreis bewundere ich das Land diesseits der Alpen, das ganze Piemont, die Städte und unzähligen Dörfer, die in den Sonnenstrahlen weiß aufleuchten. Ich bin zufrieden, meine Kraft eingesetzt zu haben, froh über das, was ich gesehen habe, und es bereitet mir Genugtuung, einen Weg entdeckt zu haben, um den großen Koloss Monte Rosa zu besteigen», schließt Giordani.

Der Monte Rosa ist der zweithöchste Berg der Alpen, nach dem Montblanc (der höchste Gipfel des Massivs, die Dufourspitze, ist 4633 Meter hoch, das «Dach Europas» 4807 Meter) und genauso spektakulär wie sein großer Bruder, der sich etwa 80 Kilometer weiter westlich erhebt. Es gibt hier keine kompakten Granitwände wie am Montblanc, aber der Monte Rosa übertrifft ihn mit seiner fast Himalaja-artigen Ausdehnung der Gletscher und mit der Anzahl der über 4000 Meter hohen Gipfel.

Wer die Alpen von der Poebene aus beobachtet, dem erscheint der Monte Rosa als Symbol des Hochgebirges. Er ist riesengroß und eindrucksvoll, seine Ostwand beherrscht die Reisfelder und Pappelwälder der Lomellina und des Piemont. Im Winter kann man diesen Anblick an klaren Tagen bereits von der Mailänder Innenstadt aus genießen.

Der Erste, der den Monte Rosa aus der Nähe betrachtet, ist Leonardo da Vinci. Er steigt 1511 auf die bescheidene, aber aussichtsreiche Cima di Bo. Aber wieder einmal ist Horace-Bénédict de Saussure der erste Alpinist, der sich dem Fuß dieses Bergmassivs nähert, an welchem sich das Aostatal, das Piemont und das Wallis begegnen.

Im Blickfeld: Der Monte Rosa

Nach seiner Montblancbesteigung von 1787 wird der Genfer Gelehrte vom Kirchturm der Stadt Vercelli aus den Monte Rosa «ungeheuer beeindruckend» finden. Auf der gleichen Reise trifft de Saussure in Turin den Grafen Morozzo della Rocca, der bald danach den mutigen Versuch einer Besteigung sogar der Ostwand des Monte Rosa unternehmen wird, der höchsten und gefährlichsten im ganzen Alpenraum. Auf «1500 Klafter» (etwa 2900 Meter) Höhe, also dort, wo heute die Marinellihütte steht, bricht der Adlige aus Turin die Erkundung ab.

Zwei Jahre später, am 31. Juli 1789, steigt de Saussure mit einer großen Gruppe in Richtung Pizzo Bianco, einem Felsgipfel an der Wasserscheide zwischen dem Anzascatal und dem Valsesia. Eine «tiefe Schlucht» hindert die Bergsteiger daran, den 3215 Meter hohen Gipfel zu erreichen, aber der Genfer Gelehrte hat dennoch sein Ziel erreicht. Der Pizzo ist heute noch ein viel besuchtes Ziel der Bergwanderer, denn er bietet einen außergewöhnlich schönen Blick auf den Monte Rosa, den auch genießen kann, wer wie de Saussure und seine Kameraden auf dem nördlichen Vorgipfel des Berges Halt macht. Wer den Monte Rosa von hier aus sieht, dem ist klar, dass die schwierige Ostwand mit der Ausrüstung und Klettertechnik des ausgehenden 18. Jahrhunderts keine Aufstiegsmöglichkeit bot. Auch wenn die Punta Grober und die Punta Tre Amici teilweise den Blick versperren, liegt es doch auf der Hand, dass die Gressoney und Alagna zugewandte Südseite des Massivs weitaus besser zu besteigen ist. Aus uns unbekannten Gründen wird de Saussure diese Route aber niemals ausprobieren.

Und wieder stoßen wir auf de Saussure, als er 1792 während seiner siebten Reise in den Alpen mit sieben Bergführern und Trägern das 3883 Meter hohe Kleine Matterhorn ersteigt, diesen trotz des Namens bescheidenen Turm, der sich zwischen dem Plateau Rosa und dem Breithorn erhebt und heute mit einer von Bergsteigern und Skifahrern viel benutzten Seilbahn erreicht werden kann. Der Aufstieg von Zermatt aus ist langwierig, aber leicht, der Blick auf Monte Rosa, Mischabelgruppe und Matterhorn herrlich. Danach wird de Saussure sich jedoch nie mehr dem zweithöchsten Berg Europas nähern. In der Zwischenzeit und ohne jemals Kontakt zu ihm gehabt zu haben, hat eine Gruppe von Einheimischen aus Gressoney bereits die richtige Route in Richtung Gipfel ausgemacht und auch teilweise begangen.

Das «Verlorene Tal»

Die Täler von Macugnaga, Gressoney und Alagna werden seit dem Ende des Mittelalters von den Walsern, Bergbewohnern deutscher Sprache, die aus der Schweiz stammen, besiedelt und haben Jahrhunderte lang eine kommerzielle und kulturelle Bindung zur Welt nördlich der Wasserscheide der Alpen beibehalten. Dazu gehört auch die Legende vom «Verlorenen Tal», das von den Gletschern umringt ist, die wie überall in den Alpen im 14. Jahrhundert schnell gewachsen waren und Wiesen, Weiden und alte Saumpfade zu den Alpenpässen überdeckt hatten. Die Legende vom Verlorenen Tal ist in Gressoney lebendiger als anderswo und fasziniert viele junge Leute im Tal.

Am 15. August 1778, acht Jahre vor dem Triumph von Balmat und Paccard über den Montblanc, machen sich sieben junge Männer aus dem Tal entschlossen in Richtung Monte Rosa auf. Sie heißen Valentin und Josef Beck, Etienne Lisgie,

30 oben Aus dem Flugzeug hat man den spektakulärsten Blick auf den Monte Rosa. Vom Nordend, dem zweithöchsten Gipfel des Massivs, läuft der Santa-Caterina-Grat auf den Betrachter zu.
Diese Felsentreppe, welche die von der Morgensonne beschienene Ostwand von den Schatten des Monte-Rosa-Gletschers trennt, wird im Jahr 1906 von dem britischen Bergsteiger Valentine J. E. Ryan in Begleitung der großartigen Schweizer Bergführer Franz und Josef Lochmatter erstmals bestiegen.

30 unten links Ein Felsturm flankiert den Garsteletgrat, auf dem seit 1876 die Gnifettihütte steht.

30 unten rechts Josef Zumstein erreicht 1820 den dritthöchsten Gipfel der Monte-Rosa-Gruppe.

30–31 Die Vincentpyramide (links) und die Punta Giordani beherrschen das Gressoneytal und das Valsesia. Sie sind im Vergleich zu den anderen Gipfeln des Monte Rosa leicht zu besteigen, und wurden daher als erste von den Erforschern des Bergmassivs erklommen.

Josef Zumstein, François Castel de Perlatol, Niklaus Vincent und Sebastiano Linty. Nach dem Überqueren der Moränen und der Weiden erreichen sie den Lysgletscher in der Nähe der Felsen, wo heute die Gnifettihütte steht. Sie sind angeseilt, tragen provisorische Steigeisen und steigen entlang der felsigen, eisigen Hänge der Vincent Pyramide auf, bis sie schließlich den Lyskamm vor sich sehen, der sich auf 4248 Meter über der Hauptwasserscheide der Bergkette erhebt. Statt ihn zu begehen, biegen sie nach rechts ab, um auf eine felsige Böschung zu klettern, die sie den «Entdeckungsfels» nennen.

Von seinem Gipfel, der ein paar Meter höher ist als der Kamm, erkennen sie, dass das Verlorene Tal ganz anders ist als in ihren Träumen. Die Weiden und Wälder Zermatts erscheinen weit weg im Hintergrund. Zum Wallis hin, zu Füßen der eindrucksvollen Eismauern der Dufourspitze und des Lyskamms, schlängelt sich der riesige Strom des Grenzgletschers. Wir wissen nicht, ob die Enttäuschung darüber, nicht das Shangri-La der Alpen entdeckt zu haben, zumindest teilweise durch die außerordentliche Schönheit des Ortes gemildert wurde. Das *Journal de Paris*, das die Nachricht auf unbekanntem Wege erhalten hat, teilt seinen Lesern – Parisern kurz vor dem Ausbruch der Französischen Revolution, daran sollte man sich erinnern – mit, dass es sich um das «Tal aus dem goldenen Zeitalter handelt, ein glückliches Tal, von der Zivilisation vergessen und für die moderne Zeit verloren».

Einer der sieben jungen Leute von 1778 vergisst die Gletscher des Monte Rosa nicht. Es ist Josef Zumstein, aber sein Name wird unter der Herrschaft der Savoyer zu dem französischen Joseph Delapierre. In der Zwischenzeit ein erfahrener Forstinspektor, regt Zumstein-Delapierre im Jahr 1821 die Einführung der *Regie Patenti* an, ein Gesetz, das «an jedem Ort des Reiches» die Jagd auf «den Steinbock, der von den Franzosen *Bouquetin des Alpes*, von den Naturforschern *Capra ibex* genannt wird und bei den Bewohnern des Aostatals unter dem mundartlichen Namen *Bouccastagn* bekannt ist», untersagt. Das Dokument, das den Herrschern aus dem Hause Savoyen das Recht vorbehält, diese Tiere zu erlegen, wird zur Grundlage dafür, daß sich die Steinbockpopulation im Nationalpark Gran Paradiso erholt und die Tiere vor der Ausrottung bewahrt werden. Dem erwähnten Pietro Giordani und Zumstein, der einen neuen Versuch am Monte Rosa plant, kommt jedoch Johann Niklaus Vincent zuvor, der Sohn jenes Niklaus Vincent, der 1778 mit Zumstein zusammen das Verlorene Tal gesucht hatte.

Die Eroberung des Monte Rosa

Vincent wird von dem deutschen Arzt Friedrich Parrot begleitet, der durch seine Forschungsreisen in die Pyrenäen, auf den Ararat und in den Kaukasus bekannt geworden war, und besteigt die Pyramide, die heute seinen Namen trägt, im September 1816 oder 1817. Der dichte Nebel zwingt ihn wenige hundert Meter vor dem höchsten Punkt zur Umkehr. Am 5. August 1819 schafft es Vincent jedoch, die 4215 Meter hohe Spitze «seines» Berges zu erreichen – doch damit wird das Herzstück des Monte-Rosa-Massivs nur gestreift. Eine Woche später begleitet Josef Zumstein Vincent bei der bis dahin wichtigsten Besteigung in diesem Bergmassiv. Nach einem langen Marsch vom Talgrund aus erreichen die beiden den Lysgletscher gemeinsam mit «zwei Trägern, einem Arbeiter aus dem nahen Bergwerk und einem Jäger, der ein sehr tüchtiger Kletterer ist».

In den Rucksäcken finden Lebensmittel, Kleidung zum Wechseln, ein Barometer und andere wissenschaftliche Instrumente Platz. «Ein sechs Fuß langer Stock mit Eisenspitze und einem Haken» hilft ihnen beim Vorankommen. Die Alpinisten tragen Steigeisen an den Schuhen. «Herr Vincent und die beiden Träger bedeckten sich die Augen mit einem Tuch. Zum Schutz meiner Augen trug ich jedoch eine blau

getönte Brille», berichtet Josef Zumstein in seiner *Voyage sur le Mont-Rose*, die er der Turiner Akademie im Jahr 1820 vorlegte.

Viele Stunden Marsch «auf Eisfeldern, die wie Meereswogen aussehen», bringen die Gruppe zum Lyskamm, der so zum ersten Mal überquert wird. Ein Weg auf halber Höhe auf der Schweizer Seite des Massivs befördert die sechs Bergsteiger zum Fuß eines steileren Abhangs, den sie wegen einer enormen Spalte nicht betreten können.

Der Arbeiter, der laut Zumstein der «Mutigste der Gruppe» ist, beginnt als Erster, mit der Axt Stufen ins Eis zu schlagen. Dann folgt ihm der Jäger mit «einer Schaufel, um die Eissplitter wegzufegen». Der Aufstieg geht voran, es folgt die Überwindung eines steilen Schnee-

31 links Johann Niklaus Vincent besteigt 1819 zusammen mit Friedrich Parrot die Vincentpyramide. Ein Jahr später bezwingt er mit Josef Zumstein und vier weiteren Gefährten den Gipfel der Punta Zumstein.

31 rechts Der spitze Corno Nero (links) und die gerundete Ludwigshöhe sind über einen kleinen Umweg vom Pfad zum Lyskamm und zur Margheritahütte zu erreichen und beliebtes Ziel von Bergsteigern, die Viertausender in den Alpen «sammeln».

grates; dann eine Pause, um die ziemlich üppigen Vorräte zu verringern («Brot, Käse, kaltes Fleisch, einige Zwiebeln und Wein»), noch ein steiler, schier unendlicher Hang. Auf dem Gipfel arbeitet Zumstein drei Stunden lang mit einem Barometer und einem Theodoliten. Schließlich kommentiert er zufrieden: «Die höchste Spitze des Monte Rosa muss eine Höhe von 15 600 Fuß über dem Meer haben. Ich kann mich bei meinen Messungen getäuscht haben, aber es ist sicher exakt, dass der höchste Gipfel des Monte Rosa den des Montblanc beträchtlich überragt, und man wird dem Monte Rosa nicht mehr die Ehre streitig machen können, der höchste Berg auf unserem Kontinent zu sein.»

Heute, fast zweihundert Jahre später, ist es natürlich unmöglich, noch in Erfahrung zu bringen, ob der Irrtum des Försters aus Gressoney auf die Müdigkeit, die Höhe, Unerfahrenheit im Umgang mit den Instrumenten oder – und das wäre vielleicht die einleuchtendste Vermutung – auf übergroße Liebe zu seinem Heimattal zurückzuführen ist. Statt der von Zumstein gemessenen 5067 Meter ist der Gipfel, der heute seinen Namen trägt, lediglich 4563 Meter hoch und wird von der nahen Dufourspitze, dem höchsten Punkt des Massivs, um immerhin 70 Meter überragt. Von dieser wird sie jedoch durch einen hohen Felsgrat getrennt. Dieser

32 oben Der Abt Giovanni Gnifetti, Pfarrer von Alagna, gibt den Anstoß zur Erstbesteigung des vierthöchsten Gipfels des Monte-Rosa-Massivs (1842), der heute seinen Namen trägt.

32 unten Auf der Karte des Monte Rosa von 1862 sind die wichtigsten Routen auf den Gletschern im Massiv eingezeichnet.

32–33 Der Eisgrat, der von dem 4153 Meter hohen Lysjoch auf die Punta Parrot (4436 Meter) hinaufführt, ist eine eindrucksvolle Alternative zur Tour auf dem Gletscher in Richtung Margheritahütte. Dieser Eisgrat wurde erstmals 1863 von einer Gruppe unter der Leitung von Melchior Anderegg begangen.

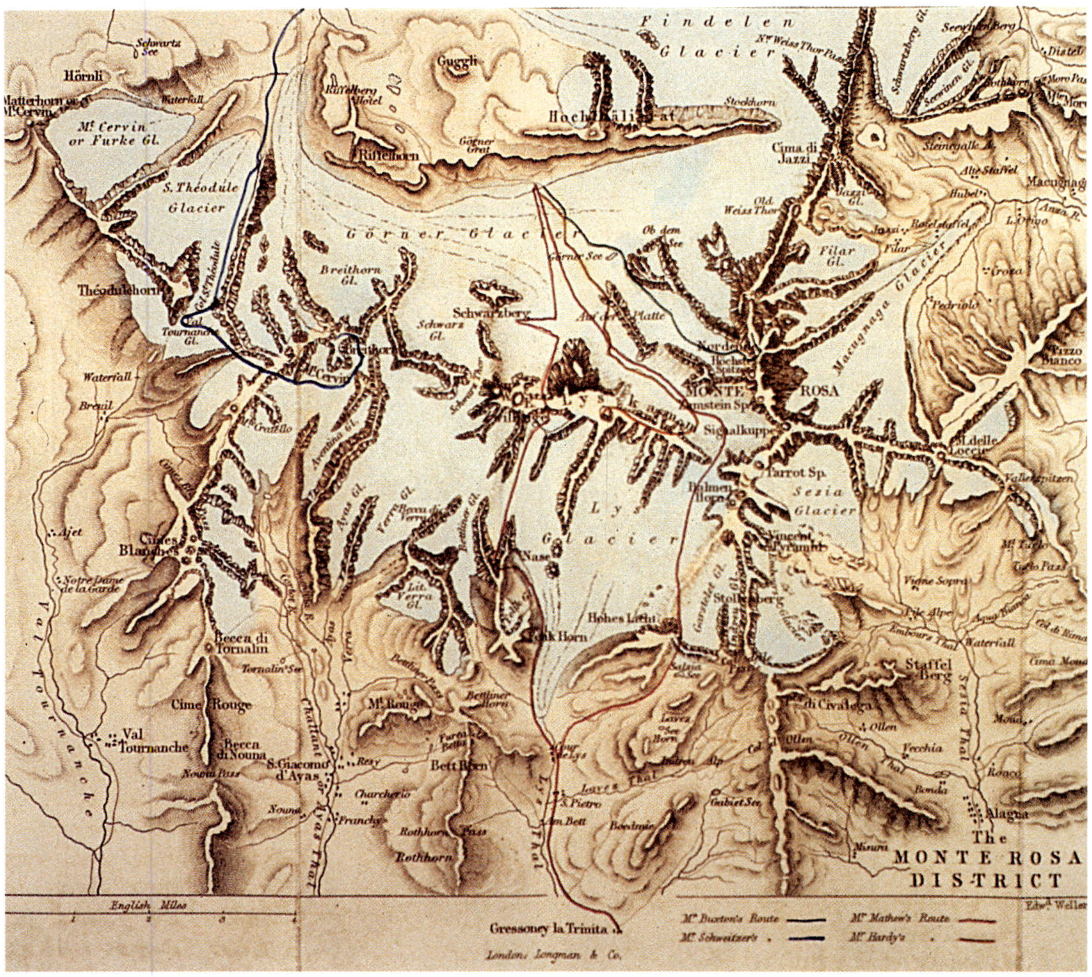

wird erst 53 Jahre später ganz überwunden, nachdem die Klettertechnik bereits Riesenfortschritte gemacht hat.

Der letzte der großen Pioniere am Monte Rosa betritt 13 Jahre später die Szene. Wie seine Vorgänger lebt er in den Tälern auf der italienischen Seite der Berggruppe, wo der Monte Rosa so außerordentlich eindrucksvoll wirkt. Dieser Mann heißt Giovanni Gnifetti und ist Pfarrer in Alagna Valsesia. Seinen ersten Besteigungsversuch unternimmt er 1834. Das Ziel seiner Bemühungen ist der westlichste und niedrigste der vier Hauptgipfel des Massivs, der unter dem Namen Signalkuppe bekannt ist, weil hier ein dünner Felsturm steht.

Dieser Gipfel ist niedriger als Dufourspitze, Nordend oder Zumsteinspitze, aber aus geografischer Sicht sehr bedeutend. Hier beginnt nämlich der Grat, der das Valsesia vom Anzascatal trennt. Wer die Berge von Alagna aus beobachtet, nimmt die Signalkuppe als eindrucksvollsten Gipfel von allen wahr: Das allein reicht Gniffetti aus, und er macht sich auf den Weg.

Nach einem ersten, fehlgeschlagenen Versuch folgen weitere in den Jahren 1836 und 1839. Erst im August 1842 klappt es. Am 8. August verläßt Gnifetti die Häuser im ruhigen Alagna begleitet von den führenden Männern des Ortes: dem Geometer Cristoforo Grober, dem Arzt Giovanni Giordani, dem Notar Giacomo Giordani, dem Architekturstudenten Cristoforo Ferraris und dem Theologen Giuseppe Farinetti. Auch zwei Träger sind mit von der Partie. Nach einem Biwak auf der bereits erprobten Erhebung am Fuß des Gletschers bricht die Gruppe um halb fünf Uhr morgens auf und wird durch einen «heftigen und eisigen Wind» zwischen «enormen Spalten unvergleichlicher Tiefe» gequält. Gegen Mittag lassen sie Zumsteins Route links liegen und überwinden noch einen letzten steilen Hang – dann erreichen die acht Bergsteiger endlich den 4554 Meter hohen Gipfel mit seiner «Spitze aus vorzeitlichem Fels, geformt wie ein strenger spitzer Zahn», der über die eindrucksvollen Abgründe der Ostwand hinausragt.

Hier beweist Farinetti sehr viel Mut. Er nutzt den Rücken von Giovanni Giordani als Aufstiegshilfe und klettert zum Gipfel des Felsturms, wo ein Riss an der richtigen Stelle es möglich macht, eine rote Fahne anzubringen, die noch von Alagna aus zu sehen ist.

Drei Jahre nach der Besteigung veröffentlicht Giovanni Gnifetti in Turin eine interessante Zusammenfassung mit dem Titel *Topografische Kenntnisse über den Monte Rosa und Besteigungen desselben von Pfarrer Giovanni Gnifetti aus Alagna*. Am Ende des Berichts macht er einen von der Ausdrucksweise her etwas komplizierten, aber inhaltlich ganz klaren Vorschlag: «Es sei mir jetzt gestattet, diese Felspyramide, die bereits ‹Punta del Segnale› genannt wird, in Zukunft ‹Punta del Segnale Rosso› zu nennen, und wenn dies nicht Indiz einer zu großen Ruhmessucht meinerseits sein sollte (was ich nicht will), dann soll diese Kuppe meinen Nachnamen erhalten.» Das ist kein skandalöser Wunsch, schließlich wurden bereits Gipfel nach Zumstein, Vincent und Pietro Giordani benannt. Aber der Pfarrer von

33 unten Die Vincentpyramide wurde nach Johann Niklaus Vincent benannt, der als Erster den Gipfel erreichte (5. August 1819), in Begleitung des Gamsjägers Jacques Castel und zweier Bergarbeiter aus Gressoney.

Alagna wird nur halb zufrieden gestellt. Der Gipfel, den er erreicht hat, wird nur auf den italienischen Karten Punta Gnifetti genannt. Die Karten und Bergsteiger deutscher Sprache nennen ihn weiterhin «Signalkuppe».

Das Berner Oberland

So wie der Monte Rosa die Leute im Piemont und im Aostatal fasziniert und der Montblanc die Franzosen und Genfer, so wird die Aufmerksamkeit der deutschsprachigen Schweizer von einem anderen großen Alpenmassiv angezogen. Das Berner Oberland ist ein außerordentliches Gefüge aus Gipfeln und Gletschern, das dem Monte Rosa den Titel des dem Himalaja ähnlichsten Massivs der Alpen streitig macht. Die Gipfel sind von außerordentlicher Eleganz, wenn auch etwas niedriger als die großen Berge im Wallis: Das Finsteraarhorn ist mit 4274 Metern am höchsten, das Aletschhorn erreicht 4195 Meter, die Jungfrau 4158 Meter. Die Gletscher, beim Aletsch angefangen, sind jedoch die längsten Europas. Gerade auf diese Tatsache konzentrierte sich die Aufmerksamkeit der Forscher während der ersten Jahrzehnte des 19. Jahrhunderts.

Bevor wir zu ihren Taten kommen, sollte man jedoch der Brüder Hieronymus und Johann Rudolf Meyer aus Aarau gedenken, deren Bergführer die Gamsjäger Alois Volker und Josef Bortis waren. Für die Jungfrau brauchten die vier Bergsteiger im Sommer 1811 allein für den Hin- und Rückmarsch vom und zum Lötschental vier Tage. Noch beachtlicher sind die Aufstiegsschwierigkeiten, zu denen auch eine weite Strecke über den Gletscher gehört, die Überquerung der 3235 Meter langen Lötschenlücke und schließlich eine steile Kletterei über Eis und Felsen, den pyramidenförmigen Gipfelaufbau hinauf.

Einige Tage später geht dieselbe Gruppe zum Angriff auf das höhere Finsteraarhorn über, aber sie ist gezwungen, kurz vor dem Gipfel umzukehren. Es vergehen 18 Jahre, bevor am 10. August 1829 die Bergführer Jakob Leuthold und Hans Währen auf dem mit 4724 Meter höchsten Gipfel des Berner Oberlands ankommen, nachdem sie nach einer langen Etappe über den Gletscher einen steilen, schwierigen Grat aus schneebedeckten Felsen überwunden haben.

Einen Teil des Verdienstes für diese Besteigung trägt ihr Auftraggeber, der Geologe Franz Josef Hugi, Professor an der Universität von Soleure und leidenschaftlich an der geografischen und glaziologischen Erforschung des Massivs interessiert. Auf dem Aargletscher läßt sich Hugi 1829 eine provisorische Steinhütte errichten. In ihr wohnt im Sommer 1841 ein anderer Schweizer Geologe und Alpenfreund. Sein Name ist Louis Agassiz, er kommt aus Neuchâtel in der französischen Schweiz. Er wird von Charles Vogt, Céléstin Nicolet, Henri Coulon, François de Pourtalès und Edouard Desor begleitet.

Zwölf Jahre auf dieser Höhe sind eine lange Zeit, so dass Hugis Hütte inzwischen halb verfallen ist. Die Gruppe zieht ein paar hundert Meter höher, in einen natürlichen Unterstand am Fuß eines riesigen Felsblocks, der von den Schweizer Forschern sarkastisch auf den Namen «Hôtel de Neuchâtel» getauft wird.

34 Mitte Er wird von Jungfrau, Aletschhorn und Mönch bewacht: Der Aletschgletscher ist der größte im Alpenbogen und strömt aus dem Herzen des Berner Oberlands zum Rhônetal hinunter.

34–35 Die Jungfrau wurde erstmals 1811 bezwungen und bietet von ihrem Gipfel einen der berühmtesten Blicke auf das Berner Oberland. Nach Osten fallen die Zwillingspyramiden von Eiger (links) und Mönch ins Auge. Unten rechts sieht man die Gebäude auf dem Jungfraujoch.

34 unten Zusammen mit seinem Bruder Hieronymus und den Gamsjägern Alois Volker und Josef Bortis gelingt Johann Rudolf Meyer 1811 die Erstbesteigung der Jungfrau. Die Länge des Anmarschs (die Bergsteiger brauchen vier Tage für Hin- und Rückweg vom und zum Lötschental) und die schwierige Wegstrecke stellen diese Tat noch über die gleichzeitig erfolgenden Besteigungen über die nicht so schwierigen Gletscher am Monte Rosa.

35 unten links Louis Agassiz (oben) und Edouard Desor (unten) sind Vorreiter der alpinistischen und wissenschaftlichen Erforschung des Berner Oberlands. Zusammen mit vier Kollegen beziehen die Männer aus Neuchâtel im Sommer 1841 einen behelfsmäßigen natürlichen Unterstand am Rand des Aargletschers, den sie «Hôtel de Neuchâtel» taufen. Von hier aus führen sie viele Besteigungen und Durchquerungen des Massivs durch.

Im Lauf der Jahre wird die Unterkunft ausgebaut, vergrößert und verschönert. In den Berichten der Besucher wird sie auch «Arche Noah» und «Aar-Pavillon» genannt. Daraus entwickelt sich allmählich ein beliebtes Ziel für Wissenschaftler und Ausflügler, die bis in den östlichen Bereich des Berner Oberlands vordringen.
Agassiz und seine Kameraden legen nicht nur eine Sammlung von Gesteinsproben an und führen äußerst genaue Messungen der Gletscherverschiebungen am Walliser Fiescherfirn, am Finsteraarhorngletscher sowie am Studerfirn durch, sie erforschen auch sehr sorgfältig die Geografie der Umgebung. Außerdem wiederholen sie mit den Bergführern Jakob Leuthold, Hans Währen, Hans Jaun, Melchior Bannholzer, Johannes Aplanalp und Johannes Jaun die Begehung der 4158 Meter hohen Jungfrau über die Route der Brüder Meyer. Höhepunkt des Aufstiegs der Gruppe ist die Überwindung der Gletscherspalte am Ende mit einer acht Meter langen Leiter.
Die Männer machen sich aufgeregt und begeistert auf den Rückweg ins Tal, aber Agassiz wird das Aufregendste erst noch erleben. Mit seiner Murmeltierfellmütze und einem Gamsfell bekleidet, läßt er sich mit einer Winde auf den Grund einer dreißig Meter tiefen Spalte hinab.
Ganz unten findet sich der mutige Forscher in einem eisigen Wasserstrom wieder, dessen Strömung ihn beinahe fortzieht. Oben können die Kameraden seine Schreie nicht hören, und geben immer mehr Seil, anstatt ihn wieder hochzuziehen. «Ich würde jedem, der nicht von einem mächtigen wissenschaftlichen Interesse getrieben wird, davon abraten, diese Aktion zu wiederholen», sagt Louis Agassiz dazu, als er wieder an der Oberfläche ist.

35 unten rechts Wer die Jungfrau vom Jungfraujoch aus, wo der Zug aus Interlaken ankommt, betrachtet, dem zeigt sie eine abweisende Felsseite, von Schneeflecken unterbrochen und voller kleiner Eiskanäle. Der Normalweg für den Aufstieg verläuft weiter links, über die Hänge oberhalb des Jungfraufirns, den Rottalsattel und die schnee- und eisbedeckten Wände über dem Sattel.

Die ersten Frauen am Montblanc

In den fast fünfzig Jahren, die zwischen der Erstbesteigung durch Paccard und Balmat und den Abenteuern von Gnifetti und Agassiz liegen, hat sich die Begehung des Montblanc grundlegend gewandelt. Die anfangs sehr seltenen Besteigungen des Gipfels werden nach der Schlacht von Waterloo und dem nachfolgenden Friedensschluss häufiger, da sich nun die Briten vermehrt auf die *Grand Tour* durch Europa machen.

Am 14. Juli 1808 erreicht bei der neunten Besteigung des Berges, wieder einmal von Jacques Balmat geführt, auch Marie Paradis den Gipfel, die als erste Frau auf dem «Dach Europas» in die Geschichte eingeht. Im Sommer 1818 führt Jean-Michel Balmat zusammen mit fünf weiteren Bergführern den Polen A. Malczewski auf den 3795 Meter hohen Nordgipfel der Aiguille du Midi, den ersten der drei kleineren Gipfel des Massivs, der bestiegen wird.

Als eine Lawine zwei Jahre später, am 20. August 1820, die Gruppe von Dr. Hamel mitreißt, wobei drei Bergführer getötet werden, wagt man zwei Jahre lang keine Aufstiege mehr auf den Gipfel des Montblanc. Bergsteiger und Bergführer bemühen sich stattdessen, eine bessere Route als die «Ancien Passage» von Paccard und Balmat zu finden. Das Problem wird erst sieben Jahre später gelöst, am 25. Juli 1827, als Joseph-Marie Couttet und weitere acht Bergführer mit Sir Charles Fellows und William Hawes den sichereren Weg durch das Couloir entdecken, das vom Grand Plateau zum Brenvajoch über eine breite, einfache Gletscherrampe führt.

In Chamonix wird 1821 die *Compagnie des Guides* (Bergführervereinigung) gegründet. 1838 steigt die Gräfin Henriette d'Angeville als zweite Frau auf den Gipfel und schreibt wenig später ein interessantes Buch darüber, das in ganz Europa Erfolg haben wird. 1853 lässt die Gemeinde Chamonix die erste, noch behelfsmäßige Hütte bei den Grands Mulets errichten, um den Aufstieg bequemer zu machen. 1855 weihen die Bergführer aus Courmayeur und die aus St.-Gervais jeweils eigene Routen zum Gipfel des Montblanc ein, um eine immer größere Zahl von Touristen bis in 4807 Meter Höhe zu begleiten. Die erste, selbst für die robusten Wanderer jener Epoche sehr lange Route berührt nacheinander Col du Géant, Col du Midi, die Schulter des Mont Blanc du Tacul, den Col du Mont Maudit und das Brenvajoch. Die zweite geht über die brüchigen Felsen der Aiguille du Goûter und die Schneekuppe des Dôme du Goûter, überwindet den luftigen, schneebedeckten Bossesgrat und ist der Beweis für die wesentlichen Fortschritte in der Klettertechnik.

36–37 Panoramablick auf die nördlichen Gipfel der Aiguilles de Chamonix. Man erkennt die Aiguille Verte und die Aiguille du Dru (von links). Die Wolken verdecken den Mont Blanc du Tacul, Mont Maudit, Montblanc und Dôme du Goûter.

36 unten links Im Sommer 1820 verschüttet eine Lawine die Gruppe von Dr. Hamel: Drei Bergführer verlieren ihr Leben. Damit kehrt der Montblanc in die Schlagzeilen der europäischen Blätter zurück.

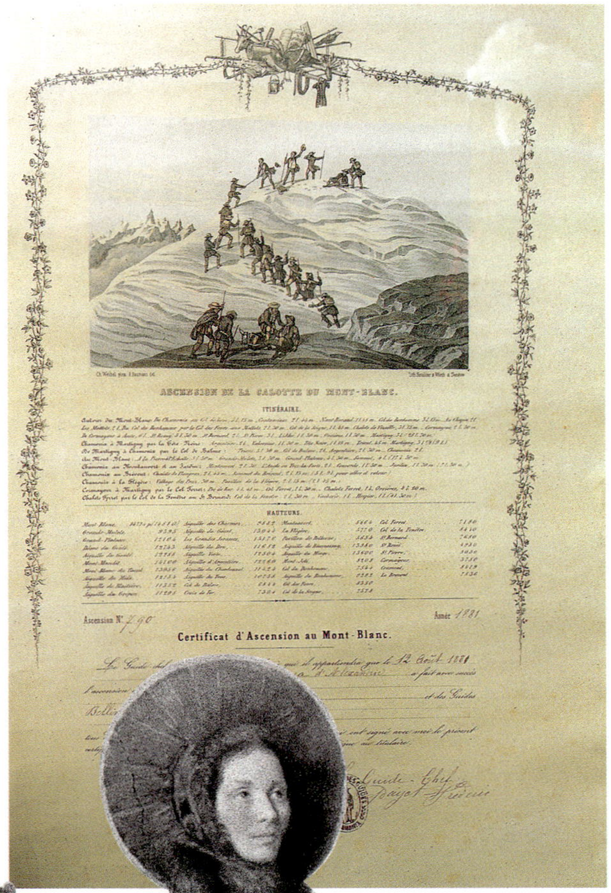

36 unten rechts Als erste Frau besteigt Marie Paradis, ein Mädchen aus Chamonix, das als Kellnerin in einem Gasthaus arbeitet, den Montblanc.
Ihr Führer auf das «Dach Europas» ist am 14. Juli 1808, wieder einmal, Jacques Balmat. Es scheint, sein – nicht besonders edles – Ziel ist, aus Marie eine Touristenattraktion zu machen.

37 oben Siebzig Jahre nach der Besteigung des Montblanc durch Paccard und Balmat haben viele Reisende, die nach Chamonix kommen, einen Reiseführer im Gepäck – so etwa *Travellers in Switzerland and the Alps of Savoy and Piedmont*, der den Neuankömmlingen die Namen der Gipfel, Gletscher und Dörfer erklärt.

37 Mitte Die *Compagnie des Guides* wird 1821 in Chamonix gegründet und stellt ihren Kunden, die den Aufstieg auf den Montblanc geschafft oder ihn versucht haben, Urkunden aus, die an die Besteigung erinnern – zum Teil kleine Kunstwerke wie das von Charles Weibel gezeichnete Zertifikat von 1840.

37 unten Auf einer höheren sozialen Rangstufe als Marie Paradis steht die zweite Frau, die den Gipfel des Montblanc besteigt: Es wird behauptet, Henriette d'Angeville, die 1838 den Gipfel erreicht, habe mit dieser Unternehmung ihre Freundin und Rivalin George Sand ärgern wollen.

38 oben Die Darstellung von Fels und Eis ist wenig realistisch, aber Effekte wie das Mondlicht und die Phantasieformen der Spitzen sorgen dafür, dass die Bilder der Montblancbesteigung von Albert Smith zu den eindrucksvollsten in der Geschichte des Bergsteigens gehören.

38 Mitte Nicht nur Smith übertreibt bei der Darstellung der Gletscherspalten, um das Publikum zu beeindrucken: Das beweist eine Lithografie von C. Ulrich, die nach einer Skizze von Pitschner angefertigt wurde. Mögen die Spalten der Jonction auch oft recht breit sein, so haben sie doch sicher nicht diese gewaltigen Dimensionen!

39 oben links Smith hielt auch seine Kameraden dabei fest, wie sie den steilen Eishang an der Mûr de la Côte erklettern, das letzte größere Hindernis auf dem Weg zum Gipfel.

39 oben rechts Am Gipfel angelangt, wird der Champagner geköpft: Die Gruppe, zu der Smith gehört, trägt über die 3800 Höhenmeter, die Chamonix vom Gipfel trennen, insgesamt 60 Flaschen Tafelwein, 6 Flaschen Bordeaux, 10 Saint-Georges, 15 Saint-Jean und 3 Flaschen Cognac nach oben.

Der Montblanc wird vermarktet

Entscheidend für die Beliebtheit des Montblanc ist jedoch der Sommer 1851, als der britische Zeichner Albert Smith den Gipfel erreicht. Dreizehn Jahre hatte er diesen Traum geträumt. Zurück in London organisiert Smith einige Abende in der Egyptian Hall am Piccadilly Circus, wo er den Zuschauern seine während des Aufstiegs angefertigten und später großformatig kopierten Zeichnungen vorführt. Gemeinsam mit seinem Bruder bereist Smith England mit einer Kalesche, die er als «Jahrmarktskarren» bezeichnet und in der ein ordentlich gefalteter «Montblanc auf dem Rücksitz» transportiert wird. Das englische Publikum ist enorm neugierig, und die Vorführung wird über zweitausend Mal wiederholt; sie bringt dem Autor 30 000 Pfund Sterling in damaliger Währung ein. Der findige Smith entwickelt und verkauft jede Art von Tand, darunter ein merkwürdiges «tragbares Diorama» des Montblanc und *The New Game of the Ascent of Mont-Blanc*, eine Art Gänsespiel, das die Spieler vom Piccadilly Circus auf den Gipfel des Montblanc bringt.
Vom Sommer 1852 an trägt der Erfolg der Show dazu bei, dass das Interesse an Besteigungen stark zunimmt. Zwischen 1852 und 1857 finden genauso viele statt wie in den 60 Jahren zuvor. In der Zwischenzeit ist Chamonix zu einem Modeziel geworden, und Brévent, Montenvers und Mer de Glace gehören zu den Lieblingszielen der Besucher. Diese Bühne wird bald von den Bergsteigern des «Goldenen Zeitalters» betreten. Es ist die Zeit, in der schließlich alle höchsten Berge bestiegen werden. Nicht zuletzt durch die Eroberung und die Tragödie am Matterhorn werden viele Europäer mehr über den Alpinismus erfahren.

38 unten Der englische Zeichner Albert Smith macht den Montblanc bei den britischen Reisenden beliebt. Smith erreicht am 13. August 1851 den Gipfel und zeigt wenige Monate später in der Egyptian Hall die Zeichnungen seiner Eindrücke.

38–39 Winzig erscheint die Seilschaft am Mont Maudit im Vergleich zu den Dimensionen des Massivs. Oben rechts sieht man die Gipfelhänge des Montblanc, die 1786 Paccard und Balmat bezwangen und heute von den Kletterern, die über die Normalroute vom Col du Midi kommen, traversiert werden.

Kleine Menschen vor großen Gletschern

Die Eroberung der Giganten

In der Geschichte des Alpinismus ist der 14. Juli 1865 ein ruhmreicher und zugleich schrecklicher Tag. Um 13.40 Uhr an einem «dieser herrlich reinen und heiteren Tage, die normalerweise schlechtem Wetter vorausgehen», erreichen sieben Männer erstmals die 4478 Meter hohe Spitze des Matterhorns, des eindrucksvollsten Berges in den Alpen.

Michel Croz, der beste Bergführer seiner Generation aus Chamonix, steigt voran und führt die schwierigsten Passagen. Die Idee zu diesem Unternehmen hatte der Brite Edward Whymper. In den vorangegangenen Sommern unternahm er acht Versuche, bis zum Gipfel zu kommen. Entscheidend für den Erfolg war aber Whympers Idee, das Matterhorn über den Hörnligrat anzugehen. Die vorhergegangenen Aufstiegsversuche hatten sich auf den Liongrat konzentriert, der wesentlich schwieriger zu bewältigen ist.

«Nicht ein einziger Alpenriese versteckte sich vor unseren Blicken», erinnert sich Whymper in seinen *Scrambles Amongst the Alps in the Years 1860–68*, das unter dem Titel «Berg- und Gletscherfahrten» ins Deutsche übersetzt wurde. «Man sah zunächst die mächtige Dent Blanche, dann das Obergabelhorn, das Rothorn mit dem spitzen Gipfel, das unvergleichliche Weißhorn, dann den Monte Rosa mit seinen vielen Gipfeln, den Lyskamm und das Breithorn. Dahinter schauten die Gipfel des Berner Oberlands hervor, die von Finsteraarhorn, Simplon, Sankt Gotthard, Monte Disgrazia und dem Ortler beherrscht wurden. Nach Süden gingen unsere Blicke über Chivasso hinaus in die Poebene. Der Monviso, mehr als 160 Kilometer entfernt, schien nah. In über 200 Kilometer Entfernung erblickte man die Seealpen [...] Dann erkannte ich meine erste Liebe, den Pelvoux, die Écrins und die Meije, die Massive der Grajischen Alpen und schließlich, majestätisch und sublim im Sonnenschein, den König der Alpen, den Montblanc. Ich sah dunkle, geheimnisvolle Wälder, frische, üppige Wiesen, rauschende Wasserfälle und ruhige Seen, wilde Einsamkeit, sonnenbeschienene Ebenen und Eisfelder [...] Die unterschiedlichsten Formen, die das Universum zusammenbringen kann, alle Kontraste, von denen die Phantasie träumen kann.»

Das Matterhorn gibt sich geschlagen

Zunächst ist der Anstieg leicht, fast ereignislos, wenn man den kleinen «Krimi» während der Tage zuvor nicht berücksichtigt. Der Brite ist über den Valcournerapass nach Valtournanche gekommen und hat sich eigentlich mit Jean-Antoine Carrel, dem besten Bergführer des Tales, darauf geeinigt, am 11. Juli gemeinsam einen neuen Besteigungsversuch entlang des Hörnligrats zu machen. Ohne Wissen Whympers hatte Carrel jedoch mit Felice Giordano ausgemacht, einen rein italienischen Vorstoß über den Liongrat

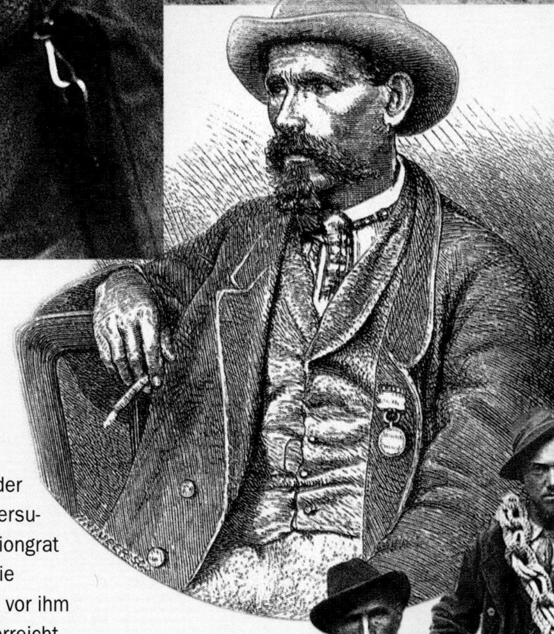

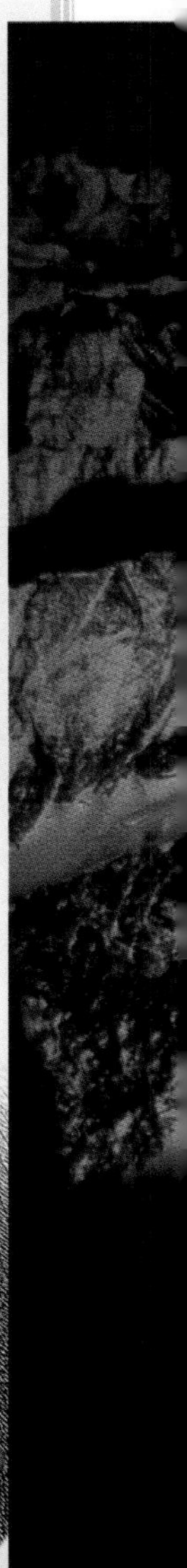

40 links Edward Whymper, von Beruf Illustrator, hatte sich die Erstbesteigung des Matterhorns zum Ziel gesetzt und galt als führender Kopf der goldenen Jahre des Alpinismus. In seinen *Berg- und Gletscherfahrten* gibt er einen fesselnden Bericht über den Aufstieg zum Matterhorn.

40 oben rechts Michel Croz war in der Mitte des 19. Jahrhunderts ein herausragender französischer Bergführer. Der Gefährte Whympers an den Grandes Jorasses und der Barre des Ecrins musste bei der Aiguille Verte seinem alten Kunden den Vortritt lassen. Mit 35 Jahren stürzt er bei der Erstbesteigung des Matterhorns ab.

40 Mitte rechts Zu den Opfern des «Wettlaufs am Matterhorn» zählt auch Jean-Antoine Carrel. Er war der Gefährte Whympers während der ersten Besteigungsversuche. Noch auf dem Liongrat entdeckte er, dass die Engländer den Gipfel vor ihm über den Hörnligrat erreicht hatten. Es ist nicht klar, ob Whymper Carrel «verraten» hat oder umgekehrt.

40 unten rechts Carrel (links) erreicht drei Tage nach Whymper über den Liongrat als Zweiter das Matterhorn. Er begleitet Whymper 1879/80 während seiner Bergfahrten in den ecuadorianischen Anden.

40–41 Über diese beiden Grate des Matterhorns erfolgten zwei Aufstiegsversuche und die beiden ersten Besteigungen. Rechts geht der Hörnligrat hoch, der von Whymper, Croz und ihren Gefährten am 14. Juli 1865 begangen wurde. Links wird der Liongrat vom Schneegrat der Schulter unterbrochen. Am 17. Juli bestiegen ihn Jean-Antoine Carrel und Jean-Baptiste Bich.

41 oben Vom Flugzeug aus kann man die beiden Gipfel des Matterhorns unterscheiden. Der «Schweizer Gipfel» rechts ist mit 4478 Meter der höhere. Der «italienische Gipfel» links ist zwei Meter niedriger. Beide sind Teil des Grates, der die Grenze zwischen den Ländern bildet.

zu unternehmen. Aber der Engländer gibt nicht auf. «Das schlaue Komplott dieser beiden Bösewichte konnte verhindert werden», murmelt er vor sich hin, während er seine Tour vorbereitet.

Am 12. Juli schließt sich Whymper dem jungen Lord Francis Douglas an, der gerade vom Obergabelhorn zurückgekehrt ist. Der Adlige möchte am nächsten Versuch einer Besteigung des Matterhorns teilnehmen.

Die Gruppe lässt 180 Meter Seil auf den Wiesen am Schwarzsee zurück und steigt im Eiltempo nach Zermatt ab, wo sie Michel Croz trifft, Whympers Begleiter auf vielen Bergfahrten, und seinen derzeitigen Kunden, den Reverend Charles Hudson. Auch diese beiden wollen mit zur «Gran Becca». Die Bergsteiger beraten sich kurz und entscheiden dann: Sie werden es gemeinsam versuchen. Mit von der Partie sind neben den bereits genannten noch zwei Bergführer aus Zermatt, Vater und Sohn Peter Taugwalder. Hinzu kommt ein junger Alpinist, dessen Unerfahrenheit später die Tragödie verursachen wird. Er heißt Hadow, und Hudson besteht darauf, ihn mitzunehmen.

Am 13. Juli, «an einem klaren und schönen Morgen», bricht die Gruppe zum Matterhorn auf. Sie nimmt das am Schwarzsee abgelegte Material wieder auf und steigt über den Hörnligrat auf den pyramidenförmigen Gipfelaufbau zu. Vor dem Mittag wird das Zelt auf einem ebenen Platz auf 3350 Meter Höhe aufgestellt. Croz und Taugwalder Sohn laufen noch ein gutes Stück weiter Richtung Gipfel. Sie kommen zufrieden zurück und berichten, dass der Rest des Weges einfach zu bewältigen sei.

Am bewussten Tag bricht man vor Sonnenaufgang auf, und die Gruppe kommt wieder schnell voran. «Uns sind keinerlei Hindernisse begegnet, die uns aufgehalten hätten», erzählt Edward Whymper. «Wenn wir auf irgendeine unüberwindbare Schwierigkeit gestoßen sind, gab es immer eine Möglichkeit, sie zu umgehen. Hudson und ich führten abwechselnd.» Es ist gerade elf Uhr vorbei, als die Gruppe am Fuß der Testa, des Felsblocks, der den Gipfel des Matterhorns bildet, ankommt. «Nun ändern sich die Dinge», verkündet Michel Croz, während er die Führung der Seilschaft über-

42–43 Im Winter enthüllt sich die ganze Dynamik des Matterhorns. In der Mitte leuchtet die 1400 Meter hohe Südwand, die die Weiden von Breuil und den Ort Cervinia beherrscht. Links, halb im Schatten, tritt scharf der Liongrat heraus, der heutzutage den italienischen Normalweg zur «Gran Becca» bildet. Im Hintergrund sind neben der Dent Blanche das Wildhorn und der Wildstrubel zu sehen.

42 unten In den Jahren des «Wettlaufs zum Matterhorn» ist das Hotel «Monte Rosa» in Zermatt der Treffpunkt der britischen Kletterszene in den Walliser Alpen. Auf der Zeichnung von 1863 versammelte Edward Whymper unter anderem Leslie Stephen, Adolphus W. Moore, John Ball, William Mathews, John Tyndall und die Bergführer Jean-Joseph Maquignaz und Peter Taugwalder senior.

43 oben links Auch wenn das Matterhorn sein Hauptziel in den Walliser Alpen ist, besteigt Whymper noch viele andere Berge um Zermatt und hält seine Erlebnisse gern zeichnerisch fest. Während des Aufstiegs zur Dent Blanche robbt jemand vorsichtig über eine Schneebrücke, die eine riesige Gletscherspalte verdeckt.

43 unten links Die Eroberung des Matterhorns zieht Künstler aus ganz Europa in den Bann. Gustave Doré hat den Augenblick verewigt, als Edward Whympers Gruppe unter der Führung von Michel Croz den Gipfel erreicht. Der englische Bergsteiger und der große Bergführer aus Chamonix sind als Erste auf dem Gipfel.

nimmt. Jetzt zeigt es sich, dass die Felsen, die von unten gesehen senkrecht erscheinen, eine mäßige Neigung haben. Die echten Probleme sind «der Schnee, der die Zwischenräume der Felsen ausfüllt», und besonders «die dünne Eisschicht, die durch den geschmolzenen Schnee gebildet wird». Zwei lange Querungen, bei denen Hadow mehrmals Hilfestellung braucht, bringen die sieben Männer auf das «sehr einfache Schneefeld» unter dem Gipfel. Als sie das südliche Ende des Gipfelgrats erreichen, entdecken Whymper und Croz, dass die Bergführer aus Valtournanche noch weit unten auf dem Liongrat sind. Sie versuchen, sich mit Rufen bemerkbar zu machen, dann werfen sie große Steine ins Leere.

«Die Italiener erschraken und zogen sich rasch zurück», vermerkt der Engländer, bevor er ein Loblied auf Jean-Antoine Carrel singt, seinen Begleiter bei den drei vorherigen Versuchen. Dann ist es Zeit für den Abstieg.

Die Tragödie

Croz ist der Erste, Hadow der Zweite. Auf Hudson folgt Lord Douglas, dann der alte Taugwalder, Whymper schließt mit dem jungen Taugwalder die Reihe. Er deponiert zuvor eine Flasche mit ihren Namen am Gipfel. Als sie an der schwierigen Passage ankommen, bewegen sich die Kletterer einzeln, aber alle am selben Seil miteinander verbunden. Der Vorschlag Whympers, an der schwierigen Stelle ein Seil um den Felsen zu schlingen, wird nicht ausgeführt. Dann geschieht das Unfassbare. Croz, der Hadow bei jedem Schritt den Fuß setzt, schaut nach unten, um selbst hinabzusteigen. Der junge Brite rutscht in diesem Moment aus, trifft ihn am Rücken und schleudert ihn ins Leere. Das nicht gespannte Seil zieht auch Hudson und Douglas aus der Wand. Das wäre das Ende aller Männer gewesen, aber das Hanfseil, das den Lord mit Taugwalder senior verbindet, reißt. Während Whymper, Taugwalder senior und junior sich an die Felsen klammern, fallen ihre Kameraden «mit verzweifelt ausgebreiteten Händen» in die Tiefe der Nordwand und landen 1200 Meter tiefer auf dem Gletscher.

Whymper und die beiden Bergführer stehen unter Schock, sie weinen und haben Angst. Sie setzen den Abstieg schweigend und ungeheuer langsam fort. Als sie das Ende des schwierigen Abschnitts erreichen, sehen sie «einen enormen Bogen mit zwei großen Kreuzen an den Enden» in den Himmel gezeichnet. «Von abergläubischem Schrecken erfasst» beobachten die drei das «schreckliche, herrliche, einzigartige» Schauspiel.

Zwei Tage später ist Sonntag, und der Pfarrer von Zermatt droht den einheimischen Bergführern an, sie zu exkommunizieren, wenn sie bei der ersten Messe am Morgen fehlen. Whymper wird darum nicht von den beiden Taugwaldern, sondern von drei englischen Bergsteigern und fünf Führern aus Chamonix und dem Berner Oberland bei seiner Hilfsaktion begleitet. Um die Mittagszeit sind die Leichen der Verunglückten aus dem Eis geborgen.

Am Montag früh bringt ein trauriger Zug aus 21 Bergführern die Toten zum Friedhof von Zermatt. Whympers Kommentar ist harsch: «Das Matterhorn war ein starker Gegner. Es wurde mit einer Leichtigkeit bezwungen, die nicht vorhersehbar war, und wie ein erbarmungsloser Feind, der geschlagen, aber nicht vernichtet ist, hat es seine Niederlage mit der schrecklichsten Rache vergolten.»

43 rechts Der große Tag, an dem das Matterhorn bezwungen wurde, verdunkelt sich angesichts der Tragödie am Berg. Die berühmte Lithografie von Gustave Doré illustriert wie in Zeitlupe den Absturz, bei dem außer Michel Croz auch die Briten Hudson, Douglas und Hadow umkamen. Das Reißen des Seiles rettete die drei anderen Bergsteiger.

Die Karriere des Edward Whymper

Edward Whymper, geboren 1840 in London, wird durch seine Besteigung des Matterhorns und die anschließende Tragödie berühmt. Er ist die Schlüsselfigur jener Jahre, in denen der Alpinismus sich vollkommen verändert. Im Gegensatz zu den meisten englischen Gentlemen, die die Alpen besuchen, stammt er nicht aus einer besonders wohlhabenden Familie. Damit er die Expeditionen bezahlen kann, verkauft er seine Stiche und Bücher, neben *Scrambles in The Alps* und *Travels Amongst the Great Andes of the Equator* auch den ersten Reise- und Kletterführer über Chamonix und den Montblanc, der 1896 veröffentlicht wurde. 1880, nach einer geglückten Reise auf die Vulkane in Ecuador, bietet er kleine Brocken Vulkangestein und Lava zum Verkauf an.

Im Gebirge geht Whymper mit dem sicheren Tritt eines Bergführers. Ihn interessieren vor allem die höchsten, noch unbestiegenen Berge. Zehn Gipfel erobert er einen nach dem anderen.

Seine Bergsteigerkarriere beginnt 1861, mit der britischen Erstbesteigung des Pelvoux und einem ersten Versuch, das Matterhorn zu besteigen. Die Sommer der Jahre 1862 und 1863 sind noch der «Gran Becca» gewidmet, wo der Engländer, oft in Begleitung von Jean-Antoine Carrel, mehrfach über viertausend Meter kommt. 1864 gelingt Whymper die Erstbesteigung eines Viertausenders, und zwar der Barre des Ecrins, mit 4101 Meter Höhe der höchste Gipfel der wilden Bergkette des Oisans. Er wird von Adolphus W. Moore und der Elite der Bergführer, Christian Almer aus Grindelwald und Michel Croz aus Chamonix, begleitet.

Dann richtet sich das Interesse des Engländers auf das Montblancmassiv. In Begleitung des Topografen Anthony Adams Reilly zieht es Whymper hauptsächlich zu solchen Gipfeln, die den besten Überblick über die Orographie des Massivs liefern. Am 9. Juli erreichen die beiden Engländer mit den Bergführern Michel Croz, Henry Charlet und Michel Payot den 3819 Meter hohen Mont Dolent, an dem sich die Grenzen Italiens, Frankreichs und der Schweiz berühren.

«Der Gipfel war so graziös und klein: der schönste und winzigste Schneekegel, der sich je auf einem Gipfel gebildet hat. Und dieser Schnee war so weiß, dass es ein Sakrileg schien, ihn zu betreten. Er war eine Jungfrau in Miniatur, ein Spielzeuggipfel, den man mit einer Handfläche bedecken konnte», merkt Whymper an. «Hier, wo drei Bergketten aufeinander treffen, ist der Dolent ein richtiger Aussichtspunkt, alles überragend, was ihn in einem gewissen Abstand umgibt, mit einigen Einschnitten in den nahen Bergketten, die einzig zur Erweiterung der Grenzen des Horizonts vorhanden zu sein scheinen. Von hier sieht der Montblanc aus wie das Bildnis eines meisterlichen Malers», fügt Adams Reilly hinzu. Am 12. Juli gelangt die Gruppe nach einem bequemen Biwak auf die 3920 Meter hohe Aiguille de Tré la Tête, einen weiteren einsamen Aussichtsberg mit Blick auf die Gletscherflächen von Tré la Tête, Lex Blanche und Miage. Am 15. Juli ist die Aiguille d'Argentière (3901 Meter) an der Reihe, die über die Steilhänge des Glacier du Milieu erreicht wird. Dann folgt das Matterhorn-Jahr.

44 oben Whympers Zelt bleibt im Juli 1862 lange auf dem verschneiten Liongrat stehen. Der englische Bergsteiger versucht in jenem Sommer viermal den Aufstieg und verliert bei einem Sturz beinahe sein Leben. Am 28. Juli kommt John Tyndall unter der Führung von Jean-Antoine Carrel und Joseph Bennen bis zu dem Felsturm am Beginn der Schulter, der heute seinen Namen trägt.

44–45 Die den Miagegletscher überragende Westseite des Montblanc ist eine der unberührtesten im Massiv und in den ganzen Alpen. Der Brouillardgrat trennt sie von dem gleichnamigen Gletscher, der bereits im Abendschatten liegt.

44 unten Ein anderes berühmtes Bild von Edward Whymper zeigt einen zögernden Bergsteiger beim Abstieg vom felsigen Westgrat der Barre des Ecrins in der Dauphiné.

Grandes Jorasses und Aiguille Verte

Am 24. Juni 1865 erreicht Edward Whymper in Begleitung von Michel Croz, Christian Almer und Franz Biner den Gipfelgrat der Grandes Jorasses. Es handelt sich hier nicht nur um eine beachtliche bergsteigerische, sondern auch um eine große sportliche Leistung. Die Gruppe wandert in Courmayeur um halb zwei Uhr morgens los, steigt zu Fuß das Val Ferret hinauf, dann ist sie über die heutige Normalroute in weniger als zwölf Stunden nach Verlassen des Gasthofs oben. Für Whymper sind die Grandes Jorasses jedoch nur der Balkon zur Aiguille Verte, dem nächsten Ziel in seinem Programm. Daher – und weil es schon spät ist – macht die Gruppe auf dem zweithöchsten Gipfel des Massivs, der heutigen Pointe Whymper, Halt und überlässt die nur 24 Meter höhere Spitze der Seilschaft von Horace Walker, Melchior Anderegg, Johann Jaun und Julien Grange, die sie drei Jahre später erobert. Die Spitze erhielt den Namen Walkers.

Fünf Tage später, am 29. Juni, steigt Whymper nur mit Almer und Binder auf die elegante Aiguille Verte (4122 m), von Chamonix aus gesehen der schönste Gipfel des Massivs. Es ist eine schwierige Besteigung; die Seilschaft muss ein steiles und gefährliches Schneecouloir (das heutige Whymper-Couloir) bewältigen, das sich von Felsrippen durchsetzt in Richtung Talèfregletscher zieht. Die Arbeit mit dem Eispickel erschöpft die Männer, der Abstieg ist heikel, aber der große Christian Almer wird von Anfang an nicht von Zweifeln über das Gelingen geplagt. «Oh! Aiguille Verte, du gehörst uns!», ruft er mehrmals, während er Stufen in die steilen, schneebedeckten Hänge schlägt.

Whymper bewundert das Panorama vom Gipfel aus, der so weit über Chamonix und das Tal blicken lässt: «Man sieht Täler, Dörfer, Felder, unendliche Bergketten in der Ferne, die sich in hellblauen Schleiern verlieren. Man hört in der kristallklaren Reinheit der Luft die süße nostalgische Harmonie der Glocken und das dumpfe Donnern der Lawinen», schreibt er in seinen Erinnerungen.

Der Aufstieg auf die Aiguille Verte sorgt für einen harten Zusammenstoß mit den Bergführern aus Chamonix, die beleidigt sind, weil der schönste Gipfel im Tal durch zwei auswärtige Bergführer bezwungen wurde. Auch Michel Croz, der Whymper normalerweise begleitet und in diesen Tagen eine andere Gruppe geführt hat, ist unzufrieden. Der französische Bergführer kommt jedoch am 5. Juli auf seine Kosten, als er eine andere britische Gruppe entlang des Südwestgrats, auch Moinegrat (Arête du Moine) genannt, auf die Aiguille Verte führt. Whymper selbst geht es nicht nur um die Gipfel. Am 26. Juni überquert er den Col Dolent und steigt in

45 Mitte rechts Der von Edward Whymper verfasste und in London veröffentlichte Führer enthält eine Menge nützliche Hinweise für die Alpinisten Ende des 19. Jahrhunderts. Das kleine Meisterwerk mit seinen wunderschönen Zeichnungen ist eine unschätzbare Dokumentationsquelle. Ein Nachdruck aus den siebziger Jahren macht das Büchlein wieder zugänglich.

45 oben In Whympers *A Guide to Chamonix and the Range of Mont Blanc* (1896) ist anstelle der gefährlichen «Ancien Passage» von Balmat und Paccard die Normalroute von Chamonix über das Couloir eingetragen.

45 unten Heutige Leser der Landkarte, die Whympers Führer beiliegt, sind beeindruckt von der Ausdehnung der Gletscher, die damals dem Tal viel näher waren als heute.

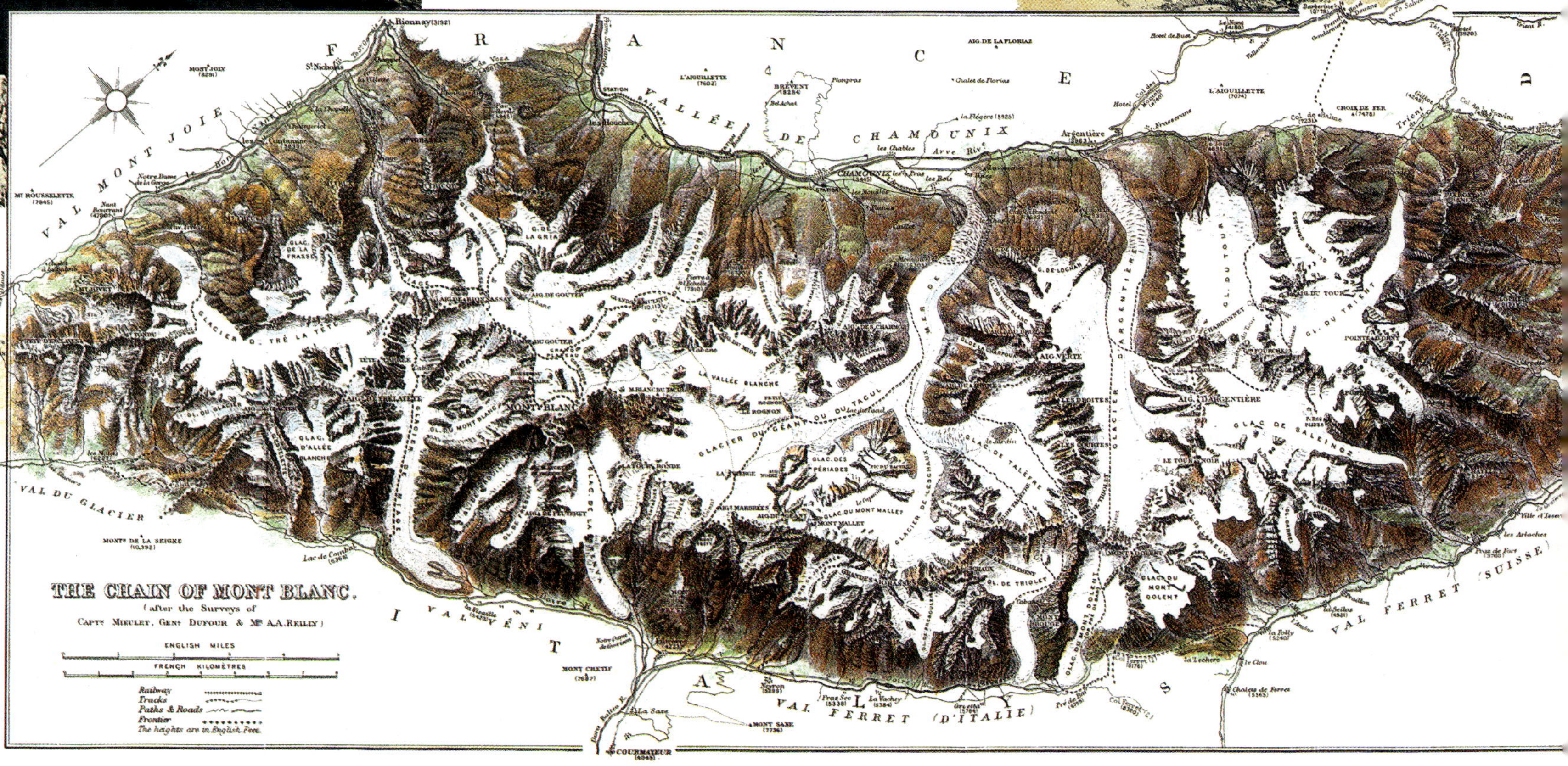

46–47 Das Gran-Paradiso-Massiv in den Grajischen Alpen wird ab Mitte des 19. Jahrhunderts von den besten Briten und ihren Bergführern besucht. Den 4061 Meter hohen Gran Paradiso erreichen 1860 J. J. Cowell und W. Dundas mit den Führern J. Payot und J. Tairraz aus Chamonix über die vergletscherte Südwestflanke.

46 Mitte rechts Große Bergsteiger dieser Zeit sind auch Reverend Charles Hudson und Edward S. Kennedy. Hudson, der 1865 am Matterhorn ums Leben kommt, erobert die Dufourspitze des Monte Rosa und den Moinegrat der Aiguille Verte. Kennedy ist an vielen Wiederholungen beteiligt. Zusammen wagen sich die beiden Engländer 1855 erstmals ohne Bergführer auf den Montblanc.

46 unten links Ein wichtiger Platz unter den Bergsteigern des «Goldenen Zeitalters» gebührt Leslie Stephen (1832–1904), einem der Gründerväter des *Alpine Club*. Zu seiner Lebensleistung gehören viele Erstbesteigungen, darunter von Zinalrothorn und Monte Disgrazia, die erste Überschreitung des Lyskamms und die erste Begehung des Bossesgrats am Montblanc.

dem 55 Grad steilen Couloir ab, das zum Argentièregletscher hinabführt, wobei er mit dem Pickel Stufen schlägt – und das ohne Steigeisen! «An kaum einem anderen Ort in der Montblanc-Kette kann man besser den Gebrauch des Eispickels üben», kommentiert der englische Bergsteiger seine Aktion.

Am 3. Juli wiederholen Whymper und seine Bergführer die Übung am einfacheren Col de Talèfre, «einem der wenigen Pässe der Kette, die irgendeinen praktischen Nutzen haben könnten». Dann wendet sich der Brite dem Matterhorn zu, wo ihn am 14. Juli Sieg und Tragödie erwarten.

Wie bekannt, begann die systematische Eroberung der großen Alpengipfel bereits einige Jahre vor Edward Whymper. Zwischen den Walliser Alpen und dem Berner Oberland wurden die hohen Gipfel wie zum Beispiel Jungfrau, Finsteraarhorn, Bernina, Gnifetti- und Zumsteinspitze im Monte-Rosa-Massiv von Bergsteigergruppen und Topografen in Begleitung einheimischer Führer bestiegen. Was die Engländer auszeichnet, sind nicht technische Fähigkeiten, sondern es ist das systematische Angehen der Unternehmungen. Die Leute aus den Alpentälern wollen dagegen zumeist nur den (oder die) Gipfel bezwingen, die ihr Heimattal beherrschen.

Die Alpen – nur «Spielplatz» der Briten?

Die Briten planen mit militärischer Präzision ihre sommerlichen «Feldzüge», sie lesen die Berichte ihrer Vorgänger, sie eilen von einem Massiv zum nächsten. Ihr Tätigkeitsfeld sind die Alpen insgesamt, weshalb Leslie Stephen, einer der

erfolgreichen Pioniere, sie zutreffend als *The Playground of Europe*, «Tummelplatz Europas», definiert hat.

Die Liste der Unternehmungen in diesem «Goldenen Zeitalter» des erforschenden Alpinismus beginnt 1855, als Reverend Charles Hudson (der später am Matterhorn ums Leben kam) die Dufourspitze als erster bestieg, mit 4634 Metern der höchste Gipfel im Monte-Rosa-Massiv. Ihn begleiteten die Engländer John Birkbeck, E. J. Stephenson, J. G. und C. Smythe sowie die Bergführer J. und M. Zumtaugwald aus Zermatt sowie Ulrich Lauener aus Lauterbrunnen. Drei Jahre später ist es wieder Johann Zumtaugwald, der mit Johann Kronig und Hieronymus Brantschen den Engländer J. L. Davies auf den 4545 Meter hohen Dom führt, den höchsten Gipfel, der sich rein auf Schweizer Hoheitsgebiet befindet.

1859 besteigt Francis Fox Tuckett, ebenfalls ein exzellenter britischer Bergsteiger, die vereiste, einzeln stehende Pyramide des Aletschhorns (4195 Meter) im Herzen des Berner Oberlands. Er wird von den einheimischen Führern J. J. Bennen, P. Bohren und Victor Tairraz aus Chamonix begleitet. Im folgenden Jahr ist dann der Gran Paradiso an der Reihe (4061 Meter), der von den Briten J. J. Cowell und W. Dundas und den Bergführern J. Payot und J. Tairraz aus Chamonix erreicht wird.

1861 begeht John Tyndall, der die ersten ernsthaften Versuche zur Besteigung des Matterhorns unternommen hat, mit den Führern J. J. Bennen und U. Wenger das 4505 Meter hohe Weisshorn, das viele Alpinisten für den schönsten Berg aus Eis und Fels in den Alpen halten.

Am 30. August jenes Jahres erscheint Michel Croz auf der Bildfläche. Gemeinsam mit seinem Bruder und Kollegen Jean-Baptiste bringt der Bergführer aus Chamonix die Briten William Mathews und William Jacomb auf den Gipfel des Monviso, mit seinen 3841 Metern der höchste Punkt der Cottischen Alpen. Zwei Jahre später beschließen Quintino Sella und seine Bergkameraden während der dritten Besteigung, dass der italienische Alpinismus etwas gegen die britische Vormachtstellung unternehmen müsse, und gründen den Club Alpino Italiano. Seit dieser ersten bedeutenden Unternehmung einer italienischen Seilschaft gilt der Monviso als Markstein des italienischen Alpinismus.

47 oben Der Monviso (3841 Meter) ist aus der piemontesischen Ebene und von Turin aus gut sichtbar. Den höchsten Berg der Cottischen Alpen begehen 1861 die Briten William Mathews und William Jacomb mit den Bergführern Michel und Jean-Baptiste Croz als Erste. 1863, nachdem sie den Gipfel als dritte Seilschaft erreicht haben, beschließen Quintino Sella und seine Kameraden die Gründung des Italienischen Alpenvereins.

47 unten links Der Ire John Tyndall (1820–1893) spielt bei der Erforschung und Eroberung wichtiger Alpengipfel eine bedeutende Rolle. Er ist ein berühmter Wissenschaftler, der Autor von *The Glaciers of the Alps* (1860) und *Hours of Exercise in the Alps* (1871) und führt unter anderem die erste Überschreitung des Matterhorns und die Erstbesteigung des Weisshorns durch.

47 unten Mitte Johann Joseph Bennen (1824 bis 1864) besteigt mit John Tyndall und dem Kollegen U. Wenger 1861 das Weisshorn. Bei drei Versuchen am Matterhorn begleitet er Tyndall; er soll durch seine Unsicherheit das Unternehmen zum Scheitern gebracht haben.

47 unten rechts Neben Michel Croz nimmt Michel Payot einen wichtigen Platz im französischen Alpinismus ein. Mit Croz und Edward Whymper gelingt ihm die Erstbesteigung der Aiguille d'Argentière und des Mont Dolent.

48–49 Die Aiguille Verte (links) und der Obelisk der Dru, gesehen von den Grands Montets, bilden einen außergewöhnlichen Tummelplatz Ende des 19., Anfang des 20. Jahrhunderts, als eine neue Generation von Bergsteigern systematisch die höchsten und schwierigsten Wände der Alpen angeht. Im Hintergrund der Montblanc.

48 unten links Melchior Anderegg (1828–1912) aus Meiringen im Berner Oberland gilt als «König der Führer» mit einem unübertrefflichen Orientierungsvermögen und einer wahren Meisterschaft im Eisklettern. Großen Ruhm brachte ihm der Brenvasporn im Montblancmassiv im Juli 1865 ein. Zu erwähnen sind auch die Erstbegehungen des Monte Disgrázia, der Dent d'Hérens, der Parrotspitze am Monte Rosa und des Bossesgrates am Montblanc.

48 unten rechts Als Kunde von Melchior Anderegg am Brenvasporn und bei vielen anderen Besteigungen ist Adolphus W. Moore (1841 bis 1887) die treibende Kraft bei der Eroberung des Obergabelhorns, des Piz Roseg und des Großen Fiescherhorns sowie bei einigen Winterbesteigungen in den Alpen. Er nimmt auch an den ersten Reisen von Bergsteigern in den Kaukasus teil.

49 Die Funktionalität der heutigen Kleidungsstücke und Materialien liegt noch in weiter Ferne, aber die Ausrüstung der Alpinisten hat gegen Ende des 19. Jahrhunderts bereits Riesenfortschritte im Vergleich zu den Zeiten de Saussures und seiner Bergführer gemacht. Nagelschuhe, lange Eispickel mit hölzernem Handgriff, ein dickes Hanfseil und eine Metalllaterne, in der eine Kerze Platz hat, sind nun Standard.

Aber zunächst einmal bleibt alles fest in englischer Hand und in der Hand ihrer Bergführer aus Chamonix, dem Wallis und dem Berner Oberland. Im Jahr 1864 gelingt außer den Whymper-Touren auch die Erstbesteigung des Zinalrothorns (4221 Meter), der turmförmigen Felspyramide zwischen Zermatt und dem einsamen Zinaltal. Den Gipfelsieg teilen sich Leslie Stephen und Francis Crowford Grove mit Jakob und Melchior Anderegg, zwei Cousins aus Meiringen, die eine der stärksten Seilschaften ihrer Zeit bilden. Erstmals werden Kletterpassagen in den Westalpen an der Grenze zum vierten Schwierigkeitsgrad überwunden.

Im Jahr darauf, 1865, werden nicht nur die Aiguille Verte und das Matterhorn, sondern auch die Aiguille de Bionnassay (4052 Meter), ebenfalls im Montblancmassiv, bestiegen. Am 28. Juli 1865 erreichen die Briten E. N. Buxton, R. J. S. Mac Donald und F. C. Grove mit den Bergführern Jean-Paul Cachat und Michel Payot den Gipfel.

Die Brenvaflanke

Das Interesse der Briten beschränkt sich allerdings nicht allein auf die Gipfel. Um 1860 werden auch die großen, noch unbestiegenen Felswände bereits eroberter Berge zu neuen Zielen erklärt.

Die erste Unternehmung dieser Art ist 1859 die Besteigung des Montblanc von St.-Gervais aus. Die Bergsteiger lassen die Führer zwischen der Aiguille und dem Dôme du Goûter zurück und erreichen den Gipfel auf einem wenig eleganten Weg über das Grand Plateau und das letzte Stück der üblichen Route von Chamonix.

Diese Leistung wird zwei Jahre später, am 18. Juli 1861, von Leslie Stephen und Francis Fox Tuckett eindeutig überboten. In Begleitung von Melchior Anderegg sowie Johann Joseph Bennen und Peter Perren, die im Eis mehr Erfahrung haben als ihre Kollegen aus Savoyen, überwinden die beiden Briten endlich den hohen und furchterregenden Bossesgrat (man erinnere sich, dass Steigeisen noch nicht erfunden waren!), der heute von den meisten Seilschaften begangen wird, die zum Gipfel wollen.

1865 werden drei verschiedene Routen auf die Aiguille Verte eröffnet. Aber das aus technischer Sicht außergewöhnlichste Unterfangen findet am Montblanc statt, am Tag nach der Tragödie bei der Eroberung des Matterhorns. Beteiligt sind die Briten George S. Mathews, Adolphus W. Moore, Francis und Horace Walker mit den tüchtigen Bergführern Jakob und Melchior Anderegg aus dem Berner Oberland. Die Gruppe startet am 14. Juli in Courmayeur

und dringt in die Wildnis des Brenvabeckens entlang der schmalen Jägerpfade vor. Sie biwakiert am Rand des spaltenreichen Brenvagletschers. Ihr Ziel ist dabei die Brenvaflanke mit dem Brenvasporn.

Melchior Anderegg, der Mann aus Meiringen, wird von Whymper wie folgt charakterisiert: «Er ist der Prinz, der Napoleon der Bergführer. Sein Reich ist der ewige Schnee, sein Zepter das Eisbeil.» Aber sein Cousin Jakob ist es, der um acht Uhr morgens die Seilschaft führt.

Stufe für Stufe schlägt er und öffnet einen rutschigen Pfad auf dem «Kamm aus blauem Eis, ohne dass ein einziges Schneepartikel» auf den Gletscher darunter fällt. Weiter vorn wird der Grat schmaler, und die Bergsteiger müssen einige Dutzend Meter auf allen vieren kriechen. Dann erhebt sich Jakob wieder und schlägt neue Stufen. Moore kommt nicht umhin, sich mit leichter Ironie zu fragen, «was passiert wäre, wenn jemand auf einer der beiden Seiten hinunter gerutscht wäre, was dann die anderen getan hätten – ob sie sich auf der Gegenseite hätten hinunterfallen lassen oder nicht – und wie das Ganze ausgegangen wäre». Aber diese düstere Frage des Engländers wird nicht beantwortet.

Um halb zehn Uhr morgens trifft die Gruppe unter der nächsten Schneewand ein, die «schrecklich steil», aber ohne besondere Hindernisse ist. Nach zwei außerordentlich anstrengenden Stunden für die Führer ist man unterhalb der Eisbrüche und am Beginn der langen Querung Richtung Col de la Brenva und Couloir angelangt.

Eine heikle Passage bei der Überwindung einer Gletscherspalte, ein letztes Stück auf halber Höhe unter einem «enormen Vorhang aus Eiszapfen», dann hat die Gruppe die Normalroute und die Mûr de la Côte erreicht. Um drei Uhr nachmittags sind die Männer auf dem Gipfel, um halb zehn

Uhr abends zurück in Chamonix. «Das war keine Kleinigkeit», meint der große Melchior lakonisch. «A very interesting route», wird Moore sie im *Alpine Journal* nennen.

Das Jahr 1865 ist der Höhepunkt des «Goldenen Zeitalters» des Alpinismus und gleichzeitig auch ein Jahr der Wende. Nach der Besteigung, an der ihm mehr als an allen anderen Dingen auf der Welt lag, kehrt Edward Whymper dem Wettlauf auf die großen Alpengipfel den Rücken. Nach etwa hundert Erstbesteigungen lassen die Mitglieder des *Alpine Club* auch Kletterern aus anderen Nationen ein wenig Spielraum. 1866 durchsteigt der Schweizer Edmund von Fellenberg mit den Bergführern Christian Michel und Peter Egger die imposante Nordwand des Mönchs, des 4099 Meter hohen Gipfels zwischen Eiger und Jungfrau. Die Schlüsselstelle des Anstiegs ist die Überwindung des Nordwest-Bollwerks, genannt «Nollen», einer bis zu 60 Grad steilen Eisbarriere.

50 oben Gruppenbild mit Dame: links der große Bergführer Christian Almer (1826 bis 1898) aus Grindelwald. Rechts von ihm Reverend William Coolidge (1850 bis 1926), der an 33 sommerlichen Bergfahrten in den Alpen und an Dutzenden von Erstbesteigungen teilgenommen hat. Neben ihm seine Tante Meta Brevoort und Ulrich Almer, der älteste Sohn Christian Almers.

50–51 Die Nordwände von Eiger (links) und Mönch (rechts) im Berner Oberland bieten ein großartiges Schauspiel. Die düstere, sehr schwierige Eiger-Nordwand («Mordwand») wird erst 1938 bezwungen. Bereits 1866 erreicht Edmund von Fellenberg mit den Führern Christian Michel und Peter Egger den Nollen («Nase»), eine außerordentlich steile Eisbarriere auf der rechten Seite der Mönch-Nordwand.

Die Franzosen auf der Meije

In den Westalpen bleibt nun nur noch ein großer Berg übrig, der bisher den Eroberungszügen der Briten entgangen war: die Meije, ein schwieriger Felskamm im Herzen der Dauphiné. Sie ist «nur» 3984 Meter hoch. Die Felswände sind jedoch so schwierig, dass sie jahrelang ein unerreichbares Ziel selbst für die besten Seilschaften jener Zeit waren. Mehrmals versucht William A. B. Coolidge, ein in Europa ansässiger Amerikaner, den Aufstieg. Er ist an gut 33 Sommerunternehmungen in den Alpen und an Dutzenden von Erstbegehungen beteiligt. 1870 erreicht Coolidge gemeinsam mit seiner Tante Meta Brevoort den Doigt de Dieu, den zentralen Gipfel der Meije, jedoch einige Meter niedriger als der Grand Pic. Eben am Grand Pic gelingt es nach zwanzig Jahren zum ersten Mal einer französischen Seilschaft, vor einer angelsächsischen den Sieg zu erringen. Zur französischen Gruppe gehören als Bergführer Pierre Gaspard Vater und Sohn, die bereits bei lohnenden Besteigungen im Oisansmassiv beteiligt waren. Der Kunde ist Henri Emmanuel Boileau de Castelnau. Der Franzose besteigt in seinem ersten Bergsommer Montblanc, Matterhorn, Dent Blanche und Finsteraarhorn und hat bei der ersten Begehung der Aiguille d'Olan die Überschreitung des Pelvouxkammes angeregt. Beim Aufstieg auf die Meije spornt Boileau die Bergführer an, wenn diese anfangen, müde zu werden; er führt einige der härtesten Passagen, unter anderem auch die letzte, stark ausgesetzte Platte, die zum 3984 Meter hohen Gipfel führt. Als sich am 16. August 1877 die drei Franzosen auf dem Grand Pic de la Meije die Hände geben, beginnen sich die Zeiten zu wandeln. Der Traum von der jungfräulichen Eroberung ist ausgeträumt. Nun kann Bergsteigen zum Sport werden.

51 oben In der Alpingeschichte ist der Name Henri Emmanuel Boileau de Castelnau (1815 bis 1923) mit dem Oisansmassiv verbunden. Nach der Aiguille de l'Olan und der ersten Überschreitung des Pelvoux erreicht der Franzose 1877 mit den Bergführern Pierre Gaspard Vater und Sohn den Grand Pic de la Meije, einen der letzten hohen, noch unbestiegenen Gipfel.

51 unten Unter den vielen schönen Felswänden des Oisans ist die Meije-Südwand die eindrucksvollste und berühmteste. Sie wurde erstmals im Jahr 1912 von einer Seilschaft mit Angelo Dibona bestiegen, einem bekannten Führer aus Cortina d'Ampezzo. Der Zugang zum 3984 Meter hohen Gipfel wird 1877 über das Promontoire und den Glacier Carré gefunden.

Die Entdeckung der Bleichen Berge

Ampezzaner Dolomiten, 19. September 1857. In Begleitung eines Gamsjägers aus San Vito – wahrscheinlich Giovan Battista Giacin, *Sgrinfa* genannt –, nähert sich der britische Bergsteiger John Ball den senkrechten Wänden des Monte Pelmo, eines der elegantesten und höchsten Gipfel der ganzen Bergkette. Die beiden steigen schnell über die Geröllhalden hinauf, die den Berg rings umgeben, und steuern dann mit sicheren Schritten auf eines der Felsbänder zu, die den mächtigen Felssporn, der südöstlich vom Gipfel herabläuft, unterbrechen.

«Diese Felsbänder sind so schmal, dass nur die Gämsen und genauso bewegliche Verfolger sie entlang laufen können», berichtet Ball über den Aufstieg. Teils eben und teils ansteigend verläuft auf dem Felsband ein allmählich bergauf führender Weg, der keine allzu großen Schwierigkeiten aufweist und den die mutigsten Jäger der Gegend vielleicht schon kennen. Fast am Ende jedoch, kurz vor der großen Mulde, die in Richtung Gipfel führt, ist das Felsband durch einen Überhang unterbrochen, den man kriechend überwinden kann – oder, entschieden eleganter, man lehnt sich vollkommen exponiert nach außen und passiert die Stelle.

Der Führer geht auf dem ersten leichten Stück des Felsbandes voran. Dann überholt Ball und überwindet als Erster den gefährlichen Abschnitt, der heute als «Passo del Gatto» bekannt ist und den er in seinem Bericht als *Pons Asinorum*, «Eselsbrücke», bezeichnet. Nach der Querung der Geröll- und Schneefelder in der großen Mulde bringt ein brüchiger Felsgrat die beiden Bergsteiger auf den 3168 Meter hohen Gipfel, von dem man einen außergewöhnlichen Blick auf einen großen Teil der Dolomiten hat.

Späte Liebe zu den Dolomiten

Ball ist 1818 in Irland geboren und unternimmt im Sommer 1857 seine zwölfte Alpenfahrt. Im Jahr nach der Besteigung des Monte Pelmo wird er Präsident des *Alpine Club*, und ab 1863 beginnt er mit der Veröffentlichung von *Ball's Alpine Guides*, den ersten ausdrücklich für Wanderer und Bergsteiger bestimmten Reiseführern.

Die Besteigung des Monte Pelmo ist der «offizielle» Beginn des Alpinismus in den Dolomiten, aber sie zeigt auch, wie viel später man hier im Vergleich zu den Westalpen mit dem Bergsteigen beginnt.

Ball ist an Besteigungen im gesamten Alpenraum beteiligt und auf die Dolomiten eher zufällig gestoßen, weil ihn seine Begeisterung für Botanik dazu veranlasst hatte, den botanischen Garten Alberto Parolinis in Bassano zu besuchen. Später kommt er immer häufiger zu Besuch, und 1856 heiratet Ball schließlich Parolinis Tochter Elisa. Der Ire hat aber nicht nur Augen für die Blumen und seine Braut, auch die Berge haben es ihm angetan. Diese Kombination ist vermutlich die Ursache dafür, dass er nicht nur der erste echte Alpinist in den Bleichen Bergen wird, sondern auch ihr Dichter, der die Schönheit dieser herrlichen Berge unter den Mitgliedern des *Alpine Club* preist.

Die Zeitspanne zwischen Erstbesteigung von Montblanc und Monte Pelmo ist beträchtlich. Denn der höchste Berg der Alpen wird bereits 1786 erschlossen, und im Jahr darauf erfolgt die dritte Besteigung mit großem Pomp durch Horace-Bénédict de Saussure. Nach der Niederlage Napoleons bei Waterloo werden Chamonix und seine Gletscher rasch zu einem Modeziel der britischen Reisenden.

52 Der Monte Pelmo wird als erster der großen Dolomitengipfel erobert. 1857 steigen der Ire John Ball und sein Führer aus dem Zoldintal von der Südseite her auf den Gipfel. Im roten Abendlicht leuchtet die abweisende Nordseite; der Turm rechts oben ist der Pelmetto.

52–53 Die 1869 in Wien veröffentlichte «Specialkarte Tyrol und Vorarlberg» umfasst einen großen Teil der Dolomiten. Bei genauerer Betrachtung dieses Ausschnitts zeigt sich, dass die kartografische Darstellung der Bergmassive noch ziemlich unvollkommen ist.

53 oben links John Ball (1818–1889) ist der erste Vorsitzende des britischen *Alpine Club* und veröffentlicht ab 1863 *Ball's Alpine Guides*, die ersten Bücher für Wanderer und Bergsteiger. Nach vielen Touren in den Westalpen läutet seine Besteigung des Monte Pelmo (1857) den Beginn des Alpinismus in den Dolomiten ein.

53 oben rechts Déodat Sylvain Guy Tancrède de Dolomieu hat den Dolomiten seinen Namen gegeben, obwohl er sie nie aus der Nähe gesehen hat. Der Geologe entdeckte 1789 im Pflerscher Tal die Gesteinsart Dolomit, ein Bikarbonat aus Magnesium und Kalzium. Aus ihr besteht ein großer Teil der Bleichen Berge, die deshalb auf Vorschlag de Saussures nach dem Dolomit benannt wurden.

53 unten Die eindrucksvolle Nordwestwand der Civetta beherrscht Alleghe und den Alleghesee. Diese Felsmauer gehört zu den spektakulärsten der Dolomiten. Der höchste Gipfel erreicht 3220 Meter und erhebt sich links von der Punta Civetta und der Punta Tissi. Rechts (im Südosten) die Piccola Civetta, die Punta De Gasperi und die Cima Su Alto.

In den Dolomiten geschieht zu Beginn des 19. Jahrhunderts nichts Derartiges. Die Straße, die München und Innsbruck über den Brenner mit Bozen, Trient und Verona verbindet und von Heeren, Pilgern und Händlern genutzt wird, von den Häfen am Ärmelkanal aber schwer zu erreichen ist, bleibt lange Zeit unberührt von den klassischen Routen der *Grand Tour*.

Ein neugieriger, wunderlicher Reisender mit germanischem Blut in den Adern namens Charles Joseph Latrobe dringt schließlich zu den Wunderwerken aus Fels im Grödner Tal und im Abteital vor. Doch erst aufgrund der Taten und Erzählungen John Balls beginnen die ersten englischsprachigen Reisenden die grünen Täler Südtirols, des Trentino und des Cadore – lange Zeit nahezu eine *Terra incognita* – zu bereisen.

Einige unter ihnen, wie die Engländer Josiah Gilbert, George M. Churchill und die Amerikanerin Amelia B. Edwards, veröffentlichen leidenschaftlich geschriebene Reiseberichte und bringen so ihre Landsleute in die *Dolomite Mountains*, die «Berge aus Dolomit», die in jenen Jahren unter ihrem heutigen Namen allmählich bekannt werden.

Drei Jahre nach der Bezwingung des Monte Pelmo versucht sich Ball 1860 gemeinsam mit seinem Freund Birkbeck und dem Bergführer Victor Tairraz aus Chamonix an der Erstbesteigung der Marmolada di Rocca über den leichten Gletscher auf der Nordseite, der eine der wenigen Routen «westlichen» Charakters in den Dolomiten bietet. Das starke Team muss jedoch schon vor dem Gipfel aufgeben.

Francis Fox Tuckett, in Begleitung von Melchior und Jakob Anderegg, Schweizer Bergführern und Bezwingern des Brenvasporns, setzt dann 1867 die «offizielle» Erstbesteigung der Civetta ins Werk, des eindrucksvollsten Felsgipfels in den Bleichen Bergen. Die Civetta ist aber sehr wahrscheinlich bereits einige Jahre zuvor von Simeone De Silvestro, genannt *Piovanèl*, erreicht worden, einem der ersten «richtigen» Bergführer in den Dolomiten.

Paul Grohmanns Entscheidung

1870 beginnen der außerordentlich aktive Douglas Freshfield und Leslie Stephen – er hatte einem Buch über die Alpen den Titel *The Playground of Europe* gegeben – in Begleitung von Charles Comyns Tucker und Edward Robson Whitwell eine intensive Forschungstätigkeit, besonders an den Pale di San Martino, im Süden der Bleichen Berge.
«Ich hoffte, dass wenigstens einige der Gipfel sich als unbesteigbar erweisen würden», schreibt Leslie Stephen einige Jahre später. Aber seine romantische Hoffnung wird nicht erfüllt. Alle hohen Gipfel der Bleichen Berge werden nacheinander in den sechziger und siebziger Jahren des 19. Jahrhunderts bezwungen. Im Gegensatz zum Montblanc, dem Berner Oberland und den Walliser Alpen spielen die Briten in den Dolomiten nicht die Hauptrolle – aber doch einen beachtenswerten Part.
Bei wichtigen Unternehmungen sind hier nämlich hauptsächlich deutschsprachige Bergsteiger beteiligt. Diese Überlegenheit tritt in den Jahren vor und nach dem Ersten Weltkrieg noch stärker hervor und lässt erst in den dreißiger Jahren nach, als die italienischen «Sestogradisten» Emilio Comici und Riccardo Cassin in Erscheinung treten.

54–55 oben Im Winter ist der höchste Gipfel der Dolomiten, die Marmolada di Penia (3342 Meter, links), besonders beeindruckend. Er wird 1864 von Paul Grohmann und den Führern Angelo und Fulgenzio Dimai aus Cortina erstmals bestiegen. Daneben erhebt sich der imposante Gran Vernèl (3205 Meter).

55 unten Von Norden gesehen erscheint der Gipfelgrat der «Dolomitenkönigin», der die Marmolada d'Ombretta (3230 Meter, links) mit der Marmolada di Rocca verbindet, wild und unberührt. Die großartige und erhabene Südseite des Berges hingegen ist von Skipisten und Seilbahnen beeinträchtigt.

54 oben Der Wiener Paul Grohmann (1838–1908) ist der unbestrittene Held des beginnenden Alpinismus in den Dolomiten. Gemeinsam mit Führern aus Cortina (insbesondere Francesco Lacedelli), später aus dem Pustertal, realisiert er die Erstbesteigung von Marmolada, Antelao, Sorapis und den drei Tofanen, von Monte Cristallo, Dreischusterspitze, Langkofel und der Großen Zinne.

54 unten Grohmann erklomm nicht nur die höchsten Gipfel der Bleichen Berge, er veröffentlichte von seinen geliebten Dolomiten 1875 in Wien auch eine Landkarte. Im Vergleich zu der sechs Jahre zuvor erschienenen «Specialkarte» ist die Darstellung der Massive und Gipfel viel genauer, wie der Ausschnitt vom südöstlichen Teil mit Cortina und Auronzo di Cadore beweist.

In den Dolomiten heißt der große Held der Gipfelstürmer – sozusagen der Edward Whymper der Ostalpen – Paul Grohmann. Er hat, wie der Alpinhistoriker Antonio Berti es so treffend formulierte, «mit beiden Händen die Türflügel zur Geschichte des Bergsteigens in diesen göttlichen Bergen geöffnet».

Grohmann ist 1838 in Wien geboren und beginnt im Alter von etwa 15 Jahren, ins Gebirge zu fahren. Nach den ersten Touren in Kärnten und Osttirol steigt er 1858 auf den Großglockner, den höchsten Tauerngipfel. Von hier oben bewundert er die unverwechselbaren und bizarren Profile der Dolomiten in der Ferne. «Ich betrachtete die Gletscherkrone der Tauern im Norden und die herrlichen Felsen Venetiens im Süden.[...] Ich beschloss, in die Dolomiten zu ziehen und dort zu arbeiten. Selten hat sich ein junger Mensch mit so viel Begeisterung seiner Arbeit gewidmet», schreibt er 1877 in seinen Erinnerungen, den *Wanderungen in den Dolomiten*, die eines der interessantesten Werke der Bergliteratur in deutscher Sprache bleiben werden.

Der Wiener erreicht Cortina an einem schwülen Nachmittag im August 1862 nach einer langen Kutschfahrt. «Ab Toblach», erzählt später einer seiner Biografen, «hatte er aufmerksam die gewagten Gipfel am Rand der sonnenbeschienenen und staubigen Straße beobachtet». Nun ist Grohmann unter den Gipfeln angekommen, die seine Welt bedeuten, und er muss ein Problem lösen: Einheimische

finden, die ihn auf seinen selbst gewählten Klettertouren begleiten sollen. Führerloses Gehen war damals noch ganz und gar undenkbar.
Seine erste Besteigung in den Dolomiten findet weit entfernt von der Talsenke von Cortina d'Ampezzo statt und hat die Marmolada zum Ziel, die «Königin» der Dolomitengipfel. Der junge Wiener lässt Cortina hinter sich, überquert den Passo Giau, wandert nach Caprile hinab und übernachtet in der *Osteria del Pezzé*, einer traditionellen Etappenstation für die wenigen Reisenden, die die Dolomiten in jenen Jahren besuchen.
Am Tag darauf steigt er gemeinsam mit dem Führer Pellegrino Pellegrini aus Rocca Pietore (der sechs Jahre zuvor bereits einen fehlgeschlagenen Aufstiegsversuch unternommen hatte) und einem Träger den Gletscher hoch, findet ein Thermometer und einen Zettel, den John Ball zwischen den Felsen deponiert hatte, und erreicht dann den Gipfel der Marmolada di Rocca. Die Punta Penia, der höchste Gipfel der Bleichen Berge, ist nur wenige hundert Meter entfernt und nur 34 Meter höher. Der Grat, der die beiden verbindet, scheint den Bergsteigern zu schwierig. «Das ist etwas für Lebensmüde!» ruft Pellegrini.
Später wird Grohmann auf dem Weg zum Sorapis, zum Monte Cristallo und zur Großen Zinne mit «seinen» Bergführern aus Cortina schwierigere Passagen absolvieren. Dies hier war seine erste Annäherung an die Dolomiten, und der Verzicht auf den letzten schmalen Grat zur Punta Penia zeugt von Bescheidenheit und Weisheit. In typischer Pioniermanier sieht Grohmann die Besteigung der Marmolada della Rocca 1862 ganz einfach als gescheiterten Versuch an; er wird sie später selten in seinen Schriften erwähnen.
Auf die Marmolada di Penia wird er zwei Jahre später steigen, am 28. September 1864, in Begleitung von Angelo und Fulgenzio Dimai. Die beiden Führer aus Cortina – die anderen sind Santo Siorpaes, Matteo Ossi und besonders Francesco Lacedelli, berühmt als «Checo da Melères» – werden zu Paul Grohmanns liebsten Gefährten bei seinen Besteigungen in den Jahren zwischen 1863 und 1869.
«Sie waren Forstleute oder Gamsjäger oder Bauern, keiner war Bergführer. Aber dadurch, dass sie mich bei den Klettertouren führten, die sie selbst das erste Mal gingen, [...] haben sie alle Erwartungen übertroffen. Alles tüchtige Leute, zuverlässige Führer und im Allgemeinen ausgezeichnete Kletterer», lobt sie der Wiener in seinen «Wanderungen». Diese Aufstiege zu den höchsten und schönsten Gipfeln sind es dann auch, die aus einigen dieser Bergbewohner professionelle Bergführer machen, wenn auch nicht im Vollzeitberuf. Die interessanteste Persönlichkeit unter ihnen ist sicher «Checo da Melères». «Er war nicht der beste Führer, den ich erhalten konnte, bloß deshalb, weil es damals schwer gewesen wäre, einen anderen aufzutreiben, sondern wegen seiner wirklich hervorragenden Eigenschaften, Kraft, Ausdauer, Gewandtheit, ein Mut, der vor keinem Hindernisse zurückschreckte, Mäßigkeit, die Gabe, sich überall durchzufinden und schließlich – Ehrgeiz! Der Mann ging nicht wegen des kärglichen Gewinnes – er zählte und zählt noch unter die wohlhabenden Bauern von Ampezzo – er ging größtenteils aus Ehrgeiz.»

Grohmann sammelt Gipfel

Grohmann fühlt 1862 nur vor. Im Jahr darauf besteigt der Wiener mit dem außergewöhnlichen «Checo» (der schon 67 Jahre alt ist!) die Tofana di Mezzo, den höchsten Berg der Gruppe. Das ist die erste Besteigung eines der großen

56 oben Zu Beginn des 19. Jahrhunderts hatte Cortina d'Ampezzo ein ganz anderes Gesicht als heutzutage: Im Hauptort und in den anderen Ortsteilen lebten damals etwa 2200 Personen. Die Ampezzaner beschäftigten sich hauptsächlich mit Landwirtschaft, Weide- und Holzwirtschaft – der Tourismus war überhaupt noch nicht geboren.

56 unten Die Gletscherhänge reichen bis zum Gipfelgrat der Marmolada di Penia und werden heute von Skiliften und Abfahrten durchschnitten. Der Normalweg auf die Marmolada di Penia (rechts), den Grohmann und seine Führer 1864 einschlugen, überwindet den rechten Ausläufer des Gletschers, ein Felsband und den üppigen Schneegrat der Schiena de Mul.

57 unten links Der Bergführer Pellegrino Pellegrini aus Rocca Pietore wird im Gegensatz zu seinen Kollegen aus Cortina und Sexten zwar kein berühmter Mann – doch er führt Paul Grohmann bei der Erstbesteigung der Marmolada di Rocca entlang des nicht sehr schwierigen, aber unsicheren Weges über den Marmoladagletscher.

57 Der Kontrast zwischen der senkrechten Südwand der Marmolada (links) und den sanften Hängen des Gletschers, der die Nordseite des Berges bedeckt, wird erst aus der Luft augenfällig. Die höhere Marmolada di Penia wird fast vollständig von der Marmolada di Rocca verdeckt.

Gipfel, die die Talsenke von Cortina d'Ampezzo umschließen. Auf den Schuttfeldern am Fuß der Tofana di Rozes und der Tofana di Mezzo, wo sich heute der vielbegangene Weg zur Giussanihütte hochwindet, fragt Lacedelli seinen Kunden, auf welchen der beiden Gipfel er steigen wolle. Der Unterschied beträgt nur 19 Meter und lässt sich mit bloßem Auge von weitem nicht feststellen. Die Messungen für das Tiroler Katasteramt sind noch nicht abgeschlossen, und die Bergsteiger haben daher keine zuverlässige Landkarte zur Verfügung.

Nach kurzem Zögern wählt Grohmann die Spitze zu seiner Rechten, also die Tofana di Mezzo. Checo da Melères startet entschlossen und überwindet ein steiles, mühsam zu bewältigendes Geröllfeld. Dann biegt er nach links ab, klettert über einen Felssporn, quert «auf einem schmalen Band ein kurzes Stück sehr ausgesetzter Wand» und erreicht den kleinen Gletscher, der zum Gipfelgrat und zum Gipfel führt.

Einige Tage später ist der Monte Pelmo an der Reihe, bei dessen Besteigung der Wiener außer von Checo auch von dessen Neffen Alessandro und den Brüdern Zugliani aus Zoldin

58 oben Paul Grohmann beschreibt Francesco Lacedelli, genannt «Checo da Melères» (1796–1886), der ihn auf den Antelao, den Sorapis und die Tofane begleitet hat, als den besten Führer, den er finden konnte. Der wohlhabende Bauer ging nicht wegen des Entgelts ins Gebirge, sondern allein aus Ehrgeiz.

58 Mitte Wer von Cortina zum Falzaregopass hinauffährt, kann die eindrucksvolle Tofana di Rozes gut erkennen. Zu sehen ist der obere Abschnitt der Südwand, die 1901 von den Baroninnen von Eötvös erstmalig bestiegen wird, in Begleitung der Führer Antonio Dimai, Agostino Verzi und Giovanni Siorpaes. Dahinter erscheinen die Tofana di Mezzo und die Tofana di Dentro.

begleitet wird. Sie lassen das «Felsband von Ball» links liegen und folgen einer anderen Route, die genauso hoch verläuft, aber weniger schwierig als die sechs Jahre zuvor von dem Briten eingeschlagene ist. Es ist das erste Mal, dass auf einen großen Dolomitengipfel nicht dem Weg der Erstbesteiger gefolgt, sondern eine neue Route gesucht wird. Vielleicht bedeutet das, dass die Jäger aus Zoldin bereits einen Weg zur großen Mulde kannten. Aber wie immer in der alpinen Chronik des 19. Jahrhunderts kann man unmöglich feststellen, ob die einheimischen Pioniere zuvor wirklich den höchsten Punkt erreicht hatten.

In dieser Hinsicht gibt es jedoch keinen Zweifel bezüglich der Besteigung des Antelao, die Grohmann gemeinsam mit den Lacedelli-Brüdern zwölf Tage nach der des Monte Pelmo durchführt. Matteo Ossi, Jäger aus Resinego, der sie begleitet, ist in San Vito bekannt, weil er «bereits den Gipfel erreicht» hat. Aber am Ende der langen, nicht sehr schwierigen Felsplatten der Laste, wo ein kurzer vertikaler Vorsprung den Weg zu versperren scheint, bleibt Ossi stehen, zögert und kann die richtige Passage nicht finden. Checo geht nach vorn, klettert einen steilen Kamin hoch und führt die Gruppe auf den Gipfel, auf dem man keine Spuren anderer Begeher entdecken kann.

Den Sommer 1864 beginnt Grohmann mit der Tofana di Rozes, die er im Vorjahr nicht bezwungen hatte und nun in Begleitung von Checo, Santo Siorpaes und Angelo Dimai besteigt. Dann ist die Marmolada di Penia an der Reihe, der höchste Dolomitengipfel, den der Alpinist am 16. September erreicht, zusammen mit Angelo und Fulgenzio Dimai.

Zwölf Tage später folgt der Sorapis, wo Grohmann unter der Führung von Checo Lacedelli und Angelo Dimai eine mutige Überschreitung durchführt. Der Anstieg erfolgt von Norden über den Tre-Croci-Pass, die Tondi von Sorapis, die Foppa di Mattia und den herrlichen Gipfelgrat.

Auf dem Rückweg steigen die Alpinisten «aufgeregt und ein wenig unvorsichtig geworden durch den Sieg» in Richtung der Geröllfelder der Forcella Grande bis zu einem Abbruch, der den Weg zu versperren scheint. Lacedelli gelingt es,

allein hinunterzukommen, aber die Passage ist für die anderen zu schwierig. Dimai lässt Grohmann mit dem Seil hinunter und ist dann gezwungen, für den eigenen Abstieg «das Seil über einen kleinen, aber robusten Felssporn zu werfen». Diese Tatsache wird in den «Wanderungen» nebenbei abgehandelt, aber es handelt sich hier vielleicht um das erste Doppelseil in der Geschichte des Alpinismus.
1865 vervollständigt Paul Grohmann seine Sammlung der großen Gipfel um Cortina mit der Besteigung des Monte Cristallo, den er am 14. September mit Antonio Dimai und Santo Siorpaes erreicht.
Seine letzte große Klettersaison ist das Jahr 1869. Der Wiener Bergsteiger, der mittlerweile von den Sextener Führern Franz Innerkofler und Peter Salcher begleitet wird, steigt nacheinander auf die einsame Dreischusterspitze, die imposante Pyramide des Langkofels und die unzugängliche Große Zinne. Diese Touren sind alle schwieriger als die der vorangegangenen Jahre, als er Passagen bis zum dritten Grad kletterte.
Die Zeit der Dolomitenabenteuer Grohmanns wird durch die Wirtschaftskrise von 1873 beendet, die zum Konkurs seiner Bank führt und ihn in den Ruin treibt. Mit nur 35 Jahren hat der wohlhabende junge Mann, der das Reisen gewöhnt ist, der Pionier des Alpinismus in den Dolomiten, keinen Groschen mehr. Da er sich eine Möglichkeit zum Geldverdienen ausdenken muss, veröffentlicht er 1875 die *Karte der Dolomit-Alpen* und zwei Jahre darauf die *Wanderungen in den Dolomiten*. Noch 1873 ernennt ihn die Gemeinde Cortina zum Ehrenbürger, 1898 wird im Grödner Tal ein Gedenkstein mit seinem Abbild enthüllt. Für Grohmann aber sind die lustigen Jahre der Gipfelstürmerei vorbei.
«Die Erinnerung an jene glücklichen Stunden wird mich bis an die Schwelle zur Ewigkeit begleiten», vertraut er in den

58–59 Um 1880 findet eine Jagd statt, bei der einige der ersten Bergführer Cortinas als Jagdführer fungieren. Unter anderen sind dies Pietro Siorpaes, Davide Ghedina «Tadeo», Luigi Menardi «de Zinto» und Alessandro Lacedelli.

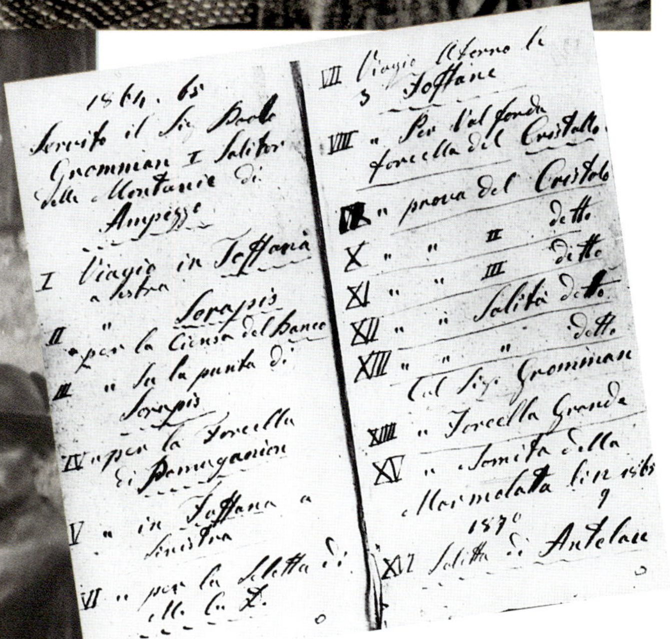

1864. 65
Servito il Sig. Paolo Grohmann I Salita delle Montanie di Ampezzo
I Viagio in Toffana a destra
II " per la Cima del Banco Sorapis
III " su la punta di Sorapis
IV " per la Forcella di Pomagagnon
V " in Toffana a sinistra
VI " per la Salitta di M. C. Z.
VII Viagio Attorno le 3 Toffane
VIII " Per Val forcia forcella del Cristallo
IX " prova del Cristalo
X " " II detto
XI " " III detto
XII " " Salita detto
XIII " " " detto
Col Sig. Grohmann
XIV " Forcella Grande
XV " Somita della Marmolatta
1870
XVI Salitta di Antelau

58 unten Santo Siorpaes (1832–1900) ist Ende des 19. Jahrhunderts einer der besten Bergführer in Cortina. Außer Grohmann begleitet er Edward Robson Whitwell und Francis Ford Tuckett. Er führt etwa dreißig Erstbesteigungen durch, darunter jene auf den Cimone della Pala und den Piz Popena, 1870 mit Whitwell und dem Schweizer Kollegen Christian Lauener.

59 oben rechts Unter den Führern, die für Paul Grohmann arbeiten, gebührt Angelo Dimai ein Ehrenplatz (in der Mitte). Er ging mit dem Wiener auf Sorapis, Monte Cristallo und Marmolada di Penia.

59 Mitte rechts Auf den ersten Seiten des Bergführerbüchleins von Angelo Dimai erscheint eine nahezu vollständige Liste der wichtigen Erstbesteigungen, die Paul Grohmann in den Bleichen Bergen durchgeführt hat.

59 unten Die Tofana di Mezzo ist nicht so eindrucksvoll wie die nahe Tofana di Rozes. Sie wird heute durch die Seilbahn verschandelt, die direkt von Cortina auf den 3244 Meter hohen Gipfel führt. Der höchste Berg des Massivs ist zugleich der erste ampezzanische, den Paul Grohmann und seine Führer bezwungen haben. Der Aufstieg erfolgt im August 1863, dabei wird der Wiener erstmals von Francesco Lacedelli, genannt «Checo da Melères», begleitet. Das ist der Beginn eines langen Zusammenwirkens.

60 oben links Bortolo Zagonel, Michele Bettega, Virgilio Zecchini und Antonio Tavernaro zählen Ende des 19. Jahrhunderts zu den besten Bergführern in den Pale di San Martino.

60 oben rechts Obwohl er nicht so elegant ist wie der nahe Campanile Basso, wird der Campanile Alto di Brenta (rechts im Bild) doch gerne und oft besucht. 1887 wurde dieser interessante Turm von Gottfried Merzbacher und dem Führer Bonifacio Nicolussi erstmals begangen, und zwar über den großen Kamin, der die Nordwand durchschneidet.

60 unten links Auch Michele Bettega (1853–1937) nimmt einen wichtigen Platz unter den Bergführern in den Dolomiten ein. Der in San Martino di Castrozza geborene Bettega führt in den südlichen Dolomiten, wo er an der Erstbesteigung der Pala di San Martino und der Cima Canali beteiligt ist. Er klettert als Erster durch die Marmolada-Südwand und realisiert die erste Winterbesteigung der Großen und der Kleinen Zinne.

TARIFFA

fissata in conformità alle Ordinanze dell'Eccelsa I. R. Luogotenenza in Innsbruch 11 Maggio 1865 e 4 Settembre 1871 concernenti l'istituzione ed il Regolamento delle Guide di Montagna dall'I. R. Capitanato Distrettuale d'Ampezzo per le gite sia a piedi che con cavallo o veicoli, preso per punto di partenza Cortina.

Per le gite a piedi	Tempo: giorni	ore	quarti	Impor.: fiorini	soldi
1 Tofana di Rozes		7		7	
2 Tofana di mezzo		7		7	
3 Tofana di fuori		8		8	
4 Grotta di Tofana		4		3	
5 Drusciè		1	3		90
6 Tondi di Cianderau		4		3	
7 Col Rosà		4		3	
8 Croda dei Lagazuoi *via Travenanzes*		6		4	50
9 Croda del Vallon Bianco		8		6	
10 Val di Fanes *alla sommità*		6		3	50
11 Lavinores		6	2	4	50
12 Rudo di sotto e Rudo di sopra		5		3	
13 Col Becchei		8		5	
14 Seekofel *magnifica veduta*		7		5	
15 Croda Rossa (Grosse Geisel)		11		9	
16 Croda di Pomagagnon		4	2	2	50
17 Valle di Padeon *colle forcelle di* Sumeles e Sonforcia		5		3	
18 Punta del Forame		6		5	50
19 Monte Cristallo *via tre Croci*		7		7	
20 Monte Cristallo *via Schluderbach*		11		9	
21 Cristallino		6	2	5	50
22 Tondi di Faloria		4		2	70
23 Valbona		2	2	1	50
24 Sorapis *alla sommità*	2			12	50
25 Valle Sorapis *via cengia del Banco al confine di Cadore*		10		7	
26 Rocchetta		5		3	50
27 Croda del Mezzodì		6	2	5	
28 Forcella da Lago		4	2	2	70

Per le gite a piedi	Tempo: giorni	ore	quarti	Impor.: fiorini	soldi
29 Al Lago *via Federa*		4		2	50
30 Croda da Lago		7		5	50
31 Lastoni del Formin		6		3	50
32 Quaire *Grotte bellissime*		2		1	10
33 Crepa *magnifica veduta d'Ampezzo*		1			60
31 Monte Giau *veduta della Marmolata*		4		2	50
35 Nuvolau *magnifica veduta*		5		2	70
36 Falzarego *via In-tra-i-sassi al Lago veduta della Marmolata*		4	2	2	50
37 Marmolata	2			16	
38 Langkofel	2	12		20	
39 S. Cassiano *via In-tra-i-sassi*		6	2	5	
40 Crovera *via S. Cassiano*		8		6	50
41 Dürrenstein		8		6	
42 Schluderbach *via Mesurina*		5		3	
43 Monte-Piana Schluderbach		7	2	4	50
44 Spitz-Popena		9		7	50
45 Lago di Mesurina		3	2	2	
46 Cadini di Mesurina		8		6	
47 Tre Cinne (: Drei Zinnen :)		11		9	
48 Marmarole	2			12	
49 Antelau *via S. Vito*		10		9	
50 Pelmo *via S. Vito*		11	2	10	50
51 Civetta	2			15	
52 Caprile *via Giau o via Falzarego*		7		5	50
Se una Guida viene adoperata più giorni, viene fissata la Tariffa seguente:					
Per una giornata di cammino				4	
Giorno di riposo				2	
Giornate di ritorno				2	

Per le gite a cavallo	Con cavallo e sella: giorni	ore	quarti	fiorini	soldi	Con veicoli: giorni	ore	quarti	fiorini	soldi
1 Tre Croci		2		3			2	2	3	50
2 Mesurina		4		4	50					
3 Mesurina Schluderbach		6		6			7	2	7	
4 Valbona Mesurina Schluderbach		7	2	7			9		8	
5 Valbona		4		4	50		4	3	5	50
6 Valbona Mesurina		5	2	5	25		6	3	6	25
7 Valbona Sopis		5	2	5						
8 Valbona *Auronzo e ritorno Pieve Cortina*						2			12	
9 Pieve Auronzo, Mesurina, Schluderbach						2			14	
10 Pieve Comelico, Monte Croce, Innichen						3			20	
11 Faloria		4	2	5						
12 *Sonforcia via Tre Croci* con ritorno Valgrande ovvero Ospitale		7		7						
13 Seekofel *via Fosses*		7	2	9						
14 Travenanzes		6		6						
15 Cianderau		2	3	3	50					
16 Drusciè		2	3	3	50					
17 Crepa		1	2	2			1	3	2	50
18 Forcella da Lago		5		6						
19 Cima Giau		4	2	5	25					
20 Falzarego		4		4			5		5	
21 Monte Nuvolau		5		5	50					
22 Andratz		6		6			7	2	7	
23 Pieve di Livinalongo		7	2	7	50		9	2	9	
24 Caprile per Andratz		8	2	9			10	2	11	
25 Grotta di Tofana		3		3	50					
26 S. Cassiano *via Falzarego*		8		9						

o con veicoli	Con cavallo e sella: giorni	ore	quarti	fiorini	soldi	Con veicoli: giorni	ore	quarti	fiorini	soldi
27 In-tra-i-sassi *via Falzarego*		5		5						
28 Bottestagno (Heutelstein)							1	2	2	
29 Ospitale							1	3	2	50
30 Schluderbach							2	3	1	
31 Höllenstein							3		1	50
32 Stazione Toblach							3	3	6	
33 Niederdorf							4	1	7	
31 Innichen							4	2	7	
35 Confine								3	1	75
36 S. Vito							1		2	50
37 Borca							1	2	2	90
38 Venas							2	2	1	50
39 Tai							3	2	6	60
40 Pieve							3	3	7	
41 Perarolo							4	1	7	50
42 Longarone							8		11	
43 Belluno						1			14	50
44 Capo di Ponte						1			13	
45 Conegliano						2			25	
Per cavalli a disposizione per più giorni viene fissata la Tariffa seguente:										
Giorni di lavoro				6					7	
Giorni di riposo				4					4	
Giorni di ritorno				1	50				5	

OSSERVAZIONI

N. 7 Si va a cavallo a 1/2 ora distante dalla cascata.
» 13 Si va a cavallo a ore una e mezza distante dalla cima.
» 17 Si va con ruotabili a 5 minuti distante dall'estremità.
» 21 Si va a cavallo a 1/2 ora distante dalla cima.
La cifra esposta comprende per ogni gita anche il ritorno d'ogni singolo Signore; però senza diritto a difalco non ritornando.
I prezzi fissati con ruotabili vengono calcolati per due persone e non più.
Il mantenimento sarà a carico del conduttore.

OSSERVAZIONI

1. Nella presente tariffa viene fissato che la guida abbia da condurre uno, o tutt'al più due persone. Per ogni individuo di più, la guida potrà pretendere il compenso di 10 soldi per ogni fiorino della tassa fissata pel viaggio.
2. La guida è obbligata di portare un peso di nove chilogrammi gratuitamente, ed il di più sarà pagato per ogni ora di cammino con cinque soldi al chilogramma.
3. Per gite ed escursioni diverse da quelle indicate nella presente tariffa, la mercede da corrispondersi resta rimessa al libero accordo fra le parti.
4. Il viaggiatore che ha accaparrato una guida è obbligato di pagare alla stessa la metà della tassa fissata per un viaggio ordinario, quando per malattia, od altro impedimento, il viaggio non possa essere intrapreso nel giorno fissato. Lo stesso avviene per cavalcature o veicoli accordati.
5. Il mantenimento sarà a carico della guida.

GUIDE LEGALMENTE AUTORIZZATE

1. Dimai Angelo
2. Siorpaes Santo
3. Lacedelli Alessandro
4. Dimai Fulgenzio
5. Zangiacomi Angelo
6. Ghedina Giuseppe
7. Menardi Angelo
8. Dimai Arcangelo
9. Dimai Pietro

Ampezzo 1 Marzo 1876

L'I. R. Capitanato Distrettuale
GENNARI

La mancia non essendo calcolata sarà a piacere.

Cadore — Tip. Comunale.

letzten Jahren des 19. Jahrhunderts seinem Tagebuch an. Die kurze bergsteigerische Karriere Grohmanns führt auch in den Dolomitentälern zur Ausbreitung des Alpinismus und zum Aufbau der dafür notwendigen Infrastruktur.

Profis und Schutzhütten

Im Jahr 1865 gibt das Statthalteramt in Innsbruck den Befehl zur «Einsetzung von Bergführern im Amtsbereich des Hauptmanns von Ampezzo». Einer nach dem anderen erhalten alle professionellen Führer ein Bergführerbuch, das in etwa den heute noch verwendeten Tourenbüchern entspricht. 1876 wird erstmals der offizielle Tarif veröffentlicht, der vom Bezirkshauptmann abgezeichnet ist.

Aber es gibt nicht nur Cortina. In Sexten im Pustertal wächst die Dynastie der Innerkofler heran (siehe auch Seite 79 ff.). Auf der anderen Seite der Etsch, in der Brenta, treten Bonifacio und Matteo Nicolussi auf den Plan, Bauern und Jäger aus Molveno. Die beiden Brüder haben sich auf den Bärenfang spezialisiert, erweisen sich aber bei den ersten Besteigungen der Brenta Alta, des Crozzon und der anderen Gipfel des Massivs als begabte Bergsteiger. Schon einige Jahre später beginnen Profis auch südlicher zu arbeiten, zwischen der Pala di San Martino und dem Agnèr. Unter ihnen wurde als Erster Michele Bettega aus Primiero bekannt.

Wie überall in den Alpen entstehen in den letzten 25 Jahren des 19. Jahrhunderts auch in den Dolomiten Schutzhütten. Die erste Hütte ist kein Bauwerk, sondern eine künstliche Höhle, die auf Anregung der Sektion Agordo des *CAI* (Italienischer Alpenverein) etwas unterhalb der Marmolada di Rocca gegraben wird. Dieser provisorische und nicht gerade komfortable Unterstand wird 1876 eingeweiht und nach einigen Jahren schon nicht mehr genutzt. Im Jahr 1880 entsteht an der Bocca di Brenta die erste gemauerte Hütte. Dann werden überall in rascher Folge weitere Hütten gebaut, von den Drei Zinnen bis zu den Bergen um Cortina, vom Rosengarten bis zur Palagruppe.

60 Mitte Bei den Urlaubern erfreuen sich ab der Mitte des 19. Jahrhunderts Wanderungen und Klettertouren mit Bergführern wachsender Beliebtheit. Dies beweist die erste Preisliste der Cortineser Bergführer von 1876, die von den kaiserlichen Behörden in Innsbruck genehmigt wurde.

60–61 Der Schnee und das warme Licht des Sonnenuntergangs hüllen selbst die bescheidensten Gipfel der Brenta-Dolomiten in eine magische Atmosphäre, wie hier die Felstürme in der Nähe der Sfulmini-Kette.

61 rechts Der Bergsteiger in der Normalroute am Cimone della Pala demonstriert den eleganten Stil und die behelfsmäßigen Mittel der Dolomitenbergsteiger Ende des 19. Jahrhunderts. Er klettert in der ausgesetzten Wand, die auf die Passage des *Bus del Gat* folgt.

Dalmatien) an Italien an, die Loyalisten wollen bei Österreich bleiben. Auf Betreiben der Irredenta-Bewegung tritt Italien 1915 in den Krieg ein, um das Land bis zu seinen «natürlichen Grenzen» auszudehnen. Im Gebirge gelingt es den beiden Gruppen, ohne allzu viele Probleme zusammenzuleben, wie die Freundschaft zwischen Giuseppe Loss und Nepomuceno Bolognini beweist. Loss besteigt 1865 als Erster die Cima Tosa und ist ein überzeugter Anhänger der Habsburger; Bolognini, einer der Gründer der Trienter Bergsteigergesellschaft, ist ein Oberst aus Garibaldis Tross und nimmt an der Schlacht von Bezzecca teil.

Die ersten Alpinisten im Veneto sind alle Nationalisten, bei Cesare Tomè angefangen, dem aktivsten Italiener in den Dolomiten der sechziger und siebziger Jahre. Er ist in Agordo geboren und häufig in den südlicheren Dolomiten anzutreffen; bald wird er «Herr Gipfel» genannt. 1875 besteigt er als Erster den Agnèr gemeinsam mit Martino Gnech und

62 oben Zu den Gründern der SAT (Società degli Alpinisti Tridentini = Trienter Bergsteigergesellschaft) gehört Nepomuceno Bolognini aus Trient, ein leidenschaftlicher Irredentist, der 1866 an der Schlacht von Bezzecca teilnimmt und hier in der Uniform eines garibaldinischen Obersten posiert.

Der Einfluss der Politik

Die italienischen Bergsteiger bleiben während der ersten zwei Jahrzehnte des Alpinismus in den Dolomiten im Abseits. Der Italienische Alpenverein *CAI*, der in den Westalpen entsteht und bald in allen großen Städten des Landes Verbreitung findet, vernachlässigt die Bleichen Berge sogar bis Anfang des 20. Jahrhunderts.

Im *CAI*-Bulletin erscheinen die Berge im abruzzesischen oder toskanischen Apennin wesentlich öfter als die Marmolada oder die Drei Zinnen. Auch wenn die Lacedelli, die Dimai und die übrigen Bergführer italienischer Muttersprache sind, so ist doch das Cadore erst 1866 zu Italien gekommen, während das Trentino und Cortina bis 1918 bei Österreich-Ungarn bleiben.

Es ist kein Zufall, dass die Geschichte der ersten italienischen Kletterer in diesen Gebieten eng mit den politischen Begebenheiten verbunden ist. In den Trentiner Tälern ist die Gemeinschaft italienischer Sprache und Kultur scharf geteilt zwischen Irredentisten und Loyalisten: Die Irredentisten streben seit 1866 den Anschluss der italienischsprachigen Gebiete Österreich-Ungarns (Trentino, Triest, Istrien,

62 Mitte Sass Maor (links) und Cima della Madonna sind besonders auffallend, wenn man die Pale von San Martino di Castrozza aus betrachtet. Der Sass Maor wurde 1875 von einer Gruppe unter der Führung von Battista della Santa und François Devouassoud bestiegen. Die Schleierkante der Cima della Madonna, hier im Spiel von Licht und Schatten, wird 1921 von Gunther Langes und Erwin Merlet bezwungen.

Tomaso del Col, einem Maurer aus Voltago, der zu einem der besten Führer in den südlichen Dolomiten werden soll. Im Jahr darauf führt er zusammen mit Alberto de Falkner (Schweizer von Geburt, aber derart in das neue Italien verliebt, dass er als Freiwilliger bei Garibaldi anheuert) die ersten italienischen Besteigungen des Cimone della Pala und der Marmolada durch. 1877 kommt die Cima Immink an die Reihe, die der Mann aus Agordo zusammen mit Santo Siorpaes und dem zuverlässigen Tomaso del Col erstmals besteigt. Tomè liebt seine Heimatberge leidenschaftlich und führt seine Entdeckungsreisen bis zum Ende des Jahrhunderts fort, wobei er auch sehr schwierige Wände wie die Marmolada-Südwand und die Civetta-Nordwestwand in fortgeschrittenem Alter angeht, allerdings unter Einsatz unorthodoxer Mittel wie etwa großer Bolzen, einer Art Vorläufer der heutigen Kompressionshaken.

Der «Herr Gipfel» ist aber kein ganz strenger Nationalist, denn zu seinen liebsten Bergkameraden gehört neben Falkner der deutsche Graf Heinrich Welsperg. Bei den Touren, den Veröffentlichungen und «Kongressen» (eigentlich Bergsteigertreffen) des *CAI*-Bezirks Agordo wird es jedoch zum wichtigen Ziel, die italienische Präsenz in diesen Bergen zu mehren. Das Gleiche gilt für die SAT (Gesellschaft der Trienter Bergsteiger), die ihre bergsteigerischen und wissenschaftlichen Absichten mit dezidierter pro-italienischer Propaganda verbindet.

63 unten links Cesare Tomè, geboren in Agordo und viel in den südlichen Dolomitenmassiven unterwegs, ist einer der Förderer des italienischen Alpinismus in den Bleichen Bergen. Er meistert als erster den Monte Agnèr und die Cima Immink und führt die erste italienische Begehung des Cimone della Pala und der Marmolada aus.

63 unten rechts Am 18. August 1875 besteigen Tomaso del Col (hier im Bild), Martino Gnech und Cesare Tomè das erste Mal den Agnèr.

62 unten Das Rifugio Tosa an der Bocca di Brenta wird als erste Hütte des SAT in diesem Massiv 1882 fertig-gestellt. Als feststeht, dass diese Hütte gebaut werden soll, versieht man die beiden Zugangspfade zum Übergang mit Stufen im Fels. Damit werden erstmals in den Dolomiten Routen künstlich gesichert. Ein paar Jahre später setzt die Bremer Sektion des DÖAV eine weitere, größere Hütte daneben.

62–63 Mit ihren Wänden aus solidem Dolomitgestein, kleinen Gletschern und Geröllfeldern ist die Brentagruppe ab Mitte des 19. Jahrhunderts Tummelplatz der Bergsteiger aus Trient. Die Cima Tosa, der höchste Berg der Gruppe, wird 1865 erobert.

Helden im Granit

NEUN UHR MORGENS am 15. Juli 1880. Schauplatz ist die Südwestseite der Aiguille des Grands Charmoz, eines der schönsten Granittürme gegenüber dem Mer de Glace. Nach zehn Tagen mit Unwettern scheint wieder die Sonne über der Aiguille du Grépon, der Aiguille de Blaitière und dem eindrucksvollen Obelisken der Dru. Schnee und glashartes Eis überziehen noch die Risse und Bänder. Aber das hindert eine Seilschaft aus drei Bergsteigern nicht am Aufstieg.

Die Tour wurde von dem zu dieser Zeit besten britischen Bergsteiger angeregt. Er heißt Albert Frederick Mummery, ist 35 Jahre alt und in der Nähe der weißen Klippen von Dover geboren. Heute steigt er als Dritter auf und trägt einen Rucksack mit «einem Hilfsseil, zwei Holzpflöcken, dem Essen, einem Pickel, einer Flasche Champagner und einem Fläschchen Cognac» auf den Schultern.

Wie Edward Whymper ist auch Mummery der Kopf der Gruppe, der das Ziel und die Route festlegt. Im Gegensatz zum Eroberer des Matterhorns kann der Mann aus Dover die Seilschaft führen (und tut es gerne). Nachdem er mit Hilfe von Bergführern die Grands Charmoz und den Grépon bezwungen hat, bringt er später selbst Kameraden auf diese Gipfel. Auf anderen Bergen, angefangen bei der Dent du Requin, führt er auch die Erstbegehung ohne Führer durch.

Aus dem Bergsteigen wird ein Sport

Seit der Eroberung von Matterhorn, Aiguille Verte und Brenva sind zwar erst 15 Jahre vergangen, aber Mummerys Einstellung zum Bergsteigen ist eine ganz andere als die Whympers und Moores.

Sicher bleiben Eroberung und Entdeckung die zentralen Werte. Neben dem «Wo» ist für ihn jedoch enorm wichtig, «wie» ein Aufstieg durchgeführt wird. Das anfängliche Ziel, zu erforschen und zu erobern, verwandelt sich zunehmend in die Idee, aus dem Bergsteigen einen Sport zu machen. «Ich befürchte, dass ich auf den folgenden Seiten neben den Erzählungen über Felsen und Séracs, Unwetter und heiteren Himmel überhaupt keinen wissenschaftlichen oder topografischen Beitrag leisten werde und man auch nichts daraus lernen kann», wird Mummery in seinen Erinnerungen schreiben. «Allein Worte wie Theodolit und Landkarte schrecken mich ab. Ich widme diese Seiten all denen, die wie ich meinen, dass der Alpinismus ein reines Spiel ist.»

Das ist keineswegs nur so daher gesagt. Auf dem Matterhorn, das er über den schwierigen Zmuttgrat und den Furggengrat erreicht hat, denkt Mummery zurück »an meine geliebte Aiguille des Grands Charmoz«. Am Montblanc hat der Bergsteiger einige Stunden vor den Grands Mulets umgedreht, weil er nicht die Anstrengung einer unendlich langen Wanderung durch den Schnee auf sich nehmen wollte, «eine Beschäftigung, die mich an die ‹Diszipliniermühle› erinnert, in der die englischen Zuchthäusler gezwungen sind, ohne Pause zu arbeiten.»

Auf den Grands Charmoz ist es viel härter. «Es muss gehen», murmelt Alexander Burgener, ein exzellenter Profi aus dem Wallis, der Mummery auf zahlreichen anspruchsvollen Touren begleitet hat. Im Gegensatz zu vielen seiner Kollegen ist es für Burgener keine Schmach, den Kunden vorgehen zu lassen, wenn dieser es wünscht. An den schwersten Passagen am Fels lässt er aber Benedikt Venetz, *L'Indien* genannt, die Führung übernehmen. Der äußerst geschickte Kletterer stellt sich mehrmals als «Geheimwaffe» der Seilschaft heraus.

Die Schlüsselpassage im Anstieg ist eine kleine, etwa 12 Meter lange Schneerinne, die die drei Bergsteiger komplett von glashartem Eis überzogen vorfinden. Burgener geht sie als Erster an, schlägt viele Stufen in das Eis und sucht einen Stand. Dann steigt *L'Indien* vor und nutzt dabei erst die Schultern, dann den Kopf und schließlich den Eispickel von Burgener. Nachdem er seinen Fuß auch vom Pickel gelöst hat, sieht Venetz für Mummery «wie eine an die rutschigen Vorsprünge des enormen Eisklotzes festgekrallte Katze» aus.

Nach spannenden Augenblicken und einigem Steinschlag kündet ein Jodler davon, dass die Rinne besiegt ist. Burgener und der Engländer überwinden den Überhang unter Zuhilfenahme des Seils. Um 11.45 Uhr köpft die Gruppe auf dem Gipfel eine Flasche Champagner. Im Tal schießt der Gastwirt Couttet einige Böller ab.

Für Mummery und seine Kameraden ist die Aiguille des Grands Charmoz der erste in einer langen Reihe von Erfol-

64 oben Albert Frederick Mummery, geboren 1855 in Dover, gestorben 1895 während des Besteigungsversuchs am Nanga Parbat. Der Engländer ist die wichtigste Persönlichkeit des Alpinismus Ende des 19. Jahrhunderts. Herausragend seine Erstbegehung der Grands Charmoz, der Dent du Requin und des Grépon sowie des ypsilonförmigen Couloirs der Aiguille Verte.

64–65 Die Aiguille Verte und der Felsobelisk der Aiguille du Dru gehören zu den bevorzugten Zielen jener Seilschaften, die am Ende des 19. Jahrhunderts im Montblancmassiv aktiv sind. So zeigen sie sich im Winterkleid von Chamonix aus.

65 oben Ein weiterer, von Mummery und Alexander Burgener bevorzugter Tummelplatz ist die Kette der Aiguilles de Chamonix. Die Aiguille des Grands Charmoz (links) wird 1880 von Mummery, Burgener und Venetz erstmals bestiegen. Im folgenden Jahr erobert die gleiche Seilschaft den Grépon.

Helden im Granit

65 Mitte Der Mummery-Riss am Grépon ist etwa 15 Meter hoch und eine der berühmtesten Passagen am Montblanc. Auch heute noch ist er eine Herausforderung für jeden, der sich an der typischen Rissklettereі der Aiguilles versuchen möchte. Die historische Aufnahme von 1892 zeigt Mummery im Vorstieg. Bei der Erstbesteigung war Benedikt Venetz der Erste.

65 unten Verhalten und Aussehen von Alexander Burgener scheinen nicht zur Kultiviertheit und feinen Ironie Mummerys zu passen. Das Ergebnis ihrer Zusammenarbeit sind jedoch Besteigungen von außergewöhnlicher Bedeutung.

gen. Am 30. Juli 1881 steigt der Engländer mit Burgener allein durch das gefährliche ypsilonförmige Couloir der Aiguille Verte hinauf. Zwei Tage später geht die Seilschaft die Ostwand des Grépon an. Diesmal ist auch Venetz mit von der Partie. Nach zwei Dritteln des Wegs beschließen sie die Umkehr. Aber die Eroberung des Grépon ist nur vertagt.

Mummery, Burgener und Venetz kommen am 5. August zurück, über die Felsen auf der Seite, die den Nantillonsgletscher beherrscht. Der Anstiegsweg ist derselbe wie zu den Grands Charmoz. Dann gelangen die drei an den Fuß eines glatten Risses, der etwa 15 Meter hoch und heute unter dem Namen «Mummery-Riss» bekannt ist.

Venetz ist der Erste, der den Riss überwindet, indem er die Hände und den linken Fuß im Riss verklemmt und die Reibung der glatten Platte auf der rechten Seite nutzt.

Zum Grat fehlen nun nur noch einige Meter. Einige luftige Passagen, die aber nicht sehr schwierig sind – das *Rateau de chèvre*, die *Vire à bicyclette*, die *Fissure en «Z»* – bringen Mummery, Burgener und Venetz auf den Gipfel des Grépon. Auf den üblichen Böller des Herrn Couttet im Talgrund folgt «der viel erfreulichere Knall» des Korkens der x-ten Flasche Champagner.

Im Jahr 1885 erfolgt die zweite Besteigung des Grépon durch Henri Dunod sowie die Führer François und Gaspard Simond und Auguste Tairraz. Auf dem Gipfel nimmt der französische Bergsteiger den Pickel mit, den Mummery dort zurückgelassen hatte. 1892 führt der Engländer seine Freunde John N. Collie, Norman Hastings und William C. Slingsby auf den Gipfel und überwindet diesmal als Erster die berüchtigte Spalte.

66 links Die eindrucksvollen Platten der Westwand der Dru sind mit den Mitteln des 19. Jahrhunderts unmöglich zu bewältigen. Die beiden Gipfel werden jedoch vom Charpouagletscher aus bestiegen. 1878 erobern Clinton T. Dent und J. W. Hartley, geführt von Alexander Burgener und Kaspar Maurer, die Grand Dru. Im Jahr 1879 erreicht Jean Charlet-Straton die Spitze der Petit Dru.

Die Aiguille du Dru

In der Zwischenzeit sind andere Männer bereit, neue Herausforderungen anzunehmen, die der Montblanc bietet. Da gibt es zum Beispiel die herrlichen Felstürme, die die großen, von der Generation Whympers bezwungenen Berge umgeben. Von Chamonix aus ist die eindeutige Herausforderung die Aiguille du Dru, der Felsobelisk neben der Aiguille Verte, deren senkrechte Westwand das Mer de Glace beherrscht. Eine Besteigung von dieser Seite ist für die Bergsteiger Ende des 19. Jahrhunderts undenkbar.

Aber dies gilt nicht für die Südseite des Berges, die den Charpouagletscher dominiert. Hier entlang kommen am 12. September 1878 die Briten Clinton T. Dent und J. W. Hartley in Begleitung von Kaspar Maurer und dem unverwüstlichen Alexander Burgener, um die Grand Dru als Erste zu besteigen.

Einem Einwohner aus Chamonix, Jean Charlet-Straton, gelingt ein Jahr später zusammen mit Frédéric Folliguet und Prosper Payot die Besteigung der benachbarten niedrigeren, aber schwierigeren Petit Dru. Die Petit Dru markiert den höchsten Punkt der Nord- und Westwand und der südwestlichen Kante des Berges. Bergauf beansprucht die Route mit 400 Höhenmetern die drei Alpinisten aufs Äußerste. Im Abstieg benutzt die Seilschaft an vielen senkrechten Stellen zum ersten Mal systematisch die Abseiltechnik mit dem Doppelseil. Heute versteht man darunter ein 40 bis 50 Meter langes Seil, das im Doppelstrang verwendet werden muss.

67 Mitte Bekannte Berufsbergführer aus Courmayeur, darunter Laurent Croux und Joseph Pétigax, Vierter und Sechster von links in der ersten Reihe, im Jahr 1904.

66 rechts Jean Charlet-Straton zählt zur Führerelite des ausgehenden 19. Jahrhunderts. Er realisiert die erste Winterbesteigung des Montblanc (1876) und der Petit Dru (1879). Bei diesem Unternehmen, gemeinsam mit Frédéric Folliguet und Prosper Payot durchgeführt, wird zum ersten Mal systematisch das Doppelseil eingesetzt.

67 oben Um 1900 ist der Normalweg zum Grépon zur klassischen Route der hier aktiven Bergsteiger geworden.
Während zwei Kletterer bereits auf dem 3482 Meter hohen Gipfel angekommen sind und ein dritter sie gerade erreicht, arbeitet eine Seilschaft noch an der *Vire à bicyclette*, einem breiten, ausgesetzten Band zwischen dem Grand Gendarme und dem Gipfel.

67 unten Gegen Ende des 19. Jahrhunderts gehören die Gipfel um das Talèfregletscherbecken zu den meistbesuchten im Montblancgebiet. Zu den Seilschaften, die zur Aiguille Verte (Bildmitte) über das breite Whymper-Couloir möchten, kommen die zur Dru hinzu und solche, die den Gletscher in Richtung Aiguilles Mummery und Ravanel sowie zur Aiguille du Triolet queren.

68 oben Jedes Jahr wird der Col du Géant unzählige Male von den Touristen überquert, die mit der Seilbahn von Courmayeur nach Chamonix fahren. Zwischen dem 18. und 19. Jahrhundert gingen die Bergsteiger über den Gletscher. Die Seilschaft auf diesem alten Foto verfügt noch nicht über Steigeisen und überwindet gerade eine große Spalte.

68–69 Trotz einer Höhe von 3774 Metern ist die Aiguille Noire nur die erste Stufe der riesigen Treppe, die der Grat über die 4108 Meter hohe Aiguille Blanche (kenntlich am Schneedreieck des Gipfels) bis zum 4807 Meter hohen Montblanc bildet.

68 unten «Le Prince des Guides» ist der Spitzname des 1846 in Courmayeur im Aostatal geborenen Emile Rey, der zu den besten Bergführern seiner Zeit zählt. Zu seinen bedeutendsten Erfolgen gehören der Peutereygrat am Montblanc und die Erstbesteigung der Aiguille Blanche de Peuterey.
Er stirbt 1896 plötzlich während des Abstiegs von der Dent du Géant.

69 Mitte rechts Nicht zu verwechseln im Panorama Courmayeurs ist die Granitsäule der Dent du Géant. Vom Col du Géant aus sieht man den überhängenden Südabsturz (rechts im Licht) und das dunkle Profil der Nordwand, die bei der Erstbesteigung 1882 begangen wurde.

69 unten rechts Jean-Joseph Maquignaz (1829 bis 1890) ist 1865 am Besteigungsversuch des Matterhorns beteiligt, der abgebrochen wird, weil Whymper bereits auf dem Gipfel ist. Maquignaz «rächt» sich dafür mit der ersten Überschreitung des Matterhorns (1868) und der Eroberung der Dent du Géant (1882).

Unbegehbar «by fair means»

Die großen Felsnadeln stehen nicht nur auf der französischen Seite des Montblancmassivs. Die Aiguille Noire de Peuterey, die das italienische Val Vény und die Brenva beherrscht, wird am 5. August von Lord Wentworth, begleitet von Emile Rey und Jean-Baptiste Bich, bestiegen. Das ist die erste große Tour in diesem Massiv, die von Bergbewohnern aus dem Aostatal geplant und geleitet wird.

Danach kommt die Dent du Géant, der «Riesenzahn», an die Reihe, ein Turm von bescheidener Höhe, der aber sehr elegant wirkt und auf der Wasserscheide des Massivs steht. 1871 unternimmt Edward E. Whitwell zusammen mit den Bergführern Christian und Ulrich Lauener aus Lauterbrunnen den ersten Versuch an der Dent du Géant. «Man kann diese Felsnadel zu den unbegehbaren rechnen», befindet der Engländer. Später erfolgen Versuche von Jean Charlet-Straton und von einer italienischen Gruppe, die mit Hilfe einer Rakete ein Seil über den Gipfelgrat der Dent du Géant zu schießen versucht. Im Jahr 1880 wagen Mummery und Burgener den Aufstieg. Vom Col du Géant aus erreichen die beiden leicht das «Zahnfleisch», das heißt die Schneefläche am Fuß der Nadel.

Von dort aus gehen sie zur Nordwestwand hinüber und steigen etwa 50 Meter bergan bis zum Beginn einer Platte, die ihnen den Weg versperrt. *«Absolutely inaccessible by fair means»*, «Mit fairen Methoden absolut unersteigbar», urteilt Mummery auf dem berühmten Zettel, den er in einer Spalte hinterlässt.

Jean-Joseph Maquignaz, einer der besten Bergführer am Matterhorn, hat mit seinen Cousins Baptiste und Daniel den schließlich erfolgreichen Besteigungsversuch gestartet.

Kunden der Maquignaz sind dabei Alessandro, Alfonso, Corradino und Gaudenzio Sella, vier Sprösslinge der Familie aus Biella, aus der sich schon Quintino (Ministerpräsident des Königreichs Italien und Gründer des CAI) und Vittorio, der große Fotograf und Gefährte des Duca degli Abruzzi auf vielen Bergen der Welt, dem Alpinismus zugewandt hatten.
Maquignaz hat sich seine Kunden ausgesucht. «Ich möchte, dass die italienische Flagge erstmals dort oben gehisst wird. [...] Ich habe mich an Euch gewandt, weil ich wusste, dass Sie mich verstehen und mir folgen können», hat er Quintino Sella geschrieben.
Am 18. Juli 1882 erreichen Führer und Bergsteiger die spartanische Hütte am Col du Géant. Dann beginnen die Maquignaz, zwischen Hütte und Dent hin- und herzuwandern. Die große Platte wird von den Männern aus dem Aostatal überwunden, indem sie auf Mummerys *fair means* verzichten und Stufen in den Fels schlagen. Haken und Seile werden angebracht, um den Kunden hochzuhelfen. Am 28. Juli erreichen die drei Maquignaz den Gipfel. Am folgenden Morgen bringen sie auch die vier Sella hinauf. Am nächsten Tag wird die Gruppe bei der Rückkehr nach Courmayeur feierlich empfangen. Einige Jahre später wird die Normalroute auf die Dent du Géant ganz mit Hanfseilen versehen, ähnlich wie die Normalroute auf das Matterhorn. Diese Initiative nutzt sicher der Arbeit der Bergführer, sie wird aber von den Alpinisten kritisiert, die sich an Mummerys Botschaft erinnern.

70 oben und Mitte Alessandro (oben) und Alfonso (unten) sind der älteste und der jüngste (25 und 17) der vier Sella-Brüder, die an der Erstbesteigung der Dent du Géant teilnehmen.

70–71 unten Das 1883 von Vittorio Sella aufgenommene Bild zeigt eines der klassischen Panoramen des Montblancmassivs. Im Hintergrund beherrschen der Montblanc de Courmayeur und der Col de la Brenva das Bild. Im Vordergrund ist das Grand Flambeau und die Tour Ronde zu erkennen. Links die dunklen Aiguilles Marbrées.

71 oben Die Dent du Géant, umgeben von einigen Viertausendern des Montblancmassivs: Aiguille Verte (links), Aiguille de Rochefort und Grandes Jorasses, die das italienische Val Ferret überragen.

71 Mitte Vittorio Sella hat vom «Zahnfleisch» aus die Dent du Géant fotografiert. Der von der Gruppe Maquignaz–Sella eingeschlagene Weg verläuft quer nach links bis zur Nordkante und steigt dann an zur Punta Sella, dem linken der beiden Gipfeltürme.

71 unten links und rechts Gaudenzio (links) und Corradino Sella (rechts) vervollständigen das Quartett, das die Maquignaz mit großem Sachverstand bis auf den Nordgipfel der Dent führen.

72 oben links Mögen die Seile noch aus Hanf und die Stiefel genagelt sein, das Klettern im Granit der Aiguilles de Chamonix erreicht in jenen Jahren trotz allem ein wirklich beachtliches Niveau: Das beweist auch diese Seilschaft, die an den glatten Platten der Grands Charmoz klettert.

72 oben rechts Schmal oder breit, rau oder glatt, es gibt sie in allen Größen: die Risse in den Wänden der Aiguilles de Chamonix. Die Bergsteiger, die am Montblanc aktiv sind, entwickeln in jenen Jahren eine ausgeklügelte (wenn auch beschwerliche) Klettertechnik für dieses Wandproblem.

72 unten Gruppenfoto einer außerordentlichen Seilschaft im «Goldenen Zeitalter» des Alpinismus in den Westalpen. Sitzend die britischen Kunden: Thomas S. Kennedy und Marshall. Die Schweizer Bergführer sind Johann Fischer (links) und der große Ulrich Almer.

72–73 Um die Jahrhundertwende bleiben Chamonix und die französische Seite des Montblanc das bevorzugte Reiseziel der Alpinisten aus ganz Europa. In der Sonne leuchten die Aiguille Verte und die Dru (ganz links) sowie die Kette der Aiguilles de Chamonix. Der Montblanc und seine Gletscher liegen rechts zum Großteil im Schatten.

Touren im Eis

In den letzten Jahren des Jahrhunderts gibt es auch große Unternehmungen im Eis. Jakob Anderegg, 1865 einer der Hauptakteure am Brenvasporn, besteigt elf Jahre später die extrem steile Seite der Aiguille Verte, die zum Argentièregletscher gerichtet ist.

Heute ist das Couloir Cordier, das abschnittweise eine Neigung von 55 Grad aufweist, stark frequentiert von Bergsteigern, die die Schaftzugpickeltechnik *(piolet-traction)* einsetzen. Die Besteigung des Couloirs nur durch Stufenschlagen im Eis ist eine außergewöhnliche Leistung.

Die Liste der großen Besteigungen, die auf der italienischen Seite des Montblanc erfolgen, wird 1872 fortgesetzt durch Thomas S. Kennedy und die Führer Jean-Antoine Carrel und Johann Fischer mit der Eröffnung der Route über die Rochers de la Tournette zum Montblanc. Dreizehn Jahre später bringt Emile Rey zusammen mit seinen Schweizer Kollegen Ambros Supersaxo und Alois Anthamatten den Engländer H. Seymour King auf die Aiguille Blanche de Peuterey, den schwierigsten Viertausender des Massivs. Corradino, Erminio, Gaudenzio und Vittorio Sella, begleitet von Emile Rey sowie Jean-Joseph und Daniel Maquignaz, realisieren im Jahr 1888 die erste Winterüberschreitung des Montblanc.

1893 begehen Emile Rey, Christian Klucker und César Ollier mit Paul Güssfeldt erstmals den Peutereygrat am Montblanc, eine der spektakulärsten Routen in den Alpen.

Neues an den Aiguilles de Chamonix

Zu Beginn des 20. Jahrhunderts tritt eine neue Bergsteigergeneration in Erscheinung. Im ersten Sommer des Jahrhunderts sticht die Unternehmung der Wiener Heinrich Pfannl, Thomas Maischberger und Franz Zimmer hervor, die unter

Verzicht auf technische Hilfsmittel die Dent du Géant über den Nordgrat besteigen. Dann folgt Neues an den Aiguilles de Chamonix. 1901 erklettern Emile Fontaine und die Brüder Ravanel die Westwand der Aiguille de Blaitière. Danach kommen die Dent du Crocodile, die Dent du Caiman, die Aiguille des Pèlerins und die Peigne an die Reihe, wobei mit Nagelschuhen auch Passagen, die fast den fünften Schwierigkeitsgrad erreichen, überwunden werden.
Emile Fontaine ist von den Aiguilles begeistert und es gelingt ihm, fast alle Gipfel zu besteigen. Joseph Ravanel, genannt «Le Rouge», ist der erste Bergführer aus Chamonix, der mit den Leistungen der Schweizer und italienischen Profis mithalten kann.

73 oben Höhepunkt ihres Aufenthalts ist für viele Touristen, die Chamonix Ende des 19. Jahrhunderts besuchen, ein geführter Ausflug zu den Séracs und Spalten des Bossonsgletschers, der Jonction oder des Mer de Glace.

73 unten Zu den bedeutendsten Führern aus Chamonix gehört Joseph Ravanel, genannt «Le Rouge» (hier auf dem Gipfel der Aiguille de l'M). Zu den von ihm eröffneten neuen Wegen zählen der Nordwestgrat der Aiguille de Blaitière, der Nordgrat des Moine, der Z-Riss der Dru und die Überschreitung von der Aiguille Sans Nom zur Aiguille Verte.

Die Entdeckung der Wände

Die ersten Jahre des 20. Jahrhunderts sind vor allem durch die Unternehmungen einer neuen Generation Schweizer Bergführer und englischer Bergsteiger gekennzeichnet. Franz und Josef Lochmatter sind oft mit dem Iren Valentine J. Ryan unterwegs. Ein Meisterstück dieser Seilschaft ist 1906 die Besteigung des herrlichen Ostsporns der Aiguille du Plan auf der wilden Rückseite der Aiguilles de Chamonix. Das ist auch heute noch eine beachtliche Route, schwer zugänglich durch die enorme Randkluft mit dem anstrengenden Spaltenlabyrinth, die Lochmatter und Ryan mit Bergstiefeln ohne Nägel überwinden.

Ein Zeitgenosse Ryans und oft mit ihm im Wettstreit stehend ist der Brite Geoffrey Winthrop Young, der an den Mauern des Trinity College in Cambridge das Klettern trainiert und sich zusammen mit Josef Knubel, dem Führer aus Sankt Niklaus, der wegen seiner geringen Körpergröße von den Kollegen im Wallis «Le Petit J» genannt wird, dem Bergsteigen widmet.

Das beste Jahr der Seilschaft Knubel-Young ist 1911. Am 9. August gelangen die beiden gemeinsam mit H. O. Jones und Karl Blodig in sieben Stunden über den Brouillardgrat auf den Montblanc. Einige Tage später steigen Young und Knubel mit Laurent Croux über die Crête des Hirondelles in den Grandes Jorasses ab (und schlagen dabei nur einen einzigen Haken!), die bisher als unbesteigbar gilt. Zwei Tage danach kommt die Gruppe über den Westgrat auf den Gipfel und überschreitet dabei die Pointes Young, Margherita, Elena, Croz, Whymper und Walker.

Am 10. August wagt sich dann das Trio, diesmal gemeinsam mit Ralph Todhunter und Henry Brocherel, an die gewaltige Ostwand des Grépon, die mit ihren 800 Metern aus Platten, Spornen und Rissen das Mer de Glace überragt. Hier mussten 30 Jahre zuvor Mummery, Burgener und Venetz aufgeben.

Die Seilschaft von 1911 überwindet jedoch die Risse und Terrassen im unteren Teil der Wand und kommt dann über einen schwierigen Felssporn weiter. Hundert Meter unter dem Gipfel sieht sich die Gruppe vor einem glatten, schwierigen Couloir. Während die Führer eine Lösung suchen, sind die Briten weiter unten außer Sichtweite. «Inzwischen waren Josef und Brocherel hörbar mit einer besonders wilden Stelle beschäftigt», erinnert sich Young. «Das lange Couloir endete unter einer überhängenden Wand, und das einzige Mittel, hier hochzukommen, war, sich auf den Kopf eines Kameraden zu stellen, um eine glatte, steile Platte zu queren und dann um eine Ecke nach rechts zu gehen und über eine zweite exponierte und grifflose Platte hochzuklettern. Das ist sicher eine Passage, die an die Grenzen des Machbaren herankommt», fügt Todhunter hinzu.

Ist das Couloir überwunden, kommt man knapp unterhalb des Gipfels auf den Grat. Nur wenige Meter daneben verliefe der Normalweg, aber der sportliche Ehrgeiz von Knubel und Young erlaubt keine Abkürzungen. Der Führer geht einen letzten Riss an, und als dieser sich verjüngt, hilft er sich mit einem neuerlichen Verkeilen des Pickels, dann stellt er sich auf den Griff. In Zukunft wird dieses Rissende mit dem oberen fünften Grad bewertet werden (mit Kletterschuhen und einigen Haken in der Wand). Der untere Ka-

74 links Auf der Liste der besten Schweizer Bergführer gebührt Franz Lochmatter (1878–1933) aus Sankt Niklaus ein Platz ganz oben. Der Spross einer Bergführerfamilie begeht gemeinsam mit seinem Bruder Josef und Valentine J. E. Ryan die Südwand des Täschhorns, den Ostgrat der Aiguille de Plan und den Nordwestgrat der Aiguille de Blaitière.

74 rechts Im Sommer 1911 steigt die Seilschaft der Engländer G. W. Young (rechts), und H. O. Jones (links) sowie des Schweizer Bergführers Josef Knubel (Mitte) im Laufe einer Woche über den Westgrat auf die Grandes Jorasses und durch die Ostwand des Grépon. Bei der zweiten Tour gesellen sich der Brite Ralph Todhunter und der Führer Henri Brocherel aus Courmayeur dazu.

74–75 Ein wunderschöner Grat verbindet die Aiguille du Midi mit der Aiguille du Plan. Die Route birgt keine speziellen technischen Schwierigkeiten, den Bergsteigern wird aber große Trittsicherheit abverlangt.

75 oben rechts Karl Blodig (1859–1956), ein guter Bergsteiger, erreicht zu Beginn des 20. Jahrhunderts eine gewisse Berühmtheit, weil er als Erster alle Alpengipfel über 4000 Meter besteigt. Sein Buch «Die Viertausender der Alpen», 1923 veröffentlicht, ist ein Bestseller der Bergliteratur.

75 unten rechts Vom Gipfel des Montblanc aus präsentiert sich die Kulisse folgender Berge (von links): Aiguille du Midi, Mont Maudit, Montblanc du Tacul und Aiguille du Diable.
Im Vordergrund der Col de la Brenva und der Normalweg zum Montblanc vom Col du Midi. Rechts von den Bergsteigern die Brenvaflanke.

76 links Durch die Brenvaflanke ziehen sich einige der großartigsten Routen am Montblanc. Rechts der Brenvasporn, der 1865 von Mathews, Moore, F. und H. Walker sowie J. und M. Anderegg bezwungen wird. Weiter links das «Triptychon» der von dem Engländer Thomas Graham Brown während der Zwischenkriegsjahre entwickelten Wege: die Sentinelle Rouge (1927), die Major (1928) und die Poire (1933).

76 rechts Bereits 1865 wurde sie von einer Gruppe unter der Führung des berühmten Michel Croz begangen: Die großartige Arête du Moine an der Aiguille Verte leitet auf einen der erhabensten Viertausender der Alpen. Eine Seilschaft bewegt sich im steilen Couloir aus Eis und Fels, das zum Grat führt. Bis zum Gipfel fehlen noch 700 Höhenmeter.

min wird von fast allen, die diese Route wiederholen, gemieden, und im Jahr 1992 wird eine Bewertung mit dem unteren siebten Grad vorgeschlagen.

Der große Einschnitt

Dann beginnt der Krieg, und damit naht das Ende der Generation der Großen. Viele Protagonisten des Alpinismus lassen ihr Leben in den Schützengräben an der Somme und in den Dolomiten. Nach dem Krieg verbreitet sich der Skisport, in Chamonix finden die Olympischen Spiele statt, und es werden neue Hotels gebaut. Im Alpinismus extremer Ausprägung gibt es nunmehr zwei Arten von Bergsteigern, die nebeneinander existieren: einerseits die bekannten Bergführer aus Chamonix und Courmayeur, die auch weiterhin mit ihren guten Kunden anspruchsvolle Routen eröffnen. Andererseits sind die «Führerlosen» inzwischen bar aller Komplexe und gruppieren sich im *Club Alpino Accademico Italiano*, in der französischen *Groupe de Haute Montagne* und ähnlichen Vereinigungen.

Zu den ersten gehört auf der italienischen Seite in jenen Jahren Adolphe Rey, Sohn des berühmten Emile. Am 20. August 1919 führt er gemeinsam mit seinem Bruder Henri und dem Schweizer Adolf Aufdenblatten die Briten S. L. Courtauld und E. G. Oliver auf die Aiguille Sans Nom im Montblancgebiet. Fünf Jahre später ersteigen die Brüder Rey zusammen mit Louis Lanier und dem Kunden Enrico Augusto den Grand Capucin unter Verwendung von großen Kompressionshaken und einer Stange.

1927 setzen die Führer Laurent Grivel, Arturo und Osvaldo Ottoz und Albino Pennard aus dem Aostatal die gleiche Technik ein, um den Père Eternel zu besteigen, einen spitzen Monolithen neben der Aiguille de la Brenva.

Ganz frei wird jedoch der Hirondellesgrat der Grandes Jorasses erklettert. Das ist das Meisterstück von Adolphe Rey, der am 10. August 1927 zusammen mit Alphonse Chenoz in tadellosem Stil die Gruppe aus G. Gaja, S. Matteoda, Francesco Ravelli und G. A. Rivetti führt. Auf französischer Seite leuchtet in dieser Zeit der Stern von Armand Charlet, *le grimpeur plus rapide du monde*, der an den Felswänden der Aiguilles de Chamonix und an den Gletscherwänden der Aiguille Verte aktiv ist.

Ab 1923 widmet sich Charlet den Aiguilles du Diable, den eleganten Felstürmen des Südostgrats des Mont Blanc du Tacul. Nachdem er nacheinander die Isolée, die Pointe Médiane, die Corne du Diable und die Pointe Chaubert erobert hat, überschreitet Armand 1928 gemeinsam mit seinem Kollegen Georges Cachat, Miriam O'Brien und Robert Underhill den ganzen Kamm auf einem außergewöhnlich schönen Weg. Auch in diesem Fall steigen Führer und Geführte in Nagelschuhen, ohne Karabiner und Haken, wie immer bei Charlets Touren. Im Sommer 1926 bezwingt Charlet zwei große Grate der Aiguille Verte, die Arête Sans Nom und die Arête du Jardin. Am 19. Juli 1929 eröffnet er mit seinen Kollegen Jules Simond und P. Dillemann einen zweiten Weg an der Nordwand der Aiguille du Plan. Bei den französischen «Führerlosen» fallen in den ersten Jahren nach der Jahrhundertwende die Touren der Brüder Tom und Jacques de Lépiney auf, die in den zwanziger Jahren von Jacques Lagarde und Henri de Ségogne noch übertroffen werden. Sie besteigen den Trident du Tacul, die Nordwand der Aiguille d'Argentière und den Grat der Grands Montets der Aiguille Verte.

Eine sehr viel beeindruckendere Route eröffnen Lagarde und de Ségogne im Juli 1926, als sie die Nordwand der Aiguille du Plan über das Couloir durchsteigen, das heute ihren Namen trägt. Die bis zu 65 Grad steile Route steigen sie mit zehnzackigen Steigeisen hoch, aber ohne die Verwendung von Eisschrauben, denn deren Erfindung lässt noch lange auf sich warten.

Auf den 80 steilsten Metern muss Lagarde nicht nur Stufen für Hände und Füße ins Eis schlagen, sondern auch Mulden, um die Knie zu bewegen. Genauso anstrengend und entschieden länger ist die Route, die Lagarde im Juli 1930 gemeinsam mit Bobi Arsandeaux eröffnet, auf der Nordostseite der Droites, einem exakt 4000 Meter hohen Berg in der Aiguille-Verte-Gruppe im Montblancgebiet. Beide Routen werden erst 40 Jahre später von Seilschaften wiederholt, die die neue Schaftzugtechnik mit dem Pickel anwenden.

77 unten rechts Den Franzosen ist er als «Le grimpeur plus rapide du monde» bekannt: Armand Charlet (1900–1975) führt zwischen den beiden Weltkriegen zahlreiche Erstbesteigungen an den Wänden der Aiguilles de Chamonix und der Aiguille Verte aus. Hier demonstriert er seine elegante Gehtechnik im Eis mit Steigeisen, die noch keine Frontalzacken haben.

77 links Eine weitere Besteigung der Arête du Moine an der Aiguille Verte; im Hintergrund der Mont Blanc du Tacul und seine Granitgipfel. Die Seilschaft ist gerade dabei, eine Wächte am Grat zu überwinden und nur wenige Meter vom Gipfel entfernt.

77 Mitte Auf Routen wie der Arête du Moine an der Aiguille Verte, die nicht sehr schwierig sind, sich dafür aber schier endlos in die Länge ziehen, muss man sich sehr schnell sowohl auf Schnee als auch im Fels bewegen: ein Talent, das die Bergführer aus Courmayeur und Chamonix auch heute noch besitzen.

In der Vertikalen

Eingekeilt zwischen den strengen Massiven von Marmarole und Sorapis ist die Forcella Grande eines der wildesten Gebiete in den Dolomiten. Seit jeher haben hier die Gamsjäger ihr Revier, und auch heute noch hat man gute Chancen, diese eleganten Tiere hier zu beobachten. Zu ihnen gesellen sich die Steinböcke, die vor einigen Jahren wieder an den Hängen der Marmarole angesiedelt wurden. Von der Forcella Grande aus sieht man keine Straßen, keine Seilbahnen und Hütten. Hier erinnert alles an die Dolomiten der Vergangenheit.

Am 24. August 1877 kommt ein Mann über die Forcella Grande, der dazu bestimmt ist, den Alpinismus in den Dolomiten zu verändern. Er heißt Luigi Cesaletti und lebt in San Vito di Cadore, ist Bergführer und unter den Alpinisten wegen seiner Geschicklichkeit und seiner bescheidenen Art bekannt. Trotzdem wird er nie berühmt werden.

Einige Jahre später verlässt er gemeinsam mit seiner Frau und den sieben Töchtern die Wälder und Zinnen im Cadore und wandert nach Amerika aus. Als Cesaletti nach San Vito zurückgekehrt ist, wird er im Sommer 1912 mit fünf Kunden nochmals den Antelao besteigen, die – wie Severino Casara erzählt – «sehr verwundert waren über das Können dieses alten Gebirglers». Nur wenige Tage später stirbt er friedlich in seinem Haus.

Im August 1877 ist Cesaletti jedoch in seinen besten Jahren und hat eine ungewöhnliche Idee. Bei der Forcella Grande verlässt er die Route zum Sorapis, die Paul Grohmann eröffnet hatte. Er überquert die Ebene, geht auf den Torre dei Sabbioni zu, einen kleinen, aber sehr eleganten Gipfel, der neben den gewaltigen Marmarole steht. Beim Einstieg stößt der Bergsteiger auf einen Kamin, überwindet ihn, klettert entlang eines einfachen Felsbandes nach links, dann wendet er sich wieder nach rechts in einer langen und ausgesetzten Querung, zu der auch eine «Katzenpassage» gehört, wie die von Ball am Monte Pelmo. Eine leichte, kleine Rinne bringt ihn zu den Blockhalden am Gipfel.

Nach einer Rast steigt er auf demselben Weg wieder bis zu den Blockhalden. Wir wissen nicht, ob Cesaletti sich darü-

78 links «Er klammerte sich an den Felsen wie eine Katze», sagte Theodor Wundt über Michel Innerkofler. Der 1848 geborene Sextener ist der Erstbegeher des Zwölferkogels, der Westlichen und der Kleinen Zinne.

78 rechts Theodor Wundt arbeitet auf einer luftigen Kanzel an der Kleinen Zinne mit der Plattenkamera. Zusammen mit der Holländerin Jeanne Immink und den Führern Mansueto Barbaria und Pietro Siorpaes wiederholt er 1893 diese Tour extra für die Fotoaufnahmen.

78–79 Die Nordwände der Drei Zinnen sind eines der bekanntesten Motive der Dolomiten. Während die steil abfallenden Nordwände der Großen und der Westlichen Zinne in den dreißiger Jahren durchstiegen werden, wird die weniger steile Wand der Kleinen Zinne (links im Schatten) 1890 von dem Wiener Hans Helversen und den Führern Sepp und Veit Innerkofler bezwungen.

79 oben links Theodor Wundt, ein deutscher Offizier, der in die Bergwelt der Dolomiten verliebt war, verlor sein Herz an die Drei Zinnen. Nachdem er mit Michel Innerkofler eine der ersten Wiederholungen des Normalwegs zur Kleinen Zinne vollbracht hat, führt er mit Michele Bettega und Johann Watschinger die erste Winterbesteigung der Großen und der Kleinen Zinne durch.

79 oben Mitte Ludwig Purtscheller war in den Ostalpen zu Hause, führte aber auch eine Vielzahl von Touren auf der entgegengesetzten Seite des Alpenbogens durch, wie etwa die Durchsteigung der Ostwand des Monte Rosa und die Überschreitungen von Meije und Matterhorn.

79 oben rechts Emil Zsigmondy und sein Bruder Otto zählen gegen Ende des 19. Jahrhunderts zu den mutigsten führerlosen Bergsteigern. Emil stirbt beim Versuch, eine neue Route an der Meije zu eröffnen. An die beiden Brüder erinnert die Zsigmondyspitze in den Zillertaler Alpen.

ber im Klaren ist, dass seine Tour auf den Torre dei Sabbioni den Anfang einer neuen Epoche kennzeichnet. Es ist die Epoche der Felskletterer, die nicht mehr einen bestimmten Gipfel erreichen wollen, sondern mit Genuss einen Turm oder einen Riss um seiner selbst willen klettern.

Die Kleine Zinne

Zwei Jahre später richten die Bergsteiger ihr Augenmerk auf die Kleine Zinne, den herrlichen Turm direkt neben der Großen Zinne.

Zehn Jahre zuvor hat sich Grohmann nicht um diesen Berg gekümmert, denn ihm lag nur an den höchsten Gipfeln; nun aber wird die Kleine Zinne von den Brüdern Otto und Emil Zsigmondy erstmals genauer betrachtet, die im Sommer 1879 den Normalweg zur Großen Zinne gemeinsam mit Michel Innerkofler gehen. Die beiden Alpinisten entdecken eine Aufstiegsmöglichkeit und sprechen darüber. «Ja, wenn man Flügel hätte!», antwortet der Bergführer. Aber auch die Großen können sich irren. Zwei Jahre darauf, am 25. Juli 1881, ist es just Michel Innerkofler, der mit seinem Bruder Johann den Erfolg versprechenden Weg auf die Kleine Zinne entdeckt.

Otto und Emil Zsigmondy führen dann gemeinsam mit Ludwig Purtscheller, der 1889 bei der Eroberung des Kilimandscharo dabei sein wird, drei Jahre später die erste führerlose Besteigung durch. Theodor Wundt, ein junger deutscher Offizier und großer Bergbegeisterter, beschreibt, wie er sie 1887 in einer Seilschaft mit Michel Innerkofler wiederholt hat: «Er kletterte mit einer Behändigkeit, die man nur schwer beschreiben kann. Er klammerte sich an den Felsen wie eine Katze.»

Schlüsselstellen im Aufstieg sind eine lange Querung nach links und der nachfolgende Kamin, «der durch einen darin verkeilten Felsblock versperrt» und «aus besonders glattem Fels» war. Da ihm nun viel an der Kleinen Zinne liegt, kehrt Theodor Wundt in den letzten Tagen des Jahres 1892 dorthin zurück, um die erste Winterbesteigung zusammen mit den Führern Michele Bettega und Johann Watschinger durchzuführen.

Im Sommer darauf begeht Wundt zusammen mit der Holländerin Jeanne Immink und den Führern Mansueto Barbaria und Pietro Siorpaes nochmals die Kleine Zinne und schleppt dabei einen riesigen Fotoapparat mit. Die Bilder des Aufstiegs sind dank ihrer Schärfe und Komposition ein außergewöhnliches Dokument für alle, die den Kletterstil um die Jahrhundertwende studieren möchten.

Plastisch beschreibt Jeanne Immink die akrobatischen Leistungen Wundts und seiner Modelle. Um sich in Pose zu stellen, setzt Frau Immink einen Fuß auf einen Felsblock. Der löst sich, und sie stürzt ins Leere, bis Siorpaes' Seil sie hält. «Sie können sicher sein, dass ich mich nie im Leben wieder fotografieren lassen werde!», sagt sie nach Abschluss der «Dreharbeiten».

80 links Der 1869 in München geborene Georg Winkler hat außergewöhnliche Besteigungen an den Vajolettürmen, den Pale di San Martino und im Wilden Kaiser durchgeführt. Er kommt mit 19 Jahren 1888 in der Westwand des Weisshorns im Wallis ums Leben.

80–81 Die Vajolettürme sind gegen Ende des 19. Jahrhunderts Schauplatz außerordentlicher Alleingänge. 1887 besteigt der Bayer Georg Winkler über einen sehr schwierigen Riss den Turm, der nach ihm benannt wurde (rechts im Bild). 1895 klettert der Südtiroler Hermann Delago die ausgesetzte Kante des heutigen Torre Delago (in der Bildmitte).

81 links Paul Grohmann hat 1869 vergeblich versucht, den Cimone della Pala zu besteigen. Dies gelang 1870 Whitwell, Christian Lauener und Santo Siorpaes. Ihr Weg wurde sofort zu einer klassischen Route. Die schwierigste Passage des Aufstiegs (auf dem Foto) ist eine Rampe im zweiten und dritten Grad, die heute mit einem Metallseil gesichert ist.

81 oben rechts Die Seilschaft befindet sich auf dem Normalweg zum Cimone della Pala, wenige Meter vor dem Gipfel. Das Gelände ist leicht, aber die Ausgesetztheit am Grat ist absolut atemberaubend.

81 unten rechts Auch dieses Bild zeigt die Normalroute zum Cimone della Pala. Der Bergsteiger klettert in der ausgesetzten Wand, die auf den *Bus del Gat* folgt, einen Stollen, der eine Querung im dritten Grad umgeht. Kurz unterhalb dieser Stelle wird 1968 auf einem natürlichen Absatz die Biwakschachtel *Fiamme Gialle* eingeweiht.

Der Mut des Georg Winkler

Eine weitere Seite im Geschichtsbuch der Kleinen Zinne wird am 27. Juli 1890 aufgeschlagen, als dem Wiener Hans Helversen, geführt von Sepp und Veit Innerkofler, die Erstbesteigung der Nordwand entlang der senkrechten Kamine mit langen Abschnitten im vierten Grad gelingt. Die Seilschaft klettert noch mit schweren Nagelschuhen; es ist eine der letzten Besteigungen vor Aufkommen der Kletterschuhe mit Sohlen aus Hanfseil oder Filz.

Von dem Torre dei Sabbioni und der Kleinen Zinne verlagert sich das Interesse der Kletterer auf die anderen, von den Bergpionieren für «weniger wichtig» gehaltenen Massive: die Vajolettürme in der Nähe des Rosengartens, die Türme der Sellagruppe und die Fünffingerspitze am Sellajoch sowie die Cadinigruppe im Süden der berühmten Drei Zinnen. Im September 1887 geht ein junger, außerordentlich mutiger Bayer den östlichsten der drei großen Vajolettürme an, den elegantesten Turm für den Betrachter, der den Weg von Gardeccia emporsteigt.

Der Bayer heißt Georg Winkler, ist von kleiner Statur und wenn er einen weit entfernten Griff erreichen will, behilft er sich manchmal mit einem an einem Seilstück befestigten Metallhaken.
Mit Hilfe dieses Wurfankers klettert er den Zsigmondy-Kamin der Kleinen Zinne hoch, auf der Grohmannspitze und der Fünffingerspitze benutzt er sogar eine Art Strickleiter. Wir wissen jedoch nicht, ob der junge Winkler seinen selbstgebauten Haken auch im glatt geschliffenen und überhängenden Winkler-Riss eingesetzt hat, jenem Riss auf halber Höhe des Vajoletturms, der seinen Namen trägt und der dem Bergsteiger von heute (der ganz anders ausgerüstet und mit einem robusten Seil sowie drei, vier Haken gesichert ist) eine Passage an der Grenze des fünften Grades bietet.
Hoch, schwierig, gut sichtbar vom Pfad her, verleiht dieser Riss Winkler einen großen Bekanntheitsgrad unter den deutschsprachigen Alpinisten, und die jugendliche Tat wird lautstark kommentiert: «Nur mit seinem Seil und seinem legendären Mut!», tönt Arturo Tanesini im ersten italienischen Rosengarten-Führer. «Er hat die Epoche der Kunst um der Kunst willen eingeläutet», fügt Arturo Berri hinzu. «Er ist ein Meteor des Alpinismus, der den Himmel mit einem lichten Schweif durchschneidet», nennt ihn Gian Piero Motti 90 Jahre später. Im Sommer 1885 eröffnet Georg Winkler eine schwierige Route auf die Cima della Madonna in den Pale di San Martino und überwindet dabei einen langen Kamin im vierten Grad. Einige Wochen vor dem Winkler-Turm ist er allein das beeindruckende Eiscouloir der Hohen Gaisl hinaufgestiegen.

1888 beginnt er, in den Westalpen zu klettern. Er besteigt das Zinalrothorn und dann über die Westwand das Weisshorn, das viele für den schönsten Gipfel der Alpen halten. Hier verlässt jedoch das Glück den aufgehenden Stern am bayerischen Alpinistenhimmel. Winkler rutscht aus und stürzt in eine Gletscherspalte. Er stirbt mit nur 19 Jahren. In diesem Sommer, der den großen Alpinisten in den Dolomiten Unglück bringt, verliert auch Michel Innerkofler das Leben, als eine Schneebrücke auf dem Gletscher des Monte Cristallo unter ihm einbricht. Trotz eines furchtbaren Sturzes von 15 Metern bleiben seine beiden Kunden unverletzt.

Die Wände des Antonio Dimai

Neben den akrobatischen Klettereien auf die elegantesten und spitzesten Gipfel werden weiterhin die klassischen Touren auf die hohen Berge unternommen. Zu den schönsten Touren gehören unbedingt die von Antonio Dimai aus Cortina, dem Sohn Angelos, einem der bevorzugten Bergführer Grohmanns. Die Liste beginnt 1892 mit der Nordwand des Sorapis, einer düsteren, fast 700 Meter hohen Mauer, die er mit seinen Kunden F. Müller und S. von Waltershausen und den Kollegen Arcangelo Dibona und Zaccaria Pompanin durchsteigt.

Im folgenden Jahr geht Dimai gemeinsam mit dem Engländer Leon Treptow die gefährliche Südwand des Cimone della Pala (550 Meter, vierter Grad) in den Pale di San Martino an. Auch 1895 sind es Engländer, Arthur G. Raynor und John Phillimore, die Antonio Dimai und Giovanni Siorpaes in der Nordwestwand der Civetta folgen, der «Wand der Wände», 1000 Meter hoch, die bereits Georg Winkler und Robert Hans Schmitt zu klettern versucht hatten.

Die «Via degli Inglesi» (der Weg der Engländer, jedoch geplant und geführt von Dimai) ist lang und gewunden, mit vielen Querungen, die die Seilschaft auf eine harte Probe stellen. «Der Aufstieg ist durchgehend schwierig und gleichzeitig gefährlich, für die Querungen ist überall höchste Aufmerksamkeit vonnöten. Die beiden Kamine erfordern anstrengende, ja athletische Arbeit, die in einer extrem exponierten Stellung auszuführen ist», schreiben Phillimore und Raynor in ihrem Bericht über die Unternehmung.

Das bedeutete aber noch nicht das Ende der Erstbesteigungen des großen Antonio. In den Jahren zwischen 1896 und 1901 bezwingt er die Südwand der Pala di San Martino und die Ostwand der Rosengartenspitze, die Südwand der Punta Fiames und des Antelao, die Ostwand der Großen Zinne und die Nordwand des Einserkofels. 1901 führt Dimai mit seinen Kollegen Agostino Verzi und Giovanni Siorpaes die jungen ungarischen Adligen Ilona und Rolanda von Eötvös über das erste Stück seiner berühmtesten Route. Es ist der herrliche und an vielen Stellen auch schwierige Weg durch die eindrucksvolle Südwand der Tofana di Rozes. Die Schlüsselstelle, die vom Herzen der Wand zu den Ausstiegsrissen leitet, ist eine Querung im dritten und vierten Grad in einer außerordentlich exponierten Wand – auch heute noch ein Prüfstein für alle, die in den Dolomiten klettern wollen.

Im Juni 1887 geleitet Michel Innerkofler C. Wydenbruck das tiefe, vereiste Couloir entlang, das die Nordwand des Monte Cristallo zerschneidet. Im Vorjahr hatte eine Gruppe italienischer Soldaten das schwierige Couloir der Nordostseite des Antelao bezwungen.

Ein großer Freund dieser besonderen Spielart des Alpinismus ist der Deutsche Oskar Schuster, der viele ähnlich geartete Erstbegehungen gesammelt hat. Zu seinen bekanntesten Routen gehört das vereiste Couloir auf der Nordostseite der Hochbrunner Schneid in den Sextener Dolomiten, das der Dresdner Bergsteiger 1893 begeht.

Marmolada-Südwand

Andere große Bergführer hinterlassen ihre Spuren in den Dolomitenwänden. Im Jahr 1897 begleiten Luigi und Simone Rizzi, Führer aus Campitello di Fassa, Emil Munk durch die beeindruckende Westwand der Laurinswand. Im gleichen Sommer führen Giovanni und Arcangelo Siorpaes die Brüder Witzenmann bei der Erstbesteigung der Nordwand der Zwölferkofels.

Am schönsten und spektakulärsten ist jedoch die Südwand der Marmolada, die heute von den schwierigsten Kletterrouten der Alpen durchzogen wird. Diese Wand begeistert die Schottin Beatrice Tomasson derart, dass sie im Sommer 1900 Luigi Rizzi engagiert. Er erkundet das erste und schwierigste Drittel der großen Wand alleine. Im folgenden Jahr verlangt der Führer aus dem Fassatal einen höheren Tarif, deshalb vertraut sich Frau Tomasson Michele Bettega und Bortolo Zagonel an, den besten Führern des Primiero. Vom großen Felsband, das Rizzi erreicht hatte, geht die Seilschaft weiter auf einen Turm aus gelbem Fels zu, quert zu einer Schlucht und erreicht das zweite Band in dieser Wand. Das letzte Stück ist von Wasserfällen überspült. Auch das Wetter wird schlechter, aber nun lässt sich die Seilschaft durch nichts mehr daran hindern, den Gipfel zu erreichen. Dort stößt man mit dem unvermeidlichen Champagner an – *very British*.

In einigen Berichten steht zu lesen, dass die drei den Träger nicht getroffen hätten, der ihnen die Bergschuhe bringen sollte, und dass sie dann mitten in einem Schneesturm mit durchnässten Kletterschuhen den Gletscher hinabsteigen mussten.

Ein «Unternehmen, das die Bergsteigerwelt in Aufruhr versetzt», vollbringen Antonio Dimai, Giovanni Siorpaes und Agostino Verzi. Sie erreichen 1903 den spitzesten Turm in der Cadinigruppe, den Torre del Diavolo, gemeinsam mit den abenteuerlustigen Baroninnen von Eötvös, und zwar durch einen Seilwurf von der nahen Cima del Gobbo aus mit einer anschließenden seiltänzerischen Querung über dem Abgrund.

Vabanque-Spiel an Türmen

Im Jahr 1895 sind die Vajolettürme nochmals Schauplatz einer großen Unternehmung. Am 22. September besteigt Hermann Delago aus Brixen erstmals den westlichsten

82 oben links Der österreichische Arzt Oskar Schuster (1873–1917) ist um die Jahrhundertwende häufig Gast in den Alpen. Der ausgezeichnete Eisgeher eröffnet etwa 50 Routen in den Dolomiten (Hochbrunner Schneid, Rosengarten, Pale di San Martino, Fünffingerspitze-Nordwand) und im Kaukasus, wo er den Ushba-Südgipfel erstbegeht. Er stirbt in einem russischen Internierungslager.

82 oben rechts Eine Pause an den Felsen des Becco di Mezzodì gibt Gelegenheit zu einer alpinen Modenschau. Der Bergführer ist Arcangelo Siorpaes, Erstbesteiger der Nordostwand des Zwölferkofels. Die Kundin heißt Beatrice Tomasson und ist Erstbesteigerin der Marmolada-Südwand.

82 unten Anfang des 20. Jahrhunderts besuchen auch die italienischen Bergsteiger die Dolomiten, die bis dahin allein Ziel von Österreichern und Deutschen waren. Auf dem Foto sieht man Ugo de Amicis zwischen den Führern Michele Bettega und Bortolo Zagonel.

82–83 Zu den eindrucksvollsten Wänden in den Dolomiten gehört die der Civetta. Im kompakten Mittelteil wird 1925 die erste Route im sechsten Grad eröffnet. Einen sehr langen, nicht direkten Weg trassieren bereits 1895 die Briten Arthur G. Raynor und John Phillimore mit Antonio Dimai und Giovanni Siorpaes.

83 oben Die Marmolada-Südwand wird heute von einigen der schwierigsten Führen der Alpen durchzogen. Dank einer Reihe von Rissen und Kaminen kann die Schottin Beatrice Tomasson mit Michele Bettega und Bortolo Zagonel 1901 eine schöne Route mit Partien bis zum oberen vierten Grad eröffnen.

83 unten Für dieses Foto Ende des 19. Jahrhunderts haben sich alle Führer aus Cortina vor der *Osteria al Parco* versammelt. In zweiter und dritter Reihe sitzend erkennt man insbesondere Antonio Dimai, Agostino Verzi und Mansueto Barbaria.

84–85 Ein Winterbild der Sfulmini-Kette mit der Cima degli Armi (links), dem Torre di Brenta, den dünnen Felsnadeln der Sfulmini und dem Campanile Alto di Brenta. Rechts zeichnet sich der Campanile Basso als Silhouette gegen die dunkle Wand der Brenta Alta ab.

84 unten Eine junge Bergsteigerin in Begleitung ihres Führers macht eine Pause, um die strengen, senkrechten Dolomitenwände zu bewundern. Nach der Kleidermode zu urteilen, stammt das Foto aus den dreißiger Jahren, als die Dolomiten Ziel eines breiten Publikums wurden.

85 oben Zur Sfulmini-Kette, dem Herz der Brenta-Dolomiten, gehören einige der elegantesten Gipfel der Bleichen Berge. Noch schneebedeckt zeigen sich die Brenta Alta (links) und der schlanke Campanile Basso di Brenta, der 1899 von den Tirolern Otto Ampferer und Karl Berger erstbestiegen wurde.

85 unten Der Österreicher Günther Freiherr von Saar macht Anfang des 20. Jahrhunderts viele Erstbegehungen mit Forschungscharakter in den weniger besuchten Gegenden der Dolomiten. Am bekanntesten ist die Eroberung des Campanile di Val Montanaia in den östlichen Dolomiten. Mit Viktor von Glanvell vollendet von Saar die wenige Tage zuvor gefundene Route der Triester Napoleone Cozzi und Alberto Zanutti.

Turm dieses Massivs *en miniature*. Auch dieser Turm erhält den Namen seines Erstbesteigers, wie zuvor der nahe Winkler-Turm.

Im Sommer 1900 durchsteigt der junge Bergführer Tita Piaz aus dem Fassatal im Alleingang den vertikalen Riss, der die Wand der Punta Emma einschneidet.

Ein weiteres Kletterziel kann Piaz, der nur wenig Geld hat, erst verfolgen, nachdem ihm Theodor Christomannos 17 Gulden geschenkt hat, damit er seine zerfetzten Kletterschuhe durch neue ersetzen kann. Auf dem schwierigsten Abschnitt, wo der Kamin ganz eng und glatt wird, riskiert Piaz alles. «Ein einziges Mal in meinem Bergsteigerleben habe ich Vabanque mit meinem Leben gespielt. Sieg oder Tod!»,

wird er sich in seiner Autobiografie *Mezzo secolo d'alpinismo* (Ein halbes Jahrhundert Alpinismus) erinnern.

Die bizarrste Felsnadel von allen ist jedoch der Campanile im Val Montanaia im Massiv der Spalti di Toro an der Grenze zwischen Venetien und Friaul. Er steht dort einsam und eindrucksvoll und wird von einem der ersten Alpinisten, die sich an ihm versucht haben, der «zu Stein gewordene Schrei eines Verurteilten» genannt. Dieser Wachturm, der sich durch abschreckende Felsabstürze verteidigt, wird am 2. September 1902 von den Triestern Napoleone Cozzi und Alberto Zanutti angegangen. Die beiden überwinden die

schwierigste Passage, schaffen es aber nicht, die Querung zu finden, die sie aus dem schweren Gelände wieder herausbringen könnte.
Zehn Tage später gelingt es den Österreichern Viktor Wolf von Glanvell und Günther von Saar, die entscheidende Passage zu entdecken. Nach dem Riss, den Cozzi bereits geschafft hatte, bewegen sich die beiden nach links, queren die Felsvorsprünge, kommen über einen zweiten Riss und erreichen die leichten Felsen am Gipfel.

Campanile Basso – der edelste Turm der Brenta

Der Turm der Türme, der Campanile Basso, früher Guglia di Brenta genannt, ragt 300 Meter hoch in der Brentagruppe empor. Den ersten Versuch regt der Trienter Carlo Garbari an, der die Führer Nino Pooli und Antonio Tavernaro anheuert. Die drei überwinden eine erste Platte (heute heißt sie die Pooli-Wand), kommen ohne besondere Schwierigkeiten bis zum großen Band, das sie die «Provinzstraße» nennen, und zu einem kleinen Absatz unter der Gipfelwand. Hier ist der Fels sehr kompakt, senkrecht und absolut ausgesetzt; da es keine Haken gibt, würden bei einem Sturz des Seilschaftsersten alle drei aus der Wand gerissen.
Garbaris Erzählung wird dramatisch. «Der starke Nino [...] macht einen letzten Versuch [...] Die wenigen und schlechten Griffe ließen ihn nur langsam voran kommen. Mir standen die Haare zu Berge, als ich ihm zusah, wie er mit unsicheren und zitternden Händen jede Unebenheit suchte, mit den Füßen den Fels abtastete, um jeden Vorsprung zu finden, und sich mit dem ganzen Körper an die Wand klebte [...] Er blieb dort einige Sekunden, dann stieg er wieder herunter.» Zwei Jahre später versuchen es zwei Studenten aus Innsbruck noch einmal. Sie wissen nichts vom vorangegangenen Versuch, verfügen aber, im Gegensatz zu ihren Vorgängern, über einige Haken. Auf dem kleinen Absatz finden Otto Ampferer und Karl Berger den Zettel, den Garbari zurückgelassen hatte, und wissen nun mit Sicherheit, dass der Gipfel noch nie betreten wurde. Die Wand über ihnen ist jedoch jenseits ihrer Möglichkeiten. Sie kommen zwei Tage später zurück, und diesmal ahnt Ampferer die Lösung. Vom kleinen Absatz aus geht er um die Kante des Campanile herum, erreicht den Fuß einer senkrechten Wand, die aber nicht übermäßig schwer ist, und steigt sie hoch bis zur breiten Gipfelterrasse.
«Andere Menschen haben große Inseln mit flachen Küsten, wir eine kleine Insel mit hohen, stolzen Ufern erobert», berichtet später Otto Ampferer. Das treffende Nachwort zu diesen Jahren liefert Angelo Brofferio im Bulletin des Italienischen Alpenvereins 1906:
«Der Kalkfelsen oder besser Dolomitfelsen ist sozusagen wie ein Hund – je kleiner, desto böser. In unseren Tälern im Piemont und in der Lombardei haben wir die alte Gewohnheit, die Kolosse anzugreifen. In Tirol schätzen die richtigen Alpinisten diese nicht, sondern ziehen die Pygmäen vor, die sich dünn gemacht haben, damit sie höher scheinen. Der Alpinist, der diese bevorzugt, ist daher der edlere, weil er die Quantität zugunsten der Qualität aufgibt.»

Paul Preuß und die Campanile-Ostwand

Einen Satz nach vorn macht das Klettern im Juli 1911, als drei Alpinisten den steilen Pfad von Madonna di Campiglio zur Bocca di Brenta hochsteigen. Die Reise im Zug und dann im Bus über den Brenner und Trient war unbequem und ermüdend, die Last ist schwer, und die einzige Frau in der Gruppe ist müde und unzufrieden.
An der Waldgrenze sehen sie jedoch etwas Außerordentliches, das sie alle Anstrengungen vergessen lässt: Von den smaragdgrünen Wiesen der Brenta-Alm bewundern Paul Preuß, seine Schwester Minna und Paul Relly den Crozzon di Brenta, «ein Bild, wie wir dergleichen noch nie in den Alpen gesehen hatten [...] das sogar den nüchternen Freshfield verzaubert hat». Sechs Jahre zuvor haben Fritz Schneider und Adolf Schulze die Nordkante erobert, eine Klinge aus Dolomitgestein, die den Himmel der Brentagruppe 900 Meter hoch zerschneidet. Paul Preuß wird sich an die Ostwand wagen. Aber bis zum Abenteuer am Crozzon vergehen noch zwei Tage.
«Den folgenden Tag widmeten wir dem Campanile Basso und meiner Schwester, die schwierige, aber nicht allzu lange Routen gewöhnt ist», steht im kargen Bericht, den Paul Preuß für die *Deutsche Alpenzeitung* verfasst. Hinter diesen wenigen Worten verbirgt sich jedoch eine der außerordentlichsten Leistungen in der Geschichte des Alpinismus. Vom Wandfuß des Campanile aus klettern die drei problemlos entlang der Normalroute. Kurz vor zehn Uhr erreichen sie die «Provinzstraße». Hier setzen sich die Schwester und der Freund in die Sonne und vespern.
Paul Preuß wendet sich kurz nach links und beginnt dann, die stark ausgesetzte und senkrechte Ostwand des Campanile zu besteigen. Allein, mit elegant umgehängtem Seil, sucht er sich Nischen, überwindet ein Dach und eine Ver-

schneidung, macht Halt, um in einem Loch einen Zettel mit seiner Unterschrift und dem Datum zu hinterlassen. Dann überwindet er einen kleinen Kamin aus dunklem Fels und kommt am Gipfel heraus. Um eine der schönsten Seiten im Buch der Geschichte des Alpinismus zu schreiben, hat er weniger als zwei Stunden gebraucht.

Dann steigt er wieder zur «Straße» ab und hört ohne allzu große Gefühlsregung, dass sich Paul und Minna verlobt haben. «Das Felsband war wirklich sehr eng», ist sein lakonischer Kommentar. Schließlich kehrt Paul Preuß auf den Gipfel zurück, um auch der Schwester und dem Freund die Lage des *Albergo al sole* (Gasthaus an der Sonne), der nachfolgenden Querung und der Ampferer-Wand zu zeigen. Drei Tage später, nachdem auch die Rechnung mit dem Crozzon beglichen ist, steigt Preuß durch seine neue Route ab, diesmal in Seilschaft mit Relly.

Für den Historiker ist die Campanile-Ostwand eine der vielen hochkarätigen Besteigungen, die Preuß 1911 durchgeführt hat – in dem Jahr, in dem er die Welt der Alpinisten durch 93 Besteigungen in den Dolomiten, im Wilden Kaiser, im Toten Gebirge und in der Silvretta verblüfft hat. Aber diese 120 Meter Steilwand machen aus ihm einen Helden.

Das ist die Route, deretwegen sein Freund und Rivale Tita Piaz ihn den «Herrn des Abgrunds» nennt und Severino Casara von der «kühnsten und aristokratischsten Bestätigung der Felskletterei» spricht. Dieses Urteil wird von Reinhold Messner geteilt, der sie 1986 als «absolut mutigste Route» in der Karriere des österreichischen Alpinisten bezeichnet hat.

Alle anderen Besteigungen, die Preuß in diesem magischen Sommer realisiert, verblassen gegenüber der Campanile-Ostwand. Auf diese Liste gehören auch die Crozzon-Ostwand der Brenta (eine «immense, gottvergessene Wand in einem dunklen und bedrückenden Szenario»), der Kamin von San Giovanni an der Grohmannspitze, der erste Alleingang in der schrecklichen Totenkirchl-Westwand im Wilden Kaiser und die komplette Durchsteigung der Langkofelgruppe, die Preuß am 17. August durchführt, wobei er den Hauptgipfel, die Schulter, die Fünffingerspitze und die Grohmannspitze überwindet – eine Überschreitung, die auch von den Meistern der modernen Kletterei bewundert wird.

Zwei Jahre später, am 3. Oktober 1913, verliert Paul Preuß beim Sturz von der Nordkante des Manndlkogels sein Leben, ganz in der Nähe seines Heimatortes Altaussee.

Ein Pionier moderner Felstechnik: Hans Dülfer

Als außerordentlich virtuoser Kletterer und Prophet des Alpinismus ohne Haken ist Paul Preuß jedoch nicht der einzige Star, der in diesen Vorkriegsjahren in den Dolomiten unterwegs ist. Vom Rosengarten bis zur Sellagruppe und von den Drei Zinnen bis zur Brentagruppe wetteifern die Bergsteiger darum, immer schwierigere Routen zu finden.

Zu den wichtigsten gehört Hans Dülfer, der Bergsteiger aus Barmen, dessen Name auch heute noch mit einer speziellen Klettertechnik in Rissen (einer Gegendrucktechnik, die im Deutschen «Piazen» und in Italien «Dülfertechnik» genannt wird) und einer Abseilmethode mit dem Doppelseil («Dülfer-Sitz») verbunden wird. Der stille Deutsche ist ein unermüdlicher Gipfelsammler: 155 besteigt er 1912 und sogar 173 im darauf folgenden Jahr, in dem er auch 23 Erstbegehungen macht.

Dülfer ist ein großartiger Freikletterer, benutzt aber – ganz im Gegensatz zu Preuß – gelegentlich auch ein paar Haken, und er ist der Erste, der systematisch den Karabiner einsetzt, um das Seil in die Mauerhaken einzuhängen, die in die Risse im Fels geschlagen werden. Dülfer betritt mit 19 Jahren die Welt des großen Alpinismus, und zwar 1911 mit der Erstbesteigung des markanten Kamins, der die schwere Totenkirchl-Westwand einschneidet.

86 unten links Der für seinen eleganten Kletterstil bekannte Paul Preuß durchsteigt mühelos selbst diffizile Passagen in Rissen, wie man sie oft zwischen den glatten Platten im Wilden Kaiser findet. Das Foto wurde am Schiefen Riss aufgenommen, einer der schwierigsten Stellen an der Südostkante des Totenkirchls.

86 unten rechts Eines der wenigen Bilder von Paul Preuß, das erhalten ist, zeigt den Alpinisten aus Altaussee in Bergsteigerkluft. Preuß, der Virtuose in Kalk und Dolomit, klettert während seiner kurzen Bergsteigerkarriere auch im Granit des Montblanc.

86–87 Neunhundert Meter misst die zyklopenhafte Nordkante des Crozzon di Brenta und bietet eine der schönsten Klettertouren der Dolomiten. Begangen wurde sie erstmals 1905 von Fritz Schneider und Adolf Schulze. Die von der untergehenden Sonne beleuchtete Westwand konnte erst 1933 von den Italienern Ettore Castiglioni und Bruno Detassis erobert werden.

87 Mitte Die Fünffingerspitze (links im Sonnenlicht) ist im Jahr 1911 Schauplatz zweier schöner Unternehmungen von Paul Preuß. Im August steigt er mit Walter Schmidkunz den San-Giovanni-Kamin an der Grohmannspitze hinauf. Später durchquert er im Alleingang das gesamte Massiv und überschreitet dabei den Langkofel, die Schulter des Langkofels, die Fünffingerspitze und die Grohmannspitze.

87 unten Ganz besonders im Winter präsentiert sich der Langkofel als einer der bedeutendsten Gipfel der Dolomiten. Die Erstbesteigung erfolgt im August 1869 durch den Wiener Paul Grohmann in Begleitung der Bergführer Franz Innerkofler und Peter Salcher aus dem Pustertal.

88–89 Der Rosengarten, nicht weit vom Fassatal und von Bozen, gehört immer noch zu den meistbesuchten Massiven in den Dolomiten und ist Schauplatz einer Vielzahl alpinistischer Leistungen Anfang des 20. Jahrhunderts. Im Vordergrund stechen die Wände des Kesselkogels ins Auge. Rechts davon leuchtet der blaue Antermoiasee, in dessen Nähe die gleichnamige Hütte steht.

88 oben Trotz seiner Höhe von nur 2190 Metern ist das Totenkirchl einer der schönsten und schwierigsten Gipfel im Wilden Kaiser und spielt in der Geschichte des österreichischen und deutschen Alpinismus eine Hauptrolle. An seinen Wänden und Kanten aus kompaktem Fels hinterlassen zwischen 1886 und 1913 große Kletterer wie Georg Winkler, Tita Piaz, Hans Dülfer und Paul Preuß ihre Spuren.

In den Dolomiten ist er im folgenden Sommer unterwegs und begeht mit Werner Schaarschmidt die kurze, senkrechte Westwand der Westlichen Zinne im vierten und fünften Schwierigkeitsgrad. Im Jahr 1913 eröffnet er drei Routen in der Larsecgruppe im Rosengarten und mit Willy von Bernuth an der Westwand der Großen Zinne eine elegante Route im fünften Grad. Zwei Tage darauf klettern die beiden frei auf den Torre del Diavolo in den Cadini di Misurina, die Antonio Dimai 1903 mit seinem spektakulären Seilwurf erreicht hatte.

Einige Tage später besteigen Dülfer und von Bernuth in den bizarren Cadinispitzen einen Turm, der später Campanile Dülfer genannt wird. Die schwierigste Route, die Dülfer in den Dolomiten vorgegeben hat, datiert von 1914. Es ist die gelbe Südwand des Kesselkogels, die von einer enormen Verschneidung durchzogen wird. Dülfer steigt die ersten 50 Meter in Seilschaft mit seiner Freundin Hanne Franz, dann klettert er einen Überhang im unteren sechsten Grad. Aber Hanne schafft diese Passage nicht. Hans lässt sie zum ersten Standplatz ab, fordert sie auf, sich ausbinden und steigt allein an Felsen im fünften Grad bis zum Gipfel weiter. Dann lässt er sich am Doppelseil bis zu seiner Freundin ab und erreicht mit einem letzten Abseilvorgang das Blockgelände.

Es folgt ein Versuch an der Furcht einflößenden Furchetta-Nordwand, der schönsten und eindrucksvollsten unter den Geislerspitzen, die Dülfer gemeinsam mit Luis Trenker, aus dem später einer der berühmtesten Bergfilmregisseure werden soll, durchsteigt. Nach zwei Dritteln des Weges gibt Dülfer an der «Dülferkanzel» auf, einem Absatz am Fuß eines Überhangs.

Elf Jahre später wird der große Emil Solleder den Aufstieg gemeinsam mit Fritz Wiessner vollenden, wobei er verschiedene Abschnitte im sechsten Grad überwinden muss. Hans

Dülfer wird seine letzte Tour am 1. August 1914 nur um einige Monate überleben. Er wird als Freiwilliger nach Kriegsausbruch Soldat und stirbt im ersten Kriegsjahr an der Front bei Arras (15. 6. 1915).

Die Sachsen und der sechste Grad

Auch Rudolf Fehrmann trägt dazu bei, das hohe Niveau der deutschen Bergsteiger aufrechtzuerhalten. Der Bergsteiger aus Dresden verbringt seine Lehrzeit an den glatt geschliffenen Türmen des Elbsandsteingebirges. «Die Bergsteiger von dort, mit Fehrmann angefangen, überwanden Passagen im sechsten Grad – besonders in Rissen – bereits ganz zu Anfang des Jahrhunderts», versicherte Fritz Wiessner dem Autor dieses Buches in einem Interview 1987.

In den Dolomiten wird Fehrmann durch zwei sehr elegante Routen bekannt, die er gemeinsam mit dem Amerikaner Oliver Perry-Smith begangen hat. Die erste ist die große Verschneidung des Campanile Basso di Brenta im vierten Grad, mit einigen Abschnitten im fünften, den die beiden 1908 bewältigen und der heute zu den klassischen und meist begangenen der Dolomiten gehört. Dann kommt die Nordwand der Kleinen Zinne an die Reihe. Man muss zu jener Zeit, als Europa immer unausweichlicher auf den Krieg zusteuerte, auch die internationale Seilschaft aus Fehrmann und Perry-Smith anerkennen.

Angelo Dibona

Auch die Bergführer sollten nicht zu kurz kommen. In den Dolomiten tritt in den Vorkriegsjahren eine neue Generation von Bergprofis in Erscheinung, die ihre Kunden auf Routen im fünften Grad führen können, und das trotz der wenigen Sicherungen, die damals zur Verfügung stehen. Der tüchtigste und erfolgreichste unter ihnen ist Angelo Dibona aus Cortina.

Während seiner «großen Jahre» zwischen 1908 und 1914 macht er 60 Erstbegehungen in seinen Hausbergen, aber auch in der Dauphiné, am Montblanc, im Gesäuse und im Karwendel. Als ausgezeichneter Kletterer liebt Dibona besonders die großen Wände, in denen er seine besten Kunden gemeinsam mit Kollegen wie zum Beispiel seinen Landsleuten Agostino Verzi und Luigi Rizzi aus dem Fassatal begleitet.

Die erste wichtige Saison Dibonas ist der Sommer 1908, als der Bergführer aus Cortina – gemeinsam mit Verzi und den britischen Kunden E. A. Broone und H. K. Corning – die Westwand der Rotwand und die sehr brüchige Nordwand

89 links Hans Dülfer, geboren 1892 in Barmen und im Ersten Weltkrieg gefallen, ist einer der besten Bergsteiger aller Zeiten. Sein Name ist mit der Gegendrucktechnik und der hier gezeigten Abseilmethode im «Dülfer-Sitz» verbunden. Dülfer ist ein Gipfelsammler (155 Besteigungen 1912 und 173 im Jahr 1913) und hat herausragende Erstbesteigungen in den Dolomiten und im Wilden Kaiser durchgeführt.

89 oben rechts Weniger berühmt als seine Zeitgenossen Dülfer und Preuß ist der Deutsche Rudolf Fehrmann. Er ist wesentlich an der Entwicklung der Klettertechnik im Elbsandsteingebirge beteiligt und durchsteigt mit dem Amerikaner Oliver Perry-Smith die große Verschneidung des Campanile Basso di Brenta (1908) und die Nordwand der Kleinen Zinne (1909).

89 Mitte rechts Der Südtiroler Luis Trenker (1892 bis 1990), berühmt für seine unzähligen Filme über den Alpinismus, Krieg in den Bergen und das Skifahren, ist eine der bekanntesten Persönlichkeiten der alpinen Kultur. Zu Anfang des 20. Jahrhunderts nimmt er an einigen Erstbegehungen an den Drei Zinnen teil und mit Dülfer an einem Versuch in der Furchetta-Nordwand (Geislergruppe).

90 oben Angelo Dibona aus Cortina (1879–1956) zählt zur Elite der Bergführer. Von seinen Unternehmungen in den Dolomiten sind besonders die Nordwand des Einserkofels, die Westwand der Rotwand und die Südwestwand des Croz dell'Altissimo erwähnenswert. Im restlichen Alpenbogen eröffnet Dibona wichtige Wege an der Meije, der Dent du Requin und der Laliderer wand im Karwendel.

90–91 Um die Jahrhundertwende ist der Beruf des Bergführers klar umrissen. Die Bergprofis (im Bild eine Gruppe Tiroler Führer) erhalten ihr Diplom nach einem Examen, das die Alpenvereine oder die Lokalbehörden durchführen. Die meisten gehen aber auch weiterhin noch einer anderen Arbeit nach.

des Ostturms im Latemar (auch Christomannos-Turm) besteigt, wobei er in beiden Fällen Passagen im oberen fünften Grad überwindet.

Im nächsten Sommer folgen Dibona bei seinen wichtigsten Touren die österreichischen Brüder Max und Guido Mayer. 1909 klettert die Seilschaft Dibona-Rizzi-Mayer-Mayer die Nordkante der Großen Zinne auf einer Führe im vierten Grad, die auch heute noch oft wiederholt wird.

Sein schönstes Jahr ist 1910, als das gut eingespielte Team die harte Nordwand des Einserkofels in den Sextener Dolomiten, die sonnenexponierte Westwand des Sass Pordoi und die eindrucksvolle Südwestwand des Croz dell'Altissimo in den Brenta-Dolomiten durchsteigt. Im zweiten Drittel des Wegs geht Angelo Dibona einen enormen Überhang an, der von einem horizontalen Riss durchschnitten wird. Das ist eine vollkommen ausgesetzte Passage, die Wasser und Schlamm noch schwieriger machen und die heute mit zahllosen Haken «gebändigt» ist.

91 oben links Eine Seite im Tourenbuch, unterzeichnet von seinem Kunden Winifred Marples, belegt, dass Angelo Dibona ein ausgezeichneter und zuverlässiger Führer bei der Besteigung der Punta Fiames des Pomagagnon, der Hochbrunner Schneid, der Kleinen Zinne und des Fanesturms gewesen ist.

91 oben Mitte Unter Bergsteigern und Bergführern ist Angelo Dibona wegen seines eleganten Stils berühmt. Er ist in den Dolomiten Protagonist außerordentlicher Besteigungen des Einserkofels, der Rotwand und des Croz dell'Altissimo und führt auch im Karwendel, in der Dauphiné und im Montblanc beachtliche Unternehmungen aus.

91 oben rechts Neben dem Tourenbuch, sozusagen ein Arbeitszeugnis der Kunden, erhalten die Führer auch ein Abzeichen. Die beiden rechts sind Plaketten für professionelle Bergführer des Italienischen Alpenvereins *CAI*. Links das Abzeichen eines Skilehrers des *DÖAV*, des *Deutsch-Österreichischen Alpenvereins*.

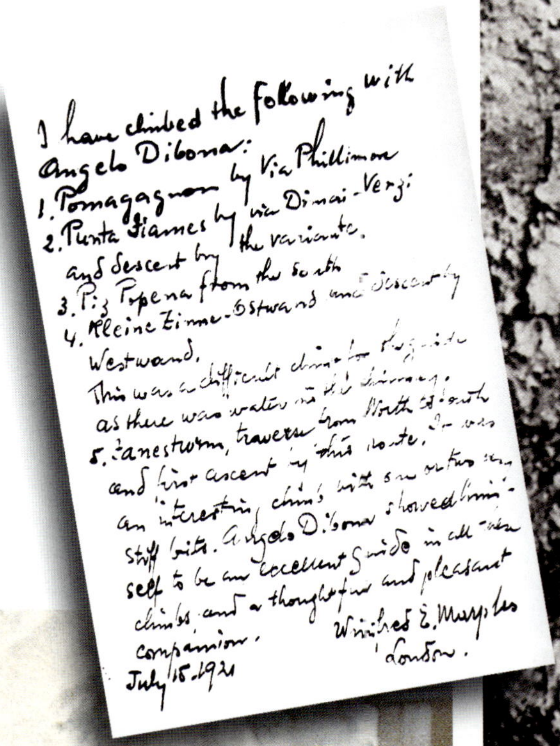
I have climbed the following with Angelo Dibona:
1. Pomagagnon by Via Phillimore
2. Punta Fiames by via Dimai-Verzi and descent by the variante.
3. Piz Popena from the south
4. Kleine Zinne-Ostwand and descent by Westwand.
This was a difficult climb for the guide as there was water in the chimney.
5. Zanesturm, traverse from North to South and first ascent by this route. It was an interesting climb with one or two very stiff bits. Angelo Dibona showed himself to be an excellent guide in all-round climbs and a thoughtful and pleasant companion.
July 15-1921
Winifred E. Marples
London.

Auf dem Croz dell'Altissimo steigt dieser «Teufel von einem Angelo» (Angelo = Engel) wahrscheinlich über den fünften Grad seiner anderen Routen hinaus. Die *Rivista della Montagna* hat dazu Bruno Detassis im Jahr 1990 befragt, der meinte, es handele sich um einen «klassischen sechsten Grad».
Maurizio Giordani, selbst an vielen modernen Unternehmungen in der Südwand der Marmolada beteiligt, schätzt sie hingegen als «sehr schwierige und gefährliche Passage, eine 6a nach der modernen Schwierigkeitsbewertung, die dem unteren siebten Grad auf der klassischen UIAA-Skala entspricht», ein.

Tita Piaz, der Dolomitenteufel

Giovanni Battista «Tita» Piaz ist eine andere Persönlichkeit. Er war lange Inhaber der Hütte unterhalb der Vajolettürme und wird als Alpinist durch den Alleingang auf die Punta Emma im Jahr 1900 bekannt. Dem großen Publikum ist der «Teufel der Dolomiten» in den Vorkriegsjahren allerdings als leidenschaftlicher Irredentist ein Begriff, weshalb er auch mehrmals ins Gefängnis kommt. «Er rettete sich gerade noch vor dem Galgen Franz Josefs. Er träumte von einem Italien als Land der nationalen Freiheit, aber die zwanzig Jahre der faschistischen Herrschaft verletzten ihn tief in seiner Seele», schreibt Lidia Minervini im Vorwort zu *Mezzo secolo d'alpinismo*, der 1947 veröffentlichten Autobiografie dieses ungewöhnlichen Menschen.
Tita Piaz ist genauso alt wie Angelo Dibona und in Pera di Fassa geboren. Bereits als Kind klettert er leidenschaftlich

91 unten rechts Stil, Geschwindigkeit und Sicherheit in nicht schwierigem Gelände gehören auch heute noch zu den Eigenschaften der Bergführer. Auf dem Bild von 1899 sichert Zaccaria Pompanin aus Cortina Nelly Kirschten auf dem Normalweg zur Kleinen Zinne.

gern. «Ich weiß nicht, wann ich das Klettern erlernt habe, weil es mir scheint, ich sei als Affe geboren», bekennt er in seiner Autobiografie. Piaz beginnt 1898 als Bergführer zu arbeiten und wird im folgenden Sommer durch einen schnellen Alleingang an der Rosengartenspitze und den Vajolettürmen berühmt. «Sieben Gipfel in acht Stunden» titeln die Zeitungen.

1906 entdeckt Piaz mit seinem deutschen Kunden Bernhard Trier am Wandfuß des Monte Cristallo «eine so unwahrscheinlich schlanke Felsnadel, so elegant und gewagt, dass sie mehr als eine Nadel scheint, ein zu Stein gewordener Traum. [...] Die vier glattgehobelten Wände machen sie zu einer Herausforderung für alle Felskletterer der Welt». Am Tag darauf, nachdem er vier Stunden damit verbracht hat, «unzählige, in viele Meter Bindfaden eingewickelte Bleibälle» zu werfen, gelingt es Piaz, eine «kaum wahrnehmbare Luftbrücke» zu konstruieren, die «Furcht erregend über dem Abgrund zwischen den beiden Gipfeln hängt», und über die er dann «wie ein Affe klettert».

«Wenn ein Einwohner Madagaskars Zuschauer bei dieser Vorführung gewesen wäre, dann hätte es Mühe gekostet, ihn davon zu überzeugen, dass man in Europa einen hohen Grad an Zivilisation erreicht hat», wird Piaz später kommentieren, der immer gerne sein Licht unter den Scheffel stellte. Vom Gipfel des Turmes aus, der Guglia De Amicis getauft wird, lässt der Bergführer eine rote Fahne wehen. Diese Geste wird von den kaiserlichen Behörden natürlich nicht gern gesehen.

Einige Tage später führt Piaz mit Trier und drei weiteren Bergsteigern eine neue Schwindel erregende Tour durch. Nachdem er den Campanile di Val Montanaia über die Glanvell-und-Von-Saar-Route erreicht hat, seilt er sich auf der entgegengesetzten Seite 40 Meter tief und zum großen Teil ins Leere ab. Das ist eine normale Leistung mit den Seilen und den soliden Verankerungen, die man heutzutage hat, aber seinen Zeitgenossen erschien sie als der reine Wahnsinn. Wiederum einige Tage später besteigen Piaz und Trier in den Dolomiten jenseits des Piave den Campanile Toro, einen schwer zugänglichen Obelisken. Auf dem Gipfel nennt Piaz die Besteigung «die schwierigste in den Alpen». Die frei gekletterten Partien sind sehr schwierig mit Abschnitten im fünften und oberen fünften Grad und wenig Möglichkeiten, Haken zu setzen.

Pro und contra künstliche Hilfsmittel

«Ich arbeitete zum ersten Mal mit künstlichen Hilfsmitteln», lautet Piaz' Kommentar. Die Polemik über die Verwendung von Haken wird langsam heftig. Die ersten Erforscher der Bleichen Berge kannten sie noch nicht, aber Felshaken werden Ende des 19. Jahrhunderts bereits im Karwendel und im Wilden Kaiser verwendet und erst später in den Dolomiten. Die ersten, die sich für diese Methode entschieden haben, sind 1899 Ampferer und Berger am Campanile Basso. Wenige Jahre darauf werden sie allgemein eingesetzt. Tita Piaz benutzt recht viele davon, Angelo Dibona setzt sie nur sparsam ein.

Hans Dülfer lehnt sie nicht ab und verwendet als einer der Ersten einen Karabiner, um das Seil mit dem gerade in den Fels geschlagenen Haken zu verbinden.

Paul Preuß lehnt sich gegen das, was er eine «Degeneration» des Alpinismus nennt, auf und kritisiert heftig auf Konferenzen und in seinen Schriften das Benutzen jeglicher künstlicher Hilfsmittel beim Bergsteigen, einschließlich des Doppelseils beim Abstieg. Am Ende einer Diskussion in der *Deutschen Alpenzeitung* verkündet der Kletterer aus Altaussee seine moralische Überzeugung. Preuß' erstes Prinzip ist, dass es «nicht reicht, auf der Höhe der Schwierigkeiten zu sein, die man angeht, man muss über ihnen stehen». Das zweite ist, dass «das Maß der Schwierigkeiten, die ein Kletterer beim Abstieg angehen kann, der äußersten Grenze dessen entsprechen muss, was er an Schwierigkeiten beim Anstieg angehen kann». Als absolut ehrlicher Mensch verfolgt Paul Preuß seine Überzeugung bis zur extremsten Konsequenz. «Mir scheint, dass der Gedanke ‹wenn ich stürze, fangen mich drei Meter Seil auf› moralisch weniger Wert hat als ‹ein Sturz und ich bin tot!›. Wenn man ein wenig Gymnastik machen will, ohne irgendein Risiko einzugehen, dann ist es besser, zu Hause zu bleiben und die eigene Behändigkeit in der Turnhalle zu erproben», schreibt er im August 1911.

Im Oktober 1913 bezahlt der Gegner der künstlichen Hilfsmittel den Preis für seine Konsequenz und stürzt am Manndlkogel im Gosaukamm ab. Die von ihm angeregte Auseinandersetzung um den Gebrauch und Missbrauch der Haken bleibt jedoch ein Leitmotiv der Diskussionen über den Alpinismus und wiederholt sich immer wieder, bis zum heutigen Tag.

92 links Mit 3004 Metern Höhe ist die Rosengartenspitze einer der elegantesten und am häufigsten besuchten Gipfel der Bleichen Berge. Die Erstbesteigung erfolgte 1874 durch die britischen Bergsteiger Charles Comyns Tucker und J. H. Carson, begleitet von dem Führer François Devouassoud aus Chamonix.

92–93 Charakteristisch für die Dolomiten sind steile Felswände, die den Alpinisten die Möglichkeit bieten, sich an eindrucksvollen Kalknadeln zu versuchen. Auf dieser Luftaufnahme hebt das warme Licht des Sonnenuntergangs die Strenge dieser eindrucksvollen Wände hervor.

93 oben links Zu den besten Kletterern in den Dolomiten gehört zweifellos Giovanni Battista ‹Tita› Piaz (1879–1948). Geboren im Fassatal und lange Zeit Hüttenwirt der Vajolethütte, ist Piaz ein leidenschaftlicher Irredentist, der oft von der österreich-ungarischen Polizei verhaftet wird. Auf der Liste seiner neuen Führen stehen der Kamin an der Punta Emma, die De-Amicis-Spitze (Monte Cristallo) und die Totenkirchl-Westwand im Wilden Kaiser. Im Rosengarten führt Piaz das erste Enchaînement (eine Kette von Besteigungen) in den Dolomiten durch.

93 rechts Die Große Zinne wird 1869 von Paul Grohmann und den Führern Franz Innerkofler und Peter Salcher aus Innsbruck erstmals begangen. Die Route im zweiten Schwierigkeitsgrad verläuft auf der Südseite und weist zwei Passagen im dritten Grad auf. Sie entwickelt sich in den letzten Jahren des 19. Jahrhunderts zu einem Klassiker.

93 unten Die Croda da Lago an der Ampezzaner Senke ist um die Jahrhundertwende eine der meistbegangenen Gruppen der östlichen Dolomiten. Die Normalroute, 1884 von der ungarischen Adligen Rolanda von Eötvös mit Michel Innerkofler erstiegen, ist eine Genusstour im zweiten Grad.

Auf zu neuen Horizonten

Am Abend des *17. Mai 1897* verabschiedet eine kleine Menschenmenge im Turiner Bahnhof Porta Nuova eine außergewöhnliche Gruppe. Zu den Mitgliedern gehören vier Bergführer aus dem Aostatal: Joseph Pétigax und Laurent Croux aus Courmayeur, Antoine Maquignaz und André Pellissier aus Valtournanche. Ein weiterer Teilnehmer, Vittorio Sella aus Biella, wird bald einer der berühmtesten Bergfotografen der Welt sein.

Auch Erminio Botta, der treue Assistent Sellas, kommt aus der Stadt Biella am Fuß der piemontesischen Alpen. Francesco Gonella, der Präsident der Sektion Turin des Italienischen Alpenvereins, hat schon viele Besteigungen in den Westalpen hinter sich. Filippo de Filippi, der Chirurg, kümmert sich nicht nur um die Gesundheit, sondern auch um das offizielle Tagebuch der Expedition. Der Organisator der Reise kommt erst im letzten Moment, wie sich das für ein Mitglied der königlichen Familie gehört. In Begleitung des Kapitänleutnants Umberto Cagni, seines Ordonnanzoffiziers, steigt Luigi Amedeo von Savoyen, Herzog der Abruzzen, in den Waggon, kurz bevor sich der Zug in Fahrt setzt.

Zwei Tage nach der Abfahrt sind die zehn Italiener in London und bereiten ihr Gepäck vor. Zu den 60 Kisten, die bereits im Zug aus Turin mitgekommen sind, werden in der britischen Hauptstadt noch einmal 16 Kisten mit den Zelten, Seilen und den für die Reise unbedingt notwendigen wasserdichten Jacken eingeladen. Dann geht es weiter.

Am Mittag des 22. Mai verlässt die Gruppe an Bord des Überseedampfers *Lucania* den Hafen von Liverpool in Richtung New York, wo das Schiff sechs Tage später anlegt. Knapp zwei Tage darauf geht es mit einem Schnellzug (*Fastmail*) weiter nach Chicago und San Francisco. Aus den Fenstern betrachten die Bergsteiger die Rocky Mountains, die der Zug in 2512 Meter Höhe überquert. Dann fährt er durch die Sierra Nevada, und wieder «am Rande Hunderte von Metern tiefer Abgründe» hinunter.

Um neun Uhr abends am 3. Juni erreichen der Herzog und seine Männer die Pazifikküste nach einer kurzen Überfahrt mit der Fähre von Oakland. Nun muss man an die Lebensmittel denken. «Bald war der Salon des Herzogs voll von Zwiebackdosen, Büchsenfleisch, Konservensuppen und Konservengemüse, Schokolade und so weiter», erzählt de Filippi. «Als wir alles beisammen hatten, haben wir mit dem Herzog einen ganzen Tag lang gearbeitet, um fünfzig Rationen zusammenzustellen, von denen in jeder die Tagesration für zehn Mann sein musste.» Am Abend des 9. Juni bringt ein Zug die italienische Expedition nach Norden.

Die Eroberung des Mount Saint Elias

Vier Tage darauf lichtet die Gruppe auf dem Dampfschiff *City of Topeka* die Anker in Richtung Sitka, der Hauptstadt Alaskas, in Begleitung von «Händlern, einigen jungen Damen, die nach Abschluss ihrer Ausbildung zurück zu ihren Familien fuhren, und einigen Minenarbeitern auf dem Weg zu den Gruben im Landesinnern». Nach einem Halt in Juneau und der Fahrt entlang der spektakulären Stirnseite des Muirgletschers erreicht das Schiff Sitka.

Eine letzte Überfahrt auf der *Bertha*, «einem alten Schiff, kurz, breit und sehr hoch», das «in alle Richtungen ungeheuerlich schwankt», bringt die Italiener und ihre zehn amerikanischen Träger, die in der Nähe des Malaspina-

95 oben Trotz der Höhe und der isolierten Lage wird der Mount Logan recht häufig bestiegen, besonders von Skibergsteigern. Diese Tourengeher befinden sich auf der King Trench Route.

95 Mitte Mit seinen 4922 Metern ist der Mount Vancouver einer der höchsten und schwierigsten Berge der Saint Elias Mountains. Er wird erst 1949 von einer Expedition bezwungen, zu der auch der Brite Noel Odell gehört, Mitglied mehrerer Expeditionen zum Mount Everest in den Jahren zwischen den Weltkriegen.

95 unten rechts Jede Route in den Saint Elias Mountains konfrontiert die Alpinisten mit einer außerordentlich unwirtlichen Umgebung. Auf diesem Foto kehren zwei Skibergsteiger in das Tal unterhalb der eindrucksvollen Gletscherwände des Mount Logan zurück. Der höchste Gipfel der Kette wird 1925 von der Expedition unter der Leitung von Albert MacCarthy erreicht.

94 links Luigi Amedeo di Savoia, Herzog der Abruzzen, ist einer der Hauptakteure des außereuropäischen Alpinismus um die Jahrhundertwende. Die Expedition zum Mount Saint Elias (1897) ist das erste in einer Reihe von Abenteuern, die mit den Expeditionen zum Nordpol (1899), zum Ruwenzori (1906), in den Karakorum (1909) und zum Fluss Uebi-Scebeli (1928 bis 1929) fortgeführt werden.

94 rechts Auch wenn der Schwierigkeitsgrad nicht sehr hoch ist, machen die Höhenluft, die Gletscherspalten und die großen Distanzen, die zu überwinden sind, den Anstieg zum Mount Saint Elias zu einer anstrengenden Unternehmung. Vittorio Sella hat zwei Alpinisten aus der Mannschaft des Herzogs vor einer Spalte des Newton Glaciers fotografiert.

95 unten links Die Expedition zum Mount Saint Elias ist nicht nur ein bedeutendes alpinistisches Unterfangen, sondern auch eine große Leistung in puncto Ausdauer. Die Führer und die Bergsteiger (auch der Herzog der Abruzzen) mussten die Schlitten mit dem Gepäck über die unendlichen Weiten von Hitchcock-, Seward- und Pinnaclegletscher ziehen.

gletschers zur Gruppe gestoßen waren, an das Westufer der Yakutat-Bucht. Seit der Abfahrt aus Turin am 17. Mai sind bereits fünf Wochen vergangen.

Die nächste Phase des herzoglichen Unternehmens ähnelt eher dem normalen Ablauf einer alpinistischen Expedition. Nach endlosem Hin und Her gelangen die Männer, die bis zu 25 Kilogramm Gewicht auf dem Rücken tragen, zu dem eindrucksvollen Gletscherstrom, über den das Gepäck auf vier großen Schlitten gezogen wird.

Es folgt ein kurzes Stück durch Murengelände und Tundra, dann der anstrengende Anstieg über Hitchcock-, Seward- und Pinnaclegletscher, hinter denen endlich der Mount Saint Elias auftaucht, das 5489 Meter hohe Ziel der italienischen Expedition.

Der letzte und bergsteigerisch schwierigste Teil der Unternehmung beginnt am 30. Juli mit der Besteigung des Sattels, der den Mount Saint Elias vom Mount Newton trennt und den der Herzog auf den Namen Israel C. Russel tauft, nach dem Mann, der 1891 bis hierher gekommen war.

Am folgenden Tag lassen Maquignaz und Pétigax, die an der Spitze gehen, den Herzog überholen. Mit dem Ruf «Italien und das Haus Savoyen sollen hoch leben!» wird die Eroberung des ersten hohen Gipfels in Alaska, der je von Menschen betreten wurde, bejubelt. Zehn Tage später kehrt die Gruppe nach einer ungeheuer anstrengenden Rückreise wieder an die Küste zurück.

Der Herzog ist von Insektenstichen vollkommen entstellt und gibt einem amerikanischen Alpinisten dazu den launigen Kommentar: «Ich habe den Mount Saint Elias erobert, aber eure Mücken haben mich erobert.»

96 Aus der Luft wird die Großartigkeit der St. Elias Mountains und die enorme Ausdehnung der Gletscher deutlich, deren Durchquerung mehrere Tage dauern kann.

97 oben In der Kette der St. Elias Mountains gibt es eine Reihe kleinerer, sehr schöner Gipfel, die relativ große Schwierigkeiten bieten. Das beweist dieser namenlose Gipfel nahe dem Mount Logan.

97 Mitte Während einer der seltenen Pausen ruhen sich einige Bergsteiger der Expedition von 1897 neben ihren Zelten aus, die sie auf der schier endlosen, verschneiten Hochfläche des Agassizgletschers aufgestellt haben. Eines der größten Probleme der Expeditionen wird es bis zur Erfindung der Fleece-Stoffe sein, Jacken, Hosen und Wollpullover an der spärlichen Sonne zu trocknen.

97 unten Der 31. Juli 1897 ist ein großer Tag in der Geschichte des nordamerikanischen Alpinismus. Vittorio Sella hielt den Augenblick und alle neun Expeditionsmitglieder auf dem Gipfel des Mount Saint Elias (5489 Meter) fest. Der Herzog der Abruzzen ist der Dritte von rechts, im Schnee sitzend.

Die Leistungen des Duca degli Abruzzi kennzeichnen die ersten Jahre des außereuropäischen Alpinismus. «Er gehörte zu einer fast ausgestorbenen Art von Forschern, die die Mittel hatten, um ihre Abenteuer zu organisieren und, was noch wichtiger ist, die Entschlossenheit, sie auch durchzuführen», schreibt Chris Jones in seinem Werk *Climbing in North America*, der vollständigsten Geschichte des Alpinismus in den Vereinigten Staaten von Amerika und in Kanada.

Expedition in den Karakorum

Die eher zufällig auf dem Mount Saint Elias begonnene außereuropäische Karriere von Luigi Amedeo von Savoyen (eigentlich war der Nanga Parbat das Ziel der Expedition; wegen einer Revolte im Punjab wurde aber kurzfristig umdisponiert), wird mit einem Versuch, bis zum Nordpol zu kommen, fortgesetzt (1899), wobei der Breitengrad 86°34' erreicht wird. Dann folgt die Eroberung des Ruwenzori

(1906), des wildesten und einsamsten afrikanischen Bergs, 5119 Meter hoch. Aber für die Bergsteiger in aller Welt ist die Expedition des Herzogs von 1909 in den Karakorum am wichtigsten, weil bei dieser Gelegenheit die gangbarste Route auf den K2 entdeckt wird (über den «Abruzzensporn»), die danach von fast allen Expeditionen benutzt wird, auch von der italienischen, die 1954 als erste den Gipfel betritt.

Die Mannschaft des Herzogs besteht zum Großteil aus denselben Personen wie bei den vorangegangenen Expeditionen: Er wird nämlich von Filippo de Filippi, Federico

98 oben Die Expeditionen des Duca degli Abruzzi dienen sowohl alpinistischen als auch wissenschaftlichen Zwecken. Das zeigt am besten die Landkarte mit den Orten, die die Expedition zum Baltorogletscher 1909 berührt hat. Diese Expedition ist vor allem deswegen in Erinnerung geblieben, weil sie den Weg auf den K2 entdeckt und am Broad Peak eine Höhe von 7550 Metern erreicht hat; außerdem erforschte sie sämtliche Gletscher, die am Concordiaplatz zusammenfließen.

98 Mitte Das lange Trekking zum Fuß des K2 und des Gasherbrum zwingt die Alpinisten, viele Nächte ihr Lager auf der mit Steinen bedeckten Oberfläche des Baltorogletschers aufzuschlagen. 1909 halten sich Federico Negrotto Cambiaso, Filippo de Filippi und Vittorio Sella im Eingang eines Zeltes am Concordiaplatz auf, um den sich der Gasherbrum IV, der Mitre Peak, der Masherbrum und der K2 erheben.

Negrotto, Vittorio Sella und Erminio Botta begleitet. Die Präsenz einer größeren Anzahl von Bergführern aus Courmayeur als sonst – Joseph und Laurent Pétigax, Albert Savoye, Ernst Bareux, Alexis, Henry und Emile Brocherel – zeigt, dass Luigi Amedeo bewusst eine größere Sache plant.
Die Expedition verlässt Srinagar Anfang Mai und erreicht den wie ein Amphitheater geformten Concordiaplatz nach 25 Tagen Marsch. De Filippi, der Chronist, beschreibt den Anblick des zweithöchsten Bergs der Erde mit Begeisterung: «Jetzt hatten wir das ganze weite Tal des Godwin-Austen-Gletschers vor uns; im Hintergrund erhebt sich, weit ab von allen anderen Bergen, der K2 in seiner souveränen Größe, der echte und unangefochtene Beherrscher der Region. [...] Seine Formen sind perfekt, ausgewogen und ideal proportioniert, seine Architektur sehr solide.»
Während die übrigen Gruppenmitglieder den Goodwin-Austen- und den Savoia-Gletscher erforschen und dabei bis auf 6233 Meter Höhe zum Sattel der Winde vordringen und zum 6660 Meter hohen Savoiasattel, erkundet eine Bergführergruppe den Südostsporn, der zur Schulter des K2 ansteigt.

98–99 «Ein Berg mit beeindruckenden Dimensionen. Er schien sich wie ein vollkommener, jedoch unglaublich hoher Kegel zu erheben». So beschreibt der britische Kapitän Francis Younghusband den K2, hier von der chinesischen Seite gesehen.

98 unten Die Westseite des K2, die den Savoiagletscher beherrscht, ist eine der schwierigsten Seiten am zweithöchsten Berg der Erde.

99 unten Der Herzog der Abruzzen (hier in Admiralsuniform) regte um die Jahrhundertwende Expeditionen mit alpinistischem und wissenschaftlichem Charakter von außerordentlicher Bedeutung an.

100 oben Vom Goodwin-Austen- und Savoia-Gletscher aus gesehen scheint der zweithöchste Berg der Welt ein wenig abgeflacht, aber aus größerer Entfernung wirkt er schlanker – etwa vom Südostgrat des Savoia III, einem eleganten, 7018 Meter hohen Gipfel. Rechts vom K2 der Schneegipfel des Angelus.

100–101 Die untergehende Sonne strahlt die eindrucksvolle Südwestwand des K2 an, eine der schwierigsten Wände dieses Berges und am besten vom Savoiagletscher aus im Nachmittagslicht zu betrachten. Der erste Versuch einer Besteigung von dieser Seite wird 1978 durch eine starke britische Expedition unter der Leitung von Chris Bonington durchgeführt. Eine Lawine kostet Nick Estcourt das Leben. Die Route wird von einem japanischen Team vollendet.

101 oben Die Südseite des K2, von der Mündung des Savoiagletschers in den Godwin-Austen-Gletscher aus durch die Linse von Vittoria Sella gesehen. Die Bergführer stellen fest, dass der einzig mögliche Weg, zum oberen Teil des Berges zu kommen, über einen Fels- und Schneesporn verläuft, der hier nicht zu sehen ist.

101 unten Der Herzog der Abruzzen steigt gemeinsam mit anderen Teilnehmern der Expedition von 1909 den Godwin-Austen-Gletscher in Richtung Abruzzensporn hinauf. Auch heute noch stellen die Expeditionen auf dem Normalweg zum K2 ihr Basislager in diesem Bereich auf.

Trotz der Geschicklichkeit der Männer aus Courmayeur müssen sie auf 6550 Meter Höhe aufgeben, unterhalb der Felsaufschwünge aus gelblichem Gestein, die auch heute noch den schwierigsten Punkt der Route darstellen.

Wenige Tage später führt die Gruppe einen Versuch am Skyang Kangri (oder Staircase) durch, wird aber auf 6600 Metern durch zwei unmöglich zu überwindende Bergschründe am Weiterklettern gehindert. Der Herzog richtet nun seine ganze Aufmerksamkeit auf die Chogolisa, mit 7654 Metern einer der elegantesten Siebentausender Asiens. Ein erster Versuch schlägt auf 7150 Meter Höhe fehl, der zweite scheitert am Tiefschnee, den Wächten und dem Nebel 150 Meter unterhalb des Gipfels. Die erreichte Höhe – 7500 Meter! – ist jedoch ein Rekord, der erst dreißig Jahre später gebrochen wird.

Die kleinen, außergewöhnlichen Expeditionen des Duca degli Abruzzi verblüffen Italien und die ganze Welt. Doch viele weitere, nicht ganz so namhafte Alpinisten teilen mit dem Mitglied des Hauses Savoyen das Verdienst, als Erste die Herausforderung angenommen zu haben, die die großen Berge der Welt darstellen.

Schnee in Afrika? – Absurd!

«Ich sah etwas Weißes auf dem Gipfel des Berges im Land der Wa-Chagga. Meine Führer kannten den Namen nicht, sie verwendeten das Wort *kalt*. Es war Schnee», schreibt der Schweizer Missionar Johann Rebmann am 11. Mai 1848 in sein Tagebuch. Er ist dabei, die Savannen im heutigen Tansania zu Fuß zu durchqueren, und sieht als erster Europäer

102 Die Margherita-Spitze ist mit dunklen Felspartien und blumenkohlförmigem Eis bewehrt. Mit 5119 Metern bildet sie den höchsten Gipfel des Ruwenzori. Auf Wunsch des savoyischen Herzogs sind die drei höchsten Spitzen nach den Königinnen von Italien und England und dem König von Belgien benannt.

von weitem den Schnee auf dem Kilimandscharo. Einige Wochen später – inzwischen hat er das Gebiet der Massai und der Kikuyu erreicht – sieht Rebmann in der Ferne auch die Felsen und den ewigen Schnee auf dem Mount Kenya. Seine Beobachtung und seine Schlussfolgerung entsprechen vollkommen der Logik, und es ist selbstverständlich, dass ein Schweizer etwas von Schnee versteht, mag er sich auch am Äquator und nicht in der Schweiz befinden. Doch als Rebmanns Bericht London erreicht, definiert der berühmte Geograf William D. Cooley ihn als «eine nicht bewiesene, absurde Phantasievorstellung». Der Streit zieht sich jahrelang hin. Der deutsche Adlige Karl Klaus von Decken lässt die Diskussionen verstummen, die Rebmanns Bericht ausgelöst hatte, als er 1861 den ersten Versuch einer Besteigung des 5895 Meter hohen Kilimandscharo ausführt. Seine Expedition erreicht nicht einmal eine Höhe von 3000 Metern, aber sie bringt Europa die erste Beschreibung der Wälder am Fuß des Berges und des wüstenbedeckten Plateaus, das den Kibo von den Felsen des Mawensi trennt, dem zweithöchsten Gipfel des Massivs.

Vierundzwanzig Jahre später beschreibt der schottische Naturforscher Joseph Thomson den Mount Kenya als «einen leuchtenden Gipfel, der mit der herrlichen Brillanz eines Diamanten strahlt». Im Jahr 1886, als die englische Königin Viktoria den Kilimandscharo ihrem Neffen, dem späteren Kaiser Wilhelm II. schenkt, versucht sich der ungarische Graf Samuel Teleki de Szek mit Entschlossenheit an der Besteigung der beiden Berge.

Zwei Jahre später, am 24. Mai 1888, ist der Engländer Henry Morton Stanley der Hauptdarsteller einer der berühmtesten Episoden aus der Entdeckungszeit Afrikas. Im Lager der Expedition an den Ufern des Albertsees ruft einer seiner Männer aus: «Ein Berg aus Salz!». «Ich sah eine Wolke mit einer ganz besonderen Form, im schönsten Silber, die aussah wie ein schneebedeckter Berggipfel und die auch diese Proportionen hatte. Dann war mir klar, dass es sich nicht um eine Wolke, sondern um einen festen und realen Körper handelte, um einen richtigen, schneebedeckten Berg», erzählt der Amerikaner englischer Abstammung, der gerade den Ruwenzori entdeckt hat, den dritthöchsten, aber reizvollsten Berg des Schwarzen Kontinents.

Einsam und wild sind die «Mondberge», die die Grenze zwischen dem Kongo- und dem Nilbecken bilden und zu denen sechs verschiedene Bergmassive und immerhin 24 über 4000 Meter hohe Gipfel gehören.

Die afrikanischen Gipfel

Nach einem ersten Besteigungsversuch durch den deutschen Naturforscher Franz Stuhlmann im Jahr 1891 wird der Ruwenzori 1905 entschlossen von der ugandischen Seite

103 Mitte links Von der Albert-Spitze aus kann man gut die Felsen und die Eisvoluten der Margherita-Spitze (Mitte) und der Alexandra-Spitze beobachten. Die höchsten Gipfel des Ruwenzori werden alle 1906 vom Herzog der Abruzzen und den Bergführern aus Courmayeur, die ihn begleiten, bestiegen.

103 Mitte rechts Das Ruwenzorimassiv fällt sowohl auf der ugandischen Seite als auch zum Kongo hin steil ab. Neben den höchsten Gipfeln erstreckt sich das schneebedeckte Stanley Plateau auf einer Höhe von 4750 Metern. Im Hintergrund sieht man die dunklen Felsen des Moebius.

103 oben rechts Der ungarische Graf Samuel Teleki de Szek ist ein bedeutender Afrika-Liebhaber und erreicht als Erster große Höhen am Kilimandscharo und am Mount Kenya, den beiden höchsten Bergen Afrikas. Heute erinnert das schönste Tal des Mount Kenya an ihn.

103 unten links Henry Morton Stanley ist in England geboren, aber amerikanischer Staatsbürger. Die Durchquerung Schwarzafrikas von einer Küste zur anderen macht ihn berühmt, wobei er den verschollenen Dr. Livingstone am Tanganjika-See wiederfindet. 1888 bekommt er am Ufer des Lake Albert als erster Weißer das Ruwenzorimassiv zu Gesicht, das den Kongo und Uganda voneinander trennt.

103 unten rechts Kreuzkraut wächst am Fuß der bekanntesten und eindrucksvollsten Seite des Mount Kenya, die das Teleki Valley beherrscht, welches 1899 von Halford Mackinder und seiner Gruppe durchquert wird. Rechts von Nelion und Batian erhebt sich der Felsturm der John-Dutton-Spitze.

104 oben links Der Normalweg auf den Kilimandscharo, der von Meyer und Purtscheller 1889 eröffnet wird, führt durch ein mit Geröll und Schutt angefülltes Couloir. Die Gletscher, die die Seiten des Vulkans bedecken, bieten den Bergsteigern sehr anstrengende Routen, wie eine Momentaufnahme während der Besteigung des Kibo entlang der Abhänge des Heim Glaciers ahnen lässt.

Auf zu neuen Horizonten

aus angegangen, und zwar durch das starke Team, zu dem die Briten Douglas Freshfield und Arnold L. Mumm sowie der Zermatter Führer Moritz Inderblatten gehören. Ein Jahr danach erreicht die Expedition des Herzogs der Abruzzen den mit 5119 Metern höchsten Gipfel der Berggruppe.

Das Zeitalter der Eroberung der höchsten afrikanischen Gipfel beginnt jedoch bereits 16 Jahre vorher, als 1889 der deutsche Topograf Hans Meyer und der Salzburger Bergsteiger Ludwig Purtscheller den 5895 Meter hohen Gipfel des Kilimandscharo betreten. «Um halb elf Uhr setzte ich den Fuß auf den zentralen Gipfel. Mit einem dreifachen Hurra habe ich eine kleine deutsche Flagge eingeschlagen [...] und die Spitze des Kibo auf den Namen Kaiser-Wilhelm-Spitze getauft, als den höchsten Punkt des afrikanischen und deutschen Bodens», erzählt Meyer in seinem Bericht über das Unterfangen.

Die Töne des *Scramble for Africa*, des Wettstreits der europäischen Mächte um die Kolonien auf diesem Kontinent, sind nur allzu deutlich aus den Worten Meyers und seiner Zeitgenossen herauszuhören.

Der Mount Kenya ist eleganter und schwieriger zu erobern. Im Jahr 1899 gelingt dies dem Schotten Halford Mackinder und den Bergführern César Ollier und Joseph Brocherel aus Chamonix. Die Gruppe erreicht die Hochebenen im Landesinnern mit Hilfe der neuen Eisenbahn, die Mombasa mit Nairobi verbindet, und läuft dann bis zum Wald am Fuß des Berges. Am 12. und 13. September gelingt es Mackinder dank der technischen Fähigkeiten und des Instinkts der Führer aus dem Montblancgebiet, auf den 5199 Meter hohen Gipfel zu gelangen. Es ist ein schwieriger Weg mit Abschnitten bis zum vierten Grad im Fels und dreistündiger Arbeit mit dem Pickel, um Stufen in den kurzen, steilen Abhang zu schlagen, der auf den Namen *Diamond Glacier* getauft wird.

104 links unten «Breit wie die ganze Welt, groß, hoch, unglaublich weiß im Sonnenlicht.» So beschreibt Ernest Hemingway den höchsten Berg Afrikas in seinem Roman *Schnee auf dem Kilimandscharo*. Die Beschreibung trifft den Vulkan ausgezeichnet, den man von den Savannen im Nationalpark Amboseli, welcher für seine Elefantenherden berühmt ist, sehen kann.

104 rechts unten Die «Stufen» im Eis machen den Krater des Kilimandscharo unverwechselbar. Hier der Deckengletscher westlich neben dem leichten Schneecouloir, das die Wanderer benutzen, die den Kibokrater auf dem Machame-Weg besteigen.

104–105 Die Eisstufen des Kibo, umgeben von den dunklen Felshängen aus dem Vulkangestein des Kraters vom Grat aus aufgenommen, der die Gillman-Spitze mit der Uhuru-Spitze verbindet.

105 oben Hans Meyer, Professor und Topograf aus Leipzig, erreicht 1889 mit Ludwig Purtscheller den Gipfel des Kilimandscharo. «Mit einem dreifachen Hurra schlug ich eine kleine deutsche Flagge ein. Ich taufte den Gipfel des Kibo auf den Namen Kaiser-Wilhelm-Spitze, den höchsten Punkt des afrikanischen und deutschen Bodens», steht in seinem Bericht.

105 Mitte Von der Uhuru-Spitze zeigt der Blick zurück den Wanderern den letzten Teil des Normalwegs zum «Dach Afrikas». Unten links öffnet sich die Caldeira, rechts die Stella-Spitze, am weitesten entfernt sind die Felstürme der Gillman-Spitze, an deren Grat das geröllgefüllte Couloir des Normalwegs auftaucht. Im Hintergrund die Felstürme des Mawensi.

105 unten Sonne, Eis und Wind verwandeln den Schnee, der auf den Krater des Kilimandscharo fällt, in eine dünne Eiskruste, die von den extremen Witterungsverhältnissen umgeformt wird. Das ist die Landschaft, die jährlich von Tausenden von Wanderern durchquert wird, wenn sie den 5895 Meter hohen Uhurugipfel besteigen.

Im amerikanischen Nordwesten

Während die ersten Expeditionen zu den hohen Bergen Afrikas von versierten europäischen Alpinisten durchgeführt werden, beschäftigen sich ganz andere Persönlichkeiten zur selben Zeit mit der Erstbesteigung der Gipfel in den Vereinigten Staaten und in Kanada. Das bis Ende des 18. Jahrhunderts noch unbekannte Innere des Kontinents wird zwischen 1801 und 1803 von einer Expedition unter Meriwether Lewis und William Clark durchquert. Danach sind Topografen, Soldaten, Goldsucher und Pelzjäger an der Reihe, denen sich die ersten mutigen Siedler anschließen, die nach Oregon und an andere Abschnitte der Pazifikküste wollen.

Im Jahr 1842 besteigt Oberleutnant John Charles Frémont, der von der Regierung in Washington mit der Ausarbeitung einer detaillierten Landkarte des Oregon Trail beauftragt worden ist, mit seinem Führer Kit Carson und dem deutschen Topografen Karl Preuss einen der höchsten Gipfel der Rocky Mountains, der nach drei Tagen harter Mühen erreicht wird. Der Bericht Frémonts, der später übrigens für die Präsidentschaft der Vereinigten Staaten kandidiert, erzählt von den Mühen und den Schwierigkeiten beim Aufstieg, aber die Historiker können ihm nicht entnehmen, welcher Gipfel denn nun eigentlich erreicht wurde.

«Wir haben das Ziel unserer ehrgeizigen Pläne erreicht. Wir haben den höchsten Gipfel der Rocky Mountains erklommen, Schnee Hunderte von Fuß unter uns beobachtet und nie vom Menschen betretene Gebiete erkundet, wir haben die Freude der ersten Erforscher erlebt», schreibt Frémont in seinem *Report of Expedition to the Rocky Mountains*. Schauplatz seiner abenteuerlichen Unternehmungen wurden im Lauf der Zeit der Frémont Peak, der Mount Woodrow Wilson und andere Gipfel der spektakulären Wind River Range in Wyoming.

Um die Mitte des Jahrhunderts erfolgt eine systematische Besiedelung der Küsten und Ebenen Oregons und des Staates Washington. An heiteren Tagen können die Bewohner Seattles, Portlands und der anderen Städte im amerikanischen Nordwesten die schneebedeckten Umrisse der Vulkane der Cascades-Kette sehen: Mount Rainier, Mount Baker, Mount St. Helens, Mount Hood. Man braucht kein Bergsteiger zu sein, um in ihnen eine Herausforderung zu sehen.

1853, elf Jahre nach John Charles Frémonts Unternehmung, betritt Thomas Dryer, der Eigentümer und Herausgeber des *Weekly Oregonian,* den Gipfel des Mount St. Helens, eines 2950 Meter hohen Vulkans, der mehr als ein Jahrhundert später, am 18. Mai 1980, durch seinen Ausbruch in die Schlagzeilen kommt. Ein Jahr danach ist der Mount Hood an der Reihe, der elegante Eisgipfel, der die Hintergrundkulisse der Stadt Portland bildet und heute den klassischen und am häufigsten benutzten Anstieg auf die Gletscher Nordamerikas darstellt.

Um auf den 3421 Meter hohen Gipfel zu kommen, müssen Dryer und seine Kameraden Seile, Haken und provisorische Steigeisen verwenden. Die Sache wird professioneller angegangen, als 1857 der deutschstämmige Oberst August Kautz, der in Fort Steilacoom am Ufer des Puget Sound stationiert ist, beschließt, den Mount Rainier zu bezwingen.

Dieser von immerhin 28 Gletschern bedeckte Vulkan ist an heiteren Tagen bereits vom Zentrum Seattles aus zu sehen. Nachdem er die Berichte über die ersten Besteigungen des Montblanc genau studiert hat, macht sich Kautz Anfang Ju-

106–107 Mit ihren Felswänden, Firnfeldern und den tiefen, einsamen Tälern bietet die Wind River Range in Wyoming einige der herrlichsten Landschaften in den Rocky Mountains. Der höchste Gipfel ist der Gannett Peak (4207 Meter).

107 Mitte rechts An klaren Tagen sieht man den Mount Rainier (4392 Meter) bereits vom Stadtzentrum Seattles aus. Er ist der bekannteste Berg im Staat Washington und wird jedes Jahr von Tausenden von Bergsteigern begangen.

106 oben John Charles Frémont ist kein Bergsteiger, sondern ein Offizier, der damit beauftragt wird, gemeinsam mit dem Bergführer Kit Carson den deutschen Topografen Karl Preuss auf einen der höchsten Gipfel der Rocky Mountains zu begleiten. Es ist aber nicht klar, welcher Berg von der Gruppe erreicht wurde, ob es der Frémont Peak oder andere Gipfel der Wind River Range in Wyoming waren.

106 unten Der Exkursionstourismus entwickelte sich am Fuß des Mount Rainier schon um die Jahrhundertwende, am Paradise Glacier etwa.

107 unten rechts Der Normalweg auf den Mount Rainier beginnt mit einer langen Wanderung zum 3200 Meter hoch gelegenen Camp Muir und führt dann über die steilen Hänge des Nisqually Glaciers.

li auf den Weg, begleitet von dem Arzt Robert Orr Craig und den Soldaten William Carroll und Nicholas Dogue. Geführt werden sie von einem Indianer namens Wapowety. Kautz und seine Kameraden unterschätzen nicht so sehr die Schwierigkeiten der Besteigung als vielmehr die Länge des Anmarsches, der durch undurchdringliche Wälder führt, in welchen die Pferde über lange Strecken eher hinderlich als nützlich sind.
Erst am siebten Tag erreicht die Gruppe, die aus Fort Steilacoom nur mit Nahrungsmitteln für sechs Tage aufgebrochen ist, die obere Waldgrenze und kann mit dem eigentlichen Aufstieg auf den Mount Rainier beginnen. Die Müdigkeit zwingt Carroll und Craig, zum Lager abzusteigen, aber Kautz und Dogue laufen weiter in Richtung Gipfel «über unzugängliche Grate aus Eis und große Spalten». Dann dreht auch Dogue um, und der Leutnant erreicht eine Höhe von über 4000 Metern, wo «der Berg relativ eben wird» und ein Vorankommen entschieden einfacher ist. Aber die späte Stunde, die Müdigkeit und der Mangel an Lebensmitteln zwingen auch ihn zur Umkehr.
1870 gelingt dem Topografen Hazard Stevens und dem ehemaligen Goldsucher Philemon Van Trump der Sieg über den 4392 Meter hohen Mount Rainier. Die beiden kommen auf den Gipfel, nachdem sie ein langes und nicht einfaches Felsband sowie eine Reihe großer Risse überwunden haben, die abenteuerliche Seilmanöver notwendig machen. Um fünf Uhr nachmittags entdecken sie von den Felsen von Point Success aus, dass das Gelände einfach, der Gipfel aber noch weit entfernt ist. Mutig und entschlossen gehen sie weiter in Richtung Gipfel, wo sie bei Sonnenuntergang ankommen. Zum Glück können die beiden Bergsteiger dank der Fumarolen (aus Spalten und Öffnungen tätiger Vulkane austretende Gase mit Temperaturen von 200 bis 800 Grad) am Rand des winzigen Kraters des Mount Rainier komfortabler biwakieren als befürchtet.
«Keine Entdeckung konnte angenehmer sein! Wir wärmten unsere eisigen und steif gewordenen Extremitäten an einem dieser Plutofeuer und verbrachten die Nacht dort, ohne Gefahr zu laufen, vor Kälte zu sterben», berichtete Stevens nach der Rückkehr.
Interessant ist auch der Kommentar des Briten Edmund Coleman, der gemeinsam mit Stevens und Van Trump bis zur Waldgrenze gestiegen war und den die Müdigkeit zur Umkehr zwang. «Die ständige Suche nach Geld und der seltsam praktische Charakter der Amerikaner reichen aus, um das Fehlen jener *Passion des Montagnes* zu erklären, die man oft in der Alten Welt antrifft. Wer hier in die Weststaaten kommt, tut dies entweder, um zu Geld zu kommen oder um für sich und seine Familie ein Haus zu bauen. Folglich haben sie weder Zeit noch Geld für etwas, das im Allgemeinen für eine visionäre, wenn nicht gar gewagte Suche gehalten wird.»

Der Vater der Nationalparks: John Muir

Solche Betrachtungen werden zumindest teilweise durch die romantischen Abenteuer von John Muir widerlegt, dem großen Naturliebhaber schottischer Abstammung, der heu-

108–109 «Gipfel mittags erreicht, nachdem ich mich verspätet hatte, um Bäume zu studieren.» Mit knappen Worten kommentiert John Muir seine Besteigung des Cathedral Peak, des eleganten Felsgipfels, der von Süden her die Tuolomne Meadows und die Straße hoch zum Tiogapass im Yosemite-Nationalpark dominiert.

109 rechts Die glatt polierten Granitwände, die das Yosemite Valley dominieren, bieten eines der bekanntesten und beeindruckendsten Naturschauspiele in den Vereinigten Staaten. Ab 1869 veröffentlicht John Muir Artikel und Bücher darüber. Bis aber die ersten dieser Wände bezwungen werden, muss man bis zum Jahr 1934 warten.

108 Mitte links John Muir (links im Bild) ist kein Bergsteiger, sondern ein großer Liebhaber der Natur im amerikanischen Westen. In seinen Schriften bringt er das Yosemitetal, den Grand Canyon und die riesigen Sequoienwälder einem breiten Publikum in den USA nahe.

108 Mitte rechts Die Erstbesteigungen des Grand Teton und des Mount McKinley beansprucht, noch bevor sie erfolgt sind, John James Stevenson für sich. Gemeinsam mit Nathaniel Langford führte er 1872 eine Besteigung durch, die jedoch von den Historikern nicht anerkannt wird.

108 unten Der obere Teil des Yosemite-Nationalparks bietet alpinere Landschaften als das Yosemite Valley, das von Alpinisten und Touristen bevorzugt besucht wird. Hier beleuchten die untergehende Sonne und der aufgehende Vollmond den Lyell Glacier nahe der südöstlichen Grenze des Parks.

te wegen seiner Bücher, Artikel und dem entscheidenden Beitrag, den er zum Schutz der Natur Westamerikas geleistet hat, geschätzt wird. Er ist der «Vater» der Nationalparks Grand Canyon, Yosemite und Sequoia-Kings' Canyon. Muir verbringt ab 1869 viele Jahre in den Bergen und Wäldern der Sierra Nevada, wo er eine Vielzahl von Bergen besteigt.

Seine Schriften sind reich an Einzelheiten über die Natur, aber es steht nur wenig über die Routen und die Schwierigkeiten, die zu überwinden waren, darin. «Ich erreichte den Gipfel am Mittag, nachdem ich mich durch das Studium der Bäume verspätet hatte», ist Muirs einziger, kurzer Kommentar nach der Erstbegehung des Cathedral Peak. «Gut trainierte Gliedmaßen werden die 3000 Fuß Kletterei zu schätzen wissen, die auf dieser Direktroute notwendig sind. Aber etwas schwächere Personen sollten dem Maultierpfad folgen», schreibt er über ein schwieriges Couloir (heute bekannt als «die» *Mountaineers' Route*) am Gipfel des Mount Whitney, des höchsten Bergs der USA.

Während Muir öffentlich damit angibt, er habe «niemals meinen Namen auf irgendeinem Berg, Fels oder Baum hinterlassen», widmen andere Alpinisten in jenen Tagen, besonders die Topografen Clarence King und Josiah D. Whitney, ihren Unternehmungen und den damit verbundenen Schwierigkeiten lange und detaillierte Berichte.

Im Yosemite Valley, das Muir so liebte und das heute Kletterer aus aller Welt besuchen, wird 1875 der Half Dome erstmals bestiegen, dieser spektakuläre Granitgipfel, dessen glattgeschliffene Platten den Schotten George Anderson dazu zwingen, Haken in den Fels zu schlagen. Diese Aufstiegsmethode entspricht der – sieben Jahre später – von der Maquignaz-Sella-Gruppe in den schroffen Wänden der Dent du Géant eingesetzten Technik.

Was jedoch dem Bergsteigen in Nordamerika einen alpenähnlichen Charakter verleiht, sind die Besteigungsversuche am Grand Teton, dem herrlichen Granitberg, der sich im Herzen der gleichnamigen Kette erhebt, welche heute durch einen der meistbesuchten Nationalparks der USA geschützt wird. Nathaniel Langford und James Stevenson behaupten, den Berg 1872 bestiegen zu haben, aber mit Sicherheit weiß man nur, dass der Berg 26 Jahre später von William O. Owen und Reverend Franklin Spaulding erobert wurde. Es bleibt ein Rätsel, wer den Gipfel wohl zuerst erreicht hat.

Es gibt aber keinen Zweifel daran, dass die Höhe (der Grand Teton hat 4197 Meter), die rein alpine Umgebung und der Schwierigkeitsgrad diese Besteigung denen ähnlich macht, die in jenen Jahren in Europa an den Felsnadeln der Dolomiten und den Granitwänden des Montblanc durchgeführt wurden.

Edward Whymper in den Anden

Während der Alpinismus in Nordamerika hauptsächlich durch die Einheimischen vorangetrieben wird, besteigen die besten Bergsteiger Europas nacheinander die höchsten Gipfel der Anden, jener langgestreckten Kette, die das Rückgrat des südlichen Teils des Kontinents bildet.

Zu den Ersten, die bis in die Anden vordringen, gehört der Deutsche Wilhelm Reiss, der 1872 gemeinsam mit dem Kolumbier Angel M. Escobar die Erstbesteigung des Cotopaxi (5897 Meter) durchführt, jenes imposanten ecuadorianischen Vulkans, dessen Lavamassen mehrmals bis zur Stadt Latacunga geflossen sind.

Sieben Jahre darauf kommt der Engländer Edward Whymper, der durch die Erstbesteigung des Matterhorns zum berühmtesten Bergsteiger seiner Zeit geworden ist, im Hafen von Guayaquil an. In den sechs Monaten, in denen er im Vulkangebiet Ecuadors unterwegs ist, ersteigt Whymper in Begleitung der Bergführer Jean-Antoine Carrel (seinem Kameraden auf vielen Bergfahrten und späteren Rivalen am Matterhorn) und Louis Carrel als Erster den Chimborazo (6310 Meter), den Cayambe (5789 Meter), den Antisana (5705 Meter), den Carihuairazo (5028 Meter), den Sincholagua (4893 Meter), den Cotacachi (4939 Meter) und den

110 oben Die steilen Hänge im höheren Teil des Chimborazo von einer Position oberhalb des Lagers (etwa auf 5800 Meter Höhe) gesehen, das Edward Whymper – von dem dieser Stich stammt – und seine Führer aufgeschlagen haben. Der Anstieg wirft keine besonderen Probleme auf, viel schwieriger ist die Querung der Gipfelfläche, wo eine dicke Schicht weichen Schnees das Vorankommen extrem mühsam gestaltet.

Sara Urco (4676 Meter). Alleine verwirklichen die beiden Carrels die Erstbesteigung des Illiniza Sur (5263 Meter).

Alle gemeinsam führen mit zwei einheimischen Trägern die dritte Besteigung des Cotopaxi durch, den der große Ausbruch zwei Jahre zuvor fast ganz vom Eis befreit hat. Der Höhepunkt der ganzen Fahrt ist jedoch die Erstbesteigung des Chimborazo, der bis zu Beginn des 19. Jahrhunderts für den höchsten Berg der Erde gehalten wird. Im Lauf der Besteigung überwinden die drei Alpinisten den Längsriss im Fels, der 76 Jahre zuvor den Forscherdrang Alexander von Humboldts gestoppt hatte. «Bis hierher und nicht weiter kann man kommen, wenn man kein Alpinist ist», beurteilte Whymper im Nachhinein diese schwierige Passage. Im oberen Bereich des Vulkans stellen die Höhenkrankheit, der weiche Schnee und ein heftiger Sturm den Engländer und die beiden Männer aus dem Aostatal auf eine harte Probe, und durch den Nebel können sie kaum erkennen, welches der richtige Gipfel unter all den Erhebungen ist, die die Hochebene am Gipfel umgeben. Schließlich erlaubt es ein «halbwegs solider» Schnee den dreien, den Gipfel «aufrecht gehend wie Männer und nicht schnaufend wie wilde Tiere, wie wir es in den fünf vorangegangenen Stunden gemacht hatten», zu erreichen. Trotz des heftigen Windes schaffen es Whymper und die beiden Carrels, ein Quecksilberbarometer und zwei Aneroidbarometer zu installieren, um die Höhe des Berges zu messen, und auch, eine Fahne einzurammen. Dann steigen sie über die Hochebene so schnell wie möglich wieder ab und erreichen das Lager, noch bevor es vollkommen dunkel ist.

Noch vor dem Ende des Jahrhunderts kommen wieder britische Bergsteiger und ihre Bergführer aus den Westalpen in die Anden und erreichen weit südlich von Ecuador einige der höchsten bis dahin von Menschen bestiegenen Gipfel. 1897 versucht eine von Edward A. Fitzgerald organisierte Expedition den Aconcagua zu besteigen, der mit seinen 6959 Metern der höchste Gipfel Argentiniens und des

110 unten Die hohen Pässe der Anden, die seit Urzeiten von den Indios genutzt werden, ermöglichen auch heutzutage den Reisenden, die beeindruckenden Berge aus der Nähe zu bewundern. Alexander Coldclough hat eine Gruppe Reisender um das Jahr 1825 herum in einem Stich festgehalten.

110–111 Der Aconcagua (6959 Meter) ist der höchste Gipfel in den Anden und auf dem amerikanischen Kontinent, zugleich der höchste Punkt der Erde, der ohne technische Schwierigkeiten erreicht werden kann. Auch wenn der Anstieg über Schutthalden und Schneefelder erfolgt, ist er doch aufgrund der Höhe und des Windes nicht ganz einfach.

111 oben links Der Normalweg auf den Cotopaxi wird heute von Alpinisten aus aller Welt begangen. Es handelt sich um dieselbe Route wie bei der Erstbesteigung, die 1872 durch den Deutschen Wilhelm Reiss in Begleitung des Kolumbiers Angel M. Escobar erfolgte.

ganzen amerikanischen Kontinents ist. Der leichte, aber aufgrund der großen Höhe anstrengende Normalweg auf diesen Berg wird heutzutage jedes Jahr von Hunderten von Alpinisten versucht. Fitzgerald und die anderen Gruppenmitglieder geben bei etwa 6500 Metern auf. Den höchsten Punkt erreicht Mathias Zurbriggen, ein bedeutender Führer im Monte-Rosa-Massiv. Wenige Tage später besteigt der in Saas-Fee geborene und in Macugnaga ansässige Gebirgler auch den 6550 Meter hohen Tupungato. Im Jahr darauf sind es zwei Führer aus Valtournanche, Antoine Maquignaz und Louis Pellissier, die Martin Conway auf den 6462 Meter hohen Illimani begleiten, den höchsten Gipfel Boliviens.

111 oben rechts Der Cotopaxi, zweithöchster Vulkan Ecuadors, beherrscht die Stadt Latacunga; er hat bereits mehrmals die umliegenden Felder und Ansiedlungen mit seinen Lavaströmen zerstört. Für die Bergsteiger, die den Gipfel erreichen, ist der Augenblick, in dem der Krater des Vulkans sichtbar wird, der aufregendste des ganzen Anstiegs.

111 unten Ihre große Höhe, ihre Isolation und die Lage zwischen dem Pazifischen Ozean und dem Amazonas sorgen dafür, dass das Wetter über den Vulkanen Ecuadors veränderlich ist. So wurden auch Whymper und die beiden Carrels in der Nähe des Cotopaxigipfels, dessen zweite Besteigung die Seilschaft gerade versucht, von einem Unwetter überrascht.

Der K2 tritt ins Rampenlicht

Zur selben Zeit beginnen die europäischen Expeditionen in die Täler von Himalaja und Karakorum, wo die Dreiecksmessungen des *Survey of India* kurz zuvor bestätigt hatten, dass dort die höchsten Gipfel der Erde stehen. Der Mount Everest, verteidigt durch die unüberwindbaren Grenzen von Tibet und Nepal, ist fürs Erste aus dem Spiel. Daher ziehen die Berge innerhalb der Grenzen des Britischen Empire die Aufmerksamkeit der Bergsteiger auf sich. Vor allem der K2, der als zweithöchster Berg der Welt eine Höhe von 8616 Metern erreicht, ist interessant. Der Erste, der diesen Berg aus der Nähe sieht, ist der englische Kapitän Francis Younghusband 1887, der im Lauf einer abenteuerlichen Reise von Peking nach Rawalpindi die Überschreitung des vergletscherten und schwierigen Muztaghpasses wagt.

«Ein Berg mit beeindruckenden Ausmaßen. Er schien sich wie ein vollkommener, jedoch unglaublich hoher Kegel zu erheben», beschreibt Younghusband den K2, den er erst von der chinesischen Seite aus und dann von pakistanischem Gebiet aus bewunderte.

Martin Conway wird ein Jahr nach der Besteigung des Illimani die erste Erforschung der Gletscherbecken von Baltoro, Hispar und Biafo anführen. Die Expedition setzt sich aus so unterschiedlichen Personen wie Mathias Zurbriggen, Major Charles Bruce (später Mitglied der ersten Expeditionen zum Mount Everest) und dem englisch-deutschen Bergsteiger Oskar Eckenstein zusammen, der als der Vater der modernen Steigeisen angesehen wird.

Sie erzielt ausgezeichnete geografische Ergebnisse, schafft aber keinen ernsthaften Versuch einer Besteigung des K2, sondern wendet sich dann dem nahen Golden Throne (7240 Meter) zu, dem ersten wichtigen Gipfel im Karakorum, der von Menschen bestiegen wird.

Ein Jahr später leitet Oskar Eckenstein eine neue Expedition zum Baltoro. Auseinandersetzungen der Gruppenmitglieder untereinander und ein Lungenödem des Österreichers Hans Pfannl bremsen das Vorankommen der Gruppe, die dennoch eine Höhe von 6250 Metern in Richtung des Glet-

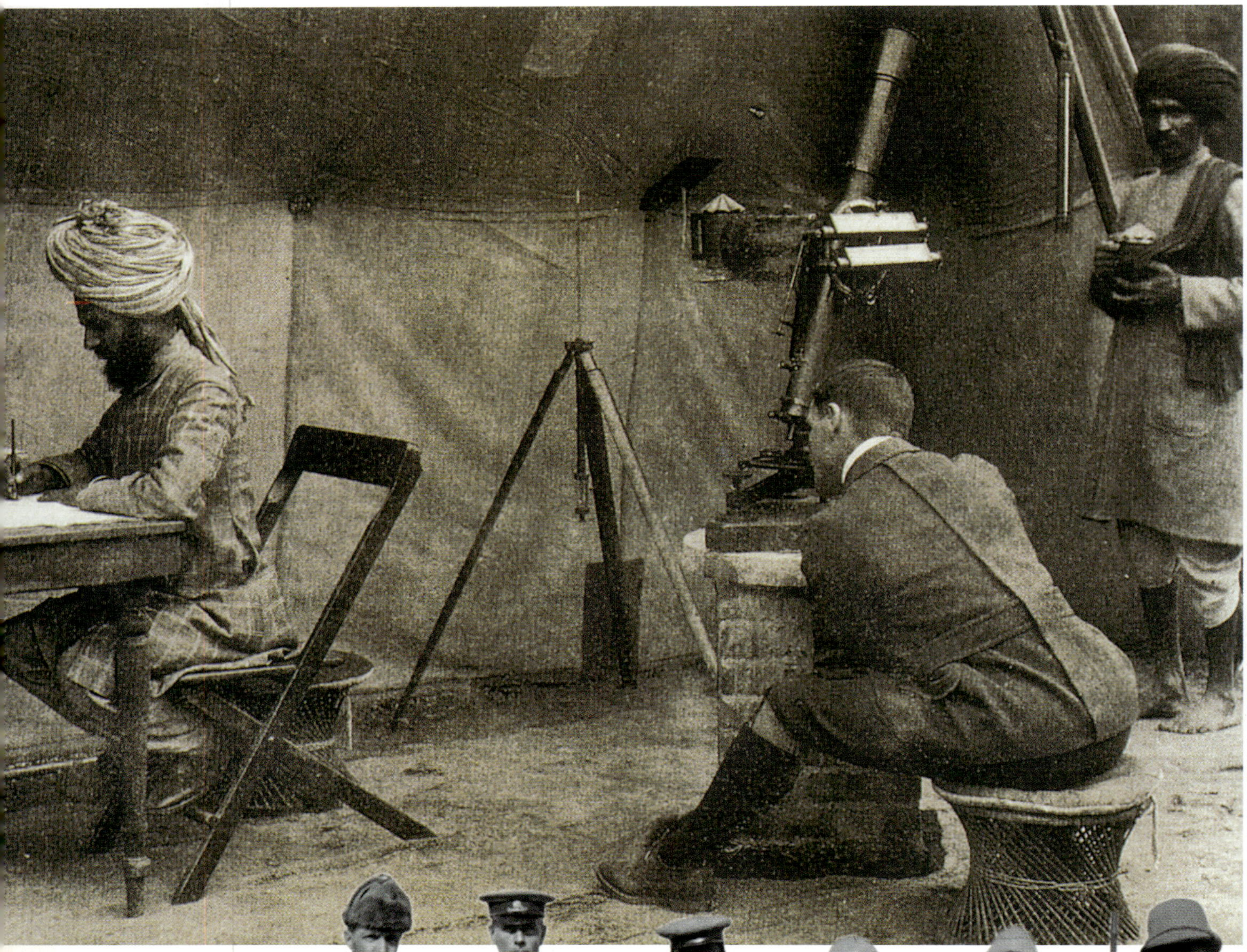

112 Mitte Dank der britischen Topografen und ihrer einheimischen Assistenten des *Survey of India* werden die Berge im Himalaja als die höchsten Gipfel Asiens und der Erde gemessen. Die Entdeckung, dass der Peak XV mit (damals noch) 8846 Metern die höchste Erhebung von allen ist, stammt aus dem Jahr 1868.

113 oben Die Theodoliten, die vom *Survey of India* verwendet wurden, waren sehr leistungsstark, denn sie mussten Entfernungen von 200 bis 250 Kilometern abdecken. Das Instrument auf diesem Foto wurde von Leutnant William Lambdon und von Sir George Everest verwendet.

112–113 Die Gipfelpyramide des Mount Everest, hier von der tibetischen Seite aus, erscheint im warmen Licht des Sonnenuntergangs. Die sieben Besteigungsversuche in den Jahren zwischen den beiden Weltkriegen erfolgten von eben dieser Nordseite aus.

112 unten Die britische Militärexpedition nach Lhasa, die 1905 von Sir Francis Younghusband geleitet wird, hat die Unterwerfung Tibets zum Ziel und also keine alpinistischen Ziele. Zwei Offiziere beobachten jedoch den Mount Everest von der tibetischen Hochebene aus und geben in einem Bericht an, dass der Nordgrat eine Aufstiegsmöglichkeit zum Gipfel bieten könnte.

113 unten Sir George Everest ist kein Bergsteiger, sondern von 1830 bis 1843 der Leiter des *Survey of India*. Der höchste Berg der Erde, der zuerst unter der Bezeichnung Peak XV bekannt war, wird ihm 1865 offiziell gewidmet.

114 oben Die Schwierigkeiten, eine Erlaubnis für eine Besteigung des Kangchendzönga von der indischen Seite aus zu erhalten, sind der Grund dafür, dass dieser Berg hauptsächlich von nepalesischer Seite aus bestiegen wird. Auf diesem Bild kann man die Westseite des «Kansch» in ihrer ganzen Großartigkeit bewundern. Der Hauptgipfel (8598 Meter) erscheint rechts. In der Bildmitte sieht man den mittleren Gipfel (8482 Meter).

schersattels erreicht, der den K2 vom Skyang Kangri trennt. Der erste ernsthafte Besteigungsversuch am K2 erfolgt zehn Jahre darauf durch den Herzog der Abruzzen.

Die Umrundung des Kangchendzönga

Im gleichen Jahr, 1899, wird eine ganz andere Unternehmung zu Füßen des Kangchendzönga durchgeführt, der mit seinen 8598 Meter Höhe der dritthöchste Berg der Erde ist. Der Brite Douglas Freshfield ist der Organisator der Gruppe, zu der auch der Bergsteiger Edmund J. Garwood, der Topograf Rinzin Namgyal und der italienische Fotograf Vittorio Sella gehören. Die Gruppe umrundet in einem einmonatigen Marsch den großen Berg und überwindet dabei eine Reihe von Pässen zwischen fünf- und sechstausend Metern Höhe. Das Wetter ist fast immer schlecht, was den Bergsteigern und Trägern das Unternehmen erschwert, und die Tatsache, dass die Reise in aller Heimlichkeit erfolgen muss (das Betreten Nepals ist streng verboten!), bringt etwas Spannung in die Expedition, die sozusagen das erste Trekking darstellt, ein gutes halbes Jahrhundert, bevor es modern wird. Douglas Freshfield gehört zu den sehr aktiven Alpinisten, und er spielt auch in den Jahren vor der Umrundung des Kangchendzönga eine wichtige Rolle bei der alpinistischen Erforschung des Kaukasus, dessen vergletscherte Gipfel Abenteuer in einer exotischen Umgebung bieten und doch Europa viel näher sind als die großen

114 Mitte Dem Briten Douglas Freshfield (1845 bis 1934) gelingen um die Jahrhundertwende viele bedeutende Besteigungen in den Alpen und den Pyrenäen. Unter seinen Expeditionen außerhalb Europas stechen besonders drei Reisen in den Kaukasus hervor, ein Besteigungsversuch des Ruwenzori und die abenteuerliche Umrundung des Kangchendzönga.

114–115 unten Dieses Panorama der Kangchendzönga-kette ergibt sich, wenn man mehrere Fotografien, die Vittorio Sella während der Himalaja-Expedition 1899 gemacht hat, aneinanderfügt.

114–115 oben Der Kangchendzönga mit seinen 8598 Metern ist der dritthöchste Berg der Erde; er erhebt sich auf der Grenze zwischen Nepal und Sikkim (Indien). Auf diesem Bild, das auf fast 5000 Meter Höhe vom Gocha-La, dem Südgipfel (8476 Meter), gemacht wurde, sieht man den Hauptgipfel ganz rechts. Im Vordergrund erkennt man die steilen Gletscherhänge des Talung.

115 rechts Vittorio Sella (1859–1943) aus dem italienischen Biella ist an vielen wichtigen Besteigungen in den Alpen beteiligt und einer der bekanntesten Bergfotografen überhaupt. Als Reisebegleiter des Herzogs der Abruzzen während der Expeditionen in den Karakorum, zum Ruwenzori und Mount Saint Elias kommt er auch in den Kaukasus. Er nimmt an der Umrundung des Kangchendzönga teil, die Douglas Freshfield organisiert hat.

116 oben «Eine Säule aus Fels und Eis, 4500 Meter hoch, von fast außerirdischer Großartigkeit. Für uns war das die Quintessenz des Unüberwindbaren.» So beschreibt 1938 Matthias Rebitsch, einer der besten Bergsteiger seiner Zeit, die Rupalwand des Nanga Parbat. Um dieses Schauspiel zu bewundern, muss man kein erfahrener Alpinist sein. Ein bequemer Pfad verbindet die Mulde von Tap am Wandfuß mit dem Dorf Tarshing, das über eine Straße mit dem Industal Kontakt hat.

116–117 Der Nanga Parbat mit 8125 Meter Höhe befindet sich heute auf pakistanischem Gebiet und ist der Achttausender, der der Ebene am nächsten ist.
Die Diamirflanke, durch die Mummery 1895 einen Besteigungsversuch unternommen hatte, wird 1962 von den Deutschen Toni Kinshofer, Anderl Mannhardt und Sigi Löw erstiegen. Diese Route wird danach von den meisten Expeditionen als Gipfelanstieg gewählt.

Berge Südamerikas und Asiens. Während seiner drei Reisen in der Region besteigt er den Kasbek, den Tetnuld, den Skoda und den Ostgipfel des Elbrus.

Mummerys Verschwinden

Im Kaukasus kreuzen sich, wie schon öfters in den Alpen, Freshfields Spuren mit denen von Albert F. Mummery, dem Kletterkünstler der Jahrhundertwende an den Aiguilles de Chamonix und an der Aiguille Verte.
Nachdem Mummery seine geliebten Alpen verlassen hat, dringt er 1888 in die wilden Täler des Kaukasus vor, um gemeinsam mit dem Schweizer Führer Hans Zurfluh die Erstbesteigung des Dych Tau (5203 Meter) durchzuführen.
Mummery wird nach einer Reihe von brillanten Sommern in den Alpen 1895 wieder vom Forschergeist gequält. Anstelle der Gebirgsketten des Kaukasus will der Engländer einen der höchsten und schwierigsten Gipfel der Erde erobern. Der Nanga Parbat mit seinen 8125 Metern bildet das westliche Ende der Himalajakette und überragt das Tal des Indus und die dürre Ebene von Taxila, Rawalpindi und Islamabad.
Achtundfünfzig Jahre nach Mummery erreicht der Österreicher Hermann Buhl, ein weiterer erstklassiger Alpinist mit außergewöhnlichem Mut allein den Gipfel des Nanga Parbat. Zwischen 1934 und 1937 werden 26 Alpinisten und Sherpas, die mit deutschen Expeditionen unterwegs sind, unter gewaltigen Lawinen begraben, was diesem wunderschönen Gipfel den düsteren Beinamen «Schicksalsberg der Deutschen» eingebracht hat.
Mummery weiß auch ohne solche Beinamen, dass der Berg vor seinen Augen riesig, gefährlich und beeindruckend ist. In Begleitung zweier Gurkhas dringt der Brite ins Diamirtal vor, das von der Diamirwand, der höchsten und wildesten Wand des Nanga Parbat, beherrscht wird, deren Besteigung er im Alleingang versuchen will. Mummery kehrt von dieser Tour nicht mehr zurück.
Seine Spuren, die in den folgenden Tagen von seinen Gefährten gefunden werden, verlieren sich auf etwa 6000 Meter Höhe. Wahrscheinlich war es eine Lawine, die das Leben eines der geistreichsten und kreativsten Bergsteiger aller Zeiten ausgelöscht hat. Sein Mut und seine Intelligenz sind auch heute noch Vorbild für alle Bergsteiger, die um einiges besser bekleidet und ausgerüstet sind als Mummery und ohne Sauerstoff zu den großen Himalajagipfeln vordringen.

116 unten Die Eroberung der über 4000 Meter hohen Rupalwand stellt einen weiteren wichtigen Moment in der Geschichte des Alpinismus dar. Sie wird 1970 von zwei Seilschaften einer Expedition unter Leitung von Karl Herrligkoffer durchstiegen. Reinhold und Günther Messner sind als Erste auf dem Gipfel. Am nächsten Tag folgen ihnen Felix Kuen und Peter Scholz. Beim Abstieg über die Diamirseite verliert Günther Messner sein Leben in einer Eislawine.

117 unten Der Versuch der Besteigung des Nanga Parbat im Jahr 1895 ist eines der größten Abenteuer in der Geschichte des Alpinismus. Zusammen mit den Trägern Goman und Raghobir Singh erklimmt der Engländer Albert F. Mummery den Diamir Peak, erreicht einen 6400 Meter hohen namenlosen Gipfel und versucht dann den höchsten Gipfel über die Diamirflanke zu besteigen. Die drei Männer werden ein letztes Mal am 24. August gesichtet, dann verschwinden sie am Berg.

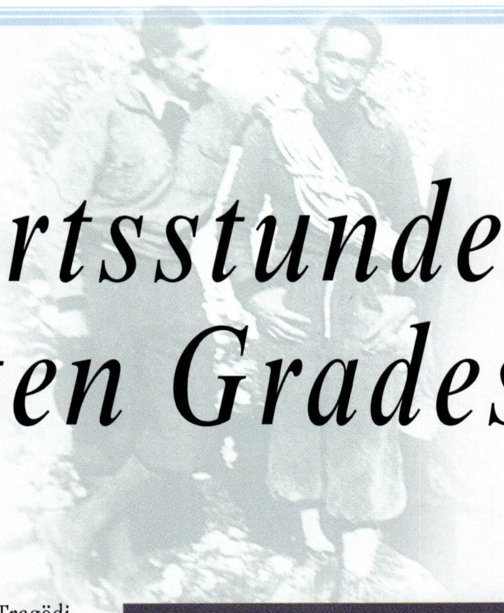

Die Geburtsstunde des sechsten Grades

118 unten links Der Gipfel des Pelmo, im Cadore «Caregòn del Doge» genannt, machte seit seiner Besteigung 1857 durch John Ball und seinen Bergführer Alpingeschichte in den Dolomiten. 1924 wird von R. Rossi und F. Simon in der Nordwand eine der – damals – schwierigsten Routen der Dolomiten eröffnet.

118–119 Die imposante Nordwest-«Festung» der Pale di San Martino bietet ein eindrucksvolles Schauspiel. Rechts schaut der spitze Cimon della Pala hervor. Daneben, im Licht des Sonnenuntergangs, die Cima della Vezzana, die Cima dei Bureloni, der Campanile di Valgrande und die Cima del Focobòn.

Im Jahr 1914 beginnt eine der fürchterlichsten Tragödien der europäischen Geschichte. In den Krieg (als erster in der Geschichte wird er als «Weltkrieg» bezeichnet), der in Sarajewo durch die Schüsse auf den Erzherzog Franz Ferdinand von Österreich ausgelöst wurde, wird rasch der gesamte Kontinent einbezogen.

Die jungen Leute aus Frankreich und aus Großbritannien kämpfen gegen die Deutschen in den Schützengräben an der Somme, in der Picardie und im Artois, wo Orte wie Ypern und Verdun in die Geschichte eingehen als Synonyme für Massaker mit Kanone, Bajonett oder Gas. Tausend Kilometer weiter südlich sind die Hochflächen im Karst und die Ufer des Isonzo Schauplatz blutiger Zusammenstöße zwischen dem italienischen und dem österreichisch-ungarischen Heer. An der Ostfront stehen sich in den weiten Ebenen Polens und Weißrusslands die Armeen des Kaisers und des Zaren gegenüber. Der endgültige Zusammenbruch des Zarenreichs führt dann schließlich zu der Revolution, die ein drei viertel Jahrhundert lang das Gesicht Osteuropas verändert. Gemeinsam mit Millionen von Gleichaltrigen werden auch viele bekannte Bergsteiger vom fürchterlichen Schlund des Kriegs verschlungen. In den Zentralalpen und den Dolomiten verändert der Erste Weltkrieg sogar das Antlitz der Berge.

Der Gran Zebrù und der Adamello, die Marmolada und der

Pasubio, die Tofane und die Drei Zinnen werden von Posten und Schützengräben durchlöchert, auf in den Fels gehauenen Militärstraßen besser von der Ebene her erreichbar gemacht, durch Leitern, Stege und feste Seile gezähmt, mit Hunderten von Kilometern Stacheldraht finster dekoriert.

Als der Wirbelsturm des Krieges sich gelegt hat, beginnt sich der Alpinismus vorsichtig wieder in den von Kanonenschlägen und Minendetonationen erschütterten Alpen zu regen. In wenigen Jahren werden etliche der kleinen Kasernen und Festungen aus den Kriegsjahren in Schutzhütten umgewandelt und so die Entwicklung des Tourismus und des Alpinismus gefördert. In den Dolomiten finden jedoch in den ersten Nachkriegsjahren keine Unternehmungen von außerordentlicher Bedeutung statt.

Die ersten erwähnenswerten Führen werden nach Ende des Krieges an den Pale di San Martino durch Gunther Langes

119 rechts Über das Cismòntal erhebt sich die Cima della Madonna (rechts im Bild) mit der extrem scharfen Schleierkante. An ihr verläuft eine Route im vierten und fünften Grad, die interessanter ist als alle anderen in den Dolomiten. Sie wurde von den Südtirolern Gunther Langes und Erwin Merlet im Sommer 1920 eröffnet.

Die Geburtsstunde des sechsten Grades

eröffnet, einen deutschsprachigen Bergsteiger, geboren in Fiera di Primiero, der in den Reihen des österreichischen Heeres gekämpft hat. Seine eleganteste Route ist die Schleierkante an der Cima della Madonna, die man von San Martino di Castrozza gut sehen kann.

Die von Langes am 19. Juli 1920 gemeinsam mit Erwin Merlet eröffnete Route ist exponiert, führt über sehr solides Gestein und wird rasch zu einem Klassiker in den südlichen Dolomiten. Als wenige Jahre später Willo Welzenbach seinen Vorschlag für eine sechsstufige Schwierigkeitsskala der Öffentlichkeit vorstellt, hat er gerade die Schleierkante (in Italien heißt sie *Spigolo del Velo*) als Beispiel für den fünften Grad genommen.

Im September 1921 durchsteigt eine italienische Seilschaft, bestehend aus dem Bergführer Francesco Jori aus Canazei (einem Schwager des großen Giovanni Battista Piaz), dem Mailänder Arturo Andreoletti und Alberto Zanutti aus Triest, die imposante Nordwand des Agnèr, die mit ihren 1500 Metern Höhe zu den höchsten und eindrucksvollsten im ganzen Alpenbogen gehört.

119 unten Trotz seines italienischen Nachnamens ist Roland Rossi ein bayerischer Bergsteiger. Er gehört zu den besten der «Münchner Schule» und nimmt in den zwanziger Jahren an beachtlichen Besteigungen teil. Vom Schwierigkeitsgrad her ist die Pelmo-Nordwand (870 Meter, oberer fünfter Grad) erwähnenswert, die Rossi im August 1924 mit seinem Landsmann Felix Simon durchsteigt.

«Sie erhebt sich mit angsteinflößendem Ungestüm. Um sie anzuschauen, muss man den Kopf nach hinten legen. Sie ist das größte Bauwerk in den Dolomiten», schreibt der Bergsteiger und Schriftsteller Dino Buzzati 1956 im *Corriere della Sera*. «Ein grandioses Klettererlebnis an der höchsten Dolomitenwand, von größtem alpinistischen Interesse», definiert Ettore Castiglioni diese Führe, die er 1934 mit Bruno Detassis und Vitale Bramani zum ersten Mal wiederholt. Dann übernehmen auch in den Bleichen Bergen die deutschsprachigen Alpinisten wieder die Führung, insbesondere die qualifizierten Kletterer der «Münchner Schule», die an den Felsen des Karwendels, des Wettersteins und im Wilden Kaiser trainieren. Die erste große Unternehmung einer solchen bayerischen Seilschaft erfolgt am 11. und 12. August 1924, als Roland Rossi und Felix Simon die enorme Nordwand des Pelmo entlang einer 900 Meter langen Route durchsteigen, die heute noch mit dem oberen fünften Grad bewertet wird.

Emil Solleder und die Civetta

Im folgenden Jahr ist die Furchetta-Nordwand an der Reihe, jene beeindruckende Wand in der Geislergruppe, an deren gelblichen Überhängen elf Jahre zuvor Hans Dülfer gescheitert war. Der Schlüssel zum Anstieg ist eine stark ausgesetzte Querung nach links am Fuß der gelben Überhänge. Sie wird von den beiden Ausnahmebergsteigern Emil Solleder und Fritz Wiessner entdeckt und genutzt. Solleder stammt aus München, ist 26 Jahre alt und hat schon eine abenteuerliche Vergangenheit in Amerika hinter sich. Er hat dort nicht nur als Gepäckträger und Maurer, sondern auch als Goldsucher in Alaska gearbeitet. Später wird er Bergführer, und 1931 stirbt er an der Meije bei dem Versuch, einen seiner Kunden zu retten.

In den Jahren seiner großen Unternehmungen in den Dolomiten wird seine romantische Auffassung vom Alpinismus unter den deutschen Bergsteigern berühmt: «Man wirft dem kühnen Alpinisten oft vor, er treibe sein Spiel zu weit. Aber wie kann ein Mensch, dem dieses Spiel fremd ist, verstehen, was es für den Bergsteiger bedeutet?»

Fritz Wiessner ist im Jahr 1900 in Dresden geboren und hat seine Kletterkünste im Elbsandsteingebirge erlernt. Er wird 1935 in die Vereinigten Staaten auswandern und dort einen ganz wesentlichen Beitrag zur Entwicklung des amerikanischen Alpinismus leisten. Im Karakorum verfehlt er 1939 als Leiter einer amerikanischen Expedition wegen widriger Umstände nur um ein Haar den Gipfel des K2.

Nachdem sie die Geislergruppe hinter sich gelassen haben, kommen Solleder und Wiessner im August 1925 nach Caprile, um sich die Civetta anzusehen.

«... noch weiter im Süden weiß ich von einer stolzen Felsburg, die ich selbst noch nie geschaut, doch von der ich schon viel gehört habe. Einmal nur hatte ich mit Fiechtl darüber gesprochen. Damals meinte er, ‹von dieser Wand soll man die Finger lassen, der arge Steinschlag, das viele Eis und diese endlose Mauer ...›.» Soweit Solleders Informationen über den Berg, der ihn berühmt machen wird.

Wegen des schlechten Wetters trennen sich die beiden Bergsteiger. Solleder marschiert allein los, um die Nordwestwand in Augenschein zu nehmen. Er folgt einem Pfad «an zerstörten Häusern vorbei zu dem kraterartigen Gipfel eines ehemals heiß umstrittenen Grenzberges». Nach einem langen Anstieg durch den Nebel hat die Sonne wieder Oberhand. «Da drängt südwärts durch Nebelbreschen ein stolzer Berg. Ist's Wirklichkeit? Noch nie hatte ich in den Alpen eine Wand geschaut wie diese! Königlich steht sie da in ihrer Riesenbreite ... » Am folgenden Tag erreicht Solleder mit einem schweren Rucksack bepackt die Coldaihütte, «deren unfreundliches Inneres schon beim Betreten den Eindruck schlechter Bewirtschaftung erweckte». Hier trifft er zwei Münchner Bergsteiger, Gaberl und Gustav Lettenbauer, die ebenfalls von der eindrucksvollen Wand verzaubert sind.

Sie beschließen sofort, es gemeinsam zu versuchen. Am nächsten Morgen sind die drei Männer zu früher Stunde an der großen Wand, der Senkrechten zum Gipfel. Nach Überwinden eines brüchigen Sockels, der oft von Steinschlag getroffen wird, steilt sich die Wand sofort auf. Durchnässt von einem herabstürzenden Wasserfall, befinden sich die drei am Fuß «einer ausgesetzten Wand», die Lettenbauer als Erster mit bedächtigen Bewegungen quert.

Danach übernimmt Solleder die Führung. Er durchsteigt einen brüchigen Riss mit einem Überhang gleich am Beginn, erreicht einen nassen Kamin, dann geht er zu dessen linker Begrenzungswand, um ein überhängendes Dach von acht Metern am Ende des Kamins zu umgehen. Nun setzt er zur

Selbstsicherung einen Haken, lässt seine Mütze, weil er so schwitzt, in einem Loch, quert nach rechts und kämpft dabei gegen die Reibung des Seils an der Wand, bis er zu einem zweiten, engen Kamin kommt.
Beim Nachkommen stürzt Gaberl und zieht sich eine Verletzung am Fuß zu. Nach einem Biwak 300 Meter hoch über den Schutthalden wird die Seilschaft durch Regen zum Abstieg gezwungen. Solleder und Lettenbauer lassen ihren Freund im Tal zurück und sind zwei Tage später wieder am Berg. Nach Erreichen des Absatzes, auf dem sie biwakiert hatten, steigen sie noch 250 Meter über einen geneigten Plattengürtel. «Bot diese Zone auch technisch keine großen Schwierigkeiten, so stellte sie doch infolge des andauernden

Steinfalles, der über sie herabpfeift, den gefährlichsten Teil des ganzen Anstieges dar.» Es folgt ein Moment der Unsicherheit über das Fortkommen, dann ermöglicht ein grauer Riss in einer Verschneidung den weiteren Anstieg.
Nach der Überwindung einer «furchtbar brüchigen Kante», eines Überhangs und einer Passage, die ausschließlich mit künstlichen Hilfsmitteln zu bewältigen ist, erreichen die Bayern die Schlucht, die sie aus den Schwierigkeiten herausführt. Nach einem «eisigen Brausebad» unter einem Wasserfall und einer Pause im Sonnenschein klettern die beiden in der einsetzenden Dunkelheit unerschrocken weiter. «Eine Dohle strich plötzlich dicht über uns, und ein kühler Wind erzählte vom nahen Gipfel. Wir erkletterten eine letzte brüchige und überhängende Stelle und standen dann in dunkler Sternennacht auf einer Schneewehe des Nordostgrates: Die Civetta-Nordwestwand war unser!»
Unter dem Sternenhimmel schütteln sich die beiden Deutschen auf dem Gipfel die Hand und schlagen ihr Biwak «in greifbarer Nähe eines Schneefleckes» ein paar Meter darunter auf. Um zwei Uhr, als der Vollmond endlich die zähen grauen Nebelschleier durchdringt, beginnen sie den Abstieg ins Tal – dem Ruhm entgegen.

Der sechste Grad

Ein Jahr später, am 6. September 1926, führt Emil Solleder gemeinsam mit Franz Kummer eine weitere hochkarätige Besteigung durch. Schauplatz ist die Ostwand des Sass Maor, die höchste und eindrucksvollste Wand der Palagruppe. Doch es war die Route auf die Civetta, die Emil Solleder in die Geschichtsbücher eingehen ließ. Diese sehr lange, gefährliche und schwierige Führe wird gemeinhin als ein Unternehmen angesehen, das alle vorherigen in den Dolomiten übertrifft. Um den Schwierigkeitsgrad zu bestimmen, mussten die Verfechter einer Schwierigkeitskala eine ganz neue Bewertung finden. Sechster Grad: Zwei Worte, die von grundlegender Bedeutung in der Geschichte des Alpinismus der nächsten fünfzig Jahre werden sollten.

120 links Unter den vielen in den zwanziger Jahren eröffneten Dolomiten-Routen ist die berühmteste sicherlich die Solleder-Lettenbauer-Führe in der Civetta-Nordwestwand. 1925 von den beiden bayerischen Kletterern eröffnet, wird sie als erste in den Dolomiten mit dem sechsten Grad bewertet. Im Bild der Bergführer Emil Solleder während eines Quergangs.

120–121 Die Westseite der Palagruppe im Winter: Sie beherrscht den Rollepass und die Straße von San Martino di Castrozza herauf. Von links nach rechts: Cimone della Pala, Croda della Pala, Pala di San Martino und Cima di Ball.

120 unten links Emil Solleder, geboren 1899 in München, abgestürzt 1931 beim Abstieg von der Meije in der Dauphiné. Er hinterlässt bleibende Spuren in der Geschichte des Dolomiten-Alpinismus, dank der drei Routen, die er an der Civetta, am Sass Maor (Pale di San Martino) und an der Furchetta in der Geislergruppe eröffnet.

120 unten rechts Auch im Sommer ist die Bergkette der Pale di San Martino eine der spektakulärsten in den Dolomiten.

121 oben Nachdem die Bayern Emil Solleder und Gustav Lettenbauer im Sommer 1925 die Civetta-Nordwestwand durchstiegen hatten, wird der «sechste Grad» eingeführt, um so einen alpinistischen Schwierigkeitsgrad zu schaffen, der bisher nicht erreicht worden war.

122 oben links Kuriose Momentaufnahme: Emilio Comici grätscht den breiten, eindrucksvollen Kamin zwischen dem Torre del Diavolo und dem Torre Leo in der Cadinigruppe hinauf.

Nach den großen Leistungen Solleders macht sich der Bayer Walter Stösser, der im Sommer 1929 einen Direktweg durch die Südwand der Tofana di Rozes eröffnet, in den Dolomiten einen Namen. Danach kommt Hans Steger, ein österreichischer Kletterer, der seit seiner frühen Jugend in Italien heimisch ist. In den Dolomiten begeht er mit seiner Gefährtin Paula Wiesinger unter anderem den schweren «Weg der Jugend» am Nordpfeiler des Einserkofels (1928) und die Direttissima an der Rosengartenspitze-Ostwand (1929). Im Jahr 1930 versuchen sie auch die Große-Zinne-Nordwand.

Emilio Comici, der Virtuose des Freikletterns

Nach 1929 tritt eine neue Generation italienischer Bergsteiger ins Rampenlicht. Unter ihnen befinden sich eine Anzahl von Bergführern, wie Luigi Micheluzzi aus dem Fassatal, Bruno Detassis aus Trient sowie Angelo und Giuseppe Dimai aus Cortina. Wie in Deutschland und in Österreich kommen die neuen Bergsteiger hauptsächlich aus den Städten, und in der Nähe der Städte werden Klettergebiete wie das Val Rosandra und die Grigne immer populärer.

Am bekanntesten ist in dieser Zeit Emilio Comici, der zusammen mit Riccardo Cassin der einzige italienische «Sestogradist» (also Kletterer im sechsten Grad) ist, den auch das breite Publikum kennt. Er ist in Triest geboren, stammt aus einer einfachen Familie und kommt über die Höhlenforschung zum Bergsteigen. Zwischen 1925 und 1940 eröffnet er ungefähr 80 neue Routen in den Dolomiten, den Julischen Alpen, den griechischen Bergmassiven Gàmila und Olymp und in den Granitbergen des Sinai.

Comici ist ein Virtuose des freien Felskletterns, aber gleichzeitig auch ein Experte in den Klettertechniken mit künstlichen Hilfsmitteln. Er verlässt im Jahr 1932 die Stadt und einen sicheren Arbeitsplatz und geht nach Misurina, um dort als Bergführer zu arbeiten, allerdings mit wenig Erfolg, da die einheimischen Führer heftig gegen ihn opponieren. So zieht er nach Wolkenstein ins Grödner Tal, wird dort Leiter der örtlichen Skischule und fährt regelmäßig nach Aosta, wo er als Lehrer an der militärischen Bergsteigerschule arbeitet. Er ist sicher regimetreu («Man muss wagen. Der Duce hat es so gelehrt», schreibt er in seinem einzigen Buch), wird aber deshalb kein reicher Mann, im Gegenteil, er muss sogar Vorführungen in den in vielen italienischen Städten eigens errichteten «Rocciadromi», den Klettergärten, geben. Der Tod ereilt ihn am 19. Oktober 1940 während des Abseilens in der Gardezzawand in der Nähe Wolkensteins, als eine Reepschnurschlinge reißt.

Die Liste seiner Erstbegehungen beginnt mit Winterbegehungen in den Julischen Alpen und setzt sich in den Dolomiten fort. Hier besteigt Comici im August 1929 gemeinsam mit Giordano Bruno Fabjan die beeindruckende, brüchige Nordwestwand der Sorella di Mezzo am Sorapis: eine Route, die als «erster italienischer sechster Grad» in die Geschichte eingeht. Zwei Jahre später (1931) klettert Comici in Seilschaft mit Giulio Benedetti die Nordwestwand der Civetta

122 unten links Ein Traummotiv für jeden Fotografen: In der ihm eigenen tollkühnen Manier überspringt Emilio Comici den gähnenden Abgrund zwischen zwei Türmen in den Dolomiten.

122 oben rechts Der Triester Emilio Comici seilt sich mit dem Doppelseil ab. Ein ähnliches Manöver wird ihn wegen Seilrisses im Oktober 1940 an der Gardezzawand im Grödner Tal das Leben kosten.

122–123 Seit Beginn des Alpinismus in den Dolomiten bildeten die Drei Zinnen ein Lieblingsziel der Bergsteiger, sie waren jedoch zwischen 1915 und 1917 heiß von dem italienischen und dem österreichisch-ungarischen Heer umkämpft. In den dreißiger Jahren werden sie von einer neuen Generation von Bergsteigern besucht, die systematisch die gelben überhängenden Nordwände der Großen und der Westlichen Zinne angehen. Von links nach rechts: Paternkofel, der schotterreiche Paternsattel, Kleinste Zinne, Kleine Zinne, Große Zinne, Westliche Zinne und Zinnenkopf.

und eröffnet dort eine sehr anspruchsvolle Führe links von der gefeierten Solleder-Route von 1925.

1933 sind die Drei Zinnen an der Reihe, wo Comici zuerst die Nordwand der Großen Zinne, dann die Gelbe Kante der Kleinen Zinne bezwingt. Die Route auf die Große Zinne, die bereits Steger versucht hatte, ist seine anspruchsvollste Besteigung, mit enormem Verbrauch von Kräften, 400 Meter Seil, 90 Haken und 50 Karabinern. «Die Haken drangen nur einen Zoll tief in den Fels. Man kletterte nicht mehr auf dem Fels, sondern auf vier Steigbügeln», erinnert er sich später in *Alpinismo eroico*.

Der Erfolg an der Großen-Zinne-Nordwand, den Comici zusammen mit Angelo und Giuseppe Dimai errang, erregt in Bergsteigerkreisen weltweites Aufsehen und wird von der älteren Generation wegen des exzessiven Einsatzes an Hilfsmitteln recht heftig kritisiert.

Aber die Gelbe Kante, der «Bug eines phantastischen Überseedampfers, der auf diesem Kiesmeer gestrandet ist», begeistert ihn am meisten. «Das war vom ästhetischen Ge-

123 unten links Eleganz und Mut der Kletterer in den dreißiger Jahren finden sich in diesem Könner vereint: Emilio Comici begeht als Seilschaftserster die Nordwand der Westlichen Zinne während eines Versuches am 21. August 1935 gemeinsam mit Zanutti und Del Pianto. Eine Woche später wird die Wand von Riccardo Cassin und Vittorio Ratti erobert.

123 unten rechts Emilio Comici auf einem Dolomitengipfel. Beachtenswert ist die in den dreißiger Jahren übliche Ausrüstung: Kletterschuhe mit Filzsohlen, klobige Karabiner und das schwere Hanfseil.

Die Geburtsstunde des sechsten Grades

sichtspunkt aus die logischste Route, wenn auch die unwahrscheinlichste [...] die höchste, exponierteste Kletterei, die man sich vorstellen kann», schreibt er später in sein Tourenbuch. Dann entdeckt Comici auf der Suche nach bergsteigerischer Eleganz das Klettern im Alleingang. Und allein gelingt ihm auch seine außerordentlichste Unternehmung, indem er in dreidreiviertel Stunden seine Route auf die Große Zinne wiederholt.
Ein Zitat aus seinem Buch vermag die Persönlichkeit Comicis besser zu charakterisieren als jede komplizierte Analyse. «An einem bestimmten Augenblick, als ich ziemlich im

124 links Wichtige Schauplätze des Dolomiten-Alpinismus sind der Campanile Alto und der Campanile Basso di Brenta, rechts daneben die Brenta Alta.

124 rechts Giusto Gervasutti, genannt «il Fortissimo», ist für seine Begehungen der Felswände im Oisansmassiv und im Montblancgebiet bekannt. Seine «Lehrzeit» verbringt er an den Dolomitenwänden, dann nutzt er den raffinierten Kletterstil, den er sich an den Kalkwänden der Ostalpen zugelegt hat, in den Westalpen.

124–125 Die spitzen Vajolettürme in der Rosengartengruppe zählen zu den berühmtesten Dolomitenpanoramen. Um die Jahrhundertwende klettern hier so namhafte Bergsteiger wie Georg Winkler, Hermann Delago und Tita Piaz. In den dreißiger Jahren werden sie seltener begangen, weil die jungen Alpinisten es vorziehen, sich höheren und schwierigeren Wänden zu widmen. Von links sieht man die Punta Emma und die mittleren Türme (Winkler, Stabeler und Delago), zu denen die Gartlschlucht und die weniger frequentierten Nördlichen Türme ansteigen.

Spagat stand, da sah ich meine Seile frei baumeln, und unter mir im Abgrund erahnte ich das Schotterfeld. Da fühlte ich so eine Wollust in mir hochsteigen, wie ich sie noch nie in meinem Leben gefühlt hatte!»

Riccardo Cassin: Das Bergsteigen ändert sich

Eine weitere Berühmtheit des italienischen Alpinismus ist Riccardo Cassin. Er ist klein, untersetzt, außerordentlich robust. Als junger Mann hat er geboxt, dann begonnen, als Schmied zu arbeiten. Er ist in Lecco geboren und 1929 erstmals mit dem Fels in Berührung gekommen, als er im Alter von zwanzig Jahren mit Mario Dell'Oro, der «Boga» genannt wird, die Guglia Angelina, einen der vielen Felstürme der Grignetta, besteigt. Danach folgen Dutzende Routen im vierten und sechsten Grad in allen Ecken des Massivs, das Lecco und den Comer See beherrscht.
1933 ist sein Aufenthalt in den Dolomiten den klassischen Routen gewidmet: Campanile Basso, Vajolettürme, Punta Emma. Im Jahr darauf wird es Ernst. Am ersten Tag seines Urlaubs im Jahr 1934 besteigen Cassin und seine Kameraden den Popena, wo sie eine Route wiederholen, die gerade von einer anderen Seilschaft aus Lecco eröffnet worden ist.
Am folgenden Tag begibt sich Riccardo mit Luigi Vitali und Luigi Pozzi in jungfräuliches Gebiet und eröffnet an der kurzen, senkrechten Südwand der Kleinsten Zinne eine Route im sechsten Grad, die heute noch klassisch ist. Noch vor dem Ende der Urlaubswoche werden, ebenfalls in Rekordzeit, die Gelbe Kante und die Nordwand der Großen Zinne auf dem Weg, den im Vorjahr Emilio Comici zusammen mit den Brüdern Dimai eröffnet hatte, wiederholt.
Der große Sommer der Männer aus Lecco wird aber noch kommen. Der Lagerplatz der Gruppe sind die Wiesen um die Vazzolèrhütte zu Füßen der ungewöhnlichen Felsnadeln, mit denen nach Süden das Mauerwerk der Civetta endet: Busazza, Torre Venezia, Torre Trieste.
Am ersten Tag wiederholt Cassin gemeinsam mit Mario Dell'Oro eine weitere Meisterleistung von Emilio Comici: die Führe, die dieser im Jahr 1931 links von der Furcht erregenden Solleder-Route eröffnet hatte. Nach einem Biwak beginnt die Seilschaft eine lange Traverse, auf die die schwierigste Passage der Route folgt. Diesen ausgeprägten Überhang geht Cassin mit dem bei ihm üblichen Schwung an. Er erhebt sich aus einer Trittleiter und nutzt dazu eine Felsschuppe, streckt sich, um einen Griff zu erreichen, hält sich fest, versucht sich noch hochzuziehen. Das plötzliche Nachgeben dieser Dolomitschuppe führt dazu, dass er einen beeindruckenden Flug vollführt. «Ich habe das bestimmte Gefühl, dass es mit mir zu Ende ist. Ich schlage mit dem Kopf gegen einen Felsvorsprung und verliere zunächst das Bewusstsein. Dann macht der Dämmerzustand der Realität Platz: Ich schwinge in der Leere, über schrecklichen 700 Metern Abgrund, und der Kopf tut mir weh. Ganz zerschlagen und zitternd vor Wut packe ich das senkrechte Seil und ziehe mich mit den Armen hoch bis über den Überhang und halte mich mal mit der einen, mal mit der anderen Hand am Fels fest.»
Nachdem er «Boga» am Standplatz schließlich wieder erreicht hat, startet Cassin mit Entschlossenheit in Richtung Gipfel und eröffnet eine direkte Variante über etwa 100 Meter. Im eisigen Biwak leisten den Männern aus Lecco zwei Gesellschaft, die zu den besten ihrer Zeit gehören, nämlich der Friulaner Giusto Gervasutti und der Franzose Lucien Devies, die gerade erst von einer der ersten Wiederholungen der Solleder-Führe zurückgekommen sind.
Im Gespräch mit «Fortissimo» Gervasutti wird Cassin auf seine nächste Wand aufmerksam: An Mariä Himmelfahrt 1935 besteigt er gemeinsam mit Vittorio Ratti die riesige Südostkante des Torre Trieste. Auch diese Route ist außerordentlich schwierig, und die Seilschaft überwindet sie mit zwei Biwaks und 48 Stunden effektiver Kletterarbeit. Der

125 Mitte rechts An den Dolomitenwänden werden in den dreißiger Jahren heftige Wettkämpfe zwischen den besten Seilschaften ausgetragen. Am 30. August 1935 feiern die Bayern Sepp Hintermeier und Josef Meindl mit Riccardo Cassin und Vittorio Ratti deren Sieg über die Nordwand der Westlichen Zinne.

125 unten rechts Der Schlüssel zur Nordwand der Westlichen Zinne ist die ausgesetzte Querung, die es möglich macht, den mittleren Bereich der Wand oberhalb der Überhänge zu erreichen. Riccardo Cassin befindet sich in einer 40 Meter langen Passage, die ihn sieben Stunden harter Arbeit kosten wird.

kurze Urlaub ist beendet, Riccardo Cassin und seine Kameraden müssen an den Comer See und zur Arbeit zurück.

Wenige Tage später ist jedoch unvermutet schon wieder Urlaub für die Gipfelstürmer. In der Zeitung steht nämlich zu lesen, dass Sepp Hintermeier und Josef Meindl, zwei bayerische Bergsteiger, ihr Zelt zu Füßen der Drei Zinnen aufgeschlagen haben. Ihr Ziel kann nur die Nordwand der Westlichen Zinne sein, die einzige der großen Dolomitenwände, die noch auf ihre Ersteigung wartet.

Cassin und Ratti verlassen eiligst ihre Arbeitsplätze und kehren nach Misurina zurück, steigen wie Maultiere beladen zur Forcella-Longères-Hütte (heute Dreizinnenhütte) hinauf und werden auf den neuesten Stand über die Besteigungsversuche gebracht – insgesamt sind es 26 gewesen! Das Wetter ist sehr schlecht, aber das schüchtert die beiden Männer aus Lecco nicht ein, die den dichten Nebel nutzen, um sich vor Hintermeier und Meindl zu verstecken, die in der Nähe des Einstiegs kampieren.

Am 27. August wird die Route im Nebel inspiziert. Obwohl am folgenden Morgen das Wetter noch wechselhaft ist, greifen die beiden Italiener den Berg an. Nach drei Seillängen klart plötzlich der Himmel auf, und sie werden von den Bayern entdeckt, die in ihr Zelt stürzen, ihre Ausrüstung zusammensuchen und dann schnell in einem verzweifelten Überholversuch aufsteigen. Zu Beginn des schwierigsten Stücks seilen sich Meindl und Hintermeier mit dem Doppelseil ab. Für Cassin und Ratti wird der Wettstreit mit der anderen Seilschaft Nebensache. Nachdem sie die Risse am Einstieg hinter sich haben, müssen die beiden zur Wandmitte vordringen. Die eindrucksvollsten Dächer haben die Alpinisten inzwischen unter sich. Auch hier «hängt die Wand ganz nach außen und ist schrecklich glatt, feindlich und grifflos», erinnert sich Cassin in seinen *Cinquant'anni di alpinismo* (Fünfzig Jahre Bergsteigen).

Um diese 40 Meter kämpft Cassin sieben Stunden lang, vier allein, um einen einzigen Haken einzuschlagen. Nach zwei Stürzen, wobei ein Seil glatt durchtrennt wird, erreicht Ratti den Kameraden auf dem Absatz, auf dem sie dann die Nacht verbringen. Am folgenden Tag geht die Querung weiter, und an einer weiteren Seillänge arbeitet Cassin mehr als sechs kräftezehrende Stunden lang.

Als die beiden zum Fuß des großen Risses gelangen, der direkt vom Gipfel hinunter verläuft, verwandelt ein Gewitter ihn in einen Wasserfall und zwingt die Bergsteiger, ihn auf sichererem, aber auch schwierigerem Gelände zu umgehen. Dann folgt ein zweites Biwak, dann Hagel, der die Wand eisig glatt werden lässt – schließlich auch ein Ausrutscher Cassins, der beinahe beide das Leben gekostet hätte. Um drei

126 oben Im Abendlicht wird die Nordwestwand der Civetta zum Spektakel. Links der Felsriegel der Punta Civetta, deren Nordwestwand 1925 von Solleder und Lettenbauer erstmals durchstiegen wurde. Weiter rechts betont das Streiflicht die Kanten der Punta di Terranova und die große Verschneidung der Cima Su Alto, die 1951 von einer französischen Seilschaft unter Georges Livanos begangen wird.

Uhr nachmittags am dritten Tag ihres Kampfes erreichen die beiden Bergsteiger endlich den Gipfel.

Umarmt werden sie später unten nicht nur von ihren Freunden aus Lecco, auch Hintermeier und Meindl erwarten sie, die bereits am zweiten Tag nicht mehr an dem Wettstreit teilgenommen haben, sondern der italienischen Seilschaft die Daumen drückten. Mit seinem kleinen Apparat hat Hintermeier das Foto von Cassin und Ratti auf dem Gipfel gemacht, das später berühmt wurde. In den folgenden Tagen wiederholen die beiden Deutschen die Route.

Der Wettstreit an der Westwand zeigt, wie sehr sich der Spitzenalpinismus inzwischen doch gewandelt hat. 1925 und 1926 hat Solleder die Besteigung von Furchetta, Civetta und Sass Maor unbemerkt vom öffentlichen Interesse und nur unter sporadischer Verwendung von Haken durchgeführt.

Einige Jahre später erlaubt der systematische Einsatz von Haken der Generation von Cassin, noch steilere Wände anzugehen und dabei Passagen und auch ganze Seillängen mit künstlichen Hilfsmitteln zu überwinden, also Haken nicht nur als Sicherung für den Fall eines Sturzes, sondern auch als Instrument zum Vorankommen einzusetzen.

Der zweite Wandel ist noch überraschender für die Bergsteiger der früheren Generation: Von einer «Privatangelegenheit» zwischen Mensch und Berg wird das Bergsteigen rasch zu einem von Journalisten und Publikum verfolgten Sport, zum Schauplatz offener Wettkämpfe. Und für die Unternehmen, die Materialien und Kleidung herstellen, wird es Gegenstand eines neuen kommerziellen Kalküls.

126 unten Attilio Tissi beim Klettern mit künstlichen Hilfsmitteln. Er gehört zu den Dauergästen in den großen Wänden der Civetta, den höchsten und schwierigsten in den ganzen Dolomiten.

126–127 Wenn man sich bewußt macht, wie unzureichend die Spitzenbergsteiger der dreißiger Jahre ausgerüstet waren, so erscheinen ihre Leistungen noch beachtlicher. Das Hanfseil wird direkt um die Taille geknüpft und kann keinen Sturz eines Seilschaftsersten von mehr als sechs Metern auffangen. Ferner steht nur eine kleine Auswahl an Haken zur Verfügung.

Domenico Rudatis, Attilio Tissi und Raffaele Carlesso

Emilio Comici und Riccardo Cassin sind zwar in den dreißiger Jahren die bekanntesten Gesichter des italienischen Alpinismus, vor ihnen verwirklichte jedoch eine Gruppe von Alpinisten aus Venetien, die sich an der Civetta betätigten, ebenfalls bedeutende Unternehmungen.

Die wichtigste Person der Gruppe ist der in Venedig geborene Domenico Rudatis, der in Turin mit dem Bergsteigen begonnen hatte. Er beendete seine Laufbahn im Jahr 1934, nachdem er nach einem Mopedunfall mit sechzig Stichen am Kopf genäht werden musste und schwere Sehstörungen davongetragen hat. Nach dem Rückzug aus dem aktiven Alpinismus wird er durch seine Artikel in der Fachpresse bekannt, durch seine *Geschichte des Alpinismus in den Dolomiten* und seine Erzählungen, in denen Themen aus dem Bereich des Alpinismus sich kurioserweise mit Esoterik und orientalischen Philosophien vereinigen.

Rudatis ist ein sehr kultivierter Mann und ein erstklassiger Alpinist. Das beweist er im Sommer 1929 gemeinsam mit Renzo Videsott aus Trient und dem Deutschen Leo Rittler mit der Besteigung der Südostwand des Torre di Babele. Sein Meisterwerk ist die Busazza-Westkante 1930, 1200 Meter hoch, mit extrem schwierigen Abschnitten. Rittler selbst, der

127 Mitte rechts Illustres Quartett (von links nach rechts): Giovanni Andrich, Carlo Franchetti, König Leopold von Belgien und Domenico Rudatis.

127 unten Raffaele Carlesso spielt eine wichtige Rolle unter den Bergsteigern der dreißiger Jahre in den Civettawänden. Hier posiert er links neben Maria Luisa Orsini und Carlo Baldi in den Piccole Dolomiti in der Provinz Vicenza.

die erste Wiederholung durchführt, bewertet diese neue Route in ihrer Gesamtschwierigkeit als ebenbürtig (und in einigen Abschnitten schwieriger) der Route von Solleder und Lettenbauer an der Nordwand der Civetta.
Nach Rudatis führen noch einige Alpinisten aus Venetien wichtige Erstbesteigungen an der Civetta durch. Die Brüder Giovanni und Alvise Andrich und Ernani Faè etwa ragen durch ihre Klasse, Intuition und ihren Schneid darunter besonders heraus. Der eigentliche Champion der Gruppe aber heißt Attilio Tissi, ein Bergsteiger aus Belluno, im Jahr 1900 geboren, der seit seinem ersten Kontakt mit dem Fels ein ungewöhnliches Einfühlungsvermögen an den Tag legt.
«Es heißt, der junge Tissi verbringe seine Tage lieber im

Café von Agordo oder laufe Röcken hinterher, als sich in Geröllhalden anzustrengen. Und es wird erzählt, dass er wegen einer Wette mit dem Klettern anfing», kolportiert Gian Piero Motti in seiner Geschichte des Alpinismus (*Storia dell'Alpinismo*). «Es war die Entdeckung eines Genies. Er war fast noch nie geklettert und schon über dreißig. Aber die Leidenschaft brach in ihm aus und traf auf günstige Elemente: einen eisernen Willen und eine solide Moral, wie man sie selten antrifft», schrieb bereits einige Jahre zuvor Dino Buzzati im *Corriere d'Informazione* über ihn.
Nach einer sehr schnellen Wiederholung der Solleder-Führe (die erste ohne Biwak), gemeinsam mit Giovanni Andrich, geht Tissi die überhängende Nordwand des Campanile di Val Montanaia an und eröffnet dann eine sehr gefährliche Route auf die Tofana di Rozes.
Weiter geht es mit der Nordwestwand des Pan di Zucchero (1932 mit Giovanni Andrich und Rudatis) und der Südwand des Torre Venezia (1933 mit Giovanni Andrich und Attilio Bortoli). 1933 erfolgt die Erstbesteigung des Campanile di Brabante über eine sehr kurze Route, entlang der Tissi vollkommen frei kletternd eine Passage im oberen sechsten Grad überwindet, auf welcher viele illustre Wiederholer Haken und Strickleitern brauchen. Auch für ihn beendet ein Mopedunfall 1934 die Zeit des extremen Alpinismus.
An den Wänden der Civetta finden auch die großen Klettertouren Raffaele Carlessos statt. Er ist in Pordenone geboren und gehört zu den ersten, die ihre Touren im Gebirge durch eine systematische Trainingsgymnastik vorbereiten. Carlesso durchsteigt 1934 mit Bortolo Sandri die 700 Meter hohe Südwand des Torre Trieste, wobei die beiden abwechselnd vorsteigen. Dies ist eine der ersten Routen in den Alpen, bei denen vom oberen sechsten Grad gesprochen wird.

128 oben links Zu den großen Alpinisten der dreißiger Jahre in den Dolomiten gehört der Mailänder Ettore Castiglioni (rechts), hier mit Gino Pisoni aus Trient auf einem Schneefeld in der Brenta. Er hat wichtige neue Routen in der Marmolada und auf dem Agnèr eröffnet und einige ausgezeichnete Führer über die wichtigsten Massive in den «Bleichen Bergen» geschrieben.

128 unten links Die Bergsteiger Gino Corrà (der vorsteigt) und Bruno Detassis aus Trient geben eine Klettervorführung im Herzen des Brentamassivs nahe der Cima Tosa.

128 rechts Gino Soldà, geboren in Recoaro und Olympiasieger im Skilanglauf in Lake Placid 1932, eröffnete bedeutende Routen an der Marmolada und am Langkofel (hier klettert er an den Wänden der Sisilla in den Piccole Dolomiti bei Vicenza). 1954 nahm Soldà an der italienischen Expedition zum K2 teil.

129 Das Panorama der verschneiten Brenta-Dolomiten. Das Winterbergsteigen in den Dolomiten beginnt 1937 mit der Begehung der Nordwand der Großen Zinne durch die Österreicher Fritz Kasparek und Sepp Brunnhuber, und zwar entlang der Comici-Dimai-Führe.

Genauso schwierig ist die Route, die Carlesso zwei Jahre später mit Mario Menti an der 600 Meter hohen Nordwestwand des Torre di Valgrande eröffnet. 1937 sind Sandri und Menti dann die unglücklichen Protagonisten bei einem der ersten Versuche an der Eiger-Nordwand.

Nicht allein die Wände der Drei Zinnen und der Civetta sind ein Tummelplatz für die besten Bergsteiger in den Dolomiten der dreißiger Jahre. Auch in der Brenta, die für ihr außerordentlich solides Gestein bekannt ist, ist eine Gruppe von Bergsteigern aus dem Trentino unterwegs, unter denen besonders Bruno Detassis, Giorgio Graffer und Matteo Armani zu erwähnen sind.

Hohe Schule Marmolada-Südwand

Es ist die Südwand der Marmolada, die in die kleine Liste der «hohen Schulen» des Kletterns in den Dolomiten aufgenommen wird. Heute wird die Wand, die das Val d'Ombretta beherrscht, von den schwierigsten Freikletterrouten der Dolomiten durchzogen. Damals, im Jahr 1901, wurde sie von Beatrice Tomasson und ihren Bergführern über ein System aus Rinnen und Rissen bezwungen.

In den dreißiger Jahren ermöglichen die verbesserte Klettertechnik und die systematische Nutzung von Sicherungshaken zunehmend, sich in die offene Wand zu wagen. Die erste bedeutende Leistung datiert von 1929, als Luigi Micheluzzi gemeinsam mit Demetrio Christomannos und Robert Perathoner den Südwestpfeiler der Punta Rocca besteigt, wobei der Führer aus dem Fassatal nur fünf Haken einsetzt. Lange Zeit wird diese Tat von den konkurrierenden Alpinisten unterbewertet.

Sieben Jahre später werden zwei elegante Routen in einer einzigen Woche eröffnet. Die erste legen an der Südwestwand der Punta Penia vom 28. bis 30. August 1936 Gino Soldà und Umberto Conforto, zwei Bergsteiger aus Recoaro, die unter den Kalkfelsnadeln der Piccole Dolomiti (einem Voralpenmassiv an der Grenze zwischen dem Trentino und Venetien) aufgewachsen sind. An der Marmolada muss Soldà sich ziemlich anstrengen. Die 550 Meter lange Route auf abschnittsweise brüchigem Fels verlangt vom Bergsteiger eine schier unendliche Hakenarbeit an Rissen, die «glatt sind und in die die Haken schwer eindringen» – und ganz leicht wieder herauskommen. «Sicher sind diese kleinen Stürze 300 Meter über dem Erdboden wenig angenehm, wenn man an so unsicheren Haken hängt», resümiert er in seinem Bericht.

Zwei Tage später erreicht eine andere außergewöhnliche Seilschaft den Wandfuß. Der Seilschaftserste Johann Baptist Vinatzer stammt aus dem Grödner Tal und ist ein ungewöhnlicher Virtuose am Fels. Er ist «ungehobelt», gutmütig und ruhig, mit einem außerordentlichen Instinkt bei der Routenwahl gesegnet und hat bereits eine Vielzahl extrem schwieriger Klettertouren hinter sich.

«Wenn ich kletterte, machte ich mir keine großen Sorgen über das, was ich tun sollte: Ich betrachtete vor allem den Einstieg und den Ausstieg [...] Wenn ich in Schwierigkeiten war oder wenn es brüchig war, dachte ich mir: Der Fels mag mich ein wenig. Und so ließ ich mich von ihm weiterleiten.» Diese beiden Sätze aus einem Interview von Anfang der achtziger Jahre spiegeln den Charakter dieses außergewöhnlichen Bergsteigers wider.

Am 8. August 1932 geht Vinatzer zusammen mit Hans Riefesser die Nordwand der Furchetta an, die schwierigste der Geislergruppe. Die Ausrüstung ist ausgesprochen sparsam: fünf Haken, drei Karabiner und ein Hammer für beide. Überdies steigt Vinatzer barfuß voran, weil er sich die zu seiner Zeit üblichen Bergschuhe mit Hanfseilsohlen beim besten Willen nicht leisten kann.

Die beiden erreichen rasch die Dülferkanzel, an der sich Hans Dülfer mit dem Doppelseil abgeseilt hatte und die Emil Solleder links umgehen musste. Die beiden Grödner steigen diesmal jedoch senkrecht weiter und überwinden dabei eine Reihe von Überhängen aus brüchigem und bedrohlich wirkendem Fels.

Diese Route bleibt danach lange auch den besten Alpinisten unbekannt. Erst im Jahr 1957 wird sie von einer Seilschaft wiederholt, die behauptet, sie sei «von einem verantwortungslosen Verrückten» eröffnet worden. Heute schließt die Bewertung Passagen im unteren siebten Grad ein. Auch an der Südwand der Marmolada di Rocca klettert Johann Baptist Vinatzer 1936 mit bloßen Füßen, auch hier hängt er sich in einigen Passagen an Haken. Trotzdem ist diese Führe sehr anspruchsvoll und gehört bis heute zu den klassischen Routen in der Südwand.

Ettore Castiglioni, der Künstler am Berg

Zusammen mit dem schweigsamen Grödner klettert ein Mann, der auf den ersten Blick ganz anders zu sein scheint. Er ist Musiker und Schriftsteller, ein Freund guter Bücher und tiefsinniger Gedanken: Ettore Castiglioni ist ein wahrer Künstler am Berg, einer der ersten Alpinisten aus der Stadt, die sich im Gebirge eine andere Arbeit als die traditionelle des Gastwirts oder Bergführers gesucht haben.

Castiglioni arbeitet lange für den Italienischen Alpenverein *CAI* und den *Italienischen Touring Club* und schreibt anspruchsvolle Bergführer. Er ist mit vielen Alpinisten seiner Zeit verbunden (neben Vinatzer auch Gabriele Boccalatte, Bruno Detassis und Celso Gilberti) und führt im Auftrag des *CAI* Hunderte von Besteigungen in den Dolomiten und den Zentralalpen durch. Außerdem ist Castiglioni ein überzeugter Antifaschist. Nach dem Ausbruch des Krieges dient er mit seinen Bergkenntnissen der Gerechtigkeit und dem Frieden. Neben den Besteigungen, die er auch weiterhin für den Alpenverein macht, hat er sich eine andere Aufgabe gesucht: Er führt jüdische Flüchtlinge über die Alpen in die Freiheit. Im März 1944 wird er an der Schweizer Grenze in der Nähe des Malojapasses verhaftet. Seine Ausrüstung wird beschlagnahmt. Er will trotzdem über den Fornogletscher weiter in die Schweiz, wobei er jedoch in einem heftigen Schneesturm umkommt.

In den letzten Sommern im Gebirge kletterte Castiglioni mit seinem Neffen Saverio Tutino, der mit seinen Reportagen aus dem Kuba Fidel Castros später ein berühmter Journalist werden wird. Er erinnert sich an jene Zeit im Nachwort zu *Il giorno delle Mèsules*, der Zusammenfassung der Tagebücher Castiglionis, die fast fünfzig Jahre nach dessen Tod veröffentlicht wurden.

129 unten Johann Baptist Vinatzer trägt sich in das Gipfelbuch des Dritten Sellaturms ein. Er ist im Grödner Tal geboren und gehört zu den ersten «Sestogradisti». Er eröffnet wichtige Routen in der Geislergruppe (1932), an der Marmolada-di-Rocca-Südwand (1936) und im Sellamassiv.

Schicksalswände der Alpen

Drei der prominentesten Berge der Alpen befinden sich im Herzen der Schweiz. Ganz in der Nähe von Interlaken und gut sichtbar vom Zentrum der Stadt Bern aus, erscheint die Wand aus Fels und Eis, die das Berner Oberland nach Norden abschließt, wie eine schillernde, strenge Festung. Dahinter, von dieser Seite des Massivs aus nicht sichtbar, erstrecken sich die ausgedehntesten und Himalajaähnlichsten Gletscher Europas.

Der höchste Gipfel, für den Betrachter auf der rechten Seite, ist die 4158 Meter hohe Jungfrau. Ihre Besteigung 1811 war eine der frühen bergsteigerischen Bestleistungen in

Europa. 4099 Meter Höhe erreicht der Mönch, der mittlere der drei Berge. Er wurde 1857 von einer Seilschaft unter der Führung des großen Christian Almer erstmals bestiegen. Dieses Unternehmen wurde neun Jahre später noch übertroffen, als Christian Michel und Peter Egger gemeinsam mit Edmund von Fellenberg das äußerst steile Nordwestbollwerk des Nollen, die «Nase», erklommen.

Eiger-Nordwand: Die «Mordwand»

Der dritte Berg in dieser Gruppe ist weniger schön und Aufsehen erregend als die anderen. An Stelle der leuchtenden Schneekanten der Jungfrau und des Mönchs weist er eine dunkle und düstere Felswand auf. Wegen einiger fehlender Meter (3970 Meter ist er hoch) ist er kein «Viertausender». Das ist der Eiger, der «Menschenfresser», der sich im Lauf der Geschichte diesen Namen «redlich» verdient hat.

«Die Aiger Berge, die nicht mehr sind als eine Ansammlung nackter Felsen, haben uns überhaupt nicht beeindruckt», schrieb der junge Hegel, der diese Region 1796 durchquert hat, etwas arrogant. «Er erhebt sich aus den Weiden wie eine schlechte Überraschung. Er ist ein Stein mitten in einer Blumenwiese», hat Gaston Rébuffat, einer der bekanntesten Alpenbuch- und -filmautoren, eineinhalb Jahrhunderte später hinzugefügt. «Er jagt Angst ein, deshalb ist er berühmt», fasst es Heinrich Harrer zusammen.

Harrer ist zu Füßen der Lienzer Dolomiten geboren und wird dem großen Publikum in den fünfziger Jahren bekannt, als er nach abenteuerlicher Flucht aus einem englischen Internierungslager die verbotene Stadt Lhasa erreicht und sich sieben Jahre lang am Hof des Dalai Lama aufhält, wo er zum Zeugen der chinesischen Invasion in Tibet wird.

Am 20. Juli 1938 sind die weiten Horizonte Asiens aber noch nicht Lebensraum des Osttiroler Bergsteigers. Im Morgengrauen steigt Heinrich Harrer vielmehr zusammen mit seinem treuen Freund Fritz Kasparek die ersten leichten Hänge der Eiger-Nordwand hinauf, die eines der «letzten Probleme» der Alpen darstellt.

In dieser fast zwei Kilometer hohen Wand, in der man häufig mit mörderischem Steinschlag rechnen muß, wechseln sich Platten und Säulen aus brüchigem senkrechtem Kalkstein mit steilen Schnee- und Eishängen ab. Sie ist nicht schön, aber groß, schwierig, beeindruckend und jungfräulich. Die besten Alpinisten der dreißiger Jahre können sich nichts Besseres wünschen. 1932 ist die Wand nur berührt worden durch eine Seilschaft unter der Führung von Hans Lauper, die die vereiste Nordostseite überwunden hat. Der erste Ersteigungsversuch erfolgt 1935 durch die Deutschen Karl Mehringer und Max Sedlmayr.

Die beiden Münchner Alpinisten beginnen den Aufstieg in der Nacht vom 20. auf den 21. Juli und gewinnen entlang

130 links Der relativ leichte Schneegrat auf den Mönch, der bereits 1857 von einer Gruppe unter der Führung von Christian Almer beschritten wird, ist auch heute noch eine der am häufigsten benutzten Routen im Berner Oberland.

130–131 Im Licht des Sonnenaufgangs erscheint der 4158 Meter hohe Gipfel der Jungfrau (rechts), der dem Herzen des Berner Oberlands mit einer nicht sehr steilen Gletscherseite zugewandt ist, besonders eindrucksvoll.

131 oben Der Name Hans Lauper ist mit vielen Wegen im Berner Oberland verbunden, die der Schweizer Zahnarzt zwischen 1915 und 1932 gefunden hat. Sein berühmtester verläuft in der Nordostseite des Eigers, trägt seinen Namen und wurde von ihm 1932 mit Alfred Zürcher und den Führern Josef Knubel und Alexander Graven eröffnet.

eines eleganten und direkten Weges rasch an Höhe. Nach zwei Tagen wird der Rhythmus der Seilschaft auf dem Ersten Eisfeld langsamer. Am vierten Tag, einem Samstag, schlägt das Wetter plötzlich um. Erst wird die Eiger-Nordwand von einem sehr heftigen Gewitter, dann von einem Schneesturm erfasst. Am folgenden Tag ist die Wand erneut sichtbar für das Publikum, das sich an der Kleinen Scheidegg versammelt hat, während die beiden Bergsteiger hartnäckig den Aufstieg fortsetzen. Dann wird das Wetter wieder schlechter, ein dichter Wolkenvorhang verhüllt den Berg. Erst eine Woche später sieht der Pilot eines kleinen Flugzeugs, der in geringem Abstand an der Wand entlang fliegt, die steifen Körper von Mehringer und Sedlmayr auf einem Felsabsatz, der seitdem den Namen «Todesbiwak» trägt.

Im Jahr darauf versuchen die Österreicher Willy Angerer und Eduard Rainer die Eiger-Nordwand gemeinsam mit den Bayern Anderl Hinterstoißer und Toni Kurz zu durchsteigen. In

131 unten Der Österreicher Heinrich Harrer wird in der internationalen Alpinistenszene mit der Erstdurchsteigung der Eiger-Nordwand bekannt, die er gemeinsam mit seinem Landsmann Fritz Kasparek und den Deutschen Anderl Heckmair und Ludwig Vörg realisiert. Weltberühmt wird er jedoch durch seine Flucht aus einem britischen Internierungslager nach Tibet im Jahr 1944, sowie durch seinen Aufenthalt am Hof des Dalai Lama von 1946 bis 1953.

132 oben links Der Österreicher Mathias Rebitsch, wegen seiner Klettertouren in den Kalkwänden von Karwendel und Wildem Kaiser geschätzt, versucht 1937 zusammen mit Ludwig Vörg die Eiger-Nordwand zu besteigen.

132 oben rechts Auf diese Art überquerten im 19. Jahrhundert Seilschaften eine Eisbrücke auf der Zunge des Eigergletschers an der Ostseite des Berges.

zwei Tagen bezwingen sie zwei Drittel der Wand. Sie benutzen eine weniger direkte und einfachere Route als Mehringer und Sedlmayr, entdecken und bewältigen zudem die Passage, die Zugang zur Wandmitte gewährt (Hinterstoißer-Quergang). Die Hälfte der Wand liegt bereits hinter den vier Männern. Auf dem zweiten Eisfeld wird Angerer durch Steinschlag jedoch ernstlich verletzt.

Die Männer beschließen, weiter zu steigen. Am folgenden Tag, nicht weit vom «Todesbiwak», macht der Zustand des Verletzten jedoch den Abstieg erforderlich. Wie immer am Eiger wird durch einen Wetterumschwung die Lage kritisch. Der Sturm erfasst die Bergsteiger am Fuß der Eisfelder, als sie bereits den Beginn des Hinterstoißer-Quergangs im Blickfeld haben: eine Passage, die jedoch bei Nässe nicht gangbar ist. Die einzige Lösung ist ein direkter Abstieg in Richtung Stollenloch, zum Tunnel, über den die Galerie der Jungfraubahn erreicht werden kann, die von Grindelwald und Wengen mitten in das Massiv hochfährt.

Von hier aus sind vier mutige Bergführer aus dem Tal, Hans Schlunegger, Arnold Glatthard, Christian Rubi und Adolf Rubi in die Wand eingestiegen, um den Kollegen in Not zu helfen. Als sie Toni Kurz zu Gesicht bekommen, ist die Katastrophe bereits eingetreten. Anderl Hinterstoißer ist aus der Wand gestürzt, Willy Angerer und Eduard Rainer sind vor Erschöpfung und Kälte in den Seilen hängend gestorben. Kurz lebt, ist aber am Ende seiner Kraft, und ein Überhang hindert die Führer daran, bis zu ihm vorzudringen. Mit letzter Kraft gelingt es dem Alpinisten, ein Seil zu befestigen und sich in Richtung der Helfer abzuseilen, die ihm lauthals Mut zurufen. Zwanzig Meter, bevor er in Sicherheit ist, verhängt sich der Abseilkarabiner in einem Knoten. Toni Kurz ist mittlerweile zu schwach, um den Knoten zu lösen und stirbt vor den ausgestreckten Händen der Männer.

1937 wagen der Österreicher Mathias Rebitsch und der Bayer Ludwig Vörg einen Versuch. Sie steigen über die Route von Hinterstoißer und seinen Kameraden auf und überwinden zwei Drittel der Wand, bevor auch sie durch das ständig wechselnde Wetter zur Umkehr gezwungen werden. Nach hundert Stunden Kampf gelingt es ihnen, sich der tödlichen

Umklammerung des «Menschenfressers» zu entziehen und die Wiesen von Alpiglen und den Pfad zur Kleinen Scheidegg zu erreichen.

Einen tragischen Ausgang nimmt der Versuch der beiden besten Alpinisten aus Venetien, Bortolo Sandri und Mario Menti. Im Juni 1937 wiederholt die italienische Seilschaft den direkten Weg Mehringers und Sedlmayrs, den sie für schwerer, aber sicherer halten. Noch im unteren Teil der Wand stürzen Menti und Sandri aus bis heute ungeklärten Gründen von den Felsen des Eigers. Der Mythos der «Mordwand» macht in ganz Europa die Runde.

Die Viererbande schafft es

Der 20. Juli 1938 ist ein sonniger Tag. Harrer und Kasparek steigen schnell und ohne Seil bis zum Hinterstoißer-Quergang, der den Beginn der Schwierigkeiten ankündigt. Sie kommen in den

132 unten links Die Westseite des Eigers, von der Normalroute zum Mönch gesehen, lässt nicht einmal ahnen, dass auf der anderen Seite des Berges die steile und schwierige Nordwand abfällt.

132 unten rechts Der Eiger-Normalweg wurde erstmals 1858 von einer Seilschaft unter der Führung von Christian Almer begangen. Er zieht sich über Fels und Schnee auf der Westseite des Berges hin. Eine Gruppe steigt über die Schneefelder am Fuß dieser Seite ab.

132–133 Im späten Nachmittagslicht sieht die Nordseite des Eigers nicht mehr so streng aus. Der Weg von 1938 steigt im Zickzack an und nutzt die Schwachstellen der großen Wand aus. Links die Nordostwand mit dem Lauper-Weg, rechts die Westseite. An den kompakten Felsmauern auf der rechten Seite der Nordwand werden ab 1979 schwierige Routen eröffnet.

133 oben links Der bayerische Bergsteiger Toni Kurz versucht 1936 mit Willy Angerer, Andreas Hinterstoißer und Eduard Rainer die Eiger-Nordwand zu besteigen. Das Unternehmen endet tragisch: Er stirbt im Seil hängend, nur wenige Meter von seinen Rettern entfernt.

133 oben rechts Auch Andreas Hinterstoißer, der die schwierige und ausgesetzte Traverse (heute «Hinterstoißer-Quergang»), die direkt zum Mittelteil der Wand führt, entdeckt, kehrt nicht lebend zurück: Er stürzt ab.

134 oben Im Verlauf der erfolgreichen Besteigung von 1938 überwindet Fritz Kasparek als Seilschaftserster den Hinterstoißer-Quergang. Der Schnee, der die Passage blockiert, stört nicht allzu sehr. Was den Quergang so schwierig macht, ist vielmehr eine dünne, glasharte Eisschicht, die Kasparek mit dem Pickel zerschlagen muss, da die Österreicher nicht über zwölfzackige Steigeisen verfügen.

134 Mitte links Heinrich Harrer überquert vorsichtig als Zweiter den Hinterstoißer-Quergang, eine Schlüsselstelle der Nordwand, die durch Seilzug zu überwinden ist.

nun folgenden Passagen aus Fels und Eis rasch voran, dann müssen sie das Tempo drosseln. Die großen Schneefelder im mittleren Bereich der Wand sind aus Blankeis, in das die Alpinisten mit dem Eispickel eine schier unendliche Reihe von Stufen schlagen müssen. Auf dem Zweiten Eisfeld, bei der Hälfte des Aufstiegs, sieht Harrer nach unten und ist verblüfft. «Ich sah das Neue Zeitalter, das uns mit außerordentlicher Geschwindigkeit einholte. Zwei Männer rannten über das Schneefeld auf uns zu. Das waren Heckmair und Vörg, die mit zwölfzackigen Steigeisen ausgerüstet waren. Plötzlich fühlte ich mich alt und nicht auf der Höhe der Zeit.»
Ludwig Vörg, ein Veteran der Nordwand, war bereits mit Mathias Rebitsch bis hierher gekommen. Der Stärkere ist jedoch der zweiunddreißigjährige Anderl Heckmair, der in den folgenden drei Tagen fast immer vorsteigt. Die Seilschaften überwinden die Felssäule des «Bügeleisens», kommen in geringer Entfernung am «Todesbiwak» von Sedlmayr und Mehringer vorbei und erreichen das Dritte Schneefeld und die mit glashartem Eis überzogenen Felsen der Rampe, auf der Harrer einen Sturz seines Kameraden Kasparek abfangen kann.

Dann stürzt auch Heckmair, ein Unwetter und eine Lawine drohen die vier Alpinisten aus der Wand zu spülen. Nach einem unbequemen Biwak schafft es Heckmair, das luftige Felsbandsystem – den «Götterquergang» – auszumachen, das den Zugang zur «Spinne» bildet.
An den Ausstiegsrissen schließen sich die vier Männer zu einer einzigen Seilschaft zusammen, dann zerrt sie ein ungeheuer heftiger Hagelsturm fast aus den Felsen. Aber sie haben es geschafft. Die Bergsteiger stehen um drei Uhr nachmittags des vierten Tages auf dem Gipfel. Harrer und Kasparek haben 85 Stunden in der Wand verbracht, Heckmair und Vörg 61. Auch der Abstieg ist hart, die Männer sind schweigsam und von Hunger und Müdigkeit geplagt, es schneit heftig. «Wir waren müde, alles tat uns weh, die Gesichter waren eisverkrustet. Freude haben wir erst später gefühlt», erzählt Harrer im Rückblick.

Das Bergsteigen wird zum Volkssport

1938 war ein großes Jahr für den europäischen Alpinismus, der Höhepunkt des Wettlaufs zur Lösung der «letzten großen Probleme», der Besteigung der eindrucksvollsten und härtesten Wände in den West- und Zentralalpen. Wie in den Dolomiten werden die neuen Herausforderungen von einer neuen Generation von Bergsteigern angenommen und angegangen.

134–135 In der Eiger-Nordwand sind wie auch in den anderen großen Alpenwänden Biwaks unbequem, unendlich lang und eiskalt. Hier ist Heinrich Harrer mit der harten Arbeit des Schneeschmelzens auf einem Kocher beschäftigt. Die vier erfolgreichen Bergsteiger müssen auf diese Weise immerhin drei Nächte in der großen Wand verbringen.

135 unten Das Abendlicht lässt die Eiger-Nordwand besonders plastisch hervortreten. Im oberen Teil, kurz vor dem Gipfel, kann man deutlich die Rampe, die «Spinne» und die Ausstiegsrisse erkennen.

134 Mitte rechts Im Juli 1938 ist der untere Teil der Eiger-Nordwand zum Großteil mit Schneefeldern bedeckt, die die Bergsteiger vor nicht allzu große Probleme stellen.

134 unten Die vier Erstbesteiger, die gerade die Nordwand bezwungen haben und am letzten Tag vom Unwetter gebeutelt wurden, werden bei ihrer Rückkehr zur Kleinen Scheidegg im Triumph empfangen. Von links nach rechts: Heinrich Harrer, Fritz Kasparek, Andreas Heckmair und Ludwig Vörg.

Bis zum Ersten Weltkrieg konnte sich ausschließlich eine wohlhabende Elite lange und teure Sommeraufenthalte mit den Bergführern erlauben, aber nun, in den Jahren vor dem Zweiten Weltkrieg, findet der Bergsport mit ungeheurer Geschwindigkeit Verbreitung. Er wird für Studenten, Angestellte, Arbeiter zu einem Volkssport, zu einer möglichen Flucht aus dem Alltag, die wenig Mittel erfordert.
Aus Turin und Genf, Paris und Wien, aus der Lombardei und Bayern strömen Tausende von jungen Leuten zu den Felsen der Grigne und nach Fontainebleau, zur Rax und zum Salève und versuchen sich dann an höheren Massiven. In den Kalkwänden geht der Fortschritt im Klettersport mit der Verbesserung der Haken und Karabiner einher, die ein relativ sicheres Bergsteigen möglich machen. Im Wilden Kaiser, im Karwendel, in den Dolomiten geht man rasch vom fünften zum sechsten Grad über. Erstmals reisen die besten Bergsteiger relativ ungezwungen von einem Ende der Alpen zum anderen. Laut Gian Piero Motti «ermöglicht die technische Hilfe der ostalpinen Schule es, die großen Wände im Westen ganz anders anzugehen». Und es sind eben die Alpinisten aus den Kalkwänden, denen es schließlich gelingt, die drei größten bergsteigerischen Probleme

136 unten links Auf diesem berühmten Foto aus dem Jahr 1931 lachen die Brüder Franz und Toni Schmid ganz entspannt vor der Matterhorn-Nordwand, die sie gerade als Erste bewältigt haben. Franz führt im gleichen Jahr auch die Erstbesteigungen der Ortler-Nordwand und der Grubenkarspitze durch. Toni stirbt 1932 beim Versuch, die Wiesbachhorn-Nordwestwand in den Hohen Tauern zu erobern.

136–137 Das Matterhorn ist einer der elegantesten und meistfotografierten Berge der Alpen. Man erkennt genau die Struktur der Nordwand, die im unteren Bereich aus einer steilen Rutsche aus Schnee und Eis besteht, der Mittelteil ist felsig und der Abschnitt vor dem Gipfel wieder schneebedeckt. Rechts vom Weg der Brüder Schmid beult sich die überhängende «Nase» am Zmuttgrad aus, die 1969 von Alessandro Gogna und Leo Cerruti bestiegen wird. Links wird die Nordwand vom Hörnligrat begrenzt, es folgen die Ostwand und der Furggengrat.

zu lösen: die Matterhorn-Nordwand, die Grandes-Jorasses-Nordwand und die Eiger-Nordwand.

Wenn auch die österreichischen und deutschen Seilschaften viele der bedeutendsten Leistungen dieser Zeit vollbringen, nehmen die Italiener dennoch einen wichtigen Platz ein, dank der Meisterkletterer Giusto Gervasutti und Riccardo Cassin. Der Pariser Pierre Allain und der Schnellkletterer Armand Charlet aus Chamonix halten das Banner des französischen Alpinismus hoch.

Zum ersten Mal in der Geschichte des westlichen Alpinismus stehen jetzt die Briten an zweiter Stelle. Einige echauffieren sich über «Gladiatorenkämpfe» und «faschistischen und nationalsozialistischen Fanatismus» – am bekanntesten sind die Artikel des Obersten E. L. Strutt, Redakteur des Bulletins des *Alpine Clubs*. Aber die Vorwürfe sind nicht gerechtfertigt. Die Diktaturen in Deutschland und Italien bereiten zwar ein neues Blutbad in Europa vor, und die Organisationen der Regimes fördern das Bergsteigertum. Aber die jungen Bergsportler marschieren nicht im Gleichschritt: Es sind ihr Training, ihre Erfahrung und ihr Mut, die sie dazu bringen, die großen Wände anzugehen.

Die Nordwand des Matterhorns: 1931

Als erste «fällt» die dunkle Nordwand des Matterhorns, das mit seinem eleganten Umriss das Panorama von Zermatt beherrscht. Herrlich ist sie von den Aussichtspunkten am Schwarzsee und vom Gornergrat aus anzusehen, aber die Nordwand ist – und das wissen die Alpinisten, die entlang des nahen Hörnli- und Zmuttgrates laufen – ein Gewirr aus instabilen Steinen, die schlecht und recht vom Eis zusammengeklebt sind, mit einem verschneiten Steilhang davor und voller gewundener Eisrinnen.

«Wer je die Nordwand durchstiegen hat, der hat keine Erinnerung an eine vergnügliche und elegante Klettertour, sondern nur an den Wunsch, aus diesem Chaos aus aufgehäuften Blöcken und Rinnen mit durchscheinendem Eis herauszukommen», erinnert sich Gian Piero Motti.

«Der Fels ist böse, das Eis glashart. Es gibt keine Pause, nicht den geringsten Schutz im Fall eines Unwetters. Aber vor allem gibt es Steinlawinen, die fast ununterbrochen herunterstürzen», so Gaston Rébuffat.

Für die Bergsteiger der alten westlichen Schule sind die Risiken an einer solchen Wand wirklich zu groß. Das beweist der Ausgang des ersten Versuchs an der Nordwand im Sommer 1930 durch den Schweizer Alpinisten Emile Blanchet mit seinen Bergführern Kaspar Mooser und Viktor Imboden. Sie bilden eine der seinerzeit besten Seilschaften, und die Schwierigkeiten im ersten Teil der Wand scheinen nicht zu groß. Die offensichtliche Gefahr im oberen Teil lässt die drei Männer jedoch unverrichteter Dinge wieder den Weg zur Hörnlihütte und nach Zermatt einschlagen.

Ein Jahr später stellen zwei ganz andere Persönlichkeiten ihr Zelt auf den Wiesen am Schwarzsee mit Blick auf die große Wand auf. Franz und Toni Schmid, Brüder aus Bayern, sind auf ihren mit Kletterutensilien und dem Zelt schwer beladenen Fahrrädern bis nach Zermatt gefahren. Die Bedingungen der Wand sind gut, die beiden Deutschen sind an große Eiswände gewöhnt. Franz, dem älteren und erfahreneren Alpinisten, ist Ende Juni mit Hans Ertl die Erstbesteigung der genauso steilen (und vielleicht sogar noch gefährlicheren) Ortler-Nordwand gelungen.

Am 30. Juli 1931 verlassen die Brüder um Mitternacht ihr Zelt am Schwarzsee. Zwei Stunden später bitten sie den Wirt der Hörnlihütte, den Bergsteigern, die den Normalweg auf das Matterhorn gehen, zu sagen, sie möchten keine Steine in die Nordwand fallen lassen.

Sie steigen um vier Uhr in die Wand ein und überwinden, ohne Stufen zu schlagen, rasch die erste Rinne aus Schnee und Eis. Dann wird das Gelände gemischt und unsicher, und die ersten Steine lösen sich, weshalb das Tempo langsamer wird. Um halb neun Uhr abends errichten die Brüder ihr winziges Biwak auf einem kleinen Absatz auf 4150 Meter Höhe.

Sie sind ungeheuer müde, aber der Großteil des Weges liegt bereits hinter ihnen. Im Morgengrauen klettern Franz und Toni weiter, entschlossen und vorsichtig bewältigen sie die letzten 300 Meter, erreichen den Schneegrat und das große Metallkreuz am Gipfel.

«Die Nordwand des Matterhorns ist besiegt! Die ersten ungewissen Nachrichten wurden von erfahrenen Alpinisten mit einem ungläubigen Lächeln vernommen und aufschneiderischen Journalisten zugeschrieben. Aber es ist wahr! Was auch immer die Leistungen sein mögen, die sich die Zukunft vorbehält, nichts kann dieser gleichkommen! Das Schicksal hat hier alle Mittel seiner Kunst zusammen genommen», schreibt der Hochgebirgsalpinist Jacques Lagrande in der Zeitschrift *Alpinisme* der französischen *Groupe de Haute Montagne*. Auch der sonst ewig skeptische Redakteur des *Alpine Journal* passt sich einmal an: «Angesichts dieser Art von Leistungen müssen Kritiken wie Lobeshymnen ausdrücklich verstummen.»

137 unten links Oft ist die Spitze des Matterhorns, hier von der Zermatter Seite gesehen, von einem Wolkenschleier umgeben.

137 unten rechts Welchen Weg auf das Matterhorn man auch wählt, der Gipfel bietet am Ende immer einen herrlichen Rundblick über die Walliser Alpen und die Gletscher des Monte Rosa.

Die Nordwand der Grandes Jorasses: 1935

An der Nordwand der Grandes Jorasses wird jedoch die Jagd auf die «letzten großen Probleme» in den Alpen zu einem wirklichen Wettkampf. Hoch und streng dominiert diese stolze, zwischen 1000 und 1200 Meter hohe Wand den Leschauxgletscher. Sie ist mehr als zwei Kilometer breit. Auf der Höhe der Pointe Croz und Pointe Walker wird die Wand von zwei riesigen Pfeilern durchschnitten, einem Schiffsbug nicht unähnlich, die zwei elegante, logische und äußerst schwierige Aufstiegswege bieten.

Im Gegensatz zu den Nordwänden von Matterhorn und Eiger war die Nordwand der Jorasses schon ein Traum der Bergsteiger der vorangegangenen Generation. Zu den eifrigsten zählt ab 1928 der Bergführer Armand Charlet, der den Pfeiler der Pointe Walker angeht. 1931 versuchen es Amilcare Crétier und Lino Binel aus dem Aostatal sowie der Turiner Gabriele Boccalatte gemeinsam.

Im Jahr 1933 greifen die Italiener Giusto Gervasutti – «il Fortissimo» – und Piero Zanetti entschlossener an. Der richtige Wettkampf beginnt kurz vor Sonnenaufgang am 30. Juli 1934. Als die Sonne auf die steilen Felsen des Crozpfeilers scheint, quälen Eis- und Steinschlag ohne Unterlass einige der besten europäischen Seilschaften jener Zeit.

Vor allen anderen klettern die Deutschen Haringer und Peters, die am Vortag eingestiegen sind und inzwischen ein Drittel der Wand unter sich haben. Ihnen folgen die französischen Bergführer Armand Charlet – als der «schnellste Kletterer der Welt» bekannt – und Fernand Belin, dann die Italiener Renato Chabod und Giusto Gervasutti. Als letzte kommt noch eine Seilschaft aus drei Österreichern.

In der Mitte des Vormittags geben Charlet und Belin als Erste auf und fixieren eine lange Reihe von Doppelseilen in einem unsicheren Couloir aus Fels und Eis, das in den Crozsporn auf der den Périades zugewandten Seite einschneidet. Gervasutti und Chabod machen weiter, bis sie die Deutschen erreichen. Dann wird das Wetter entschieden schlechter, und auch sie geben auf. Die Österreicher seilen sich mit ihnen zusammen am Doppelseil ab.

Auch Peters und Haringer denken ans Umkehren, steigen jedoch dann weiter, obwohl die Bedingungen in der Wand rasch extrem schlecht werden. Kurz nach der Hälfte des Pfeilers hält sie ein Unwetter zwei Nächte lang fest. Während des folgenden Abseilmanövers stürzt Haringer und stirbt. Erst nach zweitägigem Kampf ums Überleben erreicht Rudolf Peters endlich den Gletscher.

1935 ist das richtige Jahr. Außer Protagonisten der früheren Versuche kommen auch die Schweizer Robert Gréloz, Raymond Lambert und Loulou Boulaz an den Fuß der Wand. Doch es ist Peters, der am 28. und 29. Juni gewinnen wird, gemeinsam mit Martin Meier. Drei Tage später folgen ihnen Gervasutti, Chabod, Lambert und Frau Boulaz.

«Wenn ein Mann fünf Tage in einer so formidablen Wand verbracht hat, die wegen eines plötzlichen Sturms schneebedeckt ist, seinen Kameraden hat abstürzen sehen und zwei Tage allein im verzweifelten Kampf verblieben ist und dann den Mut hat, zurückzukehren, dann muss man seinen Hut ziehen, denn er hat es wohl verdient, der Erste zu sein», lautet der ehrliche Kommentar Renato Chabods.

Der Walkerpfeiler: 1938

Aber die Nordwand der Grandes Jorasses bietet den Alpinisten noch andere Probleme. Nach der Eroberung des Crozpfeilers bleibt der Walkerpfeiler, der einen erheblich schwierigeren Aufstieg bietet. Am linken Pfeiler kommt es aber nicht zu solch einem Wettstreit, denn Riccardo Cassin, dem wir schon an den Drei Zinnen und der Civetta begegnet sind, bezwingt die Wand im ersten Anlauf.

1938 visiert Cassin die Eiger-Nordwand an, erreicht aber die Kleine Scheidegg erst kurz nach dem erfolgreichen Anstieg von Heckmair, Harrer, Kasparek und Vörg. Zurück in Lecco

138 oben Vier Hauptakteure des «Wettlaufs» auf den Crozpfeiler der Grandes Jorasses haben sich vor dem Bahnhof von Chamonix getroffen. Von links: Rudolf Peters und Martin Meier, die Erstbesteiger, Loulou Boulaz und Raymond Lambert, die zusammen mit Giusto Gervasutti und Renato Chabod die zweite Besteigung durchführen.

138 unten Raymond Lambert ist nicht nur an den Grandes Jorasses unterwegs. Auf dem Mount Everest erreicht er mit Tenzing Norgay 1952 eine Höhe von 8595 Metern.
An der Nordwand der Petit Dru begradigt er die 1935 von Pierre Allain und Raymond Leininger eröffnete Route, indem er einen langgestreckten Riss im oberen fünften Grad hochsteigt.

138-139 Die Nordwand der Grandes Jorasses gehört zu den spektakulärsten im Alpenbogen. Von links: Col des Hirondelles, Hirondellesgrat und das «Leichentuch». Herzstück der Wand sind die beiden Pfeiler, die an der Pointe Walker (links) und an der Pointe Croz enden. Rechts der Montblanc.

139 unten Historische Momentaufnahme von der Erstbesteigung des Crozpfeilers: Rudolf Peters klettert über die Granitplatten im Mittelteil der Route.

findet er eine Postkarte mit der Nordwand der Jorasses, auf der ein Bleistiftkreuz den Walkerpfeiler markiert. Der Journalist Vittorio Varale hat sie ihm geschickt. Der knappe Text: «Das ist die Wand, die du schaffen solltest.» Begleitet von Ugo Tizzoni erreicht Cassin Courmayeur, eilt im Laufschritt zur Turiner Hütte hinauf und lässt sich vom entsetzten Hüttenwirt erklären, wie er zum Fuß der Wand gelangt. Per Telegramm lässt er auch Luigi Esposito aus Como kommen.

Die drei Männer steigen in den Walkerpfeiler bei Sonnenaufgang am 4. August ein. An den ersten Felsen lassen Spuren die drei Bergsteiger zunächst vermuten, sie seien neuerdings überholt worden. Nach einem Riss im sechsten Grad zeigt ihnen ein Abhang ohne Stufen an, dass die Konkurrenten (die Franzosen Pierre Allain und Raymond Leininger) umgekehrt sind.

In den beiden folgenden Tagen erklimmen Cassin, Esposito und Tizzoni die 75-Meter-Verschneidung, die Schwarzen Platten und die Grauen Platten und umgehen mit einem Pendelquergang den eindrucksvollen Roten Turm. Vor dem dritten Biwak wird die Seilschaft von einem Unwetter überrascht. Um drei Uhr nachmittags am 6. August erreichen Cassin und seine Kameraden den Schneegrat am Gipfel. Nach einem letzten Biwak beim Abstieg läuft den Männern aus Lecco kurz vor der Hütte «ein seltsamer Typ mit einem Fotoapparat in der einen Hand und einer Champagnerflasche in der anderen» entgegen.

Es ist Guido Tonella, ein Schweizer Journalist, der die erfolgreiche Besteigung des Walkerpfeilers von der Leschauxhütte aus beobachtet hat und den Gipfelstürmern beim Abstieg entgegengekommen ist. Seine Fotografie von den drei

glücklichen und noch mit dem Seil verbundenen Männern aus Lecco gehört zu den berühmtesten im Geschichtsbuch des Alpinismus.

Berühmte Wände im Montblancmassiv

Die Geschichte der West- und Zentralalpen in den dreißiger Jahren erschöpft sich jedoch nicht mit dem Sieg über Matterhorn, Grandes Jorasses und Eiger. Im Montblancmassiv wird am 26. und 27. August 1930 am Südgrat der Aiguille

141 oben Den Kontrast zwischen den beiden Seiten des Berges sieht man am deutlichsten, wenn man den Gipfelgrat der Jorasses aus der Luft betrachtet. In der Bildmitte die wenig frequentierte Margheritaspitze.

141 unten Der Journalist Guido Tonella hat dieses berühmte Bild von Riccardo Cassin (Seilschaftserster), Ugo Tizzoni und Luigi Esposito geschossen: In voller Ausrüstung kommen sie an der Jorasseshütte an, der heutigen Boccalatte-Piolti-Hütte, direkt nach der Erstbesteigung des Walkerpfeilers an den Grandes Jorasses.

140–141 Die Südseite der Grandes Jorasses, die zu den Weiden und Wäldern des italienischen Val Ferret hin abfällt, ist nicht so streng wie die Nordseite. Hier sind jedoch sehr anspruchsvolle Routen wie die am Troncheygrat (rechts gegen den Himmel) geschaffen worden. Der Normalweg auf den Berg, den die Erstbegeher der Nordwand im Abstieg genommen haben, verläuft über den zerklüfteten Gletscher links im Bild.

142–143 Panoramablick vom Gipfel der Tour Ronde: von links Aiguille Blanche de Peuterey, Montblanc, Mont Maudit und Mont Blanc du Tacul. Von den in den dreißiger Jahren eröffneten großen Routen sind die Nordwand der Aiguille Blanche, die drei großen Routen (Sentinelle, Major, Poire) an der Brenvaflanke und die Südostwand des Mont Maudit erwähnenswert.

Noire eine weitere schöne «auswärtige» Besteigung durchgeführt. Den Deutschen Hermann Schaller und Karl Brendel gelingt es, diese herrliche Route vor den Bergführern Arturo und Osvaldo Ottoz, Laurent Grivel und Albino Pennard aus Courmayeur zu erobern. Im Jahr 1935 steigen zwei Österreicher, Herbert Burgasser und Rudolf Leitz, durch die überhängende Südwand der Dent du Géant.

Eine ganz andere Handschrift tragen die Besteigungen von Thomas Graham Brown, einem Professor aus Edinburgh, der zwischen 1927 und 1934 drei außerordentliche Routen an der Brenvaflanke entdeckt und begeht, links von dem 1865 durch die Gruppe Anderegg-Moore-Walker erstiegenen Sporn. Gemeinsam mit seinem Landsmann Frank Sydney Smythe überschreitet Graham Brown am 1. September 1927 den Col Moore, biwakiert unter einem enormen Felszacken und läuft dann im steilen kombinierten Gelände weiter bis zum Gipfel des Montblanc. Nach dem Felsturm, an dem er biwakiert hat, heißt der Weg nun «Sentinelle Rouge».

Ein Jahr später nimmt dieselbe Seilschaft den auffälligsten Sporn der Wand ins Visier. Nach einem weiteren Biwak unterhalb der Sentinelle führen ein gefährliches Couloir und immer steiler werdende Schneegrate zu den Felsen und Séracs, die den Weg zum Gipfel versperren. Nun ist auch die «Major-Route» entstanden.

Es folgen langwierige Streitereien zwischen den beiden Alpinisten, wobei Graham Brown seine eigene Rolle während der beiden Besteigungen herausstellt und Smythe ihn einen «schlechten Bergsteiger» nennt, der «vor Angst vergangen

142 unten links Unter den Seilschaften, die in den Jahren vor dem Zweiten Weltkrieg am Montblanc klettern, ist die der Franzosen Pierre Allain und Raymond Leininger eine der stärksten und am besten eingespielten.

142 unten rechts Die britischen Alpinisten Thomas Graham Brown und Frank Sydney Smythe (in der Mitte und rechts) erobern sich 1927 und 1928 einen Platz in der Besteigungsgeschichte des Montblanc, indem sie an der Brenvaflanke die Routen «Sentinelle Rouge» und «Major» eröffnen.

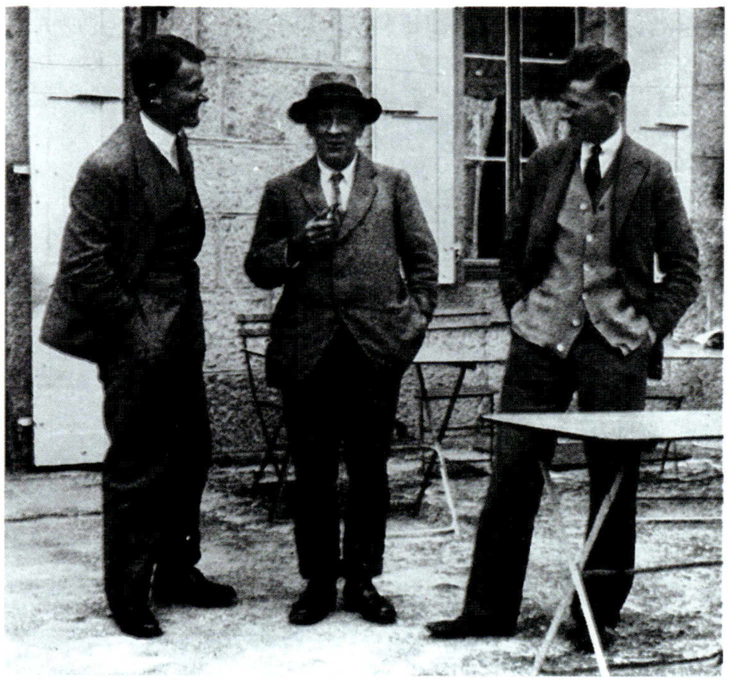

ist» an den steilen Stellen der Major-Route. Dann wendet sich Smythe dem Mount Everest zu und gelangt 1933 bis auf 8572 Meter Höhe. Professor Brown kehrt an die Brenva zurück und vollendet 1933 sein Triptychon mit der «Voie de la Poire». Diesmal vertraut sich der Brite allerdings der Sicherheit an, die ihm die Bergführer Alexander Graven und Alfred Aufdenblatten aus Zermatt bieten.

Im Massiv des Montblanc werden in diesen Jahren weitere schöne Unternehmungen im Eis und im kombinierten Gelände aus Fels und Eis von einheimischen Alpinisten durchgeführt. 1929 besteigen Renato Chabod, Lino Binel und Amilcare Crétier die Südostwand des Mont Maudit. Im Jahr darauf bezwingen die Franzosen Pierre Chevalier und Guy Labour die Nordostrinne der Courtes. 1931 überwinden die Schweizer Robert Gréloz und André Roch die steile Nordwand der Aiguille de Triolet, die zu einer der klassischen Eiswände im Massiv werden wird.

Im Jahr 1934 gelingt Chabod gemeinsam mit Gervasutti das eindrucksvollste Couloir des Mont Blanc du Tacul. An die Nordseite (oder Nant Blanc) der Aiguille Verte wagt sich indes Armand Charlet aus Chamonix, der diese 1935 gemeinsam mit Dimitri Platonov durchklettert.

Ein anderer großer Bergführer aus Chamonix, Fernand Tournier, ersteigt 1937 mit Ch. Authenac den Nordostpfeiler der Droites. Der leuchtendste Stern am Firmament von Chamonix heißt jedoch zweifellos Pierre Allain. Er ist in Paris geboren und ein leidenschaftlicher Kletterer an den Sandsteinblöcken und -türmen im Wald von Fontainebleau. Dieser außergewöhnliche Bergsteiger ist den Alpinisten der ganzen Welt als Hersteller von Karabinern und Kletterschuhen bekannt. In Paris wird er berühmt, weil er 1936 als Erster den Eiffelturm hochklettert. «Das war streng verboten, aber kein Gendarm hat den Mut gehabt, mich herunterzuholen», schreibt er in seinen Memoiren.

Im Montblancmassiv sind seine besten Leistungen der Südwestgrat der Aiguille du Fou (mit Robert Latour, 1933), der Ostgrat der Dent du Crocodile (mit Jean und Raymond Leininger, 1937) und besonders die Nordwand der Dru (mit Raymond Leininger, 1935), wo Allain eine Reihe besonders schwieriger Risse überwindet. Es handelt sich hier um eine außerordentliche Leistung, die aber in der Nachkriegszeit von den großen französischen, italienischen und amerikanischen Unternehmungen an der nahen Westwand dieses Berges etwas in den Schatten gestellt wird.

Giusto Gervasutti und Willo Welzenbach

Bei den Kletterrouten im Fels, die auf das Konto italienischer Alpinisten gehen, verdienen die Westwand der Aiguille Noire (Gabriele Boccalatte und Ninì Pietrasanta, 1935), der Südsüdwestpfeiler der Pointe Gugliermina (Boccalatte und

143 unten links Der Seilschaftserste bei den beiden Unternehmungen an der Brenva, Frank Sydney Smythe, nimmt auch an Expeditionen im Himalaja teil. 1931 erreicht er den 7756 Meter hohen Kamet, und 1933 kommt er auf der tibetischen Seite des Mount Everest immerhin bis auf 8572 Meter Höhe.

143 Mitte rechts Die Nordwand der Aiguille de Triolet, die dem Argentièregletscher zugewandt ist, wird im Jahr 1931 von den Schweizern Robert Gréloz und André Roch erklettert, die damit eine der klassischsten Eisrouten in den gesamten Westalpen eröffnen.

143 unten rechts Die Seilschaft des Amerikaners H. Bradford Washburn (links) und der Bergführer Alfred Couttet und André Devouassoud aus Chamonix begeht im Sommer 1926 das breiteste und wichtigste Couloir an der Nordseite der Aiguille Verte im Montblancmassiv.

144 oben links Zu den elegantesten italienischen Bergsteigern der dreißiger Jahre gehört der Turiner Gabriele Boccalatte, der – oft gemeinsam mit seiner Frau Ninì Pietrasanta – viele Routen mit hohem Niveau an den Wänden des Montblanc eröffnet. Er kommt 1938 an der Südwand der Aiguille de Triolet durch Steinschlag ums Leben.

144 unten Vom Val Veny betrachtet wachsen Aiguille Noire (links) und Aiguille Blanche de Peuterey aus den Lärchenwäldern heraus. Auf halber Höhe zwischen den beiden Gipfeln erkennt man am fehlenden Schnee, wie steil die Südwestwand der Pointe Gugliermina ist.

144–145 Im Luftbild wird deutlich, wie imposant der «große Grat» ist, der von der Aiguille Noire de Peuterey (rechts) zu den Dames Anglaises, zur Pointe Gugliermina und zur Aiguille Blanche führt. Weiter links, auf dem Bild nicht zu sehen, befinden sich der Col de Peuterey und der Montblanc. Im Vordergrund der Frêneygletscher.

145 rechts Der Münchner Willo Welzenbach starb 1934 am Nanga Parbat an Erschöpfung. Er bleibt in Erinnerung als einer der besten Eiskletterer und Erfinder einer Skala für die Schwierigkeitsbewertung im Fels («Welzenbach-Skala»). Zu dem machte er sich um die Lawinenforschung und die moderne Eistechnik verdient. Im Montblancmassiv erinnert einer der Türme des Südgrats der Aiguille Noire an ihn.

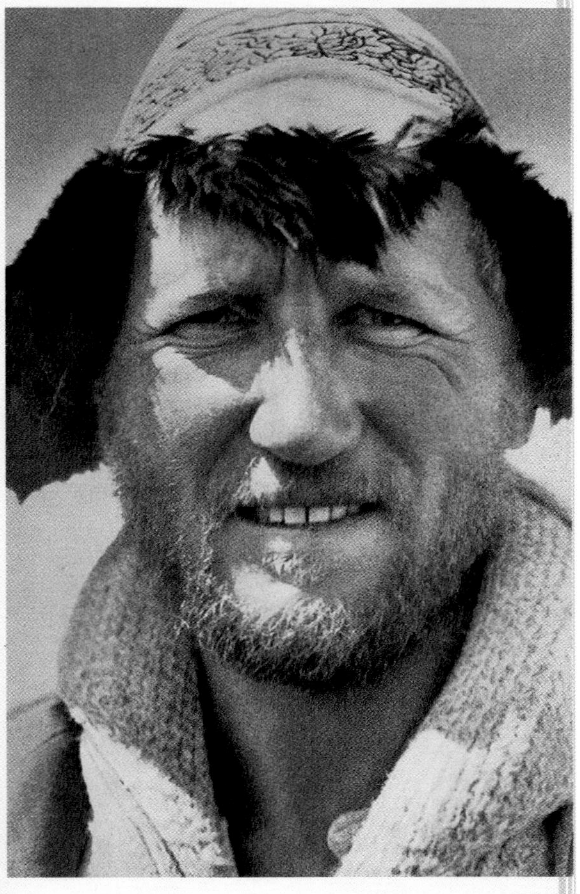

Gervasutti, 1938), die Nordwand der Aiguille de Leschaux (Riccardo Cassin und Ugo Tizzoni, 1939) und die riesige Ostwand der Grandes Jorasses (Gervasutti und Giuseppe Gagliardone, 1942), eine über 1000 Meter hohe Wand an einer der wildesten Ecken des Massivs, besondere Erwähnung. 1940 überwindet Gervasutti mit Paolo Bollini den rechten Frêneypfeiler und entdeckt dabei einen neuen Schauplatz, auf dem sich in der Nachkriegszeit große Unternehmungen und Dramen abspielen werden.

Der Montblanc als bevorzugtes Zielgebiet der großen Eistouren und der Touren im kombinierten Gelände ist nicht nur ein von den besten Bergsteigern ihrer Zeit frequentiertes Gelände. Das beweisen auch die Unternehmungen des bayerischen Eisgehers Willo Welzenbach, der die Schwierigkeitsskala zur Bewertung des Felskletterns entwickelt hat und maßgeblich an schönen Besteigungen im gesamten Alpenraum beteiligt. Zu seinen herausragenden Leistungen gehören die Nordwände des Großen Wiesbachhorns in den Hohen Tauern (1923), der Dent d'Hérens in den Walliser Alpen (1925), der Grands Charmoz im Montblancmassiv (1931) und des Gletscherhorns im Berner Oberland (1932).

Giusto Gervasutti, der in die Westalpen verpflanzte Bergsteiger aus den Dolomiten, hinterlässt seine Handschrift auch auf den schwierigen Wänden aus Fels und Eis im Oisans, dem wildesten Massiv in den französischen Alpen. In Seilschaft mit dem 1910 geborenen Pariser Lucien Devies, der auch als Herausgeber von Bergbüchern (Führerreihe über die Dauphiné-Alpen) und Förderer der ersten französischen Himalaja-Expeditionen bekannt wird, schafft es «il Fortissimo» im Sommer 1934, die Nordwestwand des Pic d'Olan und im Jahr darauf die Südsüdostwand des Pic Gaspard, eines der elegantesten Gipfel des Meijemassivs in der Dauphiné, erstmalig zu durchsteigen.

Fast völlig unbeachtet bleiben in jenen Jahren die Gipfel und Wände im Berner Oberland und in den Walliser Alpen – sieht man einmal von Eiger und Matterhorn ab –, die noch ein halbes Jahrhundert zuvor Schauplatz der großartigen Taten von Christian Almer und Melchior Anderegg gewesen sind.

Hier bleibt, mit Ausnahme der berühmtesten Wände, der Spitzenalpinismus in den Händen der Bergführer und ihrer Kunden vom europäischen Kontinent oder aus Großbritannien, denen man bedeutende Routen auf die Dent Blanche, das Zinalrothorn und das Täschhorn zu verdanken hat. Es ist schließlich eine Seilschaft französischer Laien, bestehend aus Lucien Devies und Jacques Lagarde, die im Juli 1931 einen außergewöhnlichen Weg durch die Ostwand des Monte Rosa findet, jene Wand, die am ehesten an die Kolosse im Himalaja erinnert.

In dieser Gegend, in der die Walliser Alpen durchaus einem Vergleich mit dem Lhotse oder der Annapurna standhalten können, unterscheidet sich der mutige und innovative Alpinismus der dreißiger Jahre gar nicht so sehr von den Unternehmungen der Imsengs und der Zurbriggens in den letzten Jahrzehnten des 19. Jahrhunderts.

Gentlemen im Himalaja

Der Wandel in der Geschichte des Alpinismus setzt am 19. Juli 1939 ein, als die Abendsonne die ersten Schatten am K2 länger werden lässt. Zwei Männer bewegen sich zu diesem Zeitpunkt in über 8400 Meter Höhe, an den schwierigen Felsen links vom äußerst steilen Schneecouloir, der Schlüsselstelle für den Anstieg zum Gipfel.

Fritz Wiessner, ein Deutscher aus Dresden, der seit zehn Jahren in Amerika lebt, klettert etwa zehn Meter vor dem Ende der Felsen, gesichert mit einem guten Haken. Über ihm, ganz in der Nähe, glitzert der Schnee auf dem langen und unproblematischen Hang, der zum Gipfel führt. Die Stimme von Pasang Dawa Lama trifft ihn wie ein Peitschenhieb. «No Sahib, tomorrow», ruft der Sherpa, der ein Dutzend Meter weiter unten steht. Pasang hat Angst, weil es schon spät ist, vor der Kälte und vor den Geistern, die nachts auf dem zweithöchsten Berg der Welt auf der Lauer liegen.

«Der Sherpa ließ sich nicht umstimmen. Ich hatte sogar Lust, mich loszubinden und allein zum Gipfel zu steigen. Aber ich hatte nicht den Mut dazu, ich habe noch nie einen Kameraden im Stich gelassen. Das Wetter war perfekt, ich war überzeugt, es noch einmal versuchen zu können. Ich war noch nie so gut am Berg gewesen, war sicher, es zu schaffen. Ich habe ein letztes Mal diesen so einladenden und nahen Hang angesehen, dann habe ich das erste Doppelseil fertig gemacht und bin abgestiegen», erzählt Fritz Wiessner dreißig Jahre später dem Autor dieses Buches während eines Interviews.

Aber, wie es so oft geschieht, er hat die Chance, den K2 zu besteigen, für immer vertan. Während des Abseilens mit dem Doppelseil verliert Pasang Dawa Lama die Steigeisen der beiden, und es ist nicht möglich, sie wiederzufinden. Der Folgetag wird für eine Ruhepause im Lager IX, auf 7940 Meter Höhe genutzt. Das herrliche Wetter erlaubt es Wiessner, sich mit nacktem Oberkörper zu sonnen. Tauen und wieder Gefrieren machen aus dem guten Schnee im Couloir jedoch eine Eisplatte.

Am folgenden Tag müssen die beiden Alpinisten wegen der fehlenden Steigeisen wiederum auf den Aufstieg verzichten. Sie beschließen, ins Lager VIII auf 7712 Meter abzusteigen, um andere zu suchen und sich mit Lebensmitteln einzudecken. Aber die wirklichen Probleme sollen erst noch kommen. In den Zelten liegen weder Steigeisen noch Nahrungsmittel, allein Dudley Wolfe erwartet dort die Rückkehr der Gipfelstürmer. Die einzige Lösung ist der Abstieg zum nächsten Lager, aber dabei rutscht Wolfe aus, und ohne Steigeisen schafft es Wiessner gerade noch, ihn zu halten.

Wiessner und Pasang, die ihre Schlafsäcke im Lager IX deponiert haben, lassen den Kameraden im Lager VII zurück und steigen weiter ab. Aber beim Abstieg erwartet sie eine unglückliche Überraschung nach der anderen. Da er meinte, die drei Bergsteiger des Gipfeltrupps seien tot, hat der Sirdar Pasang Kukuli nämlich seinen Männern befohlen, alle Lager abzubauen. Entlang des Abruzzensporns gibt es also weder Essen noch Schlafsäcke. Nach einer höllischen Nacht im Lager II erreichen Pasang Dawa Lama und Fritz Wiessner, unter dessen Leitung die amerikanische Expedition gestartet ist, völlig erschöpft die Moräne. Aber Wolfe ist noch oben auf der Schulter.

Am folgenden Tag steigen Jack Durance und drei Sherpas wieder auf, um Wolfe zu Hilfe zu kommen. Der Amerikaner und ein Sherpa fühlen sich jedoch nicht wohl und müssen umkehren. Erst am 29. Juli gelingt es drei Sherpas, Pasang Kikuli, Pasang Kitar und Phinsoo, nochmals, das Lager VII

zu erreichen. Dudley Wolfe geht es sehr schlecht, er kann nicht mit ihnen absteigen. Die drei Männer kehren zum Lager VI zurück, wo ein anderer Sherpa sie erwartet, und können erst nach zwei Sturmtagen wieder aufsteigen.
Dann umhüllen Schweigen und schlechtes Wetter den K2. Sherpa Tsering, der am 1. August ins Basislager zurückkehrt, berichtet, dass seine Kameraden und der amerikanische Bergsteiger gestorben sind. Sich tagelang hinziehendes schlechtes Wetter verhindert alle weiteren Aufstiegsversuche. Als Wiessner und seine Kameraden am Ende ihres langen Rückmarsches Srinagar erreichen, hat der Zweite Weltkrieg begonnen.

146 Die Südseite des K2 ist die bekannteste und meistfotografierte des Berges. Nach 1909 erfolgen alle Versuche der Gipfelbesteigung entlang des Abruzzensporns (rechts im Bild), der einen relativ leichten Weg bis zur Gletscherterrasse der Schulter bietet. Der letzte Teil des Wegs ist jedoch wieder steil und schwierig. Im Vordergrund das Basislager.

146–147 Die Nordseite des K2 blieb von 1887, als Francis Younghusband sie als Erster sah, bis in die siebziger Jahre ein unberührtes Geheimnis für die Alpinisten; dann gestattete die Regierung in Peking einer japanischen Expedition und danach einer italienischen, von dieser Seite aus einen Besteigungsversuch durchzuführen.

So endete die letzte Expedition zum K2 vor dem Zweiten Weltkrieg mit einer Tragödie, jene Expedition, die dem Alpinismus eine neue Perspektive hätte verleihen können. Auch wenn die Erinnerung daran etwas verblasst ist, verdienen die Unternehmungen im Himalaja zwischen den beiden Weltkriegen einen höheren Bekanntheitsgrad.

Die Briten untersuchen den Mount Everest

Der Alpinismus, der Ende des 19., Anfang des 20. Jahrhunderts von Pionieren wie Mummery, Freshfield und Conway (vom Herzog der Abruzzen, Luigi Amedeo von Savoyen,

147 unten Der 1900 in Dresden geborene Fritz Wiessner ist eine der außergewöhnlichsten Persönlichkeiten in der Geschichte des Alpinismus. Nach seinen Lehrjahren im Elbsandsteingebirge eröffnet er wichtige Routen in den Dolomiten und im Wilden Kaiser. Er wandert in die Vereinigten Staaten aus und wird amerikanischer Staatsbürger; dann nimmt er an der Erforschung der Berge in Wyoming und Alaska teil. 1939 erreicht er am K2 eine Höhe von 8400 Metern.

ganz zu schweigen) im Himalaja seinen Anfang nahm, zeitigt sofort interessante Ergebnisse, wie etwa die Besteigung des Baltoro Kangri (7240 Meter) durch den Herzog und seine Bergführer im Jahr 1909, die des Trisul (7120 Meter) 1907 durch Tom Longstaff und zwei Männer aus Courmayeur. Meist haben die Expeditionen jener Zeit allerdings geografische und sonstige Forschungen zum Ziel.

Geändert haben sich die Dinge durch die britischen Bergsteiger gegen Ende des Ersten Weltkriegs. Viele von ihnen sind es als Kolonialherren schon gewöhnt, von der indischen Ebene oder dem Hügelland aus an heiteren Tagen den Schnee auf den hohen Himalajagipfeln glänzen zu sehen. Neben den Schwierigkeiten und den großen Höhen sind es jedoch hauptsächlich politische Probleme, die ihren Aktionsbereich einschränken.

Nepal ist für Ausländer verschlossen und bleibt es auch noch bis nach dem Zweiten Weltkrieg, was die Briten daran hindert, sechs der 14 Achttausender der Erde sowie die Südseite des Mount Everest und die Westseite des Kangchendzönga zu erreichen.

Abgesehen von der Länge des Anmarsches von Srinagar aus über den Zoji-La und das Industal gibt es jedoch keinen Grund, den Nanga Parbat nicht anzugehen oder auch die großen Berge, die um den Baltorogletscher im Herzen des heutigen Pakistan stehen. Ein wenig niedriger, aber sicher um einiges einfacher zu erreichen sind die Garwhal-Gipfel, die in jenen Jahren bei den Alpinisten, welche nach Asien fahren, besonders beliebt sind.

Die erste Expedition 1921

Die Briten haben jedoch einen Trumpf in der Hand. Durch ihre Beziehungen zu Tibet können sie den Dalai Lama um die Erlaubnis bitten, den Mount Everest zu besteigen. Das Land des Lama war in den schwierigen Jahren des *Great Game* lange Zeit zwischen London, Moskau und Peking umstritten – bei diesem Großen Spiel, bei dem sich in den Steppen Oberasiens die mächtigsten Imperien der Erde bekämpften. Es hat im Jahr 1910 die Besetzung Lhasas durch eine britische Kolonne erlebt und wenig Lust, sich den Forderungen des Vizekönigs in Neu-Delhi entgegenzustellen – auch wenn sie ungewöhnlich sein sollten.

Am 20. Dezember 1920 informiert ein Telegramm aus der Hauptstadt Indiens die *Royal Geographic Society* und den *Alpine Club* in London darüber, dass die Erlaubnis des Dalai Lama endlich eingetroffen ist. Ende April ist die erste Forschungsexpedition zum Mount Everest bereit zur Reise nach Asien. Sie wird von Kenneth Howard-Bury geleitet, der Verantwortliche für den alpinistischen Teil ist Harold Raeburn, der für seine schwierigen führerlosen Touren in Schottland und in den Alpen bekannt ist.

Als Bergsteiger gehören auch George L. Mallory, G. H. Bullock, A. F. Wollaston und Alexander M. Kellas zur Gruppe. Das mit topografischen Messungen beauftragte Team startet am 13. Mai 1921 von Darjeeling, durchquert Sikkim, erreicht Tibet über die Phari-Dzong-Straße und wartet in der Nähe der Festung Khampa Dzong, bis eine Woche später das Bergsteigerteam zu ihr stößt.

Der Tod von Kellas durch einen Herzanfall trifft die Gruppe schwer. Auch Raeburn, der unter der Höhenluft leidet, muss nach Darjeeling zurück. Die Expedition setzt sich wieder in Marsch, wenn auch geschwächt. Die Topografen Henry T. Morshead und Oliver Wheeler sowie der Geologe A. M. Heron widmen sich dennoch gewissenhaft der Erfassung der Täler und Hochebenen, die bislang noch nie von westlichen Reisenden durchquert worden sind.

148–149 oben Die Nordwand des Mount Everest, die die Séracs des Rongbuk-Hauptgletschers dominiert, ist zu steil, um den Bergsteigern der zwanziger Jahre eine begehbare Route zu bieten. Die ersten britischen Expeditionen entdecken, dass man über den östlichen Ausläufer des Gletschers ohne allzu große Schwierigkeiten bis zum Fuß der Hänge, die zum Nordsattel ansteigen, kommt.

149 oben rechts Die Alpinisten der britischen Expedition von 1921 posieren fürs Gruppenfoto. Der Leiter Howard-Bury ist der Zweite von links in der hinteren Reihe, George Mallory der Erste von links bei den Sitzenden. Der Schotte Harold Raeburn, Erster von rechts in der zweiten Reihe, führte wichtige Sommer- und Winterbesteigungen in den Highlands durch.

148–149 unten Um den Fuß des Everest zu erreichen, muss die Expedition von 1921 den Lhakpa-La überwinden und dann zum östlichen Rongbukgletscher absteigen. Neben dem auf diesem Übergang aufgestellten Lager sieht man auch den Mount Everest und den weiten Nordsattel. Links vom höchsten Gipfel erscheint der langgestreckte Gipfelgrat des Lhotse.

149 unten rechts Zu den Ausrüstungsgegenständen, die die britische Expedition von 1921 testet, gehören auch Schneeschuhe, die systematisch in ebeneren Abschnitten eingesetzt werden, wo der Schnee frisch oder von der Sonne aufgeweicht ist. Bullock (rechts) wird von drei Trägern begleitet.

Während Morshead und seine Kameraden unterhalb der Festung Tingri ihr Lager aufschlagen, erreichen Mallory und Bullock endlich das Rongbuktal, an dessen Ende majestätisch der Mount Everest thront. «Am Ende des Tales, über dem Gletscher, erhebt sich der Mount Everest nicht wie ein Gipfel, sondern eher wie ein außerordentliches Bauwerk. Nichts kann den Blick davon ablenken», schreibt Mallory, der von dieser Pyramide aus Fels und Eis völlig fasziniert ist. Am 1. Juli erreichen die Bergsteiger den Rongbuk-Hauptgletscher. Wenige Tage später, von einem Nebengipfel aus, kommen sie fälschlicherweise zu der Überzeugung, dass der einzige Weg zum Gipfelgrat durch das Khartatal führt, östlich des Rongbuktals.

Sie müssen zur Hochebene zurück, durch ein neues Tal gehen und auf den fast 7000 Meter hohen Lhakpa-La steigen. Auf dem Pass erkennen sie ihren Irrtum: Zwischen dem Pass und dem Mount Everest erstreckt sich der Rongbuk-Ostgletscher, der auf 5500 Meter mit dem Gletscher zusammenfließt, den die Bergsteiger bereits überquert hatten.

Trotzdem erreicht die Seilschaft an der Spitze endlich den Nordsattel, den Beginn des logischsten Wegs zur Besteigung des Berges. Die eisigen Winde des tibetischen Herbstes (es ist bereits Ende September) zwingen sie jedoch dazu, nach Indien zurückzukehren.

In einem Brief an seine Frau berichtet Mallory über das «zahme Ende» der Expedition, und er schließt: «Aber: Wir haben den Weg zum Gipfel für jeden geebnet, der das höchste der Abenteuer gerne versuchen möchte.»
Wenige Monate später ist eine neue Expedition in England reisefertig. Sie wird von General Charles G. Bruce geführt, und Teilnehmer sind neben Mallory und Morshead die Bergsteiger George I. Finch, Edward F. Norton, John Noel, Geoffrey Bruce, John Morris und immerhin drei Ärzte mit großer Bergerfahrung.
Zu diesen gehört neben Arthur W. Wakefield und Howard Somervell auch Tom Longstaff, ein energischer, 47-jähriger Mann, der auf dem Trisul 15 Jahre zuvor einen Rekord aufgestellt hatte, indem er den bis dahin höchsten von Menschen erreichten Gipfel bestieg. Erstmals wird die Expedition von Sherpas begleitet, den nepalesischen Bergbewohnern, die heute als Träger in großen Höhen berühmt sind.
Die Expedition verfügt über Sauerstoffgeräte, die jedoch gut 15 Kilo pro Stück wiegen. Die Erfahrungen des vorangegangenen Jahres ermöglichen es der Gruppe, schnell voran zu kommen. Am 22. Mai 1922 führen Mallory, Morshead, Norton und Somervell von einem Lager auf 7600 Meter Höhe einen ersten Besteigungsversuch durch, der auf 8170 Metern sein Ende findet. Der zweite Versuch, mit Sauerstoff, wird durch einen heftigen Sturm unterbrochen.

Am 26. Mai steigen George Finch und Geoffrey Bruce, nach einer schwierigen Nacht auf 7900 Metern und nicht durch das Seil miteinander verbunden, an den zwar leichten, aber unsicheren Felsplatten auf der rechten Seite des Grates hoch. Dann kehren sie auf den Grat zurück, aber in 8320 Meter Höhe zwingen die Müdigkeit und die schlechte Funktion der Atemgeräte sie zum Rückzug. Zehn Tage später wird während des nächsten Versuchs, am 7. Juni 1922, ein großer Teil der Expedition auf dem Weg zum Nordsattel von einer Lawine verschüttet, der bei weitem häufigsten Ursache bei den vielen tödlichen Unfällen am Everest. Sieben Sherpas verschwinden für immer unter dem Schnee. Jetzt ist der Zeitpunkt des Rückzugs gekommen.

Waren Mallory und Irvine am Gipfel?

Es vergehen nochmals volle zwei Jahre, bis 1924 wieder einige britische Alpinisten den Weg auf das tibetische Hochplateau finden. Die große Höhe, die 1922 erreicht wurde, sorgt für eine Atmosphäre ruhiger Zuversicht, die die neue Expedition umgibt. Neben den sechs Everest-Veteranen (die beiden Bruce, Norton, Mallory, Somervell und Noel) gehören auch der Student Andrew Irvine, Noel Odell, John Hazard, Bentley Beetham, E. O. Shebbeare und R. W. Hingston der Mannschaft an.
Ein Malariaanfall zwingt zwar Bruce senior zur Rückkehr nach Darjeeling, doch Ende April erreicht die Expedition trotzdem das Kloster von Rongbuk. Die Atemgeräte sind verbessert worden, die Erfahrung von 1922 hat gelehrt, dass etwa sich ab 8000 Meter Höhe das Vorwärtskommen der Bergsteiger stark verlangsamt.

Jenseits des Nordsattels sieht die Expedition die Errichtung von drei Lagern vor. Der Monat Mai ist geprägt durch fast durchgehend sehr schlechtes Wetter, bei dem kaum Fortschritte möglich sind. Dann gelingt es den Bergsteigern und den Sherpas, höher zu steigen. Am 1. Juni 1924 stellen George Mallory, Geoffrey Bruce und vier Sherpas das Lager V auf 7700 Meter Höhe auf, und zwei Tage danach richten Norton und Somervell Lager VI auf 8170 Meter Höhe ein, von dem aus sie am nächsten Tag in Richtung Gipfel aufbrechen.
Sie halten sich etwa hundert Meter unterhalb des Grats, laufen entlang der unsicheren Kalkfelsen des Gelben Bandes, wo Somervell Halt machen muss. Norton, der allein weitergeht, erreicht 8570 Meter. Beim nächsten Versuch sind schließlich Mallory und Irvine an der Reihe.
Am 8. Juni starten die beiden vom Lager VI mit Atemgeräten in Richtung Gipfel. Von unten sieht Noel Odell, der von Lager V aus aufsteigt, sie mehrmals als Silhouetten auf dem Schneerücken des Grates. Das letzte Mal entdeckt er sie gegen Mittag, als das Gipfelteam etwa auf 8450 Meter Höhe ist, also zwischen dem ersten und dem zweiten Felsabsatz, die den Grat unterbrechen. Das Wetter wird zunächst schlechter, am Nachmittag jedoch wieder besser.

150 oben Der Mount Everest, von nepalesischem Territorium aus gesehen. Die Südseite des höchsten Gipfels der Welt bekommen westliche Alpinisten erstmals 1951 zu Gesicht, nach der Öffnung Nepals für Ausländer.

150 unten links Die Mitglieder der britischen Expedition von 1924: Irvine und Mallory sind der Erste und Zweite in der hinteren Reihe (von links). Noel Odell, der sie zuletzt am Nordostgrat beobachtet, ist der Zweite von rechts.

150 unten rechts Die britische Expedition von 1922 benutzt als erste systematisch Sauerstoff, der ab der tibetischen Hochebene eingesetzt wird. Durch ihr Gewicht, ihre Größe und Zerbrechlichkeit sind die Flaschen auf dem Mount Everest nicht von großem Nutzen.

150–151 Vom vorgelagerten Basiscamp aus, das alle Expeditionen auf etwa 6400 Meter Höhe auf dem östlichen Rongbukgletscher einrichten, wirken der Mount Everest (links im Bild) und der breite Schneesattel des Nordcol eher friedlich.

151 Mitte Auf dem letzten von Noel Odell im Lager IV am Nordsattel aufgenommenen Foto rüsten sich George Mallory und Andrew Irvine für den Gipfelsturm, bei dem sie am 8. Juni am Nordostgrat verschwunden sind. Es ist nicht auszuschließen, dass sie als erste Menschen das «Dach der Welt» erreichten.

151 unten Die Schichten aus Schiefergestein, die von Neuschnee und glasharten Eis bedeckt sind, machen den letzten Abschnitt der Route zum Everestgipfel so gefährlich und unsicher. Norton und Mallory verschnaufen in der Nähe des höchsten Punktes, den sie bei ihrem ersten Versuch im Jahr 1922 erreichten.

Von unten gelingt es Odell jedoch nicht mehr, sie auszumachen. Mallory und Irvine werden nicht wiederkehren. Am 10. Juni versucht Noel Odell noch, ihnen zu Hilfe zu kommen, er findet aber keine Spur seiner Freunde, die – auch wenn es dafür keinen Beweis gibt – den Gipfel erreicht haben könnten. Im Mai 1999 wird die Leiche Mallorys gefunden. Aus dem Fundort schließt der Südtiroler Reinhold Messner, dass sie den Gipfel nicht erreicht haben. Der traurigen Heimkehr nach Großbritannien folgen acht Jahre, in denen der Mount Everest in Ruhe gelassen wird.

152 links An den zum Nordsattel führenden Hängen müssen einige steile Passagen mit Leitern und Seilen versehen werden, um den schwer beladenen Trägern das Vorankommen zu ermöglichen. Das eigentliche Problem in diesem Gebiet bilden die Lawinen, die enorme Ausmaße annehmen können. (Fotografie von 1933). 1922 hat hier eine Lawine sieben Sherpas getötet. Auch Reinhold Messner hat bei seinem Alleingang 1980 an dieser Stelle sein Leben riskiert.

152 Mitte rechts Nach Überwindung der großen Spalte bringen angenehmere Hänge die Teilnehmer der britischen Expedition von 1933 auf den breiten nördlichen Schneesattel auf 7000 Meter Höhe.

152 unten rechts Durch den Neuschnee, die eisige Kälte und das einfache Schuhwerk sind Erfrierungen für die Bergsteiger vor dem Krieg eine echte Gefahr. Deshalb lässt sich ein Alpinist 1933 die erstarrten Füße von seinem Bergkameraden massieren.

Die Expedition von 1933

Die nächste Expedition verlässt London zu Beginn des Monats Februar 1933 und erreicht am 16. April schließlich das Kloster Rongbuk. Da seit dem letzten Versuch viel Zeit vergangen ist, handelt es sich zum Großteil um andere Alpinisten. Neben dem Expeditionsleiter Hugh Ruttledge sind die Bergsteiger Frank Sydney Smythe, Eric Shipton, Percy Wyn Harris, Lawrence Wager, Jack Longland, T. A. Brockleband, E. Birnie, Raymond Green, George Wood-Johnson und Hugh Boustead dabei. Der einzige Veteran der Expedition von 1924 ist E. O. Shebbeare.

Smythe, der Seilschaftserste von 1927 und 1928 bei den Erstbegehungen der Sentinelle Rouge und der Major-Route am Montblanc, überwindet am 12. Mai als Erster eine hartnäckige Eismauer, die den Zugang zum Nordsattel versperrt. Nach einigen Tagen schlechten Wetters errichten Longland, Wager und Wyn Harris am 29. Mai das Lager VI auf 8350 Metern. Von hier aus starten am folgenden Morgen

um 5.30 Uhr Wager und Wyn Harris in Richtung Gipfel. Sie halten sich ein wenig höher als ihre Vorgänger und finden nach einer Stunde einen der Pickel von Mallory und Irvine. Dann steigen sie zum Gipfel an, aber ein schwieriger Felsaufschwung zwingt sie, wieder tiefer zu gehen in Richtung Norton-Couloir. Gegen halb ein Uhr mittags befinden sie sich in der Nähe des höchsten 1924 erreichten Punktes.
Die Uhrzeit und ihr körperlicher Zustand würden ihnen das Weitergehen erlauben, aber der viele Neuschnee auf den Felsen macht eine Rückkehr empfehlenswert. An der gleichen Stelle bricht auch Frank Smythe, der allein steigt, weil Eric Shipton sich schlecht fühlt, seinen Versuch ab.

Die fünfte Expedition 1935

Es vergehen weitere zwei Jahre, dann kommt die fünfte englische Expedition ins Rongbuktal. Sie wird von Eric Shipton geleitet, hat aber nicht die Eroberung des Mount Everest zum Ziel. Die Bergsteiger sollen die geografischen Kenntnisse der Gegend vertiefen und nützliche Hinweise für den nächsten Gipfelsturm mit nach Hause bringen. Neben Shipton gehört Harold W. Tilman zur Mannschaft, ein weiterer großer Himalajaforscher, sowie Charles Warren, L. V. Bryant, Edwin Kempson, Edmund Wigram und der Topograf Michael Spencer.
Unter den Sherpas findet sich ein junger Mann von 19 Jahren, der berühmt werden wird. Er heißt Tenzing Norgay. Zu den interessantesten Ergebnissen der Expedition rechnet man die Besteigung des Lho-La durch Tilman und Wigram und von drei Gipfeln im Lingtrenmassiv durch Shipton und Bryant. Von diesen herrlichen Aussichtspunkten sehen die Bergsteiger außer der Nordwand und dem Westgrat des Everest auch zum ersten Mal die nepalesische Seite des Berges, die zu betreten streng verboten ist. Bevor man entdeckt, dass eine Besteigung von Süden möglich ist, werden aber noch weitere 16 Jahre vergehen.

152–153 Zum Gipfel gelangt man über den Rongbuk-Ostgletscher, den Nordsattel und den Nordgrat – heute der Normalweg auf den Everest von der tibetischen Seite aus. Er weist keine extremen Schwierigkeiten auf und ist eine der freqentiertesten Routen im Himalaja. Eine Reihe von Bergsteigern folgt hier der Spur über den Grat oberhalb des Nordsattels, auf dem man die Zelte eines Lagers erkennen kann.

153 oben Für verunglückte Bergsteiger, die nicht mehr selbst laufen konnten, war in den zwanziger und dreißiger Jahren die Rückkehr nach Sikkim eine schier unendlich weite Reise. So wurde etwa Birnie 1933 auf den Schultern eines Sherpas über die Moränen des Rongbukgletschers transportiert.

Die Expeditionen von 1936 und 1938

Für die Expedition des Jahres 1936, die es sich zum Ziel gesetzt hat, endlich den Gipfel zu erreichen, berufen der *Alpine Club* und die *Royal Geographic Society* nochmals Hugh Ruttledge als Leiter. Zu den Alpinisten, die den Mount Everest bereits von früheren Unternehmungen kennen, gehören Shipton, Smythe, Wyn Harris, Kempson, Warren, Wigram und Morris.

Neue Namen sind P. R. Oliver, J. M. Gravin und der des Arztes G. N. Humphreys. Es ist eine starke Mannschaft, aber das Wetter ist noch schlechter als bei den früheren Expeditionen. Ende Mai bereits fegt der Monsun über die Abhänge des Himalaja und beschert dem Mount Everest massenhaft Schnee. Als sie endlich zum Nordsattel gelangt, muss die Expedition umkehren.

Die letzte Expedition vor dem Krieg verlässt England 1938. Das Budget ist beschränkter als sonst, aber die Bergsteiger bilden ein starkes, eingeschworenes Team. Der Expeditionsleiter ist Harold Tilman, zu dem sich die Veteranen Shipton, Smythe, Wyn Harris, Odell und Warren gesellen. Der einzige Neue in der Gruppe ist Peter Lloyd. Als die Gruppe den östlichen Rongbukgletscher erreicht, sind diesmal das Wetter und die Bedingungen am Berg optimal.

Nach der Akklimatisationszeit verschlechtert sich das Wetter, und die Alpinisten stellen das Lager IV auf dem Nordsattel kurz nach einem heftigen Schneefall auf, der den Aufstieg sehr viel mühsamer gestaltet als vorgesehen. Tenzing ist jetzt 22 Jahre alt und beweist seine Kraft, indem er mit seiner Last noch einen guten Teil der Spur durch den Tiefschnee legt. Am 8. Juni errichten Shipton, Smythe und sieben Sherpas Lager VI auf 8270 Meter Höhe. Am folgenden Tag zwingen die Kälte und der in der Nacht gefallene

154 oben Anders als bei vorherigen Expeditionen dürfen die Teilnehmer 1935 in einem sehr großen Gebiet reisen, das Gipfel, Täler und Gletscher umfasst, welche noch nicht auf den Geländekarten verzeichnet sind. Hier steigt die Spur zu einem namenlosen Gipfel an, der sich zum Khartatal hin wendet.

154 unten In den dreißiger Jahren brauchen die Alpinisten, die am Everest unterwegs sind, sehr viel Energie zum Spuren im Tiefschnee und zum Überqueren der unsicheren Schneebrücken.

Schnee die beiden Engländer dazu, aufzugeben, nachdem sie nur 50 Höhenmeter hinter sich gebracht haben.
Vor ihrer Rückkehr nach Großbritannien kehren Tilman und Lloyd mit Sauerstoffgeräten ausgestattet nochmals auf den Nordgrat zurück, aber es gelingt ihnen nicht, die von den Kameraden erreichte Höhe zu verbessern. Wie bei den sechs vorangegangenen Expeditionen verabschieden sich die Alpinisten vom Rongbuktal und meinen, ein oder zwei Jahre darauf zurückkehren zu können.
Bevor jedoch westliche Alpinisten wieder nach Tibet einreisen dürfen, werden vierzig Jahre vergehen; die Erstbesteigung des Mount Everest erfolgt deshalb im Jahr 1953 von nepalesischer Seite aus, nachdem der neue Souverän Tribhuvan sein Land für Fremde geöffnet hat.

155 oben An dem abgelegenen breiten Becken des Rongbuk-Ostgletschers fangen die Schwierigkeiten für die Alpinisten, die von hier aus den Anstieg zum Nordsattel beginnen, an. Der Everest beherrscht das Bild.

155 Mitte Ein starkes Teleobjektiv lässt den Everestgipfel vom Rongbukgletscher aus zum Greifen nah scheinen. In Wirklichkeit liegen zwischen Basislager und Gipfel viele Kilometer und 3600 Meter Höhenunterschied.

155 unten Ein anderes berühmtes Bild der Forschungsexpedition von 1935 zeigt den Mount Everest (links, von Wolken umhüllt) und den Nuptse von einem Grat aus, der auf fast 7000 Meter Höhe den Rongbukgletscher dominiert. Hier schweift der Blick bis nach Nepal.

K2 und Kangchendzönga

Auch wenn der Mount Everest die Aufmerksamkeit der Alpinisten auf sich zieht, locken doch auch andere Berge des Himalaja in der Zeit zwischen den beiden Weltkriegen gut gerüstete Expeditionen an. Die Briten Frank Smythe und Eric Shipton erreichen zusammen mit Holdsworth und dem Sherpa Lewa 1931 den 7756 Meter hohen Kametgipfel. Harold Tilman und Noel Odell erobern fünf Jahre später den eleganten Nanda Devi (7816 Meter).

Auf dem K2 ergreifen nach der italienischen Expedition von 1929 die Amerikaner die Initiative. 1938 schafft die Expedition von Charles Houston den gesamten Abruzzensporn und erreicht die Schulter. 1939 ist Fritz Wiessner an der Reihe. 1953, ein Jahr vor der siegreichen italienischen Expedition, kommt eine weitere Mannschaft unter der Leitung von Charles Houston bis zur Schulter, wird dann aber von einem Sturm und dem Sturz von sechs Alpinisten am Weitergehen gehindert. Dabei verliert Art Gilkey das Leben.

Am Kangchendzönga, nur von der indischen Seite aus erreichbar, werden drei Expeditionen durchgeführt. 1929 geht die deutsche Expedition unter der Leitung von Paul Bauer den Nordostsporn an und erreicht die Höhe von 7400 Metern. Im Jahr darauf muss eine internationale Mannschaft unter der Leitung von Günter O. Dyhrenfurth tausend Meter tiefer aufgeben und hat zwei Opfer am Berg zu beklagen. Bauers zweite Expedition im Jahr 1931 erreicht 7800 Meter, verliert aber zwei Alpinisten. 1934 ist es wieder Dyhrenfurth, der eine Expedition in das Gasherbrum-Massiv führt. Am Hidden Peak und am Gasherbrum II kommen sie nur geringfügig über 6000 Meter. Auf dem höheren der beiden Gipfel muss ein französisches Team 1936 auf 6900 Metern umkehren.

Der Berg der Deutschen: Nanga Parbat

Neben dem Mount Everest ist der Nanga Parbat der begehrteste Berg, weil er von allen 14 «Achttausendern» am einfachsten von der Ebene aus zu erreichen ist. 1932 gelangt die erste von fünf österreichisch-deutschen Expeditionen an den Fuß des Nanga Parbat. Sie wird von Willy Merkl geleitet, einem Bayern, der in den Alpen und im Kaukasus schon beachtliche Unternehmungen durchgeführt hat. Die fehlende Himalaja-Erfahrung zwingt die Alpinisten zur Umkehr, noch bevor sie die 7000-Meter-Marke erreicht haben. Zwei Jahre darauf kehrt Merkl mit Willo Welzenbach zurück, einem exzellenten Eiskletterer.

Stärker und besser organisiert als die Expedition von 1932 erreichen sie die Gletscherterrasse des Silberplateaus und gehen dann den sehr langen Gipfelgrat an. Peter Aschenbrenner und Erwin Schneider kommen bis zu einer Höhe von 7850 Metern. Beim Abstieg werden sie von einem Unwetter erfasst, in dem vier Alpinisten – unter anderem Welzenbach und Merkl – und sechs Sherpas umkommen. Noch schlimmer ergeht es einer Expedition, die 1937 unter der Leitung von Karl Wien den Aufstieg versucht. Als die Bergsteiger gerade knapp über 6000 Meter hoch sind, reißt eine Lawine alle Lager weg und begräbt die sieben Bergsteiger und neun Expeditions-Sherpas unter sich.

Die Flucht nach Tibet

1939 führt eine kleine Expedition unter der Leitung von Peter Aufschnaiter zwei Versuche von der Diamirseite her aus. Die Rückkehr ins Tal wird jedoch durch den Ausbruch des Krieges verhindert. Innerhalb weniger Tage wechseln die Bergsteiger vom Schnee am Nanga Parbat in die triste Routine eines Internierungslagers in Indien.

Aber diese schwierige Lage ist auch der Anlass für eines der schönsten Abenteuer des 20. Jahrhunderts. Denn Heinrich Harrer, Erstbesteiger der Eiger-Nordwand, hat die richtige Idee. Zusammen mit Aufschnaiter gelingt es ihm, 1944 aus dem Lager zu fliehen und sich in Richtung der Himalajatäler zu bewegen. Die beiden werden gestellt und hart bestraft, entkommen aber ein zweites Mal, und diesmal gelingt es den Sikhs und Gurkhas nicht, sie zu fassen.

Nach einem entbehrungsreichen Trekking erreichen die beiden 1946 Lhasa, die Verbotene Stadt. Sie hätten eigentlich verjagt werden müssen, aber die Höflichkeit und die Neugier der Menschen behalten die Oberhand. Sie bleiben sieben Jahre im Land, in dieser Zeit wird Harrer Vertrauter und Freund des sehr jungen Dalai Lama.

Ohne den Lauf der Geschichte beeinflussen zu können, muss er die chinesische Invasion des Landes miterleben. Als die Pekinger Truppen in Lhasa einfallen, verlässt Harrer mit anderen Flüchtlingen das Land. Einige Jahre später muss auch Tenzing Gyatso, der vierzehnte Dalai Lama, ins Exil nach Indien. *Sieben Jahre in Tibet* heißt das Buch, das Harrer seinem Abenteuer gewidmet hat und das weltweit Sympathie für das tibetische Volk geweckt hat. Dieses Mitgefühl ist es, das die Tibeter auf eine bessere Zukunft hoffen lässt.

156 oben Der Normalweg zum Gasherbrum II ist heute einer der am häufigsten begangenen auf einen Achttausender. Von Lager III aus kann man den Herzog-der-Abruzzen-Gletscher, den Golden Throne (oder Baltoro Kangri, links) und das Trapez der Chogolisa erkennen.

156–157 Vom Normalweg zum Gasherbrum II bewundert man die spektakulären Schneewände des Gasherbrum V (rechts) und des Gasherbrum VI, die 7321 beziehungsweise 7003 Meter Höhe erreichen. Links in der Ferne der Baltoro Kangri.

157 unten links Der amerikanische Arzt und Bergsteiger Charles S. Houston, dem 1936 die Erstbesteigung des Nanda Devi gelang, ist durch seine zwei Expeditionen zum K2 in den Jahren 1938 und 1953 bekannt geworden, die an den Schneehängen der Schulter abgebrochen werden mussten.

157 unten rechts Das imposante Gasherbrummassiv bildet bei Expeditionen zum oberen Baltoro und zum Herzog-der-Abruzzen-Gletscher den Hintergrund. Rechts schaut die Schneepyramide des Gasherbrum I (oder Hidden Peak) heraus, der mit 8068 Metern der höchste Gipfel im Massiv ist.

158 oben Der Neuseeländer Edmund Hillary ist eine der Hauptpersonen bei der Eroberung des Mount Everest. 1951 betrachtet er mit Eric Shipton den Berg von den Ausläufern des Pumori aus und entdeckt die Route über den Südostgrat. Am 29. Mai 1953 erreicht Hillary schließlich gemeinsam mit Tenzing Norgay den 8846 Meter hohen Gipfel.

Die Achttausender

Der 29. Mai 1953 gehört zu den wenigen großen Daten des Alpinismus, die in alle Geschichtsbücher eingegangen sind. An diesem Tag sind gegen zehn Uhr morgens zwei Männer auf dem höchsten Schneegrat der Welt unterwegs, dem Grat nämlich, der sich, mit märchenhaften Wächten geschmückt, von dem 8750 Meter hohen Südsattel bis zum 8846 Meter hohen Gipfel des Mount Everest erstreckt, dem höchsten und begehrtesten Berg der Erde. Es ist herrliches Wetter, das Panorama großartig, und alle anderen Gipfel ringsherum – Makalu und Kangchendzönga, Cho Oyu und Lhotse – liegen bereits unter den Füßen der beiden Bergsteiger. Vorneweg läuft ein spindeldürrer, 33-jähriger Neuseeländer. Sein Name ist Edmund Hillary, und er tastet sich langsam, aber sicher auf dem Grat voran, wobei er mit

158 unten Alfred Gregory hat die Alpinisten, Forscher und Sherpas der britischen Expedition von 1953 kurz nach der Eroberung des Mount Everest fotografiert. Edmund Hillary, John Hunt und Tenzing Norgay stehen an fünfter, sechster und siebter Stelle von links.

158–159 Im warmen Abendlicht wirkt der pyramidenartige Gipfelaufbau des Mount Everest von der nepalesischen Seite besonders eindrucksvoll. Diese Seite des Berges wurde 1951 von der kleinen Expedition Eric Shiptons das erste Mal fotografiert.

159 oben links Tenzing (links) und Hillary erschöpft, aber glücklich bei ihrer Rückkehr vom Gipfel in Lager IV, dem vorgeschobenen Basislager, von dem sie am 25. Mai aufgebrochen waren.

159 oben rechts Der Expeditionsleiter der Briten, John Hunt, war maßgeblich am Erfolg der britischen Expedition im Jahr 1953 beteiligt. Der Berufsoffizier lebte viele Jahre in Asien, nahm an verschiedenen Himalajaexpeditionen teil und sorgte mit seiner Arbeit dafür, dass die Sherpas und die Bergsteiger Seite an Seite und ohne Zwischenfälle arbeiten konnten.

159 Mitte Zwischen 1921 und 1937 haben sieben britische Expeditionen die tibetische Seite des Mount Everest in Angriff genommen. Aber in der Nachkriegszeit brachten die chinesische Invasion in Tibet und die Öffnung Nepals für Ausländer die Bergsteiger in die Täler der Sherpas und zur südlichen Seite des Berges.

dem Pickel Stufen schlägt, die gerade groß genug für seine mächtigen Hochgebirgsschuhe sind. Er ist ursprünglich Bienenzüchter von Beruf, hat aber einen guten Teil der letzten Jahre damit verbracht, durch die Täler zu streifen, die das Herz des Himalaja bilden.

Gemeinsam mit Eric Shipton hat Hillary auf einer Erkundungstour am 30. September 1951 von den Ausläufern des Pumori aus entdeckt, dass man den Mount Everest auch von nepalesischer Seite aus – und wahrscheinlich sogar erfolgreich – besteigen kann und nicht nur von der tibetischen Seite, von der die britischen Versuche in den zwanziger und dreißiger Jahren unternommen wurden. Sie erkannten «eine ganz eindeutige Route« vom Westkar zum Südsattel.

Einige Tage später durchquert er mit Shipton, Tom Bourdillon und H. E. Riddiford den gefährlichen Khumbu-Eisbruch, bis er zum Tal des Schweigens kommt, der breiten Gletschermulde, die sich zwischen Mount Everest, Lhotse und Nuptse erstreckt. Damit beweist er schlüssig, dass eine Besteigung des Gipfels wirklich möglich ist.

Am anderen Ende des Seils ist der beste Alpinist Asiens. Er heißt Tenzing Norgay, ist fünf Jahre älter als Hillary und ein Sherpa nepalesischer Herkunft, der aber im indischen Darjeeling lebt. Vor dem Krieg, 1935, 1936 und 1938, hat er britische Expeditionen auf der tibetischen Seite des Everest begleitet. 1951 unternahm er mit einer französischen Mannschaft die zweite Besteigung des Nanda Devi, eines spektakulären Siebentausenders der Himalajakette. Im Jahr 1952 ist Tenzing gemeinsam mit Raymond Lambert in Richtung Everestgipfel gestiegen und hat eine Höhe von 8595 Metern erreicht. Dann haben die Müdigkeit und der Sauerstoffmangel sie zum Abstieg gezwungen. Jetzt folgt der Sherpa Hillary, der erfahrener als er im Stufenschlagen ist. Auf den gefährlichen Hängen vor dem Südsattel übernimmt er über lange Strecken die Führung. Beide Männer sind hier, um einen vor langer Zeit begonnenen Weg zu Ende zu gehen.

Nach vielen kurzen Seillängen (das Seilstück, das die beiden verbindet, ist nur neun Meter lang) wird Tenzing plötzlich langsamer. Hillary merkt, dass sein Atemgerät verstopft ist und nimmt es auseinander, befreit den Schlauch von einem dicken Kondenswasserstopfen und ermuntert den Kameraden weiterzugehen. Etwa eine Stunde Marsch von der Schneekuppe des Südsattels entfernt versperrt ein letztes Hindernis den Weg.

Es handelt sich um einen Felsaufschwung von etwa einem Dutzend Metern, den die Alpinisten auf inoffiziellen Luftaufnahmen der Royal Air Force und dann mit dem Fernglas aus Tengboche gesehen hatten. «Der glatte und fast grifflose Fels hätte im Lake District ein interessantes Problem für eine Gruppe erfahrener Kletterer an einem Sonntagnachmittag abgegeben», spottet Hillary mit bitterer Ironie. «Hier stellte er jedoch für unsere geschwächten Kräfte ein unüberwindbares Hindernis dar.»

Glücklicherweise trennt auf der nach Nepal gewandten Seite ein enger Riss den Felsen von der Wächte an der Südwestwand. Der neuseeländische Alpinist klemmt sich hier ein, stemmt die Steigeisen in den Schnee, hilft sich mit Händen und Rücken am Fels und klettert einen Zentimeter nach dem anderen hoch «mit dem inbrünstigen Gebet, die Wächte möge am Fels festbleiben». Am Ende der Passage ermöglicht ihm ein bequemer, verschneiter Absatz, wieder zu Atem zu kommen und den Sherpa nachsteigen zu lassen.

Der Mount Everest ist erreicht!

Das letzte Stück Grat ist leichter, scheint aber nicht enden zu wollen. Insgesamt zweieinhalb Stunden brauchen sie dafür. Um Punkt 11.30 Uhr erreichen die beiden Männer endlich die kleine Schneehaube, die die Spitze des Mount Everest bildet. Hillary schüttelt die Hand des Kameraden. Tenzing umarmt ihn energisch und klopft ihm heftig auf den Rücken. Dann werden die berühmten Gipfelfotos gemacht, und Edmund Hillary steigt einige Meter zu den letzten Felsen des Nordostgrates ab, um nach Spuren von Mallory und Irvine zu suchen. Er findet aber keine.

Es beginnt der lange, gefährliche und beschwerliche Abstieg. Nachdem sie den senkrechten Felsaufschwung und den schmalen Schneegrat überwunden haben, können die beiden Bergsteiger auf einem Absatz kurz unter dem Südsattel eine Rast einlegen. Etwas weiter unten finden sie zwei Sauerstoffflaschen, die ihnen Tom Bourdillon und Charles Evans dort hingebracht haben, damit sie neuen Sauerstoff «tanken» können. Als die beiden in Sichtweite des Südsattels sind, kommt ihnen George Lowe, der zweite Neuseeländer der Expedition, entgegen. Als Erster erfährt er vom erfolgreichen Ausgang der Besteigung.

Die anderen Expeditionsmitglieder, die sich auf 6400 Metern im vorgeschobenen Basislager versammelt haben, müssen bis zum folgenden Tag warten, bevor die müde Gruppe, die entlang der Lhotsewand absteigt, sich zu sichtbaren Freudenbezeugungen hinreißen lässt. Wenige Tage später, als der Umzug zur Krönung von Elisabeth II. durch die Straßen Londons stattfindet, ertönt immer wieder aus den Lautsprechern die Nachricht: «Der Everest ist erobert worden.» Die Begeisterung erfasst allerdings nicht nur die Untertanen Ihrer Majestät in Großbritannien. In einer Welt, die noch die Spuren des blutigsten Kriegs der Geschichte trägt, ruft dieses große Abenteuer zu Friedenszeiten eine außerordentliche Begeisterung hervor.

Jahrelang reisen die Mitglieder der erfolgreichen Expedition, Hillary, Tenzing und Hunt, von einer Konferenz zur nächsten, von einer Abendeinladung zum nächsten Galadiner. Tenzing wird so, wie Peter Boardman zwanzig Jahre später feststellt, zum «ersten Asiaten aus einfachen Verhältnissen, der im Lauf der Geschichte zu Ruhm und internationaler Bekanntheit kam». Der einzige Verbitterte ist verständlicherweise Eric Shipton. Als Leiter vieler Expeditionen nach Afrika, Patagonien und Garwhal war er in vorderster Front bei den britischen Besteigungsversuchen in den dreißiger Jahren dabei; er hatte den Aufstiegsweg von nepalesischer Seite entdeckt und erforscht, doch dann wurde er ausgebootet, er mußte John Hunt Platz machen, dem Leiter der erfolgreichen Expedition. Er klagt niemanden öffentlich an, aber sein Kommentar ist sarkastisch: «Jetzt ist der Wettlauf der Eroberung beendet, nun kann auch auf dem Everest der Alpinismus beginnen.»

160–161 Heute nicht anders als in den fünfziger Jahren: Der gewaltige Eisbruch des Khumbugletschers ist von großen Spalten durchzogen und ständig in Bewegung. Um der Route sicher folgen und die Lasten nach oben transportieren zu können, sind die Expeditionen gezwungen, wackelige Brücken aus Metallleitern und Seilen zu errichten. Ein Sherpa überwindet während der Expedition von 1953 eine dieser gefährlichen Stellen.

160 unten John Hunt fotografierte Edmund Hillary und Tenzing Norgay, als sie den Südostgrat am Mount Everest zum Lager IX auf 8500 Meter hochsteigen, wo sie die Nacht vor ihrem geschichtsträchtigen Gipfelsturm verbringen.

161 unten links Auf dem Weg zum Lager packen Edmund Hillary (links) und Tenzing Norgay die Rucksäcke und die Sauerstoffgeräte für den Weitermarsch. Sie sind ein starkes Team: der 33-jährige Neuseeländer und der 38-jährige Sherpa, der seine siebte Tour auf den Everest macht.

161 unten rechts Dieses Bild ging um die ganze Welt: Edmund Hillary nimmt Tenzing Norgay auf, als dieser zum Zeichen des Sieges seinen Eispickel in die Höhe reckt und die Flaggen Großbritanniens, Nepals und Neuseelands flattern läßt. Es ist Mittagszeit am 29. Mai 1953, ein Datum, das in die Geschichtsbücher eingehen wird.

Die Franzosen kommen

Bereits seit drei Jahren hat auf den höchsten Gipfeln der Welt das Zeitalter der erfolgreichen Unternehmungen begonnen. Wie es oft in der Geschichte der Fall ist, hat der Krieg auch in Friedenszeiten zu nützlichen, fortschrittlichen Techniken geführt. Im Vergleich zu Mallory, Wiessner, Welzenbach oder Merkl haben die Alpinisten der fünfziger Jahre nicht etwa mehr Mut oder ein besseres Durchhaltevermögen. Anstelle schwerer Jacken und Woll- oder Tweedhosen tragen sie aber leichte, bequeme Anzüge für das Hoch-

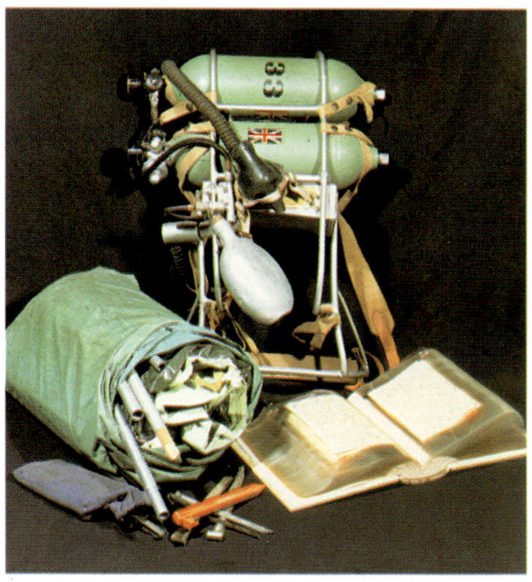

161 oben links Eine wichtige Rolle bei der Eroberung des Mount Everest im Jahr 1953 spielen die Sauerstoffgeräte, die viel leichter und leistungsfähiger als die Vorkriegsmodelle sind.

LA DOMENICA DEL CORRIERE

161 oben rechts Der Erstbesteiger in Siegerpose auf dem Titel der italienischen Zeitschrift *Domenica del Corriere*.

161 Mitte Die Südwestwand des Everest wird 1975 von einer britischen Expedition unter der Leitung von Chris Bonington durchstiegen. Der Normalweg quert schräg von der Lhotsewand zum weiten Südsattel und zieht sich durch Schnee und Felsen zum Südgipfel hinauf.

gebirge, die denen der Piloten nachempfunden sind. Eispickel und Steigeisen sind besser und leichter, die doppelten oder dreifachen Bergschuhe sind unförmig, aber sehr viel wärmer. Und ebenfalls dank der Luftfahrttechnik sind die Sauerstoffgeräte leichter und wirksamer.

Dass sich die Dinge geändert haben, wird im Frühjahr 1950 klar, als eine französische Expedition endlich die Erlaubnis erhält, zu den unbekannten Bergen im Zentrum Nepals vorzudringen. Die Expedition unter der Leitung von Maurice

Herzog muss sich mit Landkarten voll Fehlern und den zahlreichen sich unvermutet stellenden Problemen in einem unerforschten Gebiet auseinandersetzen. Sie kann sogar – was bei einer modernen Expedition, die es eilig hat und bei der alles genau festgelegt ist, undenkbar wäre – zwischen zwei herrlichen Bergen wie dem Dhaulagiri (8167 Meter) und der Annapurna (8091 Meter) wählen.

Die Gruppe betritt am 5. April nepalesisches Gebiet, folgt dem Kali-Gandaki-Tal, das die Annapurna vom Dhaulagiri trennt, und schlägt ihr Lager in der Nähe von Tukucha auf. Sie beginnt mit den Erkundungsgängen zu den beiden nahegelegenen großen Bergen. Für den Dhaulagiri sind die Nachrichten alles andere als gut. Er sieht nicht nur sehr schroff aus, der Gipfel ist auch viel weiter vom Kali-Gandaki-Tal entfernt, als die Landkarten vermuten lassen. Ein Besteigungsversuch wäre nicht so sehr wegen der Schwierigkeit der Route, sondern viel eher auf Grund der großen Entfernungen unmöglich.

An der Annapurna sieht die Sache nicht einfacher aus. Der Tilichopass, der auf Herzogs Landkarten Zutritt zur Nordseite des Berges zu gewähren scheint, verbindet in Wirklichkeit das obere Kali-Gandaki-Tal mit der Marsyangdi Khola und Manang. Am 27. April entdecken aber Jean Couzy, Marcel Schatz und der Expeditionsarzt Jacques Oudot eine Passage, die Zugang zum Berg über die wilden Schluchten bietet, in denen die Miristi Khola fließt. Das ist offenbar der richtige Weg. Der Entschluss, die Kräfte auf die Annapurna zu konzentrieren, fällt weniger als zwei Wochen vor Monsunbeginn.

Mit bergsteigerischer Klasse und Elan gewinnen die Franzosen über die steilen Hänge und Gletscher, die die Nordseite des Berges bedecken, schnell an Höhe. Am 23. Mai finden Louis Lachenal und Gaston Rébuffat endlich den Weg zum oberen Bergbereich. Vier Tage später erreicht dann Maurice Herzog mit den Sherpas Dawa Thondup und Angawa den hängenden, sichelförmigen Gletscher, der Zugang zu den einfachen Hängen bietet, welche schließlich zum Gipfelgrat führen.

Die Annapurna, der erste Achttausender

Am Abend des ersten Juni errichtet Herzog mit Lachenal das kleine Zelt von Lager V auf 7400 Metern. Der indische Radiosender kündigt den Monsunbeginn für den 5. Juni an, aber keiner der beiden Alpinisten denkt daran, auf den Gipfelsturm zu verzichten. Am 3. Juni um zwei Uhr nachmittags, nach einem ungeheuer anstrengenden und steilen Aufstieg durch den Tiefschnee umarmen sich die beiden

Männer, die keine Sauerstoffflaschen dabei haben, auf dem mit 8091 Metern zehnthöchsten Gipfel der Erde. Zum ersten Mal ist ein Achttausender von Menschen erobert worden. Der Preis für den Sieg über den Giganten stellt sich jedoch bald als sehr hoch heraus.

Die beiden Männer sind durch die Anstrengungen und die Höhenluft außerordentlich müde und begehen Fehler, die den Abstieg zu einem Inferno werden lassen. Zweihundert Meter unterhalb des Gipfels verliert Herzog die Handschuhe und denkt nicht daran, sich die Hände mit einem Paar eigens dazu mitgebrachter Wollstrümpfe zu bedecken, die er im Rucksack hat. Ihm erfrieren rasch die Hände. Lachenal, dessen Füße bereits beim Aufstieg kein Gefühl mehr hatten, rutscht auf einem Steilhang aus und verschwindet im Nebel, der die Annapurna inzwischen umhüllt.

Gaston Rébuffat und Lionel Terray retten die beiden Gipfelstürmer. Nachdem sie Herzog im Lager V aufgenommen haben, finden sie Lachenal und bringen ihn in die relative Sicherheit, die das Zelt bietet. Aber die Erfrierungen der beiden Männer an Händen und Füßen sind sehr schwer, und das Wetter ist entschieden schlechter geworden.

Am Morgen des 4. Juni steigen die vier Alpinisten trotz des schlechten Wetters weiter ab. Nebel und Schnee haben ihre

Spuren unsichtbar gemacht, so dass sie Lager IV nicht mehr wiederfinden und ein ärmliches, sehr kaltes Biwak in einer Spalte aufschlagen müssen.

Am folgenden Tag erreicht sie Marcel Schatz und führt sie nach unten. Herzog und Lachenal kommen mit ihren Erfrierungen kaum voran, Terray und Rébuffat sind fast völlig schneeblind. In der Nähe von Lager III, als die Odyssee sich ihrem Ende zu nähern scheint, werden die Alpinisten von einer Lawine erfasst, die sie ein gutes Stück den Hang hinunterschleudert.

Im Lager II richtet der Arzt Dr. Jacques Oudot in aller Eile ein Feldhospital ein und rettet mit einer abenteuerlichen Transfusion Herzogs Leben. Für die beiden Männer mit Erfrierungen ist die Rückkehr nach Pokhara eine höllische Reise. Die Träger, die sie auf provisorischen Bahren transportieren, rutschen auf dem schlammigen Boden aus und riskieren etliche Male, sie in den Abgrund fallen zu lassen. Amputationen an Händen und Füßen von Herzog und Lachenal müssen bereits auf der Rückreise vorgenommen werden; besonders der Expeditionsleiter ist schwer verletzt. Trotzdem verliert Maurice Herzog in seinem Buch *Annapurna, der erste Achttausender* kein Wort der Klage oder des Bedauerns. «Auf der Trage festgeschnallt, habe ich

162–163 Die Südseite der Annapurna, eine der schwierigsten Herausforderungen im Himalaja, ist imposanter und wilder als die Nordseite. Für die Bergsteiger in den fünfziger Jahren ist eine Besteigung undenkbar, und so erreicht erst 1970 eine kleine, starke britische Mannschaft unter der Leitung von Chris Bonington den Gipfel.

163 unten links Fünf Mitglieder der französischen Annapurna-Expedition von 1950 sind in einem Zelt im Basislager versammelt. Von links nach rechts: Louis Lachenal, der Arzt Jacques Oudot, Gaston Rébuffat, Maurice Herzog und der Fotograf und Filmproduzent Marcel Ichac.

163 unten rechts Die beeindruckende Felsmasse des Dhaulagiri ist für die Trekker auf den Pfaden in Zentralnepal ein gewohnter Anblick. Auch dieser Gipfel gehörte zu den möglichen Zielen der Expedition von 1950, wurde damals jedoch wegen des schwierigen und langen Anmarsches aufgegeben.

162 links Auf der Nordseite der Annapurna ist das Hauptproblem der Expedition von 1950 die dicke Schicht instabilen Schnees, der die Alpinisten nur mühsam vorankommen lässt. Außerdem besteht ein hohes Lawinenrisiko.

162 rechts Für die französische Expedition, die 1950 die Annapurna als ersten Achttausender überhaupt besteigt, ist der Abstieg viel härter als der Aufstieg. Marcel Schatz (links) hilft Lionel Terray, der schneeblind ist, auf den letzten Metern, die ihn vom Basislager trennen. Ihnen folgt der Sherpa Ang Tharkey.

über unser Abenteuer nachgedacht, das zu Ende ging, und über unseren unerwarteten Sieg. Die Annapurna, zu der wir mit leeren Händen gekommen waren, ist ein Schatz, mit dem wir den Rest unseres Lebens verbringen werden. Mit diesem Bewusstsein beginnt unser neues Leben. Es gibt noch andere Annapurnas im Leben der Menschen», schreibt der französische Alpinist.

Hermann Buhl auf dem Nanga Parbat

1951 und 1952 werden durch einige kleine Expeditionen die Kenntnisse über die großen Berge in Nepal erweitert und es wird auch ein Weg zum Mount Everest eröffnet, der schließlich in der Vormonsunzeit von 1953 erobert wird. Während die Welt Hillary und Tenzing feiert, nähert sich eine österreichische Expedition dem Gipfel des Nanga Parbat – dem «Schicksalsberg der Deutschen», der zwischen 1932 und 1939 insgesamt 32 Tote unter den österreichischen und deutschen Bergsteigern und ihren Sherpas gefordert hat.

Die Expedition unter der Leitung von Karl Herrligkoffer steigt bis auf 6900 Meter auf, wo der Leiter aufgrund der sehr schlechten Bergbedingungen beschließt, die Hochlager zu räumen. Drei Bergsteiger wollen aber unter allen Umständen die Besteigung versuchen. Unter ihnen ist der Tiroler Hermann Buhl, der durch seine zahlreichen Neutouren in den Tiroler Bergen und den Dolomiten bekannt ist.

Im Morgengrauen des 3. Juli 1953 geht Buhl langsam und Schritt für Schritt über den schier unendlichen Schneegrat, der zum Gipfel führt. Sein Freund Kempter, der mit ihm aufgebrochen ist, verzichtet bald auf den weiteren Aufstieg. Vom Silbersattel, der sich zum Gipfelgrat hin öffnet, muss der Vorgipfel überschritten werden, der 1934 von Aschenbrenner und Schneider erreicht wurde, dann geht es weiter auf und ab. Um 18.45 Uhr, nachdem er an einem Tag den in dieser Höhe unglaublichen Höhenunterschied von

164 Im Morgensonnenschein leuchtet die Ostseite (oder Rupalseite) des Nanga Parbat. Marcel Reich nannte sie 1938 «eine 4500 Meter hohe Säule aus Fels und Eis von fast überirdischer Gewaltigkeit».
Als Erste besteigen 1970 Reinhold Messner, Günther Messner, Felix Kuen und Peter Scholz den Gipfel von dieser Seite.

165 oben Die Bergsteiger und Hochträger der österreichisch-deutschen Expedition von 1953 im Basislager am Nanga Parbat.

165 Mitte Hermann Buhl (rechts) ruht sich vor seinem Aufbruch zum Gipfel des Nanga Parbat im Basislager aus.

165 unten links Während des Linienflugs, der Islamabad mit Gilgit und Skardu verbindet, hat man einen außerordentlichen Blick auf die Nordseite (oder Rakhiotseite) des Nanga Parbat, die von den Expeditionen vor dem Krieg und von der siegreichen Mannschaft 1953 zum Aufstieg genutzt wurde.

165 unten rechts Neben dem Höhenunterschied haben die Alpinisten während des ersten Anstiegs zum Nanga Parbat auch mit beachtlichen Entfernungen zu kämpfen. Vom Lager IV auf 7000 Metern beispielsweise scheint der Gipfel noch sehr weit entfernt.

1230 Metern überwunden hat, erreicht Hermann Buhl endlich den von den deutschsprachigen Alpinisten am meisten begehrten Gipfel. Beim Abstieg helfen ihm einige Tabletten eines Aufputschmittels beim Vorankommen und unterstützen ihn auch bei seinem Biwak im Stehen in einer Felsnische. Am folgenden Tag empfangen ihn seine Kameraden und helfen dem Mann, der in den Berichten der österreichischen und deutschen Presse als Rächer der vielen Toten am Nanga Parbat gefeiert wird, während des restlichen Abstiegs.

Die italienische Expedition zum K2

Im Sommer 1954 wagt sich eine starke italienische Expedition an die Besteigung des zweithöchsten Bergs der Erde. Dieser ist nur 237 Meter niedriger als der Mount Everest – eine Spanne, die nach den jüngsten Messungen sogar noch nach unten zu korrigieren ist: 230 Meter –, aber der K2 ist um einiges schwieriger zu besteigen als sein großer Bruder. Wenn die Begehung des Mount Everest auch gefährlich ist, so besteht sie doch über lange Abschnitte aus einer anspruchsvolleren Wanderung über Gletscher. Der Normalweg auf den K2 aber zwingt die Bergsteiger, im kombinierten Gelände bis auf 5500 Meter zu klettern. Dann folgen die bequem zu begehenden Schneehänge der Schulter, bevor das steile, ausgesetzte und lawinengefährdete Couloir beginnt, das zum Gipfel führt.

Die Ersteigung des Bergs, der erstmals 1887 von Kapitän Francis Younghusband aus der Nähe gesehen wurde und den die Balti unter dem Namen «Chogori» kennen, wurde bereits zu Beginn des letzten Jahrhunderts versucht. 1909 haben der Herzog der Abruzzen und seine Bergführer aus Courmayeur den richtigen Weg nach oben entdeckt, danach schafften es drei amerikanische Expeditionen bis auf einige hundert Meter unterhalb des Gipfels.

Die italienische Expedition wird von Professor Ardito Desio geführt und erreicht gegen Mitte April Pakistan, erlebt einen aufregenden Flug nach Skardu und setzt sich am 30. April in Richtung Gebirge in Marsch. Es folgen die klassischen Stationen Shigar, Askole, Liligo, Urdukas und Concordiaplatz. Am 15. Mai wird das Basislager auf den tristen Moränen am Fuß der Südwestseite des K2 errichtet.

In Italien wird die Zusammensetzung der Mannschaft von heftigen Streitigkeiten begleitet, denn es wurden erstklassige Bergsteiger wie Riccardo Cassin ausgeschlossen.

166-167 Der erste Sonnenstrahl am Morgen taucht den pyramidenartigen Gipfelaufbau des K2 in ein besonders eindrucksvolles Licht, das sich vom Basislager aus, das auf den Moränen des Godwin-Austen-Gletschers steht, gut erkennen lässt.

166 Mitte In Skardu haben sich vor Beginn des langen Trekkings zum K2 die Mitglieder der italienischen Expedition von 1954 um ihren Leiter Ardito Desio versammelt. Compagnoni ist der Erste oben links, Lacedelli sitzt links neben Desio. Rechts außen, ebenfalls sitzend, Walter Bonatti.

166 unten Der in Santa Caterina di Valfurva zu Füßen von Gran Zebrù und Cevedale geborene Achille Compagnoni ist kein Virtuose der Felskletterei, sondern ein solider Gebirgler, der die Strapazen im Himalaja am besten erträgt.

167 unten Im Gegensatz zu Compagnoni ist Lino Lacedelli ein ausgezeichneter Kletterer. Der Cortineser gehört zur «Eichhörnchen-Gesellschaft» («Scoiattoli») und hat in seinen Hausbergen außergewöhnlich schwierige Routen eröffnet. Die Erstbesteigung des K2 im Juli 1954 bringt damit zwei ganz unterschiedliche Seelen des italienischen Alpinismus zusammen.

Die Probleme vor Ort sind das schlechte Wetter und die Höhenanpassung. Am 21. Juni stirbt plötzlich der Bergführer Mario Puchoz aus Courmayeur an einem Lungenödem. Anfang Juli lässt eine Reihe heftiger Unwetter unter den Bergsteigern die Diskussion aufkommen, ob es nicht besser wäre, auf die Besteigung zu verzichten. Am 20. Juli ist das siebte Lager gut auf der Schneeschulter des K2 befestigt. Endlich – am Abend des 28. Juli – wird das Wetter besser, und die Gipfelseilschaft, bestehend aus Achille Compagnoni und Lino Lacedelli, beginnt den beschwerlichen Aufstieg.

Am 30. Juli, nach einem anstrengenden Tag, stellen die Alpinisten Lager IX auf einem kleinen Absatz auf 8050 Metern auf, ein wenig höher als vorgesehen. Walter Bonatti und der Hunza-Träger Mahdi, die mit der Versorgung der Gipfelseilschaft beauftragt sind, können das Zelt nicht finden und müssen ein eiskaltes Biwak auf sich nehmen, durch das sie schwere Erfrierungen davontragen. Am folgenden Tag vollenden Compagnoni und Lacedelli, die von dem Drama, das sich ganz in ihrer Nähe zugetragen hat, nichts ahnen, ihre Vorbereitungen und starten in Richtung Gipfel.

Nach einem kurzen Abstieg, der notwendig ist, um die von Mahdi und Bonatti gebrachten Atemgeräte zu holen, beginnen die beiden den anstrengenden Aufstieg. Sie sinken bis zur Hüfte in den Schnee ein und erreichen den Beginn des steileren Abschnitts, auf dem der harte Schnee es Wiessner erlaubt hat, direkt in das Couloir zu steigen. Jetzt verhindert die enorme Schneehöhe jedoch jegliches Vorwärtskommen. Compagnoni macht einen ersten Versuch am Fels, stürzt und landet im Schnee. Dann versucht es Lacedelli und überwindet frei kletternd einen Felsaufschwung von etwa 30 Metern zwischen dem dritten und vierten Schwierigkeitsgrad. Eine gefährliche Querung am Fuß einer großen Mauer aus Eis und eine Passage, in der der Schnee bis an die Schultern reicht, bringen die Bergsteiger zu den leichteren Hängen in Richtung Gipfel. Der Rest besteht nur aus Mühe, aber aus wie viel Mühe!

Die Männer tragen auf ihren Schultern die ungeheuer schweren Atemgeräte, die inzwischen leer sind; Lino und Achille kommen Schritt für Schritt höher, während der Morgennebel der Sonne und einem eisigen Wind Platz macht.

Um sechs Uhr abends, so haben es die beiden Alpinisten in ihrem gemeinsamen Bericht geschrieben, «verfestigt sich der Schnee, der Abhang wird flacher, ist fast eben, ist eben! Nach monatelanger Mühe bleibt uns nichts mehr zu besteigen. Über uns ist nur noch der Himmel. Wir umarmen uns.» Nachdem Fotos und eine kleine Filmaufnahme gemacht sind, beginnt der dramatische und äußerst gefährliche Abstieg. Trotz der Dunkelheit und der Müdigkeit löst sich der instabile Schnee während der Querung und im sehr steilen Couloir nicht unter den Füßen Compagnonis und Lacedellis.

Die Achttausender

168–169 Die letzte Etappe zum K2 zieht sich über die Spalten des Godwin-Austen-Gletschers zum 5000 Meter hoch gelegenen Basislager. Mitten durch die Südostseite des Berges im Zentrum des Bildes verläuft die *Magic Line*.

168 unten Wie alle großen Berge der Erde setzt der K2 den Eroberern steile und mühsam zu bewältigende Hänge entgegen. Hier mühen sich Guido Pagani und Ugo Angelino.

169 oben links Bei den Himalaja-Expeditionen ist das Basislager der italienischen Expedition am Fuß des K2 ein wahres Materiallager. Neben den Gruppenzelten häufen sich Seile, Haken, Eispickel und Sauerstoffflaschen.

169 oben rechts Auf der Fotomontage, die zur Werbung für den Film über die Expedition verwendet wurde, stellen sich Achille Compagnoni und Lino Lacedelli auf 8616 Metern am zweithöchsten Berg der Welt in Positur.

169 Mitte Ein kleiner Absatz auf 6100 Meter Höhe beherbergt neben einem charakteristischen «Felsfinger» Lager II der italienischen K2-Expedition.

169 unten links Ein Blick in das Magazin des Basislagers zeigt die Vielfalt der Schuhe. In Höhen über 8000 Meter werden mit Fell überzogene Bergstiefel benutzt.

169 unten rechts Der traurigste Moment für die Desio-Expedition ist der 21. Juni, als Mario Puchoz aus dem Aostatal überraschend an einem Ödem stirbt. Die Bergsteiger transportieren den Leichnam ihres Kameraden zum Bestattungsort.

170 oben Der innovative Einsatz von Sauerstoff auch während der nächtlichen Ruhepausen, der von Jean Franco, dem Koordinator der französischen Besteigung des Makalu im Sommer 1955 angeraten wird, macht es den Expeditionsmitgliedern möglich, den Gipfelsturm erholt anzugehen. Hier ein hochgelegenes Basiszeltlager.

Auf der Hochfläche schaffen Eisbarrieren und Spalten ernste Probleme. Achille stürzt 15 Meter tief, landet aber in einem Schneehaufen. Lino gelingt es irgendwie, mit seinen Steigeisen nicht auf ihn zu fallen. Um Mitternacht erreichen die beiden endlich die Zelte in Lager VIII, wo Walter Bonatti, Erich Abram, Pino Gallotti und die Hunzas Isakhan und Mahdi sie begeistert empfangen.

Alle Achttausender werden erobert

Als der Monsun im Jahr 1954 die Berge Nepals verlässt, wird ein weiterer Achttausender vom Menschen bezwungen. Die Österreicher Herbert Tichy und Sepp Jöchler besteigen

170–171 Eine französische Expedition hat 1955 erstmals den 8481 Meter hohen Gipfel des Makalu erreicht. Ein Alpinist schöpft neue Kraft und betrachtet die Ostwand des Mount Everest (rechts) und den turmförmigen Umriss des Lhotse.

170 Mitte links Hermann Buhl, geboren 1924 und abgestürzt 1957 an der Chogolisa, bleibt als einer der besten österreichischen Bergsteiger unvergessen. Berühmt wurde Buhl, der zu vielen wichtigen Besteigungen in den Alpen den Anstoß gab, durch die Erstbesteigung des Nanga Parbat (1953) und des Broad Peak (1957).

170 unten links Heute ist der Cho Oyu mit seinen 8153 Metern einer der meistbestiegenen Achttausender. Die Erstbesteigung im Jahr 1954 durch den Sherpa Pasang Dawa Lama und die Österreicher Herbert Tichy und Sepp Jöchler (von links) war jedoch eine schwierige und gefährliche Unternehmung.

170 unten rechts Der österreichische Bergsteiger Kurt Diemberger geht 1957 in die Geschichte der Achttausender ein, als er mit Fritz Wintersteller, Marcus Schmuck und Hermann Buhl den Broad Peak erobert. Die Expedition nimmt einige Wochen später ein tragisches Ende, als Hermann Buhl wegen des Bruchs einer Wächte an der Chogolisa abstürzt.

gemeinsam mit dem Sherpa Pasang Dawa Lama am Ende einer dramatischen Expedition den 8153 Meter hohen Cho Oyu. Die «goldenen Jahre» der Himalaja-Expeditionen gehen 1955 zu Ende, als zwei Expeditionen den dritt- und den fünfthöchsten Berg der Erde erobern.

Auf dem Makalu, dieser massiven Pyramide aus Fels und Eis, die sich etwas östlich des Mount Everest erhebt, sind wieder die Franzosen aktiv. Unter der Leitung von Jean Franco nutzt die Expedition das herrliche Wetter (das gleichzeitig den Briten auf dem nahen Kangchendzönga hilft) und nicht zuletzt die neuen, leichten Sauerstoffgeräte. Am 15. Mai erreichen die Annapurna-Veteranen Jean Couzy und Lionel Terray den 8481 Meter hohen Gipfel ohne besondere Schwierigkeiten. An den beiden Folgetagen gelangen alle Bergsteiger und der Sherpa Gyaltzen Norbu zum Gipfel.

Auf dem Kangchendzönga, dem dritthöchsten Gipfel der Welt (8598 Meter), sind gleichzeitig die Briten unterwegs; Charles Evans leitet die Expedition. Er war einer der aktivsten bei der Expedition auf den Mount Everest zwei Jahre zuvor. Das Team nimmt Mitte April die beeindruckende Eiswand in Angriff, die Indien von Nepal trennt.

Am 25. Mai erreichen, nach einer Nacht auf 8200 Metern, George Band, ein weiterer Everest-Veteran, und der junge, sehr starke Kletterer Joe Brown den 8598 Meter hohen Gipfel. Am Tag darauf gelangen, wie bei der französischen Expedition, noch zwei weitere Alpinisten auf den Gipfel.

Angesichts dieser Unternehmungen treten die Besteigungen der übrigen Achttausender etwas in den Hintergrund. Im Mai 1956 betritt der Japaner T. Imanishi mit dem Sherpa Gyaltzen Norbu als Erster den 8156 Meter hohen Manaslu. Der Sherpa wird damit zum ersten Menschen in der Geschichte, der zwei Achttausender bestiegen hat.

Einige Tage später führt eine Schweizer Expedition die zweite Everest-Besteigung durch und «rächt» sich auf diese Weise für die Niederlage von 1952. Am 18. Mai sind die beiden Teammitglieder Luchsinger und Reiss die ersten Besteiger des Lhotse, des vierthöchsten Gipfels der Erde (8511 Meter). Am 7. Juli erreichen drei Österreicher, Fritz Moravec, Hans Willenpart und Sepp Larch, ihrerseits den Gasherbrum II (8035 Meter).

Eine besonders spartanisch organisierte österreichische Expedition taucht 1957 mitten im Karakorum auf. Sie besteht aus Kurt Diemberger, Fritz Wintersteller, Marcus Schmuck und dem bereits berühmten Hermann Buhl. Die Mannschaft steigt ohne Hochträgerhilfe und Sauerstoffgeräte auf und prägt damit an einem Achttausender die Technik, die man heute als «Westalpenstil» bezeichnet.

Am 9. Juni stehen alle vier auf dem 8047 Meter hohen Broad Peak. Auch Buhl hat nun, wie Gyaltzen Norbu, zwei Achttausender bestiegen. Wenige Tage darauf, während eines Versuchs an der nahen Chogolisa, einem herrlichen, 7654 Meter hohen Berg, verliert Buhl im Nebel die beim Aufstieg hinterlassene Spur, betritt eine Wächte und stürzt ab.

Aber der Wettlauf auf die Achttausender geht weiter. 1958 erreichen die Amerikaner Nick Clinch, Pete Schoening und Andy Kauffman den Hidden Peak (oder Gasherbrum I, 8068 Meter). Zwei Jahre später ist es wieder der Österreicher

171 unten links Der letzte Abschnitt des Normalweges auf den Makalu führt über einfache, steile Hänge aus Schnee und Fels, die aber bei großer Schneehöhe sehr anstrengend sind.

171 rechts Zwei Alpinisten auf dem letzten Stück der Normalroute zum Broad Peak. Hinter ihnen der Mittelgipfel des Berges.

Kurt Diemberger, der zusammen mit den Schweizern Albin Schelbert und Ernst Forrer, dem Deutschen Peter Diener sowie den Sherpas Nawang Dorje und Nima Dorje den 8167 Meter hohen Dhaulagiri als Erster ersteigt.

Die Jahre der Eroberung sind am 2. Mai 1964 zu Ende, als sechs Chinesen und vier Tibeter den 8046 Meter hohen Shisha Pangma besteigen (der lange unter seinem nepalesischen Namen Gosainthan bekannt war), den einzigen Achttausender nördlich der Wasserscheide im Himalaja.

Vier Jahre zuvor, am 25. Mai 1960, haben die Chinesen Wang Fu-Chou und Chu Yin-Hua und der Tibeter Gonpa die Spitze des Mount Everest von Tibet aus bestiegen, wobei sie den Nordostgrat, den Mallory und Irvine gesucht hatten, bis zum Gipfel entlang gelaufen sind. Die zu Beginn von den westlichen Alpinisten bestrittene Besteigung wird erst 1975 öffentlich anerkannt, als eine zweite chinesische Mannschaft erneut den Gipfel erreicht und dort ein Stativ als deutlich sichtbares Zeichen hinterlässt.

Und die Siebentausender?

Der Wettlauf auf die Achttausender beschäftigt jedoch nicht alle Bergsteiger, die sich in den fünfziger Jahren in den Himalaja begeben. Einige der schönsten Siebentausender, wie der Nanda Devi (7816 Meter), der Kamet (7756 Meter) und der Kabru (7388 Meter), sind bereits von Expeditionen vor dem Krieg bestiegen worden. Die neue Reihe der Eroberungen beginnt 1950 mit einem norwegischen Team unter der Leitung von Arne Naess, das den Gipfel des Tirich Mir (7708 Meter), den höchsten und schönsten Berg im pakistanischen Hindukusch, erreicht.

1956 wird der Muztagh Ata (7446 Meter) im Pamir durch eine sowjetische Expedition bestiegen, und auch der elegante Muztagh-Tower (7273 Meter) im Karakorum wird einige Tage später von einer englischen und einer französischen Gruppe erreicht. 1958 sind es wieder die Sowjets, die den schwierigen Pik Pobedy (7439 Meter) im Tien Shan bezwingen, während die Briten den Gipfel des Rakaposhi erobern, jenen imposanten Eisberg, der das grüne Hunzatal beherrscht. Im gleichen Jahr gelangt die italienische Expedition unter der Leitung von Fosco Maraini und Riccardo Cassin auf den Gasherbrum IV (7980 Meter).

Der sehr scharfe Gipfelgrat, auf dem sich instabile kleine Schneegrate mit kompakten Felstürmen abwechseln, zwingt die Gipfelseilschaft, die aus Walter Bonatti und Carlo Mauri besteht, die schwierigsten Kletterpassagen zu überwinden, die bisher in so großen Höhen geschafft wurden. Für Bonatti stellt der Erfolg hier auch eine enorme persönliche Wiedergutmachung für die Leiden, Erfrierungen und Streitereien damals am K2 dar.

1958 besteigen die Amerikaner den Masherbrum (7821 Meter) im Karakorum, während die Österreicher den Disteghil Sar (7885 Meter) bezwingen. Zwei Jahre darauf erobern die Briten die Annapurna II (7937 Meter), und die Japaner erreichen den Himalchuli (7864 Meter). 1961 besteigt ein

172 oben links Vom ebenen Tal der Gasherbrum aus führt der schwierige Eisbruch die Italiener zum Fuß der Nordostwand des Gasherbrum IV. Die Bergsteiger befinden sich auf etwa 6500 Meter Höhe.

172 oben rechts Die letzte Wand auf dem Normalweg zum Gasherbrum IV bietet steiles und besonders schwieriges kombiniertes Gelände. Walter Bonatti klettert als Seilschaftserster am Grat.

172 Mitte Carlo Mauri hat Walter Bonatti während der Rast auf dem Gipfel des Gasherbrum IV fotografiert, der aus einer enormen, wenig vertrauenswürdigen, am Fels klebenden Wächte besteht. Es ist 12.30 Uhr am 6. August 1958.

172–173 Nach der Eroberung der Achttausender wenden sich die Alpinisten gegen Ende der fünfziger Jahre den spektakulärsten Siebentausendern im Himalaja und im Karakorum zu, von denen viele schwierigere Routen bieten als die nahen höheren Gipfel. Der besonders elegante Nuptse liegt westlich des Mount Everest. Die Erstbesteigung fand 1961 durch ein britisches Team statt.

anderes britisches Team den Nuptse-Gipfel (7855 Meter), einen der elegantesten Nachbarn des Mount Everest.

Auf dem Nuptse wie auf der Annapurna II steht ein junger Bergsteiger, der in den kommenden Jahren viel von sich reden machen wird. Er heißt Chris Bonington, und die von ihm geleiteten Expeditionen werden in den siebziger Jahren Furore machen. Die Reihe schließt sich mit der Besteigung des Jannu (7710 Meter) durch die Franzosen im Jahr 1962.

Unter den vielen Expeditionen in jenen Jahren gibt es eine, die aufgrund des lockeren Umgangstons, der wenigen zur Verfügung stehenden Mittel und der außerordentlichen Ergebnisse heraussticht. Sie besteht nur aus Kurt Diemberger und Dietmar Proske und nennt sich «Österreichisch-deutsche Hindukusch-Kundfahrt 1967». Sie beginnt in Europa mit dem Auto, erreicht nach Tausenden von Kilometern Fahrt die pakistanischen Hochtäler, bezwingt in eineinhalb Monaten drei Sieben- und vier Sechstausender und umrundet vollständig den Tirich Mir.

173 unten Unter den Fast-Achttausendern ist einer der beeindruckendsten sicher der Gasherbrum IV (7980 Meter), der 1958 durch eine italienische Expedition bezwungen wird. Den Gipfel erreichen Walter Bonatti und Carlo Mauri. Die imposante Westwand des spektakulären Berges dominiert den Concordiaplatz.

Jenseits der Senkrechten

Anders als im Ersten Weltkrieg werden im blutigen Krieg, der die Welt zwischen 1939 und 1945 verwüstet, die Dolomiten in Ruhe gelassen. 1944 und 1945 gibt es zwar Zusammenstöße zwischen den italienischen Partisanen und Abteilungen der deutschen Wehrmacht am Fuß der Brenta und in den Belluneser Dolomiten, in vielen Gebieten ist trotzdem in den Kriegsjahren die Fortführung der bergsteigerischen Aktivität auf einem gewissen Niveau möglich.

1941 ersteigen die Bergführer Mariano De Toni und Cesare Pollazzòn den äußerst kompakten Riss, der die Südseite der Torre di Valgrande in der Civettagruppe durchzieht, mit einer Passage, die heute mit dem unteren siebten Grad bewertet wird. 1942 eröffnen Ettore Castiglioni und Gino Pisani eine schwierige Route in der Südwand des Piz Serauta in der Marmoladagruppe.

Die glückliche, relativ friedliche Insel heißt Cortina, das die Italiener und dann auch die Deutschen als Zentrum zur Behandlung und für die Erholung verwundeter Soldaten nutzen. Hier gründet am 1. Juli 1939 eine Gruppe junger Bergsteiger die «Società Scoiattoli» (Eichhörnchen-Gesellschaft). Einige Mitglieder sind als Soldaten bei den Gebirgsjägern, einige arbeiten in den Militärkrankenhäusern im Tal, und wieder andere tragen die Uniform der deutschen Alpenjäger, nachdem Cortina gegen Ende des Jahres 1943 vom Deutschen Reich annektiert wurde.

Selbst in jener Zeit gelingt es vielen der «Eichhörnchen» allen Fährnissen zum Trotz, zum Klettern zu gehen. Das beweist die schwierige Ausstiegsvariante der Comici-Dimai-Route, die Carletto Alverà und Ettore Costantini im September 1941 an der Nordwand der Großen Zinne schaffen, und die Via della Julia, die im Jahr 1942 an der Tofana di

174 unten links Ettore Costantini ist seinen Bergkameraden unter dem Spitznamen «il Vecchio», der Alte, bekannt. Er ist einer der Hauptakteure in den ersten Jahren der «Scoiattoli» aus Cortina. Auf der Liste seiner Besteigungen stehen unter anderem der Pilastro di Rozes, die Direttissima in der Südostwand des Col Rosà und die Via della Julia an der Tofana di Rozes.

174–175 Die Westseite der Pale di San Martino gehört zu den bekanntesten und eindrucksvollsten Massiven der Dolomiten. Links ragt die Cima Bureloni und rechts der Campanile di Val Strut empor.

175 Mitte Auf dem Gipfel des Becco di Mezzodì versammelten sich im Juni 1942 einige Spitzen-Bergsteiger der Ampezzaner Dolomiten jener Zeit. Die Namen der beiden Bergsteiger ganz links sind nicht bekannt, dann folgen die «Eichhörnchen» Luigi Ghedina, Luigi Menardi, Romano Apollonio, Ettore Costantini und Albino Alverà.

175 oben rechts In der Tofanagruppe, ganz in der Nähe von Cortina d'Ampezzo, wurden von den vierziger Jahren bis heute viele wichtige Vorhaben der «Eichhörnchen» in die Tat umgesetzt.

Rozes von Romano Apollonio, Albino Alverà, Ettore Costantini und Luigi Ghedina gezogen wird.

Die große Entdeckung in jenen Jahren heißt Pilastro di Rozes, das zinnenförmige Felsbollwerk neben der Südwand der gleichnamigen Tofana. Ettore Costantini, der beste aktive Kletterer in Cortina, versucht sich im Sommer 1943 zweimal an der Besteigung. Im folgenden Jahr kommt er mit Romano Apollonio wieder.

Nach einem Augenblick, um «den Fels zu streicheln und ihn sich gewogen zu machen», steigt Costantini problemlos die ersten 70 Meter, nach denen die Wand schroffer wird. Ein schwarzer Riss und eine Reihe von Dächern zwingen den Seilschaftsersten, einige extrem schwierige Kletterpassagen mit und ohne künstliche Hilfsmittel zu machen. Nachdem den beiden unglücklicherweise zwölf der mitgebrachten 25 Haken hinuntergefallen sind, müssen sie notgedrungen sehr kurze Seillängen gehen.

Nach einem unproblematischen Biwak zwingt der gelbe, überhängende Riss des «Maultierrückens», der mit Freiklettern unmöglich zu schaffen, jedoch zu breit für die Haken ist, Ettore Costantini dazu, die Trittleitern an instabil verkanteten Steinen einzuhaken. Ein kleiner Absatz nach der Schlüsselstelle, auf dem man unmöglich Haken einschlagen kann, sorgt schließlich für den letzten Adrenalinschub. Romano Apollonio muss den Bergsteigerkameraden, der zu stürzen droht, sichern, indem er seine Finger fest im Gras verkrallt.

Aber der lästigste Feind ist die mörderische Hitze. Am zweiten Tag versuchen die Alpinisten, ihren Durst zu stillen, indem sie das Gras und das Moos aussaugen. Nach der Besteigung wird Costantini feststellen, dass er fünf Kilo abgenommen hat. Das Ergebnis ihrer Mühe ist eine außerordentlich elegante Route, die heute zu den meistbegangenen in den Dolomiten gehört.

Die Bergvagabunden

Als der Zweite Weltkrieg zu Ende ist, hält der Alpinismus wieder in allen Regionen der Dolomiten seinen Einzug. Im Jahr 1946 kehrt Ettore Costantini zurück zum Pilastro di Rozes, um zusammen mit Luigi Ghedina die Südwestkante zu durchsteigen, eine weitere Route im sechsten Grad, zwischendurch mit Abschnitten von künstlicher Kletterei.

In den Bleichen Bergen gibt es viele neue Gesichter unter den Bergsteigern. Zu ihnen gehört zum Beispiel Gabriele Franceschini, Bergführer an den Pale di San Martino, der im Jahr 1948 die erste Besteigung der Solleder-Führe am Sass Maor, den ersten sechsten Grad im Massiv, im Alleingang in nur drei Stunden durchführt. Dann betritt Otto Eisenstecken die Alpinistenszene, ein Bozener Bergsteiger. Er hat den Bohrhaken erfunden, einen Haken, der nicht in die natürlichen Felsspalten, sondern in ein mit einem Bohrer erzeugtes Loch eingesetzt wird. Dieses recht technische Instrument wird in der Folgezeit zum Gegenstand heftiger Streitigkeiten unter den Bergsteigern. Er selbst benutzt seine Erfindung nicht allzu oft.

Im Sommer 1946 verwendet Eisenstecken an der Südwand des Mugoni nur zwei der «Spezialhaken» bei der Querung in der vorletzten Seillänge. Das Gleiche wiederholt er einige Wochen später an der Westwand der Laurinswand, ebenfalls im Rosengarten. Im folgenden Jahr werden dann einige weitere Bohrhaken in der eindrucksvollen Rotwand in den kompakteren Abschnitten gesetzt, in denen normale Haken zum Vorwärtskommen nicht benutzt werden können.

In den fünfziger Jahren kehrt Europa zur Normalität zurück. Auf den Dolomitenstraßen winden sich immer mehr kleine Autos aus der Wirtschaftswunderzeit die Kurven hinauf, die Tourismus und Wohlstand in die italienisch- und deutschsprachigen Täler bringen. Für viele junge Bergsteiger, denen es an Geld mangelt, ist jedoch die Anreise aus Wien, München oder Mailand zu den heißersehnten Dolomitenwänden immer noch ein Abenteuer, das mit dem Bus, der Bahn oder dem Fahrrad bewältigt wird.

Der Österreicher Hermann Buhl gehört zu diesen «Bergvagabunden». Er hat die Bühne des großen Bergsteigens betreten, als er die Via Cassin am Piz Badile im Alleingang wiederholte. 1949 eröffnet Buhl mit Walter Streng eine herrliche Route am Piz Ciavazes, nahe dem Sellapass. Im Jahr darauf begeht er allein eine weitere großartige Führe an der Cima Canali in der Palagruppe. Als sein wichtigstes Unterfangen ist im März 1950 die erste Winterbesteigung der Via Soldà an der Südwand der Marmolada mit Kuno Rainer einzustufen.

Dem großen Publikum ist diese Tour nicht bekannt, sie kennzeichnet nichtsdestoweniger den Beginn des Winteralpinismus auch in den Dolomiten. Drei Winter später, 1953, führen die aufgehenden Sterne am italienischen Bergsteigerhimmel, Walter Bonatti und Carlo Mauri, die erste Winterbesteigung der Via Cassin an der Westlichen Zinne durch. Sie stoßen dabei auf einen schwierigen Abschnitt unterhalb der Engstelle am Ausstieg, an Felsen, die im Sommer unschwierig, jetzt aber mit glasharten Eis und instabilem Schnee verkrustet sind.

Die französische Herausforderung

In den nun folgenden Jahren sind neben den Österreichern, Italienern und Deutschen endlich auch die Franzosen in den Dolomiten unterwegs. Die interessanteste Persönlichkeit unter ihnen ist Georges Livanos. Da er griechischer Abstammung ist, ist er in der Bergsteigerszene als «Le Grec» bekannt. Livanos lebt in Marseille, weit weg von den Alpen. Er hat aber die Calanques ganz in der Nähe: An dieser Felsküste bieten Türme, Wände und Nadeln aus solidem Kalkfels dem Kletterer zahlreiche schöne Routen, die ganzjährig begangen werden können. Hier eröffnet «der Grieche» im Lauf der Jahre fast vierhundert neue Kletterführen. In den Dolomiten sucht er sich dann sofort die schwierigsten Wände aus. Er wiederholt mit unfehlbarem Stil zwei große klassische Routen der Vorkriegszeit: die Via Cassin an der Westlichen Zinne und die Via Carlesso am Torre di Valgrande – dann ist es Zeit für eine außerordentliche neue Route. Vom 10. bis 12. September 1951 durchsteigt er mit Robert Gabriel die enorme Verschneidung der Cima Su Alto auf der Nordseite der Civetta.

Die freie Felskletterei, abschnittweise in brüchigem Fels, wechselt sich mit langen Passagen künstlicher Kletterei ab, bei denen – so schreibt Gian Piero Motti – «der Materialfaktor (also bessere Haken, Holzkeile, Sprossenleitern) eine wesentliche Rolle spielt». Schnell und entschlossen eröffnen die beiden Franzosen, die mit Nylonseilen und superleichten Karabinern ausgerüstet sind, die erste Route in den Dolomiten, die mit Sicherheit schwieriger ist als die vor dem Krieg begangenen Routen.

Livanos beginnt mit dieser Besteigung eine Sammlung neuer Routen, die mit der Westkante des Ciavàl der Cunturines und der Nordwestwand des Corno del Doge in der Marmolada fortgesetzt wird. Für die einheimischen Alpinisten ist die Aktivität der Franzosen eine Herausforderung, die ohne Zögern angenommen wird. Schauplatz ihrer Antwort ist die «eindrucksvolle und furchteinflößende Wand» der Cima Scotoni auf der Grenze zwischen dem Abteital und dem Cadore.

Beteiligt sind die «Eichhörnchen» aus Cortina, die die Verschneidung an der Cima Su Alto kurz vor Livanos und Gabriel versucht hatten. Luigi «Bibi» Ghedina entdeckt das Problem 1944 während einer Skiabfahrt durch das Lagazuoital. Beeindruckt von dieser großen Wand kehrt er über vier Jahre lang immer wieder zum Fuß der Wand zurück und versucht mit Foto und Fernglas, einen begehbaren Weg in diesem Labyrinth aus «Überhängen und schwarzen oder gelben Steinplatten ohne Risse» zu finden, das von einer «großen Verschneidung ohne von unten erkennbaren Ausstieg» gekrönt wird.

«Bibi» Ghedina greift am 15. Juli 1951 gemeinsam mit Lino Lacedelli an, dem zukünftigen Bezwinger des K2. Die beiden steigen abwechselnd vor bis zu jenem breiten grasbewachsenen Band, das die Wand 200 Meter über dem Schuttfeld durchschneidet. Nach einem Biwak bei heftigem Unwetter beginnen sie wieder zu steigen. Diesmal führt der exzellente Kletterer Lacedelli. Sechzig Meter weiter oben blockiert eine «wie ein Marmorblock glatte und kompakte» Platte endgültig den Weg.

Die einzige Lösung wären nun Bohrhaken, die die beiden «Eichhörnchen» aber nicht verwenden wollen. «Der Berg ist etwas Lebendiges, mit dem wir uns messen wollen, indem wir höchstens die Mittel verwenden, die er selbst mit

176 links Die 1952 bezwungene Südwestwand der Cima Scotoni stellte die Technik der «Eichhörnchen» auf eine harte Probe. Luigi Ghedina klettert hier im unteren Teil der Wand.

176 rechts Mit künstlichen Hilfsmitteln überwindet der kraftvolle Luigi Ghedina («Bibi») aus Ampezzo ein besonders ausgeprägtes Dach.

177 links Eleganz und Stil zeichnen den Trentiner Marino Stenico aus, der im Sommer 1953 an den brüchigen Wänden des Campanile di Val Montanaia in den Dolomiten jenseits des Piave klettert.

177 Mitte rechts In den sehr hohen und senkrechten Wänden der Cima Terranova und der Cima Su Alto in der Civettagruppe werden einige der schwierigsten Dolomitenrouten der Nachkriegszeit eröffnet.

seinen Rissen und Falten bietet, aber ohne ihn je mit einem Gesteinsbohrer zu durchlöchern», bekennt später Ghedina. Ein abenteuerliches Abseilmanöver unter ständigem Steinschlag bringt die beiden Alpinisten wieder unbeschadet auf das Schotterfeld zurück.

Im Juni 1952 sind Lacedelli und Ghedina wieder am Fels, diesmal mit Guido Lorenzi. Die einzige Lösung, um mit der teuflischen Platte fertig zu werden, ist eine menschliche Pyramide aus diesen drei Männern, die stehend auf Trittleitern zu «bauen» ist. Ein akrobatisches Manöver, das die drei um neun Uhr morgens am 11. Juni vollführen, mit besorgten Blicken auf die leichten Seile der Trittleitern, die «unter dem Gewicht auf beeindruckende Weise dünner werden». Dann gelingt es Lacedelli, einen guten Haken zu platzieren, er pendelt nach rechts und beginnt wieder zu steigen. Auch die große Verschneidung wird ohne allzu große Probleme überwunden. Nach einem zweiten Biwak erreicht die Seilschaft endlich den Gipfel.

Ghedinas Bericht geht besonders auf die Kletterstrecken mit künstlichen Hilfsmitteln ein. Bis zu der Erkenntnis, dass die Südwestwand der Cima Scotoni wie gemacht ist für das Freiklettern, vergehen noch einige Jahre. Reinhold Messner,

einer der ersten, die die Besteigung wiederholen, unterstreicht, welch hohes Niveau die Route der drei «Eichhörnchen» hatte, wo man über ganze Seillängen keine Haken schlagen kann.

Die Direttissima der Sachsen

In den fünfziger Jahren gibt es immer mehr gute Bergsteiger und folglich auch mehr bedeutende Besteigungen. Zu den klassischen gehören die Große Verschneidung an der Brenta Alta, die die Lombarden Andrea Oggioni und Josve Aiazzi im Juli 1953 durchführen, und die Nordwestwand der Punta Civetta, die im Sommer danach von Armando Aste und Fausto Susatti aus Rovereto durchstiegen wird.

Die Besteigung, die alles verändert, ist aber die direkte über die großen Felsabstürze in der Nordwand der Großen Zinne, die von der Comici-Dimai-Führe 1933 rechts umgangen wurden. Auf den ersten Seillängen wird sie von den «Eichhörnchen» versucht, dann werden diese von den Sachsen Dietrich Hasse, Lothar Brandler, Jörg Lehne und Sigi Löw überholt, die zwischen dem 6. und 10. Juli 1958 zu vier akrobatischen Biwaks in der Wand gezwungen sind. Das Frühstück liefert ihnen der Wirt der Drei-Zinnen-Hütte über das Versorgungsseil. Das Ergebnis ist «die» Direttissima: elegant, ungeheuer schwierig, selbst das Abseilen ist wegen der überhängenden Wand nicht möglich. Zum ersten Mal werden für die vier Schlüsselseillängen systematisch Bohrhaken eingesetzt.

Die eindrucksvolle und schwierige Hasse-Brandler bleibt 15 Jahre lang eine der am meisten gefürchteten Routen in den Bleichen Bergen: Hier verbringen einige der besten Seilschaften ihrer Zeit ungemütliche Viertelstunden. Im Jahr darauf eröffnen Hasse und Brandler einen Weg in ähnlichem Stil in der Rotwand.

178 oben Die in den fünfziger Jahren eröffneten Führen an der Westlichen Zinne beziehen auch einige der größten Dolomitendächer ein, wo ein «Eichhörnchen» gerade akrobatische Manöver im Herzen der großen Wand vollführt.

178–179 Die Nordwände der Drei Zinnen stellen das bevorzugte Tätigkeitsfeld der besten Alpinisten der Nachkriegszeit dar. Von links nach rechts die Punta di Frida, die Kleine Zinne, die Große Zinne, die Westliche Zinne und der Sasso di Landro.

Beide Unternehmungen sind vom technischen Standpunkt her sicher beachtlich, werden aber in den folgenden Jahren im Zentrum heftiger Streitigkeiten stehen. Gian Piero Motti kam in seiner Geschichte des Alpinismus zu einem sehr ausgewogenen Urteil über die Sachlage: «Die Besteigung rief unendliche Kritik hervor, die aber nicht gerechtfertigt war. Bei dieser außergewöhnlichen Unternehmung haben die vier Deutschen die künstlichen Hilfsmittel sehr vernünftig und sehr sauber verwendet. Wo immer es möglich war, haben sie alles auf eine Karte gesetzt und versucht, frei zu klettern. Bei der Planung der Route und der Überwindung der Überhänge, wobei jegliche Rückzugsmöglichkeit abgeschnitten war, haben sie einen ungewöhnlichen Mut an den Tag gelegt. Aber nun ist eine weitere Hemmschwelle gefallen, und dies wird andere dazu bringen, Wände, die bisher als unbezwingbar angesehen wurden, mit neuen Augen zu betrachten.»

Die Nordwand der Westlichen Zinne

Wie zutreffend dieses Urteil ist, zeigt sich im nächsten Sommer ganz deutlich. Diesmal fällt das Auge der Trittleiter- und Hakenvirtuosen auf die großen Überhänge in der Nordwand der Westlichen Zinne, die von Cassin und Ratti bei der Erstbegehung im Jahr 1935 links umgangen worden waren. Im Gedanken an die Tat der Sachsen bereiten sich die «Eichhörnchen» auf den Angriff auf die Westwand vor.

Am 9. April 1959 versetzt eine Nachricht aus Misurina ganz Cortina in Wut: Eine Schweizer Seilschaft greift die Wand genau in der Mitte an und steigt in neun Tagen bis zu den großen Überhängen. Bei den Alpinisten handelt es sich um Hugo Weber und Albin Schelbert aus Basel, Virtuosen des Freikletterns, denen es gelingt, etwa 100 Meter hoch zu kommen, bevor ein heftiger Schneesturm sie zurücktreibt. Die Nächte verbringen sie jeweils in der Auronzohütte.

Angestachelt von diesem Unternehmen greifen nun die «Eichhörnchen» Claudio Zardini, Candido Bellodis, Beniamino Franceschi und Albino Michielli «Strobel» ihrerseits am 22. Juni an, ohne sich um einen Zettel der Schweizer zu kümmern, die darum bitten, die angefangene Route im Sommer selber beenden zu können.

Am 30. wird die Seilschaft nach einer Woche voller Mühen durch einen Unfall Zardinis zum Abstieg gezwungen. Am 2. Juli sind wieder die Schweizer in der Wand, die sich nach einer Reihe von neuen Seillängen erschöpft auf einem Band auf halber Wandhöhe ausruhen. Hier holen sie am 6. Juli

179 oben rechts Auch von einem leichten Wanderpfad aus lassen sich die Nordwände der Drei Zinnen in ganzer Pracht bewundern.

179 unten rechts Die «Eichhörnchen» Candido Bellodis und Beniamino Franceschi gehören im Sommer 1959 zu den Hauptakteuren in der Nordwand der Westlichen Zinne.

180 oben Nach dem Erfolg an der Eichhörnchenkante *(Spigolo degli Scoiattoli)* an der Westlichen Zinne präsentieren sich Lorenzo Lorenzi (zweiter von links) und Albino Michielli, genannt «Strobel» (rechts), der Kamera. Der dritte Bergsteiger von rechts ist Lino Lacedelli, der fünf Jahre zuvor (1954) auf dem Gipfel des K2 stand.

Bellodis und Franceschi ein, die – so wird berichtet – von einer unter den Zinnen versammelten «stadionfüllenden Menge» angefeuert werden.

Es ist nicht klar, ob die «Eichhörnchen» Schelbert und Weber vorschlagen, sich zu einer Seilschaft zusammenzuschließen. Sicher ist, dass die beiden Alpinisten aus Cortina die Route am folgenden Tag vollenden und die Seilschaft aus Basel mit zwei weiteren Biwaks über die Via Cassin aussteigt. Entschlossen kehren Albin Schelbert und Hugo Weber nach einer zweitägigen Pause zurück, um einen unabhängigen Ausstieg aus der Führe zu eröffnen, die sie als ihre ansehen. In die Geschichte des Alpinismus geht der gesamte Weg dann unter dem Namen Schweizer-Weg ein.

Versöhnung an der Franzosenführe

Im Spitzenalpinismus gab es – wie allgemein bekannt – schon immer Konkurrenzkämpfe. Im Jahr 1786 stürmten Paccard und Balmat den Gipfel des Montblanc, 1865 machten sich Whymper und Carrel an die Erstbesteigung des Matterhorns, in den dreißiger Jahren des 20. Jahrhunderts waren der Eiger, die Grandes Jorasses, die Nordwände der Drei Zinnen an der Reihe. Bis 1959 hatte es jedoch niemals einen Wettstreit zwischen den Bergsteigern mit solchen Unhöflichkeiten, Überholmanövern und Fans am Wandfuß gegeben. Das verletzte ungeschriebene Gesetze.

Und damit waren die Feindseligkeiten noch nicht beendet. Am 20. Juli gehen sieben «Eichhörnchen» eine neue Route entlang der überhängenden Kante an, die rechts den Wandabschluss der Westlichen Zinne bildet; sie steigen einen guten Teil davon hoch und an Fixseilen wieder ab, um die Nacht in der Hütte zu verbringen. Im Schutz der Dunkelheit wollen sich Schelbert und Weber an den Bergsteigern aus Cortina rächen, werden allerdings von einigen «Eichhörnchen» verjagt, die am Einstieg Wache halten. Am folgenden Tag bezwingen Lino Lacedelli, «Strobel» Michielli, Gualtiero Ghedina und Lorenzo Lorenzi schließlich die Eichhörnchen-Kante *(Spigolo degli Scoiattoli)* nach 21 Stunden effektiver Kletterzeit.

Die «Streithähne» werden durch die starke französische Seilschaft wieder versöhnt, die am 6. Juli in die Wand entlang der Senkrechten der markantesten Überhänge einsteigt. René Desmaison und Pierre Mazeaud schaffen am ersten Tag drei Seillängen, am folgenden Tag fügen Pierre Kohlmann und Bernard Lagesse noch zwei hinzu. Desmaison und Mazeaud starten am 8. Juli wieder und sind fest entschlossen, den Gipfel zu erreichen, was ihnen nach vier erschöpfenden Tagen des Kampfes am 11. Juli 1959 auch gelingt. Die Kameraden versorgen sie zwei Tage lang über ein langes Seil mit Lebensmitteln und Material, dann beginnen sie ebenfalls hochzusteigen. Es gibt keinen Wettstreit zwischen den Männern, sondern einfach den kräftezehrenden Kampf gegen eine Wand, die auf den ersten 350 Metern einen Überhang von mehr als 80 Metern aufweist. René Desmaison steigt fast immer vor.

Pierre Mazeaud sichert ihn, macht ihm wieder neuen Mut, hievt den riesigen Rucksack des Kameraden hoch. In seinem Buch *Montagne pour un homme nu* fasst er seine Eindrücke über diesen echten Kampf ums Überleben von Männern am Ende ihrer Kräfte zusammen: «Unsere Körper sind voller Wunden, unsere Beine, die seit Tagen auf Trittleitern stehen, von heftigen Krämpfen geschüttelt. Der Hunger zieht unsere Mägen zusammen, unsere Nerven zehren von den letzten Mitteln.»

Der erlösende Moment ist die Überwindung eines horizontalen Daches von mehr als fünf Metern, die Desmaison gelingt, indem er einen Haken nach dem anderen in die Risse im brüchigen Dolomit schlägt und dann mit äußerster Vorsicht das Gewicht von der einen auf die andere Trittleiter verlagert.

Mit vierzig Haken und mit Seilen, die wegen der Reibung nicht rutschen, erreicht der Seilerste den Rand des Über-

180 unten links Die gestrichelten Linien zeigen die in der Nordwand der Westlichen Zinne eröffneten Routen. Von links der Jean-Couzy-Weg, der Schweizer-Weg, die Cassin-Ratti und der *Spigolo degli Scoiattoli*.

180 unten rechts René Desmaison klettert als Seilerster zwischen den Überhängen der Nordwand der Westlichen Zinne.

181 oben links Pierre Mazeaud ist einer der besten französischen Bergsteiger der Nachkriegszeit. Auf dem Jean-Couzy-Weg steigt er jedoch als Zweiter.

181 unten links Pierre Mazeaud und René Desmaison posieren für die Fotografen am Fuß der Drei Zinnen nach der Eröffnung der Jean-Couzy-Führe.

181 rechts Die Jean-Couzy-Führe überwindet kühn die großen Überhänge (im Schatten liegend) in der Nordwand der Westlichen Zinne.

hangs, überwindet ihn und befindet sich plötzlich in einer senkrechten Wand. «Wir schreien vor Freude [...] es ist wie ein Delirium [...] sie müssen uns bis nach Cortina hören», erinnert sich Pierre Mazeaud später.

Von den drei in diesem Juli eröffneten Routen ist die «Via dei Francesi», die Franzosenführe, Jean Couzy gewidmet. Sie ist sicher die schwierigste und lässt zumindest teilweise jene Wunden verheilen, die der Streit zwischen den «Eichhörnchen» und den Schweizern gerissen hat. Während Desmaison an den schwierigeren Passagen kämpft, rufen ihm die Kameraden Weber und «Strobel» gemeinsam von den Schotterfeldern aus Mut zu.

Zweimal klettert Gino Soldà auf die Demuth-Kante, die die Wand nach links abschließt, um die Seilschaft laut anzufeuern. Schließlich sind die Schweizer auf dem Gipfel und erwarten die Franzosen dort, sie bringen ihnen etwas zu trinken und begleiten sie auf dem Abstieg zur Auronzohütte, wo Journalisten und Neugierige sie erwarten.

Im Gefolge der Heldentaten in der Westwand werden die «Direttissimas» unter Zuhilfenahme von Haken immer zahlreicher. Im Sommer 1958, zur Zeit von Hasse und Brandler, eröffnen Ignazio Piussi und Giorgio Redaelli eine Direktroute in der Südwand der Torre Trieste im Civettamassiv, wobei sie 450 Haken verwenden, darunter 150 Bohrhaken, und extreme Freikletterabschnitte absolvieren. Im Juni 1960 eröffnen Cesare Maestri und Claudio Baldessari eine «Direttissima» in der Rotwand.

Jetzt wird auch Bepi De Francesch bekannt – ein Alpinist, so Gian Piero Motti, der «auf die Suche nach Felswänden so glatt wie Flusskiesel geht», welche er mit Hilfe seiner raffinierten Hakentechnik durchsteigt. Seine bekannteste Route ist die «Italia '61» am Piz Ciavazes, die eine von enormen Überhängen unterbrochene Kante überwindet. Mittlerweile beginnt das Gleichgewicht zwischen den eingesetzten Mitteln und den Schwierigkeiten der Unternehmung zu wan-

182 links Der Trentiner Bergsteiger Cesare Maestri wird in den fünfziger Jahren bekannt unter dem Spitznamen «die Spinne der Dolomiten». Er führt eine Vielzahl Erstbesteigungen auf hohem Niveau durch und verblüfft Fachleute und Laien mit seinen rasanten Alleingängen.

182 rechts Cesare Maestri bei einem Alleingang, das Seil um die Schultern gelegt, bei einer schwierigen Passage in den Brenta-Dolomiten.

182–183 Die winterlichen Wände der Cima Tosa (links) und des Crozzon di Brenta sind Schauplatz vieler Unternehmungen Cesare Maestris. Hierzu gehören ebenso die erste Besteigung (1953) wie auch der erste Abstieg im Alleingang (1956) längs der «Via delle Guide» am Crozzon di Brenta.

ken. Ein wenig erzwungen ist beispielsweise die Sachsenführe (oder Kolibriführe), eine Super-Direttissima, die in der Nordwand der Großen Zinne auf halbem Weg zwischen der Hasse-Brandler und der Comici eröffnet wird.
Hauptsächlich sind hier die Deutschen Peter Siegert, Rainer Kauschke und Gert Uhner beteiligt, die im Januar 1963 18 Tage unerschöpflicher Mühe brauchen, um die Wand zu besiegen. Im folgenden Sommer eröffnen dann die «Eichhörnchen» Lorenzo Lorenzi, Albino Michielli «Strobel», Bruno Menardi, Carlo Gandini und Arturo Zardini mit fünf Biwaks die «Via Paolo VI» am Pilastro di Rozes. Hier werden auf 600 Wandmetern 350 Haken gesetzt.
Dann gehen die Scheinwerfer aus, die harten Wettkämpfe in der Wand scheinen außer Mode zu geraten, und die Zeit der «Direttissimas» und der Hakengewitter geht ohne allzu viel Lärm allmählich zu Ende.

Zurück zum Freiklettern: Cesare Maestri

Ein Prozess der Rückkehr zum Freiklettern ist bereits seit mindestens zehn Jahren erkennbar. Der bekannteste Kletterer, der vor allem in den Brenta-Dolomiten unterwegs ist, trägt den Namen Cesare Maestri, und sein großer Tag wird der 6. September 1956.
Maestri ist in Trient geboren und möchte Schauspieler werden, muss sich aber als Maurer durchschlagen, als Träger auf den Wegen zu den Hütten und sogar als Boxer. Dann wird er Bergführer und möchte noch nationaler Ausbilder beim Italienischen Alpenverein *CAI* werden. Sein Lebenslauf umfasst bereits die ersten Alleingänge an vielen der schwierigeren Wände in den Dolomiten.
Wenn man seinen Lebenslauf berücksichtigt, dann müsste Cesare allein deswegen ehrenhalber zum Ausbilder ernannt werden. Die Prüfungskommission ist aber nicht einverstanden. Nachdem sie Maestri zum Ausbilder berufen hat, gibt sie ihm bekannt, dass er trotzdem die Reihenfolge einhalten muss. Wie jeder andere Anwärter muss er einen Kurs besuchen und eine Prüfung bestehen. Maestri zu provozieren, führt jedoch zu spektakulären Ergebnissen.
Angestachelt durch die ungerechte Entscheidung geht er über den Normalweg zur Cima Tosa und läuft entlang des

183 rechts Trotz der Bergschuhe mit starren Sohlen und den Trittleitern um die Taille ist Cesare Maestri – hier in den Brenta-Wänden – wegen seiner Klettergeschwindigkeit und seines Stils ein ganz moderner Bergsteiger.

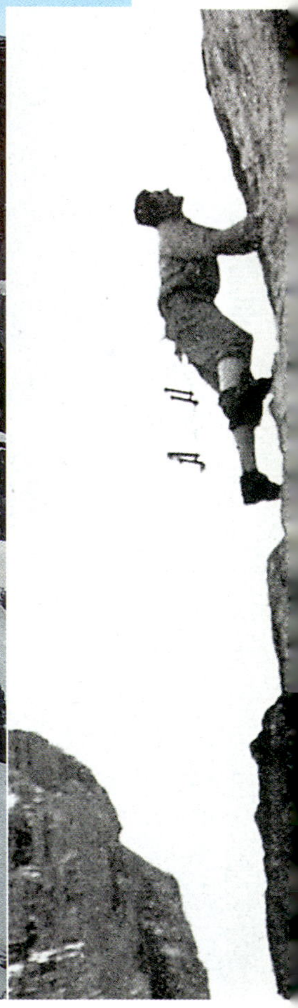

Grates bis zum Crozzon hoch. Um zehn Uhr beugt er sich über die beeindruckende Leere der Nordostwand. Sie wird von der «Via delle Guide» durchzogen, die Bruno Detassis und Enrico Giordani 1935 eröffnet hatten. Drei Jahre zuvor, 1953, hat Maestri selbst den ersten Alleingang dieser Führe durchgeführt. Keiner hat bis dahin jedoch im Alleingang einen Abstieg im sechsten Grad gewagt.

Das Tabu fällt, als Cesare beginnt, schnell und frei entlang der brüchigen Felsen im oberen Abschnitt hinunter zu klettern. Unter den bewundernden Blicken von Detassis selbst, inzwischen Hüttenwirt der Brenteihütte, und der Ausbilder des CAI fährt der Bergsteiger aus Trient mit dem Abstieg in der immer schwieriger werdenden Wand fort. Bevor er das senkrechte Stück angeht, das von dunklen Wasserstreifen durchzogen ist und als Schlüsselstelle gilt, provoziert die «Spinne der Dolomiten» noch einmal. Bis jetzt ist er mit einem Seil über der Schulter abgestiegen. Das Seil schützt nicht im Falle eines Sturzes, aber es könnte nützlich sein, um eine für das Freiklettern zu schwierige Passage mit dem Doppelseil zu überwinden oder um sich im Falle von Problemen selbst zu sichern, bis Hilfe kommt.

Aber Maestri nimmt das Seil von den Schultern und wirft es ins Leere, er folgt dem 600 Meter tiefen Flug des Seils bis ins Schotterfeld mit den Augen. «Es hat mich daran gehindert, die Griffe richtig gut zu sehen», ist seine sarkastische Rechtfertigung. Natürlich wird Maestri bei seiner Ankunft in der Hütte mit Beifall begrüßt, und die Verantwortlichen entschuldigen sich für ihre Unhöflichkeit. Auch Detassis, für seine Wortkargheit bekannt, öffnet den Mund. «Das ist Mut!», sagt er und umarmt die «Spinne».

Im Bergsteigerleben Maestris ist die «Via delle Guide» nicht die einzige Provokation gewesen. Im Jahr 1954 hat der Alpinist aus Trient zornig auf seinen Ausschluss aus der Expedition zum K2 reagiert. Bekannt ist auch sein wutentbrannter Ausfall gegen die Bergsteiger und die britische Fachpresse, die in den sechziger Jahren seine Erstbesteigung des Cerro Torre anzweifeln (siehe Seite 235).

Fast alle wichtigen Besteigungen Maestris finden nach wie vor in den Dolomiten statt. Hierzu gehört als einzige mit künstlichen Hilfsmitteln die Direttissima an der Rotwand, von der bereits die Rede war.

Alle anderen Unternehmungen zeigen jedoch, dass das freie Klettern in den großen Dolomitwänden nie ganz unmodern war. «Ich habe beim ersten Mal den Fels mit meinen Händen berührt und sofort beschlossen, der größte Kletterer der Welt zu werden.» Auch dieser Satz ist ganz typisch für die Persönlichkeit Maestris, den der bedächtige Gian Piero Motti als «ehrgeizig, narzisstisch, polemisch, eifersüchtig, beeinflussbar, intolerant und empfindlich, aber gleichzeitig auch großzügig wie nur wenige, durchschaubar wie ein Kind und so sensibel, dass er von einer Nadel verletzt werden könnte», beschreibt.

1950 zieht Maestri ins Gebirge, wird zwei Jahre darauf Bergführer und beginnt 1953 mit seinen Alleingängen auf den schwierigsten Routen der Dolomiten. In vier Jahren fallen im Galopp die «Via delle Guide» am Crozzon (der Aufstieg 1953, der Abstieg drei Jahre später), die Detassis in der Brenta Alta, die Comici am «Salamiturm» des Langkofel, die Solleder in der Nordwestwand der Civetta, die Soldà und die Micheluzzi in der Marmolada-Südwand. Danach sind die Micheluzzi am Piz Ciavazes und fast alle Routen am Croz dell'Altissimo an der Reihe und die Solleder am Sass Maor, die Maestri erst im Aufstieg und dann im Abstieg bewältigt. Auch aus der Rotwand, die er mit Claudio Baldessari in einer anstrengenden Woche durchsteigt, kehrt Cesare Maestri allein zurück, um einen Mythos zu entkräften, den er selbst geschaffen hat.

Hier muss etwas richtig gestellt werden. Wenn man dem Fernsehen und den Zeitungen glaubt, dann sind die ein-

samen Rennen Maestris die einzigen Unternehmungen, die auf der Dolomitenbühne mit den Direttissimas gleichziehen können, welche mit wahren «Hakenorgien» geschaffen wurden. Obwohl das in den fünfziger und sechziger Jahren in den Medien verbreitete Bild vom Bergsteigen in den Dolomiten durch eine überhängende Felswand und einen Bergsteiger auf der Trittleiter symbolisiert wird, spielt doch die Freikletterei auch weiterhin eine Rolle.

Das beweisen die «Eichhörnchen» aus Cortina, die dem großen Publikum durch ihre Wege mit künstlichen Hilfsmitteln an der Westlichen Zinne bekannt sind, aber ebenso gut in der geneigten Wand der Cima Scotoni eine Lektion im Freiklettern geben.

Sterne am Dolomitenhimmel

Während Cesare Maestri einen enormen Bekanntheitsgrad erringt, bleiben die anderen, die an der Wiedergeburt des freien Felskletterns beteiligt sind, selbst in der Fachpresse, in den Bergsteigerschulen und in den Alpenvereinen eher im Hintergrund. Das trifft auch für Enzo Cozzolino aus Triest zu, den Urheber vieler außerordentlicher Begehungen, oft in Tennisschuhen und mit frechem Gehabe. Sein Werk sind die äußerst schwierige «Via dei Fachiri» (Weg der Fakire), die Cozzolino gemeinsam mit Flavio Ghio im Winter 1972 an der Cima Scotoni rechts von der Lacedelli-Ghedina-Lorenzi-Route eröffnet. Sechs Monate später findet Cozzolino bei einem Alleingang am Torre di Babele in der Civettagruppe den Tod.

Ein weiterer Stern des Dolomitenalpinismus ist der Trentiner Renato Reali, der ungefähr zehn Routen von extremer Schwierigkeit eröffnet, bevor er im Sommer 1968 bei einem Alleingang in der Ostwand des Grand Capucin, der «dolomitenähnlichsten» Wand im Montblanc, abstürzt.

Den meisten unbekannt ist der Belgier Claudio Barbier, Erstbegeher einiger neuer Routen; im Alleingang hat er die Via Cassin an der Westlichen Zinne (1959) und die Via Comici in der Civetta (1960) realisiert. Ein beeindruckendes Unterfangen war auch die Serienbesteigung im Sommer des Jahres 1961, als der Brüsseler Kletterer nacheinander die Cassin in der Westlichen Zinne, die Comici in der Großen Zinne, die Preuß in der Kleinsten Zinne, die Innerkofler an der Kleinen Zinne und die Dülfer an der Punta di Frida in einem Zug durchsteigt.

«Er gab einem immer das Gefühl, er wäre abwesend, abgelenkt. Dabei kletterte er wie ein Affe, ohne jegliche Anstrengung», schreibt Reinhold Messner über Barbier, der mit ihm zusammen eine Variante am Piz Ciavazes eröffnet hat. Er ist gebildet und intelligent, Sohn einer reichen bürgerlichen Familie. Barbier bewegt sich mühelos in jedem Gelände. Während einer kurzen Abkehr von seinen geliebten Dolomiten führt er als Erster im Alleingang die Via Cassin am Piz Badile durch. Er stürzt in Belgien in einem Klettergarten an den Maasfelsen ab, was sein Schicksal mit dem eines vergleichbaren Romantikers, Emilio Comici, verbindet.

Andere Urheber großer Freiklettereien passen weitaus besser zu den Vorstellungen vom klassischen Alpinismus, wie etwa die Wiener Walter Philipp und Dieter Flamm, die mit zwei Biwaks im September 1957 die schönste Verschneidung der Civetta-Nordwestwand bezwingen und an der Punta Tissi aussteigen.

Ohne Bohrhaken (die aber von den Wiederholern eingesetzt werden) gehört diese 900 Meter lange Route links der Solleder-Führe zu den schwierigsten in den Alpen. Auch heute noch, nachdem Bergsteiger im siebten und achten Grad klettern, ist diese Vierzig-Seillängen-Route, die durch Risse und Couloirs verläuft, eine wesentliche Etappe für junge Alpinisten, die höhere Schwierigkeitsgrade anstreben. «Bereits seit längerer Zeit träumte ich davon, eine Unternehmung zu

184 oben Beim Bergsport der fünfziger und sechziger Jahre in den Dolomiten spielt das Klettern mit künstlichen Hilfsmitteln eine wichtige Rolle. 1967 klettert Marino Stenico aus Trient in den Wänden von Romagnano.

184 unten Auch Donato Zeni gehört in der Nachkriegszeit zu den Spitzenalpinisten im Trentino. Er müht sich hier an einem Dach in der Südwand des Mugoni in der Rosengartengruppe.

185 links Ein Bergsteiger in den neunziger Jahren an den sehr kompakten Platten der «Via dell'Ideale». Sie wurde im August 1964 von Armando Aste und Aldo Solina in der Südwand der Marmolada d'Ombretta eröffnet und gehört zu den ersten Routen in den Dolomiten mit Passagen im siebten Grad. Derartige Routen sind die Vorboten der Rückkehr des Freikletterns in die Dolomitenwände.

185 rechts Auch wenn es nicht häufig von Alpinisten besucht wird, ist das Cunturinesmassiv eines der gewaltigsten der Dolomiten. Von der Cima Scotoni aus gesehen erglühen die nördlichen Bastionen im Abendlicht.

186–187 Im Sommer ist die Civetta-Nordwestwand schon sehr schwierig, während der schlechten Jahreszeit aber wird sie extrem hart, wenn Schnee und Eis die weniger steilen Abschnitte und Bänder bedecken. Die erste Winterbegehung der Solleder-Führe, der klassischsten in der Wand, erfolgt 1963 durch Ignazio Piussi, Giorgio Redaelli und Toni Hiebeler.

187 Mitte links Die eindrucksvollen Wände der Pale di San Lucano, die das gleichnamige Tal beherrschen, sind in den siebziger Jahren ein beliebtes Aktionsfeld für Alpinisten, die neue, anspruchsvolle Routen suchen. Alessandro Gogna klettert als Seilerster in der Westwand der Seconda Pala di San Lucano.

187 oben rechts Piero Ravà bei der Erstbegehung der Südwand der Dritten Pala di San Lucano, einer 1500 Meter hohen Wand.

187 unten rechts Alberto Dorigatti steigt als Seilzweiter die Direttissima in der Südwand der Marmolada di Rocca hoch. An der Erstbesteigung dieses Weges mit 800 Metern Höhenunterschied nehmen im Sommer 1970 Alessandro Gogna, Almo Giambisi und Bruno Allemand teil.

verwirklichen, die dem Freiklettern, das in gewissen Kreisen ausgegrenzt wird, zu neuem Ruhm und Reputation verhelfen sollte», schreibt Walter Philipp in *Der Bergkamerad*. Philipp, der Planer und Seilschaftserste von 1957, hat genug Klasse, um einer der besten Bergsteiger in den Dolomiten zu werden. Ein schreckliches Abenteuer in der Nordwand der Großen Zinne, wo er nach 40 Metern Flug – unverletzt! – einige Handbreit über den Schotterhalden landet, überzeugt ihn jedoch davon, sich vom Extrembergsteigen zu verabschieden, um sich ruhigere Formen der Konfrontation mit dem Berg zu suchen.
Auch an der Marmolada entstehen in jenen Jahren zahlreiche herrliche Routen. Die am häufigsten wiederholte stammt von Alessandro Gogna, Bruno Allemand, Almo Giambisi und Alberto Dorigatti aus dem Jahr 1970.

Die schwierigste, abschnittsweise als unterer siebter Grad eingestufte ist die «Via dell'Ideale» an der Marmolada d'Ombretta von Armando Aste und Aldo Solina. Weitere große Routen werden in jenen Jahren am Crozzon di Brenta, dem Sorapis, der Brenta Alta und dem Agnèr eröffnet. Im Mai 1970 «entdecken» Alessandro Gogna und Leo Cerruti die beeindruckenden Wände der Pale di San Lucano und eröffnen eine 50 Meter lange Route auf die Seconda Pala. Zwei Jahre später überwindet Gogna mit Piero Ravà und Gianluigi Lanfranchi die Wand der Terza Pala, mit ihren 1500 Metern Höhe die dritthöchste in den Dolomiten. Im Massiv von San Lucano bezwingen Renato Casarotto und Piero Radin in fünf Tagen die über tausend Meter hohe Südwestwand des Spiz di Lagunàz.
Die Felsen der Civetta sind in jenen Jahren die unbeweglichen Zeugen der härtesten Abenteuer. Im Juli 1964 zieht Domenico Bellenzier, ein Kletterer aus Alleghe, eine herrliche Route am Nordwestpfeiler des Torre d'Alleghe. Trotz der fünf verwendeten Bohrhaken handelt es sich um eine außerordentliche Freikletterei, die heute als siebter oder oberer siebter Grad bewertet wird. «Wer die graue Platte übersteigt und dann die nächste, der ist von dem – fast würde ich ihn selbstmörderisch nennen – Wagemut Bellenziers überwältigt» schreibt Alessandro Gogna in seinem Buch *Sentieri verticali* (Senkrechte Wege).
Eine andere Route zur Punta Tissi wird zwischen dem 28. Juli und dem 2. August 1965 von der italienisch-französischen Seilschaft aus Ignazio Piussi, Roberto Sorgato und Pierre Mazeaud eröffnet. Aber diese Besteigung wird beinahe

zur Tragödie. Piussi, einer der stärksten italienischen Alpinisten der Nachkriegszeit, hat sich die Route ausgedacht, und der Anstieg verläuft relativ problemlos bis zum Morgen des dritten Tages.
Bis hierhin ist die Kletterei über recht lange Strecken mit künstlichen Hilfsmitteln ohne besondere Schwierigkeiten erfolgt. Dann geht ein Regenschauer in ein Gewitter über, und ein Blitz löst einen kleinen Pfeiler, so dass die Seilschaft von einem Steinregen getroffen wird, der Mazeaud und Piussi schwer verletzt. «Eine Ladung Steine trifft meinen Rücken: Steinschlag ohne Ende, schreckliche Schmerzen», erzählt der Bergsteiger aus dem Friaul später. «Dann trifft ein weiterer Schuss voll meine Hand, mit der ich meinen Kopf bedeckt hielt, und zerschmettert meine Knochen, Arterien [...] Das Blut spritzte nach allen Seiten [...] ‹Was ist?›, fragt mich Roberto, der nur ein paar Schläge hier und da abbekommen hatte. ‹Der Franzose ist tot›, sage ich, ‹er ist schneeweiß›. Er war aber nur ohnmächtig. In diesem Augenblick wacht er wieder auf und stammelt: ‹Merde! Je ne suis pas mort!› (Scheiße! ich bin nicht tot!), und fällt wieder in Ohnmacht.»
Schließlich erreichen die drei ein Loch am Fuß eines Überhangs und richten dort ihr Biwak ein. In der Nacht fällt ein halber Meter Schnee. Nun ist Roberto Sorgato der Einzige, dem es einigermaßen gutgeht – er führt die beiden Kameraden durch einen Kamin mit Überhängen, ohne allzu sehr auf die Seile zu achten, die von den Steinen zerschnitten worden sind und dann wieder verknotet werden. Trotz der Kopfverletzungen gelingt es Mazeaud, als Zweiter zu klettern. Piussi, mit einer Hand «dick wie ein Ball», muss jedoch gezogen werden. Auf dem Gipfel scheint endlich wieder die Sonne, und eine Menge Leute empfängt dort die tapferen drei Männer, die die Nordwand überlebt haben.
Weniger dramatisch, wenn auch vom mentalen und körperlichen Gesichtspunkt aus sehr hart, war knapp zwei Jahre zuvor die Winterbesteigung der mythischen Solleder-Führe durch Piussi mit Giorgio Redaelli und Toni Hiebeler. Der bayerische Bergsteiger regte die Besteigung an, bei der er zugleich seine Erfahrungen von der ersten Winterbegehung der Eiger-Nordwand (1961) einsetzen konnte.
Piussi führt jedoch von Anfang bis zum Ende. Beim dritten Biwak (von sieben!) funktioniert der Kocher nicht mehr, und die einzige Art, Getränke zu erwärmen, ist nun, die Holzkeile zu verbrennen. Am sechsten Tag, während Piussi noch versucht, einen vereisten Überhang zu überwinden, löst sich ein Block verhärteten Schnees, reißt ihn mit und lässt ihn auf ein 30 Meter tiefer gelegenes Schneefeld stürzen.
«Ich war wie eine Maschine. Ich wusste, dass nichts mehr zu machen war, dass man nach dem dritten Biwak nur noch vorwärts gehen konnte, und hatte nur einen Gedanken: auf den Gipfel kommen und fertig», berichtete der friulanische Bergsteiger. Um elf Uhr am achten Tag erreicht die Seilschaft den Gipfel. Dann steigen die drei zur Torranihütte ab, machen sich mit heißem Wasser und Brot vom letzten Sommer eine Suppe. «Mein Gott, was war die gut!», schwärmte Piussi. Die Bezwingung der Solleder trägt auch in die Dolomiten den Wettlauf um die großen Winterbesteigungen hinein, den Walter Bonatti und René Desmaison auf der entgegengesetzten Seite der Alpen in den fünfziger Jahren in Gang gesetzt haben.
Zu Beginn dieses Kapitels wurden bereits die Winterbegehungen der Via Soldà in der Marmolada (Buhl und Rainer, 1950) und der Via Cassin an der Westlichen Zinne (Bonatti und Mauri, 1955) erwähnt. Was das technische Niveau angeht, so stehen sicher die Winterbesteigungen der Via Vinatzer an der Marmolada-Südwand im Jahr 1967 durch Otto Wiedmann und Walter Spitzenstatter und der Via Lacedelli an der Cima Scotoni, im Jahr 1970 durch Bepi Loss, Marco Pilati und Vincenzo Degasperi an erster Stelle.

Die große Herausforderung

Am 20. August 1955 sitzt im Morgengrauen ein Mann auf einem schmalen Absatz am Südwestpfeiler der Petit Dru, einer der eindrucksvollsten und schwierigsten Felswände der Alpen. Nach dem viertägigen gnadenlosen Kampf gegen den Fels sind seine Hände geschwollen und voller Wunden. Auch die Moral Walter Bonattis wird bei diesem Alleingang auf eine harte Probe gestellt.

Seit Tagen lebt der beste italienische Alpinist seiner Zeit in absoluter Einsamkeit, einer irrealen Stille, die vom Steinschlag im nahen Couloir unterbrochen wird. Das Auftauchen eines kleinen Flugzeugs hat zur Folge, dass die Stille nach dessen Verschwinden noch unerträglicher wird. Unter Bonattis Füßen befinden sich die eindrucksvollen Überhänge, die der lombardische Bergsteiger mit dem Spitznamen «lézard vert» («grüne Eidechse») bezeichnet hat, und eine Reihe roter, senkrechter Platten.

Gerade als der Alpinist meint, die schlimmsten Abschnitte überwunden zu haben, bildet ein spiegelglatter Überhang, in den keine Haken geschlagen werden können, ein letztes, nur schwer zu überwindendes Hindernis. Bonattis Entschlossenheit ist jedoch nicht zu Unrecht legendär. Er erklimmt einen Meter nach dem anderen die «rundherum glatte, in der Mitte abdrängende und oben immens überhängende» Wand.

Zum Schluss befindet er sich allerdings in einer Position, aus der er weder absteigen noch nach oben kommen kann.

188 oben links In den fünfziger und sechziger Jahren wird Walter Bonatti auch für das breite Publikum zum Symbol für höchste Schwierigkeitsgrade am Montblanc und an anderen Massiven. Noch mit Hanfseil, schweren Stahlkarabinern und Holzkeilen ausgerüstet, bereitet er ein Biwak vor.

188 Mitte Bei seinem Alleingang am Südwestpfeiler der Dru zieht Walter Bonatti einen großen Proviant- und Ausrüstungssack hinter sich her, der durch die Reibung am Fels löchrig wird. Nach dem Abstieg von der Dru muss er diesen Sack flicken.

Über ihm ist ein etwa zwölf Meter großer Felsvorsprung, der die Grenze zwischen Leben und Tod bildet. Darüber scheint der Fels einfacher zu werden. Hier zählt nicht der Stil, sondern ganz allein die Verzweiflung. Bonatti knotet das Seil zu einem «tentakelförmigen Knotensystem» und versucht, dieses auf die Felsschuppen zu werfen, die er etwa ein Dutzend Meter weiter oben sieht.

Nach etlichen Versuchen scheint das Seil Halt zu finden. Während «hundert Gedanken heranfliegen und sich für das ganze Leben in die Seele einbrennen», hängt sich Bonatti ans Seil, stellt fest, dass seine Lassoimprovisation hält, und

zieht sich mit der Kraft seiner Arme hoch, bis er die leichteren Felsen erreicht. Vierundzwanzig Stunden nach dem Überhang, am 21. August um 16.37 Uhr, setzt sich Europas bester Alpinist auf den Gipfel der Petit Dru, neben die kleine, von Blitzen verformte Madonnenstatue. Drei Freunde und ein letztes Biwak erwarten ihn beim Abstieg.

Walter Bonatti, 1930 in Bergamo geboren, ist der große Protagonist der fünfziger und sechziger Jahre in den Alpen. Seine Art des Bergsteigens zeigt den Mut und den Elan der Meister der Vorkriegszeit – und bedient sich zugleich der verbesserten technischen Mittel. In den sechziger Jahren erlauben Nylonseile und Vibramsohlen, leichtere Helme, effektivere Haken, wasserundurchlässige und wärmere Kleidung es Walter und den anderen, sich an neue Probleme wie große Winterbesteigungen, Alleingänge, die senkrechtesten und schwersten Granitwände heranzuwagen.

Die neuen technischen Hilfsmittel gibt es aber noch nicht an jenem schwülen Tag im August 1949, als Bonatti das Vallée Blanche in Richtung Turiner Hütte hinaufsteigt. Als er den Blick zu den Wänden des Mont Blanc du Tacul hebt, steht er vor «einem großen, roten Pfeiler, der die Felsnadelgruppe dominiert», einem Gipfel, der «so regelmäßig und elegant in seiner Gewagtheit ist, dass es einem schwindelig wird, wenn man auch nur daran denkt, auf seinem Gipfel stehen zu wollen». «Seine Steilheit war zu unfassbar für einen Bergsteiger. Einer meiner ersten Gedanken war, ob es einen Menschen geben könnte, der eine Besteigung der Wand wagen würde», so Bonatti später in seinen Memoiren. Er selbst wird sich bereits im nächsten Sommer in die senkrechte, kompakte Ostwand des Grand Capucin wagen, jenes rötlichen Pfeilers, der wie ein großer Bruder die unzähligen Nebengipfel des Tacul bewacht.

Der dritte Versuch gelingt im Juli 1951. In vier Tagen, nach einem harten Kampf, «umgeben von der absolutesten Leere», erreichen Walter Bonatti und sein Kamerad Luciano Ghigo den schmalen Gipfelgrat, nachdem sie eine der wichtigsten Seiten in der Geschichte des Montblanc geschrieben haben. Die kärgliche Ausstattung der beiden, die noch wie vor dem Krieg Hanfseile und besonders schwere Haken benutzen, macht ihr Verdienst umso größer.

188–189 Das Kennzeichen des riesigen Granitkörpers der Petit Dru sind die überhängenden glatten Felsplatten. Die mutigsten Alpinisten des 20. Jahrhunderts nahmen die Herausforderung an, sich mit einer der bedeutendsten und schwierigsten Wände im Alpenraum zu messen.

Die Westwand der Petit Dru

Wie so oft eröffnet die Lösung eines Problems ganz neue Möglichkeiten für die Bergsteiger. Von den Petites Jorasses bis zur Aiguille du Fou, vom Frêneypfeiler bis zur Aiguille du Midi ist der Montblanc reich an senkrechten, kompakten Wänden, die für die Alpinisten vor dem Krieg unerreichbar waren. Die höchste, auffälligste und eindrucksvollste ist die Petit-Dru-Westwand, die mit ihrer 1000 Meter hohen feuer-

190 oben Die vier französischen Alpinisten, denen im Juli 1952 die Eroberung der Petit-Dru-Westwand gelang, stoßen auf ihre Unternehmung im historischen *Hotel du Montenvers* an. Von links nach rechts: Guido Magnone, Lucien Bérardini, Adrien Dagory und Marcel Lainé.

190 unten Eine wesentliche Rolle unter den amerikanischen Bergsteigern, die seit den sechziger Jahren in den Alpen unterwegs sind, hat John Harlin. Er ist Gründer und Leiter der *International Mountaineering School* in Leysin, Schweiz. Mit Tom Frost führt er 1963 die Erstbesteigung des Dritten (Versteckten) Frêneypfeilers durch. 1965 eröffnet er mit Royal Robbins eine Direttissima in der Dru-Westwand und nimmt mit Chris Bonington, Robert Baillie und Brian Robertson an der Erstbesteigung des rechten Brouillardpfeilers teil. Im März 1966 stirbt Harlin in einer neuen Winterroute in der Eiger-Nordwand, als ein Fixseil reißt.

190–191 Die kombinierten Wände der Aiguille Verte (links im Bild) und die Granitwände der Dru gehören zu den schwierigsten im Montblancmassiv. Die Durchsteigung der sehr kompakten Petit-Dru-Westwand im Juli 1952 durch die Franzosen Lucien Bérardini, Adrien Dagory, Marcel Lainé und Guido Magnone bringt die Kletterei im Massiv ein gutes Stück voran. 1955 überwindet Walter Bonatti den Südwestpfeiler der Dru, der die Wand nach rechts begrenzt. In den sechziger Jahren werden weitere große Routen in der Westwand durch amerikanische Bergsteiger eröffnet, die das Klettern am Granit der Yosemite-Berge gelernt haben.

roten Granitwand die Spalten im Mer de Glace und die Terrassen des Montenvers dominiert, auf denen sich jedes Jahr Zehntausende von Ausflüglern, Bergsteigern und Touristen aus aller Welt tummeln.

Zwischen 1947 und 1951 wird die Wand vergebens von Alpinisten wie Gaston Rébuffat, Jean Couzy und Georges Livanos angegangen. Der Erfolg stellt sich 1952 für Lucien Bérardini, Adrien Dagory, Marcel Lainé und Guido Magnone in zwei Etappen ein. In den ersten fünf Tagen im Juli durchsteigen die Franzosen die Wand und überwinden dabei eine lange Reihe von extremen Passagen. Dann sind sie vor einem Pendelquergang, der ihnen den Rückweg abschneiden würde, zum Abstieg gezwungen, weil ihnen Lebensmittel und Wasser zu diesem Zeitpunkt ausgegangen sind.

Zehn Tage später macht das wechselhafte Wetter es unmöglich, an einen neuen Aufstieg von ganz unten zu denken. Die Bergsteiger steigen also über die einfachere Nordwand auf, queren abkletternd mit künstlichen Hilfen zum Mittelteil der Westwand. Diese Passage, die von Lainé abgesichert wird, nimmt einen halben Tag in Anspruch. Dann steigt Bérardini vor, der die «beiden schrecklichsten Dächer, die wir je gesehen haben», erreicht und anschließend weitermacht, «über einem leeren Raum schwebend, in den man besser nicht hinabschauen sollte». Als dem Seilschaftsersten ein Haken aus der Hand fällt, sieht Magnone ihm nach und wartet auf das metallische Geräusch des Aufschlags, das aber nicht zu hören ist. «Wenn wir hier hinunterflögen, dann

könnten wir sicher den Rekord im freien Fall brechen», bemerkt er sarkastisch. Mit Hilfe eines Risses können sie die Überhänge überwinden, und ein einfacherer Riss bringt sie zum Ausstieg. Als ideale Wand gilt die Dru-Westwand durch die Leistung der Bergsteiger von 1952. Sie wird zum «Wallfahrtsort» des weltweiten Alpinismus.
1955 überwindet Bonatti im Alleingang den Südwestpfeiler. Dann kommen die Amerikaner. Royal Robbins, einer der Hauptakteure der Kletterszene im Yosemite Valley, eröffnet 1962 mit Gary Hemming an der Dru-Westwand eine direkte Einstiegsvariante (600 Meter), die die der Franzosen begradigt. Drei Jahre später legt Robbins mit John Harlin eine Direttissima an «jenem Diamanten, der zum Symbol des Alpinismus geworden ist». Die Seilschaft steigt anfangs in die Route von 1962 ein und verlässt sie dann in Richtung der eindrucksvollsten Dächer der Wand. Die Kletterei ist extrem schwierig, und die Seilschaft setzt erstmals in den Alpen die im Yosemite Valley übliche so genannte «big-wall»-Technik ein. Stabile Haken aus Chrom-Molybdän, Metall-Bongs anstelle der alten Holzkeile, Skyhooks, Trittleitern aus Stoffresten, kleine Sitze für die Rast, die an den Haken aufgehängt werden, machen das Vorankommen leichter, während die Steigklemmen es dem Zweiten ermöglichen, schnell an dem vom Kameraden befestigten Seil nachzusteigen.
Robbins führt auf den ersten Längen, dann übernimmt Harlin bis zur Terrasse, auf der die beiden das erste Biwak errichten. Am nächsten Tag stoßen die Bergsteiger in gefährliches und brüchiges Gelände vor, zwischen großen, instabilen Platten, die aussehen, als könnten sie jeden Moment abbrechen. Plötzlich wird John Harlin mit «der Schlagkraft eines Dum-Dum-Geschosses» von einem Stein getroffen, was zu einem starken Bluterguss am Oberschenkel führt. Von hier abzusteigen wäre jedoch gefährlicher als aufzusteigen. Robbins geht weiter als Erster, kommt im Zickzack mit künstlichen Hilfsmitteln zwischen Dächern und instabilen Blöcken aufwärts, klettert die «gefährlichsten Seillängen seiner ganzen Karriere». Hinter ihm zieht sich Harlin mühevoll an den Steigklemmen hoch, quält mit jeder Bewegung sein verletztes Bein, schafft es aber trotzdem, stetig voranzukommen. Ein «grazil gebogener» Riss, der riesige Überhänge durchzieht, führt die beiden Bergsteiger aus Übersee aus den großen Schwierigkeiten hinaus. Auf dem Gipfel des Bonattipfeilers können sie über ein Band den Normalweg erreichen. Nach einem Gewitter bringt ein Hubschrauber die beiden Alpinisten nach Chamonix.

191 oben Walter Bonatti nach seiner Rückkehr vom Südwestpfeiler der Petit Dru 1955. Die Handschuhe schützen die nach fünf Tagen harten Kletterns und Hakeneinschlagens zerschundenen Hände. Mit seinen Besteigungen verhilft Bonatti dem Alpinismus im Montblancmassiv in den fünfziger und sechziger Jahren zu großen Fortschritten.

Neue Führen in den Montblanc-Wänden

Nach der Durchsteigung der Ostwand des Grand Capucin und der Dru-Westwand fallen auch die übrigen großen Felswände des Montblancgebietes, eine nach der anderen.

Im Juni 1952 durchsteigen die Franzosen Michel Bastien und André Contamine die Südwand der Grand Dru. Zwei Jahre später bezwingen die Briten Joe Brown und Don Whillans die Westwand der Aiguille de Blaitière über eine Route, zu der ein Riss oberhalb des sechsten Grades gehört. Im August 1955 ist es wieder Contamine in Begleitung von Marcel Bron und Pierre Labrunie, der die glatte Westwand der Petites Jorasses überwindet. Im nächsten Jahr eröffnen Gaston Rébuffat und Maurice Baquet eine sehr elegante Route in der kurzen, senkrechten Südwand der Aiguille du Midi, die heute von einer Vielzahl moderner Führen durchzogen ist. Auch der Grand Capucin wird mit neuen Routen bestückt, die die Alpinisten Lucien Bérardini und Robert Paragot (Nordwand, 1955) sowie C. Asper, M. Bron, M. Grossi und M. Morel (Schweizerführe, 1956) eröffnen.

Auf der französischen Seite ist die außerordentliche Unternehmung von Philippe Cornuau und Marcel Davaille erwähnenswert, zwei relativ unbekannten Bergsteigern, die mit immerhin vier Biwaks die äußerst steile Droites-Nordwand durchsteigen, die abstoßendste Gletscherwand des Argentièrebeckens. Dieses Abenteuer wird erst nach Erfindung der Schaftzugtechnik oder Zugpickeltechnik übertroffen – fast zwanzig Jahre später.

Der international herausragende Alpinist am Montblanc in den fünfziger und sechziger Jahren ist Walter Bonatti, der nacheinander die «letzten großen Probleme» des Massivs löst. Das erste Problem ist der Grand Pilier d'Angle, ein über 1000 Meter hoher Pfeiler aus Fels und Eis, der die dem Brenva-Eisbruch zugewandte Seite des Montblanc nach Süden abschließt.

Anfang August 1957 führt Bonatti mit Toni Gobbi die Erstbesteigung des Pfeilers über eine schwierige Route im kombinierten Gelände an der 900 Meter hohen Nordostwand des Obelisken durch. Fünf Jahre darauf bezwingt er mit Cosimo Zappelli die Nordwand des Pfeilers, die stets starkem Stein- und Eisschlag ausgesetzt ist.

Im folgenden Jahr vollendet Bonatti, wieder zusammen mit Zappelli, seine Dreierserie am Pfeiler mit der Durchsteigung der felsigen (und gefährlichen) Südostwand.

Der Frêney-Zentralpfeiler

Die nächste Etappe seiner systematischen Eroberungen bringt Bonatti zu den Granitpfeilern des Brouillardbeckens. In Begleitung seines Freundes Andrea Oggioni steigt der «König des Montblanc» im Juni 1959 zur Capanna Gamba

192–193 Walter Bonatti am Ausstieg aus der von ihm eröffneten Direktroute im September 1961 in der Südwand des Montblanc. Zwischen 1950 und 1965 widmet sich der Alpinist der systematischen Erforschung der Südseite des Montblanc, in der er eine Vielzahl erstklassiger Wege entdeckt und eröffnet.

192 Mitte Außer für seine neuen Routen im Montblancgebiet ist Gaston Rébuffat aus Marseille auch wegen seiner Bücher und Filme über das Massiv bekannt. Er klettert in der Ostwand des Grand Capucin die von Walter Bonatti und Luciano Ghigo 1951 eröffnete Route.

193 oben links   Der in Venetien geborene und in Courmayeur ansässige Toni Gobbi ist für seine Qualität als Bergführer und seine Skitouren bekannt. Am Montblanc führt er die ersten Winterbegehungen der Major-Route, des Hirondellesgrates und des Südgrats der Aiguille Noire durch. Zusammen mit Walter Bonatti gelingt ihm im Jahr 1957 die Erstbesteigung des Grand Pilier d'Angle.

193 oben rechts   Die Westwand der Petites Jorasses ist zwar weniger schwierig als die nahe Nordwand der Grandes Jorasses, aber eine der schönsten Granitwände im Montblancmassiv. Die Erstdurchsteigung gehört zu den bedeutendsten des Jahrzehnts und erfolgt 1955 durch Marcel Bron, André Contamine und Pierre Labrunie.

193 unten links   Unter den «großen Problemen» am Montblanc hat sich Walter Bonatti den Pilier d'Angle ausgesucht, den Pfeiler aus Fels und Eis, der mit einer Höhe von 900 Metern die Brenvawand abschließt. Zwischen 1957 und 1963 eröffnet Bonatti immerhin drei Wege am Pilier – hier etwa in der Südostwand, die er 1963 gemeinsam mit Zappelli durchsteigt.

193 unten Mitte   Cosimo Zappelli, jahrelang der Bergkamerad Walter Bonattis, folgt dem Seilersten auf den luftigen Graten der Montblanc-Südwand.

193 Mitte rechts   Der Frêneygletscher zu Füßen der Punta Gugliermina und der Aiguille Noire de Peuterey ist Schauplatz wichtiger Aktionen Walter Bonattis und seiner Gefährten.

194 oben links Zwischen dem 7. und 12. Juli 1961 versucht ein italienisch-französisches Team die Erstbesteigung des Frêney-Zentralpfeilers. Walter Bonatti arbeitet im Mittelteil der Route, wo der schreckliche Sturm am 11. Juli den Tod von Antoine Guillaume, Pierre Kohlmann, Andrea Oggioni und Antoine Vieille zur Folge hat.

194 unten links Die Pfeiler, die den Brouillardgletscher krönen, bieten herrliche Routen und werden im Lauf der sechziger Jahre erobert. Robert («Rusty») Baillie überwindet mit dem Doppelseil die Randkluft am Fuß des rechten Brouillardpfeilers. Aufgrund des schlechten Wetters am Ausstieg der Route sind die Bergsteiger gezwungen, auf derselben Route auch wieder abzusteigen.

hinauf, überquert den spaltenreichen Brouillardgletscher, erreicht rasch den herrlichen Rossopfeiler und beginnt mit der Kletterei. In 4100 Meter Höhe bringt ein plötzlicher Schlechtwettereinbruch die beiden Bergsteiger in Schwierigkeiten. Ein Meter Schnee bedeckt nun die Berge, hindert die Männer am Weiterklettern und macht das Abseilen und das Überqueren des Gletschers extrem gefährlich. Zwanzig Stunden dauert der Kampf Bonattis und Oggionis, bis sie zur Capanna Gamba und in die Sicherheit zurückgefunden haben. Weniger als einen Monat später scheint sich die Geschichte zu wiederholen. Diesmal kommt das Gewitter aber, als die Seilschaft bereits den Gipfel des Pfeilers erreicht hat. Trotz Schnee, Wind und Blitzen erreichen die beiden Männer den Gipfel des Montblanc und die Vallothütte.

Zwei Jahre darauf, 1961, verwandelt ein Unwetter einen ehrgeizigen Plan Walter Bonattis in eine der bekanntesten Tragödien des Alpinismus. Das Ziel Bonattis, Oggionis und Roberto Gallienis ist der Frêney-Zentralpfeiler, der auf der Südseite des Montblanc aus dem Innominata- und dem Peutereygrat herausragt.

Im Biwak auf dem Col de la Fourche treffen die drei am Abend des 7. Juli 1961 die Franzosen Pierre Mazeaud, Antoine Guillaume, Pierre Kohlman und Antoine Vieille. Um einen Wettstreit zu vermeiden, schließen sich die sieben zu einer gemeinsamen Seilschaft zusammen. Am nächsten Tag steigen die Franzosen vor, am zweiten Tag führt Walter Bonatti. Um zwölf Uhr mittags, als die Gruppe den Fuß der Chandelle erreicht, jenen Monolithen, der den Pfeiler krönt, schlägt das Wetter sehr schnell um.

Nachdem sie sechzig Stunden auf ein Aufklaren gewartet haben, beginnen die Alpinisten mit dem Rückzug. Am Berg, der sein Gesicht durch mehr als einen Meter Neuschnee verwandelt hat, wird der Abstieg zum regelrechten Leidensweg. Lawinen begleiten das Abseilen entlang des Pfeilers und der Gruberfelsen, die Überschreitung des Frêneygletschers ist

durch den Tiefschnee sehr schwierig. Vieille kommt als Erster um, noch vor dem Ende der Felsen. Dann sterben nacheinander drei weitere Bergsteiger an Erschöpfung. Am Ende fallen sich an der Gambahütte nur noch Bonatti, Gallieni und Mazeaud weinend in die Arme, nachdem sie sechs Tage an diesem Pfeiler um ihr Leben gekämpft haben.

Zwanzig Tage später versuchen sich andere Alpinisten am Zentralpfeiler. Mit Verbitterung reagieren Bonatti und Mazeaud, die davon überzeugt sind, dass die im Juli ertragenen Leiden ihnen allein das Recht auf einen neuen Versuch gäben. Aber weder die Briten Chris Bonington, Don Whillans und Ian Clough (denen sich der Pole Jan Djuglosz zugesellt hat), noch die Franzosen René Desmaison, Yves Pollet-Villard und Pierre Julien, mit denen der Friulaner Ignazio Piussi klettert, wollen den beiden Überlebenden der Tragödie im Juli den Vortritt lassen. Die beiden Seilschaften klettern hintereinander, ohne Kontakt zueinander. Während Whillans und Bonington an der Chandelle klettern, weigern sich die Franzosen, ihnen Haken und Keile zu geben. Whillans versucht es mit Freiklettern, stürzt aber. Chris Bonington überwindet dann die Passage, indem er die Chockstone-Technik einsetzt (mittels in die Risse verkeilter Steine), die normalerweise in Großbritannien an den Felswänden verwendet wird. Nach der Chandelle führt ein leichter Grat die Alpinisten auf das «Dach Europas».

Nachdem der Sommer am Pfeiler abgehakt ist, geht es mit dem großen Alpinismus weiter. Zwei Monate nach dem Drama steigt Bonatti mit Zappelli eine neue Route in der Frêneywand. Im Juli 1962 nimmt er mit Pierre Mazeaud die Besteigung der Ostwand der Petites Jorasses in Angriff. Im Jahr darauf eröffnen die Amerikaner Tom Frost, Steve Fulton, John Harlin und Gary Hemming an der kompakten Südwand der Aiguille du Fou eine weitere Route, die zum Mythos werden soll.

Zwischen dem 6. und dem 10. August 1964 eröffnen Walter Bonatti und der Schweizer Bergführer Michel Vaucher schließlich eine Direttissima in der Nordwand der Grandes Jorasses, die zur Pointe Whymper führt.

194 Mitte rechts Chris Bonington und Don Whillans auf dem Montblancgipfel nach der Erstbesteigung des Frêney-Zentralpfeilers. Ian Clough und Jan Djuglosz kommen als Nächste an, danach René Desmaison, Yves Pollet-Villard, Pierre Julien und Ignazio Piussi.

194-195 Die dramatischen Ereignisse im Sommer 1961 machen den Zentralpfeiler des Montblanc auch unter den Nicht-Bergsteigern berühmt. Don Whillans steigt als Seilschaftserster einen der schwierigsten Abschnitte gleich am Anfang der Route.

196 oben links Im Februar 1965 beschließt Walter Bonatti seine Karriere als Extrembergsteiger mit der Eröffnung einer neuen Route, die er als abenteuerlichen Alleingang in der Matterhorn-Nordwand geplant hat.

196 oben rechts Walter Bonatti steht am Nachmittag des 22. Februar 1965 nach vier Tagen Schinderei neben dem Metallkreuz auf dem Matterhorngipfel.

Allein in der Wand

Ende der fünfziger und Anfang der sechziger Jahre erlangen zwei weitere «Variationen zum Thema» schnell im gesamten Alpenbogen Bedeutung. Die Ära der Alleingänge beginnt in den Westalpen im Jahr 1959, als Bonatti allein die Major-Route klettert, Carlo Mauri die «Poire» und Dieter Marchart die Matterhorn-Nordwand.

1963 machen die Besteigung des Nordgrats der Peigne und der Westwand der Dru René Desmaison zu einem der bekanntesten Alpinisten in der Gegend um Chamonix, während Michel Darbellay aus dem Wallis in der Schweiz und im deutschsprachigen Alpenraum mit seiner Erstbesteigung der Eiger-Nordwand im Alleingang berühmt wird. Sein Vorhaben wird sicher nicht leichter durch das Wissen, dass in den letzten zwei Jahren davor drei Besteigungsversuche im Alleingang mit dem Tod der Kletterer Adi Mayr, Adolf Derungs und Dieter Marchart endeten.

196 unten Wie bei einer Himalajaexpedition steigen die Alpinisten die Eiger-Nordwand mit der Hilfe von Fixseilen hinauf und hinab. Das Reißen eines solchen Fixseiles verursacht den Tod von John Harlin und zwingt die fünf in der Wand gebliebenen Bergsteiger (Haston, Lehne, Strobel, Hupfauer und Voetteler), den Abstieg trotz der extrem schlechten Wetterbedingungen zu forcieren.

Winterbegehungen

Auch die Winterbesteigungen werden immer wichtiger und zahlreicher, und es gibt bald einen heftigen Wettstreit zwischen den Besten. Am Montblanc ist das erste Unterfangen dieser Art die Durchsteigung der Petit-Dru-Westwand durch Desmaison und Jean Couzy im Winter 1957. Vier Jahre später, vom 6. bis zum 12. März 1961, ist die Eiger-Nordwand an der Reihe. Bis zu diesem Tag haben 47 Bergsteiger die Wand durchstiegen, 17 haben dabei das Leben verloren.

Die erfolgreiche Seilschaft besteht aus den Bayern Toni Hiebeler, Toni Kinshofer, Anderl Mannhardt und dem Österreicher Walter Almberger. Hiebeler hat das Unternehmen geplant und sich um die Lösung der tausend Probleme bei der Organisation einer einwöchigen Besteigung gekümmert; er

196–197 Abschnitte aus senkrechtem und überhängendem Fels wechseln sich an der «Direttissima» in der Eiger-Nordwand mit steilen Eishängen ab. Dougal Haston klettert am Zweiten Eisfeld der Route.

197 rechts Die «Direttissima» in der Eiger-Nordwand von 1966 wurde von einigen wegen des Einsatzes von Fixseilen kritisiert. Die Ausmaße und der Schwierigkeitsgrad der Wand zwingen die Alpinisten dennoch zu fünf Wochen extrem harter Anstrengungen.

ist auch als Bergbuchautor bekannt. Fast immer führt jedoch Kinshofer, ein kraftvoller Bergsteiger, der später, nachdem er am Nanga Parbat schwere Erfrierungen erlitten hat, am Battert in der Nähe Baden-Badens zu Tode stürzt. Nach einem durch Schlechtwetter vereitelten Versuch greifen die vier nunmehr durch das Stollenloch an, den Belüftungstunnel der Jungfraubahn, der durch das Berginnere von Eiger und Mönch verläuft.
Hiebelers Erzählung ist gespickt mit Formulierungen wie «ungünstige Bedingungen», «wenige Sicherungsmöglichkeiten», «fürchterliche Passagen». Schwierig ist der Hinterstoißer-Quergang, die ersten Passagen des Weges sind eisverkrustet, aber «Kinshofer klettert wie ein Gott. Der gute, große, großartige Toni!» Auf den drei ausgedehnten Eisfeldern, die folgen, läuft es etwas besser, aber die Rampe ist eisüberzogen, und am Götterquergang werden die vier Bergsteiger von einem Schneesturm erfasst. Im eisigen Innern der Spinne wird das Wetter wieder schön, doch ein Sturz Hiebelers reißt beinahe die Kameraden in den Abgrund. Am Morgen des siebten Tages umarmen sich Almberger, Mannhardt, Kinshofer und Hiebeler im eisigen Sonnenschein auf dem Gipfel.
Im folgenden Winter durchsteigen die Schweizer Hilti von Allmen und Paul Etter in zwei Tagen und ohne große Probleme die steile, eisige Matterhorn-Nordwand. Ebenfalls im Winter, vom 25. bis zum 31. Januar 1963, gewinnen nach einer Woche des Kampfes im Sturm bei Polartemperaturen wieder einmal Bonatti und Cosimo Zappelli, diesmal den Wettlauf um die erste Winterbesteigung des Walkerpfeilers. Die Franzosen René Desmaison und Jacques Batkin, die tatsächlich nur um Haaresbreite geschlagen wurden, wiederholen die Besteigung daraufhin eine Woche später.

Der letzte Coup des Walter Bonatti

Nach zwanzig Jahren Extrembergsteigen will Walter Bonatti seine Karriere mit einer letzten großen Unternehmung beschließen. Mitten im Winter und im Alleingang beginnt er eine neue, sehr schwierige Route in der Matterhorn-Nordwand, zugleich die erste Winterbegehung dieser Wand. Einige Jahre später wird Reinhold Messner versuchen, die Route zu wiederholen, was ihm aber nicht gelingt. Bewundernd bekennt er: «Ich habe es nicht geschafft durchzukommen. Was dieser Mann allein in der Wand geleistet hat, ist phantastisch und unglaublich.»
Nach vier harten Tagen ist Bonatti in Gipfelnähe. Er ist entsetzlich müde, der Rucksack ist zur unerträglichen Last geworden; zu allem Überfluss nähern sich Flugzeuge, damit das Fernsehen und Fotografen Aufnahmen von dem einsamen Bergsteiger machen können. Dann erscheint «plötzlich und leuchtend» das metallene Gipfelkreuz. Bonatti läuft die letzten Meter durch die Stille und dann «strecke ich wie hypnotisiert die Arme zum Kreuz hin aus, schließe das Metallskelett an meine Brust – ich sinke auf die Knie und weine», erzählt er in seiner Autobiografie *Berge – meine Berge*. Es ist der 22. Februar 1965.

Die Eiger-Nordwand im Winter

Im nächsten Winter herrscht eine gespannte Atmosphäre am Fuß des Eiger. Im Hotel an der Kleinen Scheidegg am Wandfuß belagern Journalisten und Neugierige die beiden «gegnerischen Mannschaften» – eine deutsche, eine anglo-amerikanische –, die ernsthaft vorhaben, eine Direktroute in der Nordwand zu eröffnen.
Auch wenn sie in Bergsteigerkreisen ein wenig eine Außenseiterrolle spielt, gilt die Route als extrem schwierig, und der erzwungene Wettbewerb zwischen den beiden Gruppen erinnert an den Wettlauf acht Jahre zuvor in der Nordwand der Westlichen Zinne. «Die Redaktionen von *Quick, Stern, Epoca* und *Paris Match* sind von der ‹Eigeritis› befallen», kommentiert Toni Hiebeler. Die Deutschen greifen am 17. Februar an, drei Tage danach die Rivalen. Mit Hilfe der Fixseile und der ins Eis gegrabenen Biwakhöhlen wechseln sich die Bergsteiger rasch in der Wand ab, aber der Wettstreit gewinnt bald an Kontur. Am 21. März erreichen Jörg Lehne und Karl Golikow die Eismulde der Spinne.
Am nächsten Tag kostet der Riss eines Fixseils John Harlin das Leben, und dieses tragische Ereignis lässt das Ganze wieder humanere Züge annehmen. Die Lücke in den Fixseilen hindert die unten gebliebenen Alpinisten am Aufstieg. Oben wird das Wetter rasch schlechter, und Dougal Haston bildet eine Seilschaft mit Jörg Lehne, Günther Strobel, Sigi

198 unten links Die Nordwand der Grandes Jorasses wird bereits seit Beginn des 20. Jahrhunderts von den weltbesten Alpinisten ins Auge gefasst. Vom Leschauxgletscher aus erkennt man die Pfeiler, die zur Pointe Walker (links) und zur Pointe Croz hinaufführen, und auch den Eishang des Linceul (ganz links), den René Desmaison und Robert Flematti 1970 bezwingen, sowie die Wand bis zur Pointe Whymper, die von Walter Bonatti und Michel Vaucher 1964 durchstiegen wird.

198–199 Die Elite-Alpinisten der sechziger und siebziger Jahre schätzen auch die klassischen Schauplätze des Alpinismus und mittelschwere Routen. Chris Bonington und seine Kameraden führen auf dem Grépongrat eine Traverse am Seil «auf Tiroler Art» aus.

199 oben Die Erfahrungen mit der Kälte und dem harten Eis der schottischen Highlands sorgen dafür, dass die britischen Alpinisten in der kalten Jahreszeit die schwierigsten Wände im Montblancmassiv angehen können. Dougal Haston beim Versuch, eine neue Route in der Nordwand der Grandes Jorasses zu eröffnen.

Hupfauer und Roland Voetteler. Zwei Tage lang kämpfen sich die fünf Alpinisten durch einen höllischen Sturm, bis sie endlich den Gipfel erreichen.

Nachdem Walter Bonatti sich aus der Bergsteigerszene zurückgezogen hat, bleibt René Desmaison der aktivste Alpinist in den großen Montblancwänden. Im Februar 1967 überwindet er bei der ersten Winterbesteigung den Zentralpfeiler zusammen mit Robert Flematti. Ein Jahr darauf begeht dieselbe Seilschaft mit sieben Biwaks das Linceul, das «Leichentuch» aus Eis an der Nordwand der Grandes Jorasses, eine der letzten großen Routen, die im Montblancmassiv noch möglich ist.

Das «Leichentuch» ist ungeheuer steil, abdrängend, ständig von kleinen Lawinen bestrichen und wehrt sich heftig gegen die beiden Alpinisten. Aber René Desmaison und Robert Flematti denken nicht einen Moment lang ans Aufgeben. Auf halber Höhe blockiert sie ein Unwetter drei Tage lang auf einer kleinen Stufe im Eis. Am sechsten Tag gehen dann auch die Lebensmittel zur Neige. Am 25. Januar 1968 um 12.30 Uhr sind René und Robert endlich am Gipfelgrat der Pointe Walker, dem höchsten Gipfel der Jorasses. Aber das Abenteuer ist noch nicht beendet. Das Abseilen über die Aufstiegsroute wird noch einmal einen langen Tag in Anspruch nehmen.

324 Stunden in den Grandes Jorasses

In den Grandes Jorasses fehlt es auch sonst nicht an großen Winterproblemen. René Desmaison erkennt sie am schnellsten. Im Februar 1971 peilt der Alpinist gemeinsam mit Serge Gousseault die Direkte links vom Walkerpfeiler an, links von der klassischen Führe von Cassin. Wie am Linceul ist auch diese Route durch ständigen Steinschlag betroffen und kann eigentlich nur in der kalten Jahreszeit relativ sicher begangen werden.

Nach vier Tagen anstrengender Kletterei befindet sich die Seilschaft 300 Meter vor dem Ausstieg. Ein Steinschlag hat ein Seil durchtrennt, aber die Moral ist gut, und in den Rucksäcken befinden sich noch Lebensmittel für zwei Tage. Doch nun beginnt das Drama. Serge Gousseault ist durch akuten Kalziummangel geschwächt und kann nicht weiterklettern. Er stirbt am Nachmittag des 21. Februar, weniger als 100 Meter vom Gipfelgrat entfernt. Desmaison bleibt weitere vier Tage allein in der Wand und wartet darauf, dass der Wind nachlässt, damit endlich der Rettungshubschrauber auf dem Gipfel landen kann. Er ist so geschwächt, dass er aus eigener Kraft den Gipfel nicht mehr erreichen würde. Morgens um 10 Uhr am 25. Februar gelingt es dem Piloten Alain Frébault, seine Alouette auf der Scharte zwischen den Pointes Whymper und Walker aufzusetzen. Mittags sind die Retter auf dem Gipfel. Mit Hilfe einer Winde lässt sich Gérard Devouassoux bis zu Desmaison hinunter, löst ihn von den Haken und bringt ihn nach 14 Tagen Inferno ins Leben zurück. Eine halbe Stunde später wird auch die Leiche Gousseaults hochgezogen.

In den nun folgenden Monaten seiner langen Genesungszeit nagt immer noch der Gedanke an die Nordostwand an René Desmaison. Im Winter 1972 versucht der berühmteste französische Bergsteiger noch zweimal die Besteigung, gemeinsam mit Michel Claret und Giorgio Bertone. Der richtige Zeitpunkt kommt indes erst ein Jahr später. In fünf anstrengenden Tagen erreicht die Seilschaft die letzte kleine Terrasse von 1971, auf der «die Erinnerungen aus dem Granit hervorspritzen, als wären sie dort festgekrustet gewesen». Dann bricht ein Schneesturm los, das Thermometer sinkt. Aber Desmaison und seine neuen Kameraden harren aus, steigen weiter und erreichen den Gipfel.

Der Peutereygrat

Zur selben Zeit wie Desmaison, im Februar 1971, versucht eine italienische Seilschaft aus Bruno Allemand, Gianni Calcagno, Alessandro Gogna und Guido Machetto die erste Winterbesteigung des ganzen Peutereygrats. Auch sie müssen schließlich abbrechen und werden von einem Helikopter nach Courmayeur zurückgebracht.

199 unten Dieses von Chris Bonington aufgenommene Foto zeigt Dougal Haston an einem steilen Eishang im Herzen der Eiger-Nordwand. Hänge wie dieser können seit Mitte der siebziger Jahre durch die Verbreitung von für die Schaftzugtechnik geeigneten Pickeln und Eisbeilen bequemer bewältigt werden.

Kurz vor Weihnachten 1972 vollenden die Franzosen Louis Audoubert, Marc Galy, Yannick Seigneur und Michel Feuillarade sowie die Italiener Arturo und Oreste Squinobal die erste Winterbesteigung des großen Peutereygrats und auch die Überschreitung vom Val Vény zum Montblanc über den Südgrat der Aiguille Noire, die Gipfel der Aiguille Blanche und den Peutereygrat. Zwei Monate später durchsteigt eine französische Mannschaft aus Pierre Béghin, Pierre Caubert, Olivier Challéat und Pierre Guillet mit drei Biwaks als erste die Nordwestwand der Ailefroide, die schwierigsten Wand mit kombiniertem Gelände im Oisansmassiv.

200 oben In den sechziger Jahren ist Alessandro Gogna aus Genua einer der besten Aktiven (in der Mitte). Im Juli 1968 kehrt er über den Planpincieuxgletscher von der Erstbesteigung des Walkerpfeilers in den Grandes Jorasses im Alleingang zurück.

200–201 Zu den schwierigsten und eindrucksvollsten Wänden im Montblancmassiv zählt die Nordwand der Grandes Jorasses, in den sechziger und siebziger Jahren Schauplatz vieler beachtlicher Leistungen. Von links nach rechts: der Schneehang des Linceul, der Walkerpfeiler, die Wand unter der Pointe Whymper, der Crozpfeiler, Pointe Elena und der Sporn zur Pointe Margherita.

201 oben links Bei der Besteigung der Zmuttnase, einem enormen Überhang an der rechten Begrenzung der Nordwand des Matterhorns, müssen Alessandro Gogna und Leo Cerruti extrem schwierige Kletterabschnitte zumeist mit künstlichen Hilfen überwinden.

201 oben rechts Das bei der Erstbesteigung der Zmuttnase entstandene Foto lässt die Dimensionen der Überhänge erkennen, die Gogna und Cerruti mit langen, heiklen Quergängen umgehen müssen.

201 unten links Der Franzose Georges Nominé gehört zu den in den siebziger Jahren aktivsten Alpinisten im Montblancmassiv. Seine schönsten Unternehmungen macht er 1971: die erste Winterbesteigung des Whympersporns in den Grandes Jorasses, eine neue Route am Pilier d'Angle und den ersten Alleingang am Zentralpfeiler des Montblanc.

201 unten rechts Reinhold Messner, berühmt wegen seiner Touren in den Dolomiten und im Himalaja, lässt sich nur selten im Montblancmassiv sehen. Hier pausiert er in der Vallée Blanche.

Alleingänge zwischen 1968 und 1972

In den ersten Sommern nach dem Rückzug Walter Bonattis entwickelt sich der Alpinismus innerhalb der gewohnten Bahnen weiter. Am 8. Juli 1968 greift ein junger italienischer Alpinist allein den Walkerpfeiler an. Er heißt Alessandro Gogna und ist in ausgezeichneter Form, klettert schnell und muss sich nicht sichern. Im Morgengrauen steigt er in die Wand ein und ist abends bereits oben.

«Hier macht alles Angst, die Leere, die Einsamkeit, das schreckliche Couloir zu meiner Rechten. Aber ich habe keine Angst», meint Alessandro. «Mir zittern weder die Beine noch habe ich Herzklopfen: Es ist, als stünde jemand hinter mir, der mir Mut macht, mir sagt, was ich machen muss. Die Klettergeschwindigkeit ist furchterregend, ich überspringe Haken und ziehe mich an winzigen Griffen hoch».

Oberhalb der Grauen Platten macht die Müdigkeit Gogna langsamer, dann zwingt ihn das Eis, das die Ausstiegskamine verstopft, zu einem hartnäckigen Kampf. Er schlängelt sich durch eine mit grünem Eis verkrustete Rinne, behilft sich in einigen Passagen mit künstlichen Techniken und kommt an leichteren Platten heraus. Schließlich schlägt der Alpinist «mit Wonne» seinen Pickel in den Schnee auf dem Gipfel, klettert über die Wächte und ruht sich auf der italienischen Seite des Berges aus.

Um 8.30 Uhr am folgenden Morgen liest Alessandro Gogna in Courmayeur schon in der Zeitung etwas über seine Besteigung. Zu den Veränderungen, die «Bonattis Jahre» gebracht haben, gehört auch die Aufmerksamkeit, die die Medien den Taten und den Tragödien in den großen Alpenwänden entgegenbringen.

Trotzdem fällt zunächst nur den aufmerksamsten Bergsteigern auf, was 1969 ein anderer junger Mann am Montblanc unternommen hat, der weltberühmt werden sollte. Er heißt Reinhold Messner und ist im Villnösstal in Südtirol aufgewachsen. Am 19. Juli hat Messner die Nordwand der Droites in neun Stunden durchstiegen, während die ersten Besteiger noch fünf Tage gebraucht hatten.

Genau zur selben Zeit ist Gogna mit seinem treuen Kameraden Leo Cerruti mit einem anderen der letzten «großen Probleme» der Alpen beschäftigt – mit der Zmuttnase, jenem eindrucksvollen Überhang, der die Matterhorn-Nordwand zur Rechten abschließt und den die beiden Bergsteiger in einem viertägigen Kampf überwinden.

Das dritte Biwak ist am härtesten und wird auf zwei «dreckigen Stufen» errichtet, wo man das Essen nur mit zwischen die Knie geklemmtem Kocher zubereiten kann. Dann folgen noch zwei Seillängen extrem schwieriger Kletterei mit künstlichen Hilfsmitteln, die die beiden Männer zu den flacheren Hängen im oberen Bereich der Nordwand bringen.

Die Liste der Alleingänge jener Jahre verlängert sich, als 1971 Georges Nominé den Zentralpfeiler am Montblanc bezwingt und Jean-Claude Droyer es ihm auf der «amerikanischen Direkten» an der Petit-Dru-Westwand nachmacht. Zwischen dem 10. und 12. Juli 1972 beschreitet René Desmaison den Peutereygrat. Vom 22. bis 28. Februar 1975 gelingt dem Franzosen Ivan Ghirardini der erste Alleingang am Linceul. Das ist wieder einmal eine dramatische Besteigung, und der Franzose führt sie durch, um «mein Leben vor Gott in Frage zu stellen». Aber die Jahre des heroischen Alpinismus gehen langsam dem Ende zu, und die nahe Zukunft wird eine andere Sprache sprechen. Geschwindigkeit, Eleganz und Sportsgeist werden im Alpinismus wieder energisch ihren Platz zurückerobern.

Am Rand der Arktis

Die Geschichte der Erstbesteigung des Mount McKinley wird an einem sonnigen Tag im Jahr 1913 abgeschlossen, als vier erschöpfte Männer die kleine Schneefläche erreichen, die den höchsten Gipfel Nordamerikas bedeckt. Die Expedition ist von Reverend Hudson Stuck organisiert worden, der einen anderen Geistlichen, Robert Tatum, zur Teilnahme überredet hat.

Für das Gelingen des Unternehmens ist jedoch hauptsächlich Harry Karstens verantwortlich, ein Pionier mit großer Alaska-Erfahrung, der im Herbst zuvor allein das Material der Expedition in das Tal des Kantishna River transportiert hat. Geführt wird die Gruppe an diesem letzten, zermürbenden Tag von Walter Harper, einem Indianer, der in den vorangegangenen Wintern als Hundeschlittenführer für Reverend Hudson Stuck gearbeitet hat.

«Schließlich erreichten wir den Punkt, an dem der Grat sich abflacht. Walter, der den ganzen Tag lang vorgestiegen war, kam als Erster an. Der Eingeborene aus Alaska ist der erste Mensch, der seinen Fuß auf den Gipfel des höchsten Bergs in Alaska setzt, und er hat diese Ehre wohl verdient. Karstens und Tatum folgen ihm in kurzem Abstand, aber das vierte Mitglied der Seilschaft, das die bescheidenen Grenzen seiner Leistungsfähigkeit überschritten hat, muss die letzten Meter fast getragen werden und fällt einen Augenblick lang besinnungslos in die kleine Schneemulde, die den Berggipfel bildet. Sobald wir wieder zu Atem kamen, haben wir uns die Hände geschüttelt und dann gemeinsam ein kurzes Gebet gesprochen, um Gott dem Allmächtigen zu danken.» So berichtet Reverend Stuck mit einer gehörigen Portion Selbstironie über die Endphase einer Besteigung, die sich über mehrere Monate hingezogen hatte und deren Schlüsselmoment die methodische Besteigung des Schneegrats war, der heute unter dem Namen «Karstens Ridge» bekannt ist. Außergewöhnlich als Forschungsleistung und wegen der erforderlichen physischen Anstrengungen, löst die Eroberung des 6194 Meter hohen Mount McKinley durch die vier Männer auch den Schleier des Mysteriums, der den Berg in den vorangegangenen Jahren umhüllt hatte.

Die Vorgeschichte

Diesen «herrlichen schneebedeckten Berg» sieht als Erster der britische Kapitän George Vancouver im Jahr 1794. Alaska ist damals nur von kleinen Gruppen Athapasken-Indianern bewohnt, von denen noch keiner in der Lage war, die Herausforderung anzunehmen, die der ewige Schnee des von den Eingeborenen «Denali» («der Große»), genannten Berges darstellt.

1867 kauft der amerikanische Staatssekretär William Seward dem russischen Zarenreich Alaska zum unglaublichen Preis von zwei Cent pro Morgen ab, insgesamt 7,2 Millionen Dollar. Die Zeitungen bezeichnen dies als «Sewards verrückte Idee». Schnell beginnen jedoch kleine Siedlergruppen, sich als Goldsucher oder Pelzjäger in diesem ungastlichen und eisigen Gebiet niederzulassen.

Wie bereits berichtet, beginnt der Alpinismus in den wildesten Bergen Amerikas 1897, als die Expedition unter Luigi Amedeo von Savoyen, Herzog der Abruzzen, den 5489 Meter hohen Mount Saint Elias besteigt, der von der Küste her leicht zugänglich ist. Im gleichen Jahr entdeckt eine Goldsuchergruppe mitten in Alaska den höchsten Berg des

202 oben Der Mount McKinley heißt bei den einheimischen Indianern «Denali». Zu Beginn des 20. Jahrhunderts zieht er die Aufmerksamkeit der Forscher und Alpinisten auf sich. Zwei Mitglieder der erfolgreichen Expedition von 1913, Hudson Stuck und Harry Karstens, auf dem schier unendlich langen Anmarsch zum Berg.

202 Mitte Die Expeditionsteilnehmer von 1913 sind mit der Überschreitung einer Gletscherspalte auf dem Muldrow Glacier beschäftigt. Die Schneeschuhe sind extra groß gefertigt, um das Vorankommen auf den verschneiten Gletschern zu erleichtern.

202 unten Obwohl der Gipfel «nur» 6194 Meter hoch ist, müssen die Alpinisten am Mount McKinley mit denselben Schwierigkeiten rechnen, wie sie bei Himalaja-Expeditionen auftreten. Eine lange Reihe von Bergsteigern transportiert Lasten bergauf.

203 Der reichliche Schnee macht die Berge im hohen Norden so besonders anziehend. Ein augenfälliges Beispiel dafür sind die Wächten und Schneegrate am Mount McKinley.

Kontinents, wie die *New York Sun* berichtet. Wie bereits ein halbes Jahrhundert zuvor beim Mount Everest wird der einheimische Name des Berges einfach ignoriert und der Gipfel William McKinley gewidmet, der gerade Präsident der Vereinigten Staaten von Amerika geworden ist.

Fünf Jahre später erstellt eine Expedition des *United States Geological Survey* unter Alfred Brooks die ersten Landkarten und überprüft, ob der Mount McKinley wirklich der höchste Berg ist. 1903 schließlich erreichen zwei verschiedene Expeditionen unter der Leitung von Richter James Wickhersham und Polarforscher Frederick Cook den Fuß des großen Berges. In diesem Gebiet gibt es absolut keine Straßen, das Fortkommen in der Ebene wird durch Flüsse, Seen und Sümpfe erschwert (von den Grizzlys ganz abgesehen!), und so gestaltet sich bereits der Zugang zum Mount McKinley zu einem außergewöhnlichen Unterfangen. Heute brauchen die kleinen Flugzeuge, die in Talkeetna starten, bei schönem Wetter weniger als eine Stunde, um die Bergsteiger auf 2500 Meter Höhe auf dem Kahiltnagletscher am Fuß des Berges abzusetzen.

Die Expeditionen von Cook zwischen 1903 und 1906

Die erste Expedition Cooks benötigt noch gut neun Wochen, um den Peters Glacier zu erreichen, der den besten Anstiegsweg auf den Berg zu bieten scheint. Obwohl sie sich in einem bereits bekannten Gebiet bewegen, werden auch die folgenden Expeditionen ähnlich viel Zeit aufwenden.

Dann muss der Berg in Angriff genommen werden, und auch das ist alles andere als einfach. «Die Berge Alaskas sind nicht die höchsten der Welt. Aber im Himalaja liegt die Schneegrenze bei 5000 oder 6000 Metern, und hier ist um den Mount McKinley die ganze Region meilenweit von Eis und ewigem Schnee bedeckt», schreibt Claude E. Rusk, der Expeditionsleiter, der 1910 den Aufstieg versucht. Tatsächlich ragt der Berg aus Niederungen um 300 bis 600 Meter frei auf, die Baumgrenze liegt bei 600 Meter, Gras wächst bis etwa 1200 Meter. Es ist eine der größten Einzelerhebungen über ein Tiefland auf der Erde. «Das Klima auf dem Gipfel des McKinley ist vermutlich das strengste der Welt mit Ausnahme der Polargegenden», fügt später Bradford Washburn hinzu, der Bergsteiger und Fotograf aus Boston, der in den Jahren während des Zweiten Weltkriegs beachtliche Besteigungen im Yukon und in Alaska vollbracht hat.

Die erste Expedition von Cook erreicht immerhin eine Höhe von 3500 Metern und umrundet den Berg, lässt dann die Pferde frei und kehrt an die Pazifikküste zurück, wo sie mit einem Floß Wildflüsse befährt. Im Frühling 1906 schifft sich Frederick Cook nochmals in Seattle in Richtung Alaska ein. Er wird dieses Mal von Ed Barrill, Hershel Parker und Belmore Brown begleitet.

Man merkt, dass der Goldrausch begonnen hat. Das Schiff war 1903 noch fast leer, jetzt ist es voll mit Goldsuchern. Am Ufer des Cook Inlet (das nicht nach Frederick, sondern nach James Cook, dem berühmten britischen Seefahrer, benannt ist), ist die Boomtown Cordova entstanden, in der die Goldsucher ihr Gold verkaufen und billigem Whisky ebenso wie käuflichen Damen zusprechen, bevor sie ins Landesinnere zurückkehren.

Diesmal will Cook die Südseite des McKinley erreichen. Nach zweieinhalb Monaten vergeblicher Versuche scheint die Expedition gescheitert. Browne bleibt in Alaska und sammelt seltene Pflanzen, Parker fährt wieder nach New

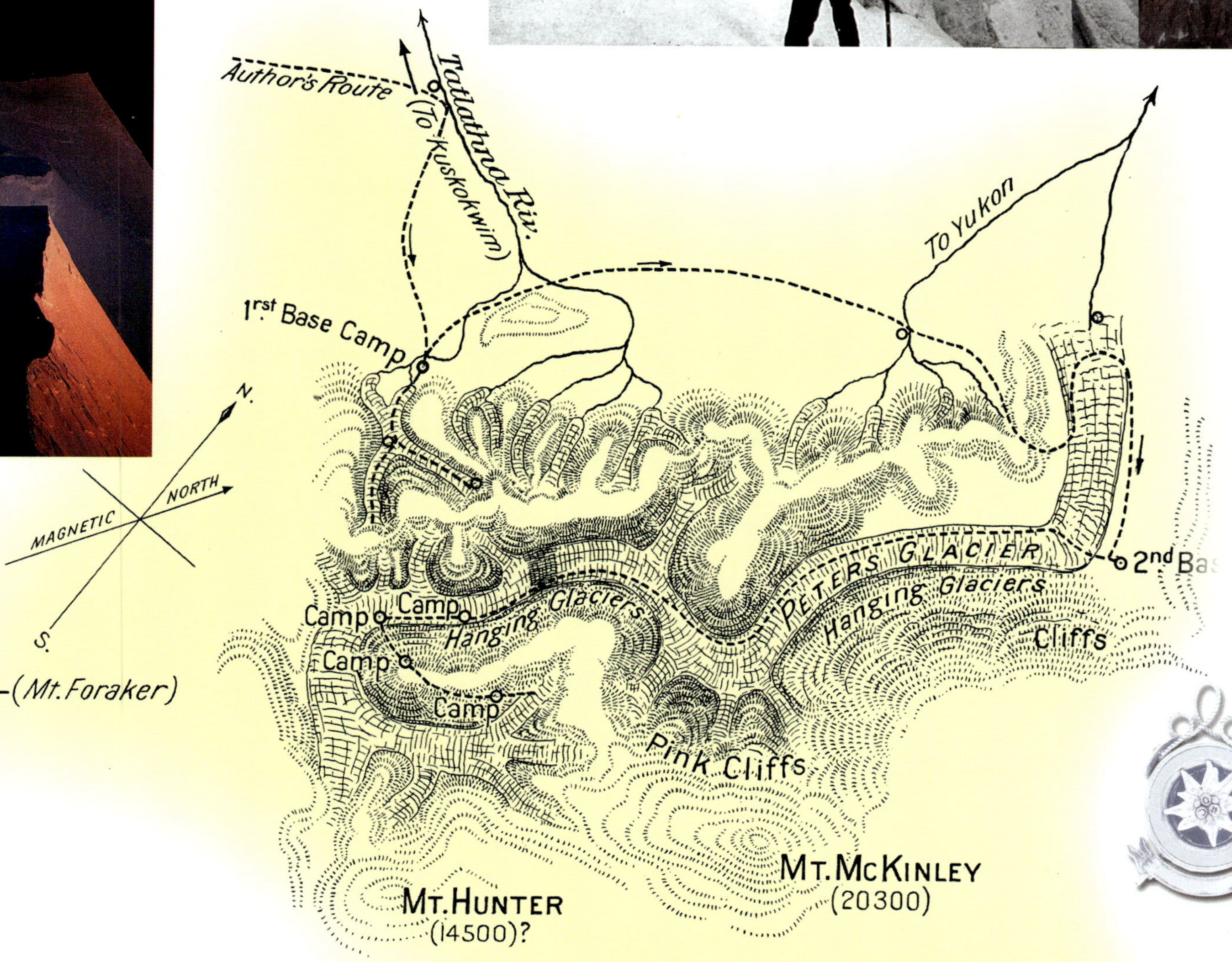

204 links Die berühmte Fotografie von Galen Rowell zeigt die Schneegrate auf dem Mount McKinley im Licht der untergehenden Sonne.

204 Mitte rechts Auch die Topografen des *United States Geological Survey* mussten im Jahr 1900 die Gletscher begehen, um die erste topografische Karte des Mount McKinley anfertigen zu können.

204 unten Die 1900 von Robert Dunn gezeichnete topografische Karte stellt zum ersten Mal die Nordwestseite des Mount McKinley mit einiger Genauigkeit dar.

204–205 Die Südseite des Mount McKinley ist am eindrucksvollsten und schwierigsten. Sie wird erstmals 1961 durch eine italienische Expedition unter der Leitung von Riccardo Cassin bestiegen. Erst aus der Luft betrachtet erschließen sich die Dimensionen des gewaltigen Massivs.

205 rechts Die Felsen der Südseite des Mount McKinley sind ganzjährig schnee- und eisverkrustet.

York, und Cook und Barrill reisen ins Landesinnere zu einer «kurzen Erkundung». Einen Monat später kehrt Frederick Cook triumphierend an die Küste zurück und verkündet der Welt, er habe den Gipfel erreicht. Zu dem im Mai 1907 in *Harper's Monthly Magazine* veröffentlichten Artikel gehört ein Foto von Barrill, der auf dem Gipfel eine Flagge schwenkt; dadurch wird Cook zum berühmtesten Forscher Amerikas. Im Jahr 1908 vermehrt sein Buch *To the Top of the Continent* noch seinen Ruhm. Im September 1909 erreicht ein Telegramm den *Explorers' Club* in New York, das der Welt verkündet, Frederick Cook habe gerade den Nordpol erreicht. Dem kurzen Ruhm folgt jedoch schnell die Schande.

Robert Peary behauptet nämlich ebenfalls, als erster den Nordpol erreicht zu haben, und zweifelt an Cooks Unternehmung in der Arktis. Das Zeugnis zweier Eskimos, die ihn begleitet haben, überzeugt niemanden. Die «Bombe vom McKinley» explodiert, als Browne und Parker unter Berufung auf die im Buch veröffentlichten Bilder behaupten, dass das «Gipfelfoto» von Cook eine banale Fälschung sei.

1910 haben die beiden Ankläger und ehemaligen Reisegefährten Frederick Cooks bei ihrer Rückkehr nach Alaska den bescheidenen Gipfel von etwa 2000 Meter Höhe entdeckt, auf dem das berühmte Foto entstanden ist. «Er hat geerntet, was er gesät hat. Wenn er unzurechnungsfähig ist, dann hat er ein Recht auf Mitleid. Wenn nicht, dann gibt es auf dieser Erde keinen Winkel, in dem er sich vor seiner Vergangenheit verstecken kann», kommentiert Claude E. Rusk gnadenlos.

Für den Urheber der Fälschung ist es das Ende. Vielleicht kostet diese Lüge Frederick Cook einen höheren Preis als angemessen. Nachdem der Welt der Trick in Alaska vor Augen geführt worden war, glaubt keiner mehr daran, dass er den Nordpol erreicht hat. «Was für eine Ironie, wenn die Fälschung am McKinley dem ersten Mann am Nordpol den Ruhm zunichte gemacht hätte!», überlegt 1976 Chris Jones in seinem Buch *Climbing in North America*.

Das Rätsel des Mount McKinley ist aber immer noch nicht gelöst. Im April 1910 – die «Affäre Cook» ist noch nicht ausgestanden – verkündet die *Fairbanks Daily Times* die Eroberung des Mount McKinley. Diesmal behaupten die Minenarbeiter Pete Anderson, Charley McGonagall und Billy Taylor, die in die Geschichte als *The Sourdoughs* (das ist der Spitzname für Goldsucher) eingehen werden, den Gipfel bezwungen zu haben.

Sie sind auf ihren angeblichen Triumph über die «Doktoren und von weither gekommenen Expeditionen» stolz, bringen aber kein einziges Foto vom Gipfel ins Tal. Wenige Wochen später weisen Unwetter sowohl eine Expedition aus Oregon unter der Leitung von Claude E. Rusk als auch den neuen Versuch von Browne und Parker zurück. 1912 bringt ein weiterer Anlauf die ehemaligen Gefährten Frederick Cooks bis auf wenige hundert Meter unter den Gipfel, doch ein heftiger Sturm lässt sie für immer aufgeben.

Im nächsten Jahr erreichen Stuck und seine Kameraden endlich den 6194 Meter hohen Südgipfel, den höchsten im Massiv des Mount McKinley. Auf dem nur etwas niedrigeren Nordgipfel sehen sie den Holzpfahl, den die Gruppe der Sourdoughs dort hinterlassen hatte. «Sicher sind wir auf jenen Gipfel gestiegen: Von Fairbanks aus hätte man den Pfahl dort mit größerer Wahrscheinlichkeit sehen können», wird Billy Taylor, ein Mitglied der abenteuerlichsten Expedition in der Geschichte der großen Gipfel Alaskas, 1937 als Erklärung anführen.

Nach dem Ende der Pionierzeit hüllen sich die großen Berge in Alaska und im Yukon wieder in majestätisches Schweigen. Nach der Besteigung durch Stuck und seine Kameraden vergehen fast zwanzig Jahre, bis eine neue Expedition sich den Gletschern des «Dachs von Nordamerika» nähert. Im Jahr 1917 gründet die Regierung im fernen Washington D.C. dann den Mount McKinley National Park (1980 in «Denali» umgetauft), der mit 2 411 236 Hektar auch heute noch der größte Nationalpark der Erde ist.

206 Mitte links Mit ganzen 5951 Metern Höhe ist der Mount Logan der höchste Gipfel Kanadas. Die Erstbesteigung gelingt 1925 einer Expedition des *Alpine Club of Canada* unter der Leitung von Albert MacCarthy, bei der die Alpinisten Hunderte von Kilometern unberührtes Gelände zu Fuß durchqueren müssen.

206 unten links Während des Anmarschs zum Ostgrat des Mount Logan sind die Bergsteiger gezwungen, riesige schneebedeckte Spalten zu überwinden.

206–207 Der Normalweg auf den Mount McKinley bietet einen umwerfenden Ausblick auf einige der höchsten und beeindruckendsten Berge Alaskas – hier auf den gewaltigen Mount Foraker, vom letzten Lager auf 5500 Meter Höhe aus.

Der Mount Logan

In den Jahren vor dem Ersten Weltkrieg verbreitet sich auch in den Vereinigten Staaten und in Kanada ein Alpinismus, der dem europäischen ähnlich ist. Für die Bergbegeisterten ist jedoch der hohe Norden ein zu fernes und teures Ziel. Sie ziehen es vor, sich um die besser erreichbaren Bergketten zu kümmern: die Tetons und die Wind River Range in Wyoming, die Sierras in Kalifornien, den Mount Rainier und die Cascades im Staate Washington. Nördlich der Grenze, in Kanada werden die Rocky Mountains, aus denen die eleganten Profile von Mount Assiniboine und Mount Robson herausragen, schnell ein beliebtes Ziel.

Albert MacCarthy, 1913 Hauptakteur bei der Erstbesteigung des Mount Robson, leitet die Expedition des *Alpine Club of Canada*, die 1925 den höchsten Berg des eigenen Landes zu besteigen versucht. Das ist der Mount Logan, ein herrlicher Berg mit einer Höhe von 5951 Metern, der sich auf der Grenze zwischen den Vereinigten Staaten und Kanada befindet, etwa 30 Kilometer weiter im Landesinnern als der Mount Saint Elias. Der nächste Ort ist 250 Kilometer entfernt, und der Zugang erfolgt zur Hälfte über Gletscher. Albert MacCarthy ist aber für seine Entschlossenheit und körperliche Widerstandsfähigkeit in «Fachkreisen» wie auch in der Öffentlichkeit bekannt.

Im Sommer 1926 wird er in den Alpen in zwei Monaten 101 Gipfel besteigen und dabei mehrere bekannte Schweizer Bergsteiger «verschleißen». Im Februar 1925 beginnt der unermüdliche MacCarthy mit fünf Kameraden, drei Hunde- und zwei Pferdeschlitten mit dem Transport von Ausrüstung zum Mount Logan. Nach zwei anstrengenden, eisigen Monaten kehrt er zurück. Vierzehn Tage später bricht er mit dem Rest der Gruppe wieder zum Berg auf.

Nach weiteren vier anstrengenden Wochen ist der King Col erreicht, der Beginn des technisch anspruchsvolleren Teils der Expedition. Aber die Schwierigkeiten werden nie unüberwindbar. Neben den Entfernungen werden die Alpinisten durch die große Höhe und das schlechte Wetter dennoch auf eine harte Probe gestellt. Am 23. Juni überqueren endlich sechs Bergsteiger die fast nicht enden wollende Hochebene ganz oben und erreichen den Gipfel des Mount Logan. Beim Abstieg verlangsamt der schlechte körperliche Zustand Fred Lambarts das Tempo der Gruppe, ein erzwungenes Biwak und ein weiterer Sturm machen das Voran-

kommen zusätzlich schwierig. Bei der Rückkehr gibt sogar das strenge *Alpine Journal* zu, dass «so große Leiden noch nie während irgendeiner alpinistischen Expedition ertragen wurden».1930 beginnen die Versuche am Mount Fairweather (4669 Meter), einem anderen schönen Berg am Pazifik. Der Gipfel wird aber erst im folgenden Sommer durch Allen Carpé und Terris Moore erreicht, die von einem halben Meter Neuschnee bedeckte Hänge überwinden müssen.

Fritz Wiessner in Alaska

Im Jahr 1934 kommt die Seilschaft Charles Houston (der spätere Leiter von zwei Expeditionen zum K2), Thomas Graham Brown und C. Waterston auf den 5304 Meter hohen Mount Foraker, den höchsten Berg in der Nähe des Mount McKinley. Auch wenn diese Besteigung nicht so anspruchsvoll ist wie die des Logan, muss doch immer mit der besonders unwirtlichen Umgebung gekämpft werden. Als Erster geht ein aus Europa in die Vereinigten Staaten ausgewanderter Alpinist beachtliche technische Schwierigkeiten in den strengen Bergen des hohen Nordens an. Es ist jener Fritz Wiessner, den wir bereits kurz nach dem Ersten Weltkrieg in den Wänden der Geislerspitzen und des Monte Pelmo getroffen haben. Er wird gemeinsam mit seinem Freund Bill House im Sommer 1935 den 3994 Meter hohen Mount Waddington als Erster bezwingen, einen herrlichen Berg aus Fels und Eis, der den höchsten Punkt in der kanadischen Küstenkette darstellt, mitten in Britisch-Kolumbien. Die Südwand des Berges ist senkrecht und schwierig und hält problemlos einem Vergleich mit den Nordwänden der Westalpen stand, die in jenen Jahren eine nach der anderen fallen. Wiessner – der bei den schwierigeren Seillängen die Bergschuhe mit leichten Kletterschuhen mit Seilsohle vertauscht, wie sie in den Dolomiten üblich sind – zeigt, dass er der Herausforderung gewachsen ist. Dann reisen die beiden Besteiger des Mount Waddington mit zwei getrennten Expeditionen in Richtung K2.

Im Jahr 1946 versucht Fritz Wiessner zusammen mit Donald Brown und Fred Beckey die Besteigung des Devil's Thumb, einer nicht sehr hohen Felspyramide, die dafür aber besonders schwierig ist und sich auf der Grenze zwischen Alaska und dem Yukon erhebt. Durch eine Zerrung in Wiessners Knie wird die Gruppe zur Umkehr gezwungen. Einige Wochen später versucht es Beckey mit Bob Craig und

207 oben rechts Obwohl er «nur» 3994 Meter hoch ist, gehört der Mount Waddington in der Küstenkette zu den schönsten Bergen Kanadas. Er wurde im Jahr 1935 erstmals bestiegen von dem deutschen Alpinisten Fritz Wiessner, der in den Jahren zuvor große Unternehmungen in den Dolomiten durchgeführt hatte und 1928/29 in die Vereinigten Staaten emigriert war, und dem Amerikaner Bill House. Beide vollbringen in den folgenden Jahren Beachtliches am K2. Die gestrichelte Linie zeichnet den Aufstiegsweg nach.

207 Mitte rechts Immer wieder sind während des kräftezehrenden Anmarsches zur Südwand bei der Erstbesteigung des Mount Waddington weite Gletscherfelder zu bewältigen.

208 oben links Bill House hat seinen Kameraden Fritz Wiessner auf dem Gipfel des Mount Waddington fotografiert. Obwohl der Gipfel selbst aus Schnee ist, liegen die Schwierigkeiten beim Aufstieg hauptsächlich im Fels und im kombinierten Gelände.

208 oben rechts Die dem Kahiltna Glacier zugewandte Nordwand des Mount Hunter ist eine der steilsten und anspruchsvollsten unter den großen Bergen Alaskas.

Cliff Schmidtke nochmals. Am 18. August, einem herrlichen Sonnentag, überwindet die Seilschaft in Tennisschuhen die schwierigsten Passagen der Route, einschließlich einer «glatten Zinne, abschnittsweise mit glashartem Eis verkrustet und fast ohne Risse, in die man Haken schlagen kann», was bei Fred eine «beachtliche Adrenalinproduktion» verursacht. Ab dem folgenden Tag blockiert ein wildes Gewitter die Seilschaft drei Tage und drei Nächte lang in einer kleinen Höhle, die sie in ein Schneefeld gegraben hat. Am 24. August wird das Wetter endlich wieder wunderschön. Die Alpinisten erreichen nach einer heiklen Kletterei über Felsen, die das Gewitter mit Schnee verkrustet hat, endlich den luftigen Gipfel des Devil's Thumb.

«Die Luft war so klar, dass man den Mount Fairweather und den Mount Grillon sehen konnte, die 350 Kilometer nordwestlich stehen», erzählt Beckey.

Auch der Abstieg zum Stikine River scheint unendlich lang. Eine Reihe von Doppelseilen in der Wand, die Überquerung des Gletschers mit Skiern und schließlich eine schier ewige Wanderung über Moränen und durch Wälder bringen die Alpinisten zum Schiff, das sie wieder nach Wrangell fahren soll. Vor ihrer Ankunft gönnen sich Craig und Schmidtke den Luxus eines Bades im Freien. Das plötzliche Auftauchen eines Grizzlyweibchens mit ihren beiden Jungen macht aus diesem schönen Abenteuer im Buch des amerikanischen Alpinismus beinahe eine Tragödie.

Rückkehr zum Mount McKinley

In den fünfziger Jahren wird der Mount McKinley wieder zum Ziel. Er ist auch bekannt als «schlimmster Berg der Welt», denn sein Gletscherpanzer wird oft von eisigen Weststürmen heimgesucht. 1951 begeht eine Gruppe, die den Kahiltna Glacier mit dem Flugzeug erreicht hat, unter der Leitung von Bradford Washburn zum ersten Mal den Westgrat, der seitdem als normaler Anstiegsweg genutzt wird. Drei Jahre später gelingt einer Expedition der Universität von Alaska die erste Überschreitung des Bergs. Elton Thayer, George Argus, Les Viereck und Morton Wood erreichen den Fuß des Berges über den Ruth Glacier, sammeln abgeworfene Ausrüstung und Proviant ein und besteigen den Grat, der die Südwand nach rechts begrenzt. Beim Abstieg folgen die vier Männer der Karstens Ridge, dem 1913 schon begangenen steilen Schneegrat, der aber durch die schlechten Schneeverhältnisse gefährlich ist.

Ein Ausrutscher Thayers, der als Letzter absteigt und die anderen drei sichert, lässt alle 300 Meter weit über den Hang rutschen. Eine ebene Fläche rettet dreien der Alpinisten das Leben. Viereck hat Schmerzen in der Brust, Argus hat sich ein Bein gebrochen; für Elton Thayer aber kommt jede Hilfe zu spät. Nachdem Viereck und Wood den toten Kameraden auf dem Gletscher zurückgelassen haben, bauen sie ihr Zelt auf, das sie mit dem Verletzten beziehen. Sie zeichnen Signale in den Schnee und warten sechs Tage lang darauf, von einem Flugzeug entdeckt zu werden. Dann müssen sie erkennen, dass niemand ihre SOS-Zeichen gesehen hat. Wood und Viereck müssen drei Tage lang laufen, bis sie einige Rangers treffen, die Hilfe rufen können. Erst zwei Wochen nach dem Unfall wird George Argus endlich von der Hilfsmannschaft versorgt.

In den fünfziger Jahren gesellen sich zu den Amerikanern und Kanadiern im hohen Norden einige der besten Alpinisten Europas. 1954 tut sich Fred Beckey, der sich rasch als einer der besten Alpinisten der USA einen Namen macht, mit dem Deutschen Henry Meybohm und dem Österreicher Heinrich Harrer, der gerade von seinen «Sieben Jahren in Tibet» zurückgekehrt ist, zusammen, um die ersten Besteigungen des Mount Deborah (3762 Meter) und des Mount Hunter (4372 Meter) durchzuführen; dies sind zwei der schönsten noch unbestiegenen Berge Alaskas.

Fünf Jahre danach überlegt sich ein anderer Österreicher, Leo Scheiblehner, eine Route durch die Südostwand des Mount La Pérouse, eines eleganten Gipfels (3225 Meter) im Massiv des Mount Fairweather, die er als Seilerster mit Richard Griesmann begeht. Diese Wand aus Eis und kombiniertem Gelände ist mehr als 2000 Meter hoch, steil und Lawinen ausgesetzt. Scheiblehner vergleicht sie mit der Nordwand der Courtes und überwindet sie beim ersten Versuch in 14 Stunden. «Eine Besteigung, die ihrer Zeit voraus war», wird Chris Jones sie nennen.

Riccardo Cassin am Mount McKinley

Im neuen Jahrzehnt ist auch der Mount McKinley wieder mächtig gefragt. 1961 führt Riccardo Cassin, Initiator vieler alpiner Unternehmungen in den dreißiger Jahren, eine Expedition der Gruppe «Ragni di Lecco» («Spinnen von Lecco»), die den auffälligsten Grat der Südwand zum Ziel hat, laut Bradford Washburn das größte alpinistische Problem des Kontinents.

208–209 Scott Backes überwindet eine schwierige Passage im Eis während der Eröffnung der«Deprivation»-Route in der Nordwand des Mount Hunter. Die höchsten Gipfel Nordamerikas bieten auch heute noch eine breite Palette an Möglichkeiten, neue Aufstiegsrouten zu eröffnen.

209 rechts Scott Backes bezwingt die sehr steile Zentralrinne aus Eis in der Route «Deprivation». Der normalerweise an diesen Wänden praktizierte Alpenstil (ohne Lagerkette) zwingt den Begeher dazu, selbst als Seilerster mit dem Gewicht schwerer Rucksäcke zu klettern.

210 unten links 1972 überwindet Jim MacCarthy mit Hilfe von Fixseilen die senkrechten Platten des Moose's Tooth. Obwohl das Klima in dieser Gegend ganz anders ist, wenden die Bergsteiger in den Granitwänden Alaskas und Kanadas dieselben Techniken an wie in den sonnenbeschienenen Wänden des Yosemite.

210–211 Die mächtige Ostwand unter dem Hauptgipfel des Moose's Tooth zählt zu den schwierigsten Granitmauern Alaskas.

Bei ihrer Ankunft in der Neuen Welt geben die Männer aus Lecco ein reichlich provinzielles Bild ab. Sie fotografieren verblüfft die Wolkenkratzer und haben aufgrund mangelnder Englischkenntnisse Probleme bei der Expeditionsvorbereitung. Mitte Juni lädt der Pilot Don Sheldon Cassin und seine Kameraden am Kahiltnagletscher ab. Hier fühlen sich die «Ragni» wie zu Hause, und das merkt man. In den

ersten beiden Wochen hilft den Männern noch der Amerikaner Bob Goodwin beim Transport des Materials zum Einstieg, dann machen sich Riccardo Cassin, Jack Canali, Gigi Alippi, Romano Perego, Luigi Airoldi und Annibale Zucchi an den unteren Wandteil. Nach Überwindung eines schmalen Schneegrats und eines kleinen Hängegletschers werden vor dem Gipfelsturm die Zelte von Lager III auf 5200 Meter aufgestellt. Die sechs Italiener überwinden den letzten Abschnitt des schwierigen Felssporns und gehen dann auf leichteren Hängen in Richtung Gipfel. Jetzt ist das Klima das Hauptproblem. «Die Temperatur ist sehr niedrig, 30 oder 35 Grad unter Null, der feine und vereiste Schnee peitscht unsere Gesichter. Steinhartes Eis wechselt mit Pulverschnee und einer verharschten Schneedecke ab, in die wir immer wieder einbrechen. Die Bergschuhe sind steif, und man hat das Gefühl, sie seien eins mit dem Fuß», so erzählt Cassin in *Cinquant' anni di alpinismo*. Um elf Uhr abends am 19. Juli umarmen sich die italienischen Bergsteiger auf dem 6194 Meter hohen Gipfel.

Die Eiseskälte und die Müdigkeit machen den Abstieg mindestens genauso schwierig wie den Aufstieg. Canali hat schwere Erfrierungen an den Füßen und rutscht mehrmals auf dem Hang aus. Gigi Alippi gibt dem Freund seine warmen Rentierstiefel und läuft mit vier Paar Strümpfen und Überschuhen weiter. Unter diesen Umständen kann er jedoch keine Steigeisen verwenden und muss abgelassen werden. Der Nebel sorgt zusätzlich für Orientierungsschwierigkeiten. Ein fürchterlicher Sturz von Romano Perego wird zum Glück durch einen Schneehaufen gebremst. Am Nachmittag des 23. Juli 1961 kehren die Alpinisten endlich wieder in die Sicherheit des Basislagers zurück.

Sein Können und seine Entschlossenheit haben es dem großen Cassin ermöglicht, seinem außerordentlichen Lebenswerk eine weitere herrliche Route hinzuzufügen. Die Leiden, die auf einem Berg wie diesem unvermeidbar sind, wurden jedoch durch die Verwendung falscher Kleidung noch verstärkt. Das Klima am McKinley ist dem des Mount Everest ähnlicher als dem am Montblanc. «Die Italiener haben die Route mit den meisten Schwierigkeiten in Alaska eröffnet, haben aber den Fehler gemacht, die Bedingungen sträflich zu unterschätzen. Sie sind mit Kniebundhosen, Kniestrümpfen und normalen, für die Alpen geeigneten Bergschuhen gekommen. Die Erfrierungen waren noch eine leichte Strafe», kommentiert der Historiker Chris Jones.

Mount Huntington und Moose's Tooth

Drei Jahre nach Riccardo Cassin betritt ein weiterer Großer des europäischen Alpinismus die eisige Bühne Alaskas. Mit sieben Landsleuten möchte der Franzose Lionel Terray im Jahr 1964 nacheinander die beiden herrlichen, noch unbestiegenen Gipfel des Mount Huntington und des Moose's Tooth besteigen und dann eine neue Route in der Südwand des Mount McKinley eröffnen. Aber trotz seiner Erfahrungen an der Annapurna, dem Makalu, in den peruanischen Anden und am Fitz Roy hat der Autor von *Die Eroberer des Unnützen* die grimmigen Berge Alaskas unterschätzt.

Auf dem Nordwestgrat des Mount Huntington steigt die Temperatur nie über minus 10 Grad, und das Eis ist außerordentlich kompakt. Am neunten Tag kann ein Sturz Terrays gerade noch von seinem Seilschaftskameraden Jacques Soubis gehalten werden. Trotz einer schlimmen Zerrung am Arm erreicht Terray zehn Tage später mit seinen Kameraden den Gipfel des Mount Huntington.

Aufgrund der Anstrengungen, der nervlichen Anspannung und der Kälte verzichten die Franzosen jedoch auf den Rest ihres ehrgeizigen Programms. Den Moose's Tooth, eine herrliche, 3150 Meter hohe Felspyramide erobern daher einige Tage später die Deutschen Klaus Bierl, Arnold Hasen-

211 oben Die spitze Pyramide des Mount Huntington ist einer der wenigen großen Gipfel Alaskas, der von europäischen Alpinisten bezwungen wird. Die Franzosen Lionel Terray und Jacques Soubis führen 1964 trotz extremer Temperaturen die Erstbesteigung über den Nordwestgrat durch.

211 Mitte Einer der französischen Bergsteiger im Jahr 1964 auf einem relativ leicht zu bewältigenden Abschnitt des ungewöhnlich langen Nordwestgrates am Mount Huntington. Zehn Tage brauchten sie bis zum Gipfel.

kopf, Alfons Reichegger und Walter Welsch. Die Revanche der Amerikaner lässt jedoch nicht auf sich warten. 1965 besteigen Don Jensen, Dave Roberts, Ed Bernd und Matt Hale den Mount Huntington über die problematische Westwand, eine schwierigere Route als die von Terray und seinen Kameraden. Beim Abstieg stürzt Ed Bernd ab, weil ein Doppelseil schlecht platziert wurde; er überlebt das Unglück nicht. Im gleichen Sommer gelingt es einem kalifornischen Team, bestehend aus Dick Long, Jim Wilson, Allen Steck, Joe Evans, Paul Bacon und Frank Coale, in einem einmonatigen Kampf den über zehn Kilometer langen Südgrat des Mount Logan zu bezwingen.

Zu Beginn des Jahres 1967 fängt auch in Alaska der Winteralpinismus an. In den großen Alpenwänden sind Besteigungen während der kalten Jahreszeit inzwischen etwas Alltägliches. Aber der Winter am McKinley ist härter. Abgesehen von den Temperaturen und dem schlechten Wetter sind die Tage im arktischen Winter sehr kurz und machen den Alpinisten das Leben noch schwerer. An der Expedition nehmen außer den Amerikanern Gregg Blombereg, Dave Johnston, Art Davidson, George Wichman und John Edwards auch der Japaner Shiro Nishimae, der Franzose Jacques Batkin und der Schweizer Ray Genet teil.

Mitte Januar lädt wieder einmal Don Sheldon die Alpinisten auf dem Kahiltna Glacier ab. Nur wenige Tage später verunglückt Jacques Batkin tödlich beim Sturz in eine unter dem Neuschnee verborgene Gletscherspalte.

Nach langen Diskussionen beschließen die anderen weiterzusteigen. Trotz der Kälte, der Dunkelheit und des schlechten Wetters wird eine Reihe von Lagern entlang des Westgrates platziert, und so erreichen Davidson, Johnston und Genet schließlich den Gipfel. Beim Abstieg werden auch sie durch einen äußerst heftigen Sturm mit Windstärken von bis zu 150 Stundenkilometern blockiert. Johnston ist als Einziger in guter Verfassung, er bereitet das Biwak vor und kocht das Essen für seine Kameraden.

Nach drei Nächten in einem Schneeloch in 5460 Metern Höhe auf dem Denalipass legt sich der Sturm, aber der Berg ist in Wolken gehüllt. Erst am sechsten Tag können sich die drei abwärts bewegen. Da ihre Kameraden sie für tot hielten, haben sie allerdings die Lager auf dem Grat abgebaut und zwingen die Männer so zu einem entbehrungsreichen Abstieg ohne Schutz und Lebensmittel. Nach einem letzten Biwak findet ein Helikopter schließlich die erschöpften Alpinisten und bringt sie nach Talkeetna zurück.

In den siebziger und achtziger Jahren wird das Bergsteigen an den Giganten Alaskas zur Normalität. Die Expeditionen zum McKinley auf der Normalroute nehmen zu und bringen zwischen Mai und Juni jedes Jahr einige hundert Bergsteiger auf den Kahiltna Glacier und den Westgrat des Berges. Ein derartiger Andrang verursacht ernsthafte Umweltprobleme, und unzureichende Vorbereitung ist die Ursache einer ständig steigenden Anzahl von Unfällen.

Nicht weit vom Normalweg wird in den steilsten Wänden des McKinley eine immer größere Zahl von Routen eröffnet. In der Südwand, wo die Cassin-Führe inzwischen oft wiederholt wird, ist die 1976 von Dougal Haston und Doug Scott eröffnete Route erwähnenswert, ebenso wie 1991 der Alleingang des Tschechen Miroslav Smid.

Renato Casarotto aus Vicenza ist ebenfalls ein Spezialist des Alleingehens. Er realisiert 1977 den Nordostgrat des McKinley, den er bei dieser Gelegenheit *The Ridge of No Return* tauft. Neben vielen Extremführen in den Dolomiten hat Casarotto auch große Unternehmungen im Alleingang in den Anden, in Patagonien und am Montblanc hinter sich. 1986 findet der Bergsteiger beim Sturz in eine Gletscherspalte am Fuß des K2 einen tragischen Tod.

212 oben Angesichts der extrem starken Winde in Alaska stellen die in Schnee und Eis gegrabenen Höhlen der Alpinisten die geschütztesten und sichersten Lager dar.

Am Rand der Arktis

212 Mitte Wenn in Zelten übernachtet wird, werden diese natürlich möglichst windgeschützt platziert, wie hier während einer Besteigung des Mount McKinley.

212 unten Man kann sich kaum eine ausgesetztere Position vorstellen. Casarotto hat sie für sein Zelt bei der Erstbesteigung des Nordostgrats des McKinley gewählt, den der italienische Bergsteiger *The Ridge of No Return* getauft hat.

213 Ein Mitglied der kanadischen Expedition steigt die steilen Schneehänge des Südwestsporns am Mount McKinley hoch. Hinter ihm erahnt man jenseits der Schneespitzen des Sporns im Nebel die weiße Fläche des Kahiltna Glaciers.

Granitwände auf Baffin Island

In den letzten Jahrzehnten sind immer mehr neue Routen auch zu den anderen großen Gipfeln im hohen Norden entstanden, und jedes Jahr werden weitere Aufstiegsvarianten eröffnet oder wichtige Wiederholungen am Mount Huntington oder dem Logan registriert, auf dem Moose's Tooth oder dem eleganten Mount Deborah. Bereits in den sechziger Jahren haben die besten Bergsteiger Europas und Amerikas aber zwei Gebiete entdeckt, die noch große, gänzlich unerforschte Wände bieten. Das (relativ gesehen) meistbesuchte ist Baffin Island, der östlichste Bereich der kanadischen Arktis. 1934 begibt sich erstmals Tom Longstaff mit bergsteigerischen Ambitionen dorthin, und bereits in den sechziger Jahren werden hier systematische Besteigungen durchgeführt. Die höchsten Granitwände des Globus an Mount Asgaard, Mount Odin, Mount Breidablik und Mount Overlord dominieren die imposanten Gletscherflüsse, die zum Penny Ice Cap und zum Pangnirtung-Fjord hinunterfließen. 1963 wird auf der entgegengesetzten Seite dieses unendlichen Landes ein weiteres Gebiet mit ungewöhnlichen Wänden entdeckt: Es ist der *Cirque of the Unclimbables*, ein kesselartig eingeschnittenes Tal mit Granitwänden, die zu Gipfeln wie dem Mount Proboscis, dem Mount Harrison Smith und dem Lotus Flower Tower führen. Dank der Hilfe des *American Alpine Club* besteigen 1963 Jim MacCarthy, Royal Robbins, Layton Kor und Dick McCracken die Südostwand des Proboscis, eine riesige vertikale Wand in einem besonders abgelegenen Gebiet.

Seitdem werden auch die großen Wände auf der Grenze zwischen dem Yukon und den North West Territories immer häufiger von den besten Kletterern der Welt besucht. Wasserflugzeuge und Hubschrauber sorgen für eine schnelle Anreise. Die modernen Routen, die am Lotus Flower Tower und am Mount Proboscis mit Schwierigkeitsgraden bis 8a eröffnet wurden, zeigen, dass sich in diesen Wänden die beiden großen Richtungen des nordamerikanischen Alpinismus die Hände reichen: Hier müssen die Freunde der arktischen Wildnis die am Yosemite gelernten Klettertechniken einsetzen.

214 Die außerordentlichen Granitwände in Baffin Island in der kanadischen Arktis werden seit den siebziger Jahren von Alpinisten auf der Suche nach neuen, sehr schwierigen Routen frequentiert. Auf Skiern läuft der amerikanische Alpinist Ryan Shellborn auf die Westseite des Mount Asgaard zu.

215 oben links Unter den Granitwänden des *Cirque of the Unclimbables* ist die Südwand des Mount Proboscis eine der schwierigsten und eindrucksvollsten.

215 oben rechts In den Wänden des *Cirque of the Unclimbables* sind die amerikanischen Top-Bergsteiger gezwungen, ihr ganzes Können unter Beweis zu stellen. Todd Skinner überwindet bei der Eröffnung von «The Great Canadian Knife» in der Südwand des Mount Proboscis als Seilerster eine Passage im Schwierigkeitsgrad 5.12a (zwischen dem achten und oberen achten Grad der europäischen Skala).

215 Mitte Die in den senkrechten Wänden von Baffin Island eröffneten Routen reichen durchwegs bis zum 8. Schwierigkeitsgrad. Jeden Sommer sind die oft von heftigen Stürmen umtosten Wände das Ziel mutiger Fans der nordamerikanischen Wildnis.

215 unten Mitte Der Mount Breidablik von Westen, vom Gipfel des Mount Tyr aus gesehen. Er ist einer der schwierigsten Gipfel von Baffin Island.

215 unten Die Zelte mit fester Bodenplatte, die in die Wand eingehängt werden können, gestatten es den Alpinisten, mitten in den kompaktesten Wänden zu biwakieren. Hier zelten Paul Piana und Todd Skinner bei der Eröffnung von «The Great Canadian Knife» in der Südwand des Mount Proboscis.

Im Granit Kaliforniens

Yosemite Nationalpark, Kalifornien, in einer Sommernacht im Jahr 1975. «Ein Wecker klingelt um zwei Uhr. Drei Körper erheben sich rasch und bewegen sich, nicht mit den üblichen langsamen Bewegungen desjenigen, der vor Tagesanbruch aus dem Schlaf gerissen wurde, sondern mit präzisen, knappen Gesten, um Energie zu sparen. Sie ziehen sich die für diese Gelegenheit passenden Kleidungsstücke an, etwa im Stil von Jimi Hendrix. Sie frühstücken riesige Omeletts, danach noch Bohnen, damit der Tag gut beginnt. Schnell kontrollieren sie ihr Material und stellen fest, dass alles in Ordnung ist. Sie gehen zum Wandfuß der ‹Nose›, wiederholen das Ritual: EB-Schuhe anziehen, Klettergurte festziehen und die Hände tapen.»
Seit John Muir hier friedlich durch das Gelände streifte, sind hundert Jahre vergangen, und das merkt man auch. Das herrliche Yosemite Valley, das 1890 das einsame Herz des gleichnamigen Nationalparks bildete, ist zu einem der meistbesuchten Touristenziele Kaliforniens geworden. Die

Pfade und Gipfel des Hinterlands in den weiter entfernten Gebieten sind noch das Terrain der Bären und kleiner Gruppen von Rucksacktouristen, die den Pacific Crest Trail oder den John Muir Trail begehen.
Das Yosemite Valley selbst verschwindet im Gewimmel der Autos und Touristenbusse, die Besucher aus aller Welt hierher bringen, damit sie schaudernd hinaufblicken können zu den gewaltigen Wänden von El Capitan, den Royal Arches, von Lost Arrow und Half Dome. Ausflügler zu Fuß und zu Pferd drängen sich auf den Pfaden, die zu den Wasserfällen und Wänden führen. Einen nicht voll belegten Campingplatz zu finden, ist im Sommer nicht leicht.

Die «Nose» an einem Tag

Jim Bridwell, John Long und Bill Westbay sind zwar körperlich dem Tal, den Straßen und den Menschenmengen nahe, aber sie sind voll und ganz auf ihr Ziel konzentriert: die erstmalige Begehung der «Nose», der klassischen Route in der höchsten und schwierigsten Wand des Tales, an einem einzigen Tag. Achtzehn Jahre zuvor hat der Erstbesteiger Warren Harding 17 Tage effektive Kletterei und 105 Haken gebraucht. Von der Geschichte des Kletterns in diesem Tal wird später noch die Rede sein.
Von der Besteigung der «Nose» gibt es einen genauen Bericht: «Es ist vier Uhr morgens. Wir steigen ein und absolvieren die ersten Seillängen, die wir bereits einige Tage zuvor durchgegangen sind, nur diesmal im Schein der Stirnlampen», erzählt Bill Westbay. «Die Dunkelheit umgibt uns noch, als wir den Sickle Ledge erreichen, auch wenn die Helligkeit vor dem eigentlichen Sonnenaufgang uns allmählich etwas Licht schenkt. John übernimmt das Kommando und geht seinen Teil der Wand an. Unser Plan ist, dass jeder von uns das Drittel der Wand vorsteigt, das seinen Fähigkeiten am besten entspricht.»
Der Wettlauf hat begonnen. Im ersten Teil führt John Long die Seilschaft, der «robusteste Kletterer, der je ins Tal gekommen ist, der die Seillängen frisst, bevor wir eine Zigarette rauchen können». Die Hände beginnen wegen der Anstrengungen zu schmerzen, aber schon um sechs Uhr morgens weckt das Trio eine andere Seilschaft, die ihr Biwak am Dolt Tower aufgeschlagen hat.
«Dieser totale Einsatz aller scheint die Energie auf ein unglaublich hohes Niveau zu bringen. Es scheint mir, dass ich sie fließen sehe, und dass auch die anderen sie sehen. Um elf Uhr werden die Pullover und andere überflüssige Gegenstände vom kleinen Absatz von Camp Four hinuntergeworfen. Um halb zwei Uhr nachmittags haben wir 700 Meter Kletterei hinter uns, und schließlich übernimmt Jim Bridwell, der den Bergsteigern im Yosemite unter dem Spitznamen *The Bird* bekannt ist, den Vorstieg.»
Die Männer sind ziemlich müde, es sind weniger Haken als erwartet in der Wand, und ein Seil, das sich unter einer großen Felsschuppe verfängt, hätte beinahe den weiteren Aufstieg blockiert, aber es kommt durch heftiges Zerren ganz schnell wieder frei.
«Irgendwie kommen uns Glück und Energie in den letzten Seillängen zu Hilfe. El Cap an einem Tag! Um sieben Uhr abends ruhen sich drei müde Körper auf dem Gipfel des El Capitan aus. Sie beginnen einen heldenhaften Abstieg auf den von den EBs wunden Füßen und kehren in den Talgrund 17 Stunden nach dem Aufbruch zurück. Immer noch erregt, gehen sie in die Kneipe, um die Großzügigkeit der Freunde auszunutzen», schließt Bill Westbay, der Berichterstatter der Gruppe.

216 links Die Südwand des El Capitan ist die höchste und berühmteste Wand im Yosemite Valley. Hier erkennt man besonders deutlich die gigantische Kante, die die Bergsteiger «The Nose» nennen. Im Vordergrund fließt der Merced River.

216 rechts Praktisch in allen Routen am El Capitan müssen die Kletterer eine große Menge an Material mitnehmen, um die langen Abschnitte künstlicher Kletterei bewältigen zu können. Neben den Haken, Klemmkeilen und Friends, die Kurt Smith am Klettergurt und am Materialgurt trägt, hängen die «weichen» Trittschlingen, die die Kletterer in den Vereinigten Staaten verwenden.

216–217 Durch die enormen Dimensionen des El Capitan sind die Kletterer gezwungen, mehrere Tage in der Wand zu bleiben. Neben einer aufwändigen technischen Vorbereitung und großer körperlicher Widerstandskraft ist auch eine hohe psychische Belastbarkeit nötig. Hier eine Passage aus «Zenyatta Mondatta».

217 rechts Der Schweizer Bergsteiger Conrad Anker klettert an der «Nose», dem ersten Weg, der am El Capitan eröffnet wurde. In allen Granitwänden der Welt sind Risse gang und gäbe, aber in den Wänden im Yosemite sind sie besonders lang. Um sie sicher zu bewältigen, haben die kalifornischen Kletterer Hilfsmittel wie Klemmkeile (*Nuts*), *Bongs*, *Rurps* und *Friends* erfunden.

Die langen Haare sind durch bunte Stirnbänder zurückgehalten, die Blumenwesten und der Jargon der drei Kletterer erinnern an die Zeit der Hippies, der Blumenkinder, die in den sechziger und siebziger Jahren auf der ganzen Welt berühmt waren. Der Klettermarathon von Bridwell, Long und Westbay über die Risse im Granit der «Nose» ist ein spektakuläres Unterfangen in diesen Wänden, deren Existenz die Europäer gerade erst wahrzunehmen beginnen. Nun wird es nicht mehr lange dauern, bis die besten Kletterer der Alten Welt ihre Pilgerfahrt ins Tal antreten.

Die dreißiger Jahre

Das Klettern im Yosemite wird bereits seit einigen Jahrzehnten praktiziert. Die großen Granitwände sind seit dem 19. Jahrhundert den Natur- und Wanderbegeisterten bekannt (der Half Dome wurde 1875 erstmals bestiegen), aber sie sind zu senkrecht und kompakt, um das Interesse der amerikanischen Bergsteiger zu wecken, die etwa um die Zeit des Ersten Weltkriegs aktiv werden.

Gegen Ende der zwanziger Jahre interessiert sich eine Gruppe Bergbegeisterter aus San Francisco, zu der Robert Underhill, Norman Clyde und Jules Eichorn gehören, für die Granitwände der Sierra. Anfangs gilt aber ihr Interesse dem höheren und besser zugänglichen Mount Whitney.

Im September 1933 kommt Eichorn in Begleitung von Dick Leonard und Bestor Robinson das erste Mal ins Yosemite. Der erste Besteigungsversuch wird am Higher Cathedral Spire durchgeführt, einer beeindruckenden Felsnadel, auf der die drei Männer in sieben Stunden nur ein paar Dutzend Meter vorankommen. Die selbst gefertigten Haken und Karabiner verbiegen sich unter dem Gewicht der Kletterer. Um höher zu gelangen, brauchen sie daher besseres Material aus Europa. Importware ist jedoch in den Jahren der Wirtschaftskrise entsetzlich teuer.

Zwei Monate später haben die drei jungen Leute Haken und Karabiner aus München erhalten und stehen wieder unter dem Felsturm. Auf halber Wandhöhe müssen sie jedoch erneut aufgeben. Im April 1934 sind sie mit «zwei halbzolldicken Seilen (40 Meter lang, Seilbruchlast 1200 Kilo), sechzig Metern dünnem Doppelseil (Seilbruchlast 450 Kilo), 20 Metern zusätzlichem Seil, einem Sortiment von 55 Haken, 13 Karabinern, zwei Hämmern, drei Trittleitern, zusätzlicher Bekleidung, Erste-Hilfe-Set, zwei Fotoapparaten, einer Filmkamera und Essen» wieder am Einstieg. Nachdem sie mit schwierigen Seilmanövern die kompaktesten und steilsten Abschnitte überwunden haben, erreichen Eichorn, Leonard und Robinson endlich den Gipfel.

Einige Monate darauf bezwingen die drei auch den Lower Cathedral Spire, der vom Sierra Club als «schwierigste Felsklettertour Amerikas» bezeichnet wird. Dann richten sie ihr Augenmerk auf den Lost Arrow, «das faszinierendste ungelöste Problem im Bundesstaat», und sogar auf die senkrechte Wand des Half Dome, der den oberen Teil des Yosemite Valley beherrscht. Nach einigen kurzen Erkundungsgängen müssen sie beide Berge schweren Herzens nachfolgenden, besser ausgerüsteten Generationen überlassen.

Dafür wenden sich die Kalifornier (die anderen amerikanischen Kletterer kennen sie unter dem Namen «The Sierrans») im Oktober 1939 dem Shiprock zu, einem beeindruckenden Monolith aus Vulkangestein im Nordwesten von New Mexico. In den Jahren zuvor wurde zwölfmal vergeblich versucht, den Turm zu besteigen; bei einem Versuch kam Robert Ormes, der Initiator der damaligen Unternehmung, nur um ein Haar mit dem Leben davon, weil sich ein Haken verbogen, aber nicht aus dem Riss gelöst hatte.

Am Wandfuß stehen Dave Brower, John Dyer, Raffi Bedayn und Bestor Robinson. Am dritten Tag ihres Versuchs und einem Biwak in der Wand schafft Robinson eine Passage mit technischer Kletterei, indem er Haken in einen Riss schlägt, der bei jedem Hammerschlag breiter wird. Dann übernimmt Dyer die Führung, umschlingt einen Felsvorsprung mit dem Lasso, hievt sich am Seil hoch und erreicht den Gipfel.

Durch die Praxis im Granit des Yosemite haben die Kalifornier gezeigt, dass sie zu den besten Kletterern Amerikas gehören. Aber der nun ausbrechende Zweite Weltkrieg erstickt die Begeisterung einer ganzen Generation.

219 oben Der Mount Whitney im Innern des Sequoia National Park ist mit 4418 Metern der höchste Gipfel Kaliforniens sowie der übrigen Staaten der USA (mit Ausnahme von Alaska und Hawaii). Im Morgenlicht wirkt der Granit der Ostwand besonders wuchtig.

219 unten Die Aufmerksamkeit der Bergsteiger aus aller Welt konzentriert sich zwar auf die Wände von El Capitan und Half Dome, aber viele andere Felsformationen bieten ebenfalls interessante und auch anspruchsvolle Routen. Die Lower (links) und die Higher Cathedral Spires beispielsweise sind als erste wichtige Felstürme im Yosemite Valley bestiegen worden, und zwar im Frühjahr 1934 von Jules Eichorn, Dick Leonard und Bestor Robinson.

218 links Die Granitplatten und –risse in der Ostwand des Mount Whitney stehen denen im Yosemite in Schwierigkeit und Kompaktheit des Gesteins in nichts nach. Damit haben die Erstbesteiger der Route «Left Wing Extremist» im Jahr 1991 zu kämpfen.

218–219 Alle Granitwände im Yosemite Valley wurden im unteren Wandbereich während der großen Eiszeiten glatt geschliffen und zwingen daher zu besonders anspruchsvoller Reibungskletterei. Die Platten der Lower Cathedral bilden da keine Ausnahme.

Die Haken des John Salathé

Nachdem in Europa wieder Frieden eingekehrt ist, sorgt eine neue Persönlichkeit für den entscheidenden Fortschritt im Yosemite. John Salathé ist gebürtiger Schweizer, aber Staatsbürger der USA geworden und von Beruf Schmied. Er hat die vierzig schon um einige Jahre überschritten und begeistert sich nicht so sehr für die Freikletterprobleme an kurzen Routen, auf die sich seine jüngeren Freunde konzentrieren. John Salathé hat sich vielmehr dem Einsatz und der Entwicklung geeigneter Haken verschrieben. Die importierten Haken aus Europa, die für den viel weicheren Kalkstein in den Dolomiten und im Wilden Kaiser entwickelt wurden, verbiegen sich im harten Granit der Sierra. In seiner Werkstatt verwendet Salathé die Achse eines alten Ford, um daraus sehr widerstandsfähige Stahlhaken herzustellen. Dann kehrt er ins Yosemite zurück, testet sie und findet heraus, dass sie funktionieren.

Mit diesen Haken gelingt es ihm im Sommer 1947, nach einer Reihe von Versuchen den Gipfel des Lost Arrow zu erklimmen. Bei dieser Besteigung ist wie bei den vorangegangenen Versuchen Ax Nelson sein Seilkamerad. Ein Jahr zuvor hat der nach Kalifornien ausgewanderte Schweizer mit demselben Begleiter die Südwestwand des Half Dome durchstiegen – die erste bedeutende Felswand des Tales, die von Menschen bezwungen wird.

220 Mitte links Mit fast 600 Metern ist die Nordwestwand des Half Dome die zweithöchste im Yosemite Valley. Sie wurde im Sommer 1957 als erste Wand innerhalb von fünf Tagen von Royal Robbins, Jerry Gallwas und Mike Sherrick durchstiegen.

220 unten links Der Sentinel Rock liegt im Süden des mittleren, am häufigsten besuchten Teils des Yosemite Valley und beherrscht das Tal mit einer schönen Granitwand, die im unteren Bereich ziemlich strukturiert und am Gipfel sehr kompakt ist.

Als Ziel seiner letzten großen Besteigung wählt Salathé im Juli 1950 den Sentinel Rock, einen noch nicht bestiegenen Monolithen im Yosemite. Gemeinsam mit Allen Steck, der bereits einen Besteigungsversuch hinter sich hat, überwindet der 55-jährige Salathé in fünf Tagen eine Reihe von Kaminen, die den heutigen Normalweg bilden, dann verlässt er Kalifornien und kehrt in die Schweiz zurück.

Die fünfziger Jahre

Eine neue Generation von Bergsteigern sieht man um die Mitte der fünfziger Jahre im Yosemite Valley. Diesmal haben die jungen Löwen der Granitkletterei wirklich die eindrucksvollsten und schwierigsten Wände der Gegend zum Ziel, die eigentlichen *Big Walls*. Zwei Männer sollen hier berühmt werden: Warren Harding und Royal Robbins. Die beiden lernen sich 1955 in den Felsen von Tahquitz kennen, 170 Kilometer von Los Angeles entfernt, wo Robbins bei einem Sturz während einer artifiziellen Kletterei sein Leben riskiert. Kurz darauf versuchen Harding und Robbins, gemeinsam die völlig senkrechte Nordwestwand des Half Dome zu durchsteigen, die fast 700 Meter hoch ist. Nach drei Tagen müssen sie jedoch aufgeben.

Zwei Jahre später, im Juli 1957, kehrt Robbins gemeinsam mit Jerry Gallwas und Mike Sherrick in die Wand zurück und besiegt sie nach fünftägigem Kampf. Im unteren Wandteil wird eine Reihe äußerst schwieriger Risse mit eigens dafür angefertigten Haken überwunden. Dann kommt das schwierigste Stück, ein Quergang nach rechts, den der Seilerste mit einem imponierenden Pendler überwindet. Oben wird die Wand leichter, aber die heiße Julisonne setzt den drei Kletterern stark zu. Zum Schluss bringt ein einfacher, aber eindrucksvoller Quergang entlang eines Bandes, das über «der beeindruckendsten Leere in der Geschichte des Alpinismus» liegt, Robbins, Gallwas und Sherrick auf den Gipfel. Zum ersten Mal ist einer der wirklichen *Big Walls* im Yosemite erobert worden.

Harding revanchiert sich einige Wochen später. Während der ersten Tage im Juli steigt er in Begleitung von Bill Feuerer und Mike Powell entschlossen in die mächtigste Wand

220 rechts Der Amerikaner Todd Skinner in der Nordwestwand-Direttissima des Half Dome: Die großen Wände im Yosemite Valley sind nicht nur kompakt und glatt, sondern oft vollkommen senkrecht.

221 unten links In der Kletterchronik des Yosemite Valley gebührt der erste Platz Royal Robbins. Er führt die Erstbesteigungen der Nordwestwand des Half Dome, der «Salathé Wall» und der «North America Wall» am El Capitan durch. Der kalifornische Kletterer, hier an einem typischen Riss, läutete 1963 in der Westwand des Leaning Tower die Ära des Alleingangs im Yosemite Valley ein.

221 rechts Die großen Routen im Yosemite wurden unter exzessiver Verwendung von technischen Hilfsmitteln eröffnet, später aber fast alle frei kletternd wiederholt. Hier überwindet Todd Skinner eine dynamische Passage in 5.13 (zwischen dem neunten und zehnten Grad auf der UIAA-Skala) in der elften Seillänge an der Westwand des Half Dome.

im Tal ein, die kein anderer Kletterer bis dahin zu berühren gewagt hat. Das ist die «Nose», der Südsporn des El Capitan, der eine klare und beeindruckende Linie im Zentrum einer schier unendlichen Wand – mehr als 1000 Meter hoch! – aufweist und ganz besonders glatt ist. «Ich werde den verdammten Weg hochsteigen!», ruft Warren Harding, bevor er seine Hände an den Fels legt.

Es wird die Belagerungstaktik angewandt. Da sie keine der von John Salathé und Jerry Gallwas geschmiedeten Stahlhaken haben, erreichen die drei Bergsteiger unter großen Anstrengungen das Band von Camp One, 100 Meter über dem Wandfuß. Dann kommen sie mit einem Pendelquergang zu einem Riss, der für die Haken und Holzkeile, die sie dabei haben, zu breit ist. Sie müssen deshalb mit dem Hammer

die Metallbeine eines alten Kochers, den sie auf einer Mülldeponie in Berkeley gefunden haben, in die Wand schlagen. Nach sieben Tagen und 300 Metern in der Führe kehren Harding, Feuerer und Powell zufrieden nach unten zurück. Der Chef der Parkranger, der dem Klettern kritisch gegenübersteht, verbietet weitere Besteigungsversuche während der Tourismussaison im Yosemite.

Im Winter bricht sich Powell unglücklich den Knöchel, während Feuerer eifrig daran arbeitet, neues Material fertig zu stellen, einschließlich eines Wägelchens für den Nachschub, das mit Hilfe einer Winde hochgezogen werden kann. Im Frühling geht es mit der Besteigung weiter, aber Powell kann mit dem verletzten Knöchel nicht mehr als Seilerster steigen, und Feuerer scheint immer mehr die Lust an der Besteigung zu verlieren. Im September 1958, nach dem Ende des vom Park auferlegten Verbots, kehrt Harding mit anderen Kameraden auf die «Nose» zurück. Er kommt aber langsamer voran als beim ersten Mal. Schließlich stellen die Ranger ihn vor ein Ultimatum. Wenn die Männer nicht vor dem Erntedankfest gegen Ende November den Gipfel erreichen, wird ihnen jeder weitere Versuch verboten. Auch Warren Harding hat inzwischen die «Nose» ziemlich satt. Zu Beginn des Monats nimmt er mit Wayne Merry die Wand dennoch in Angriff und ist entschlossen, siegreich zurückzukommen.

Vom Absatz von Camp Five aus, dem höchsten im September erreichten Punkt, überwinden die beiden ohne allzu viele Probleme das große Dach, das ihnen den Weg zu versperren scheint, und klettern mühsam nach oben. Am elften Tag lassen die Freunde, die meinen, Harding und Merry seien zu müde, um allein weiterzumachen, von oben ein Seil herab, um ihnen beim Ausstieg zu helfen.

Der Seilerste weist jedoch diese Hilfestellung verächtlich zurück und steigt entschlossen weiter. Das Wetter scheint umschlagen zu wollen, und jede Minute zählt. Nachdem sie eine ganze Nacht auf Trittleitern verbracht und ihre letzten 26 Haken in den Granit geschlagen haben, verlässt Harding die Trittleiter und erreicht die breite Ebene auf dem Gipfel frei kletternd. Die Sonne geht hinter dem Half Dome auf: Soeben ist die berühmteste Route des Yosemite Valley und ganz Amerikas vollendet worden.

Tollkühne Meisterleistungen

Zwei Jahre später ist es gerade der Freund und Rivale Hardings, der als Nächster die «Nose» durchsteigt. Zusammen mit Chuck Pratt, Tom Frost und Joe Fitschen wiederholt Royal Robbins in sieben Tagen die Route zum ersten

223 oben Lange Aufenthalte und zahlreiche Biwaks erfordert eine Begehung am El Capitan. Zwei Kletterer haben ihr Lager auf dem Band des El Cap Tower an der «Nose»-Führe aufgeschlagen.

Mal. Im folgenden Jahr eröffnet Robbins, wieder mit Pratt und Frost, eine neue Führe in der enormen, unberührten Wand links von der «Nose». Diese Wand wird «Salathé Wall» genannt und in neun Tagen mit nur 13 Haken durchstiegen.

«Harding hat den Mut gehabt und die Vision, sich an der ‹Nose› zu versuchen. In dieser Hinsicht war er wirklich außergewöhnlich», erzählte Hardings Freund und Rivale Robbins in einem Interview. «An der Salathé Wall war die psychologische Belastung viel größer. Auf die ‹Nose› steigt man praktisch in einer geraden Linie, man kann Fixseile anbringen oder zumindest abseilen. Unsere Route führt aber in langen Zickzacklinien durch die Wand. Rettungsaktionen aus so einer Wand waren damals absolut undenkbar. Als wir nach einem Drittel der Strecke die Fixseile hinuntergeworfen haben, haben wir all unseren Mut dazu gebraucht.»

Robbins, ein schweigsamer, ruhiger Mann, der bei seinen Freunden berühmt dafür ist, stets die Situation unter Kontrolle zu haben, eröffnet am El Capitan noch weitere bedeutende Wege. 1963 ist der West Buttress an der Reihe, drei Jahre später das West Face. Die schwierigste Route ist aber die von Robbins am El Cap eröffnete «North America Wall». Die Route ist kompliziert und schwierig und durch lange Pendelquergänge unterbrochen, die jeglichen Rückzug unmöglich machen. Als Robbins mit Yvon Chouinard und den unzertrennlichen Partnern Frost und Pratt auf dem Gipfel ankommt, wird er von allen als der bedeutendste zeitgenössische Alpinist der USA anerkannt.

1963 läutet er an der Westwand des Leaning Tower das Zeitalter der Alleingänge im Yosemite ein. Obwohl Gewitter ihn am schnellen Vorankommen hindern, schafft Royal Robbins die Route in vier Tagen, für die die Erstbesteiger zwei Jahre vorher noch 18 Tage gebraucht hatten. Zurück im Tal gibt der Bergsteiger eine der interessantesten Definitionen des Kletterns ohne Gefährten ab: «Das Schöne an einer Besteigung im Alleingang ist, dass sie dir ganz allein gehört. Du musst sie mit keinem teilen. Sie ist nackt. Der perfekte Ausdruck des bergsteigerischen Egoismus. Und auch eine Art, sich selbst zu erforschen. Ein Alleingang ist wie ein großer Spiegel. Du betrachtest dich während der ganzen Besteigung im Spiegel. Es ist eine Art, etwas zu beweisen, auch ein Test deiner selbst, um festzustellen, aus welchem Holz du geschnitzt bist.»

In den siebziger Jahren treten ganz unterschiedliche Persönlichkeiten auf der Bühne des Yosemite auf. Neben Robbins, Chouinard, Pratt und den übrigen Hauptakteuren in den großen Routen des vorangangenen Jahrzehnts steigt

222 links Um Zeit und Kraft zu sparen, klettert in den Yosemite-Routen wie etwa der «Salathé Wall» nur der Seilerste. Seine Kameraden müssen die Rucksäcke hochziehen und das Material einsammeln. Sie steigen mit Steigklemmen und Trittleitern entlang der Fixseile.

222 rechts Wenn die Wand überhängt, wird es noch schwieriger, die Haken, Klemmkeile und *Friends* aus den Rissen wieder herauszuholen, wie man auf dieser Aufnahme vom Headwall der «Salathé Wall» am El Capitan unschwer feststellen kann.

223 Mitte links In den fünfziger und sechziger Jahren besaßen die kalifornischen Kletterer noch nicht die Ausrüstung von heute. Tom Frost verfügt 1961 über die ersten Trittschlingen, hat aber noch keinen Klettergurt.

223 unten rechts In den großen Routen im Yosemite sind die Aufgaben der Seilkameraden genau festgelegt. Das vom Seildritten beim Aufstieg entlang der Fixseile geschossene Foto zeigt den Seilersten, der klettert, und den Zweiten, der ihn an den Standhaken hängend sichert.

Jim Bridwell, ein Texaner mit breiten Schultern und unglaublicher Entschlossenheit, rasch zum neuen Star der *Big Walls* auf. Nachdem er mit viel Enthusiasmus und einem ebenso gefährlichen wie schweren Hanfseil zu klettern begonnen hat, geht Bridwell 1967 die «Nose» an und wendet sich dann unbekanntem Gelände zu.

Jim Bridwell

Innerhalb von 15 Jahren gelingt dem Texaner nicht nur die Erstdurchsteigung der «Nose» an einem Tag (siehe auch Seite 216), er eröffnet auch drei neue Routen am Half Dome und sechs am El Capitan. Dazu gehören die beiden klassischen, extrem schwierigen Routen im Yosemite, «Sea of Dreams» und «Pacific Ocean Wall». Die erstgenannte Route wird im Jahr 1978 in sechs Tagen eröffnet, wovon immerhin fünf Seillängen mit A5 bewertet werden – dieser Grad ermöglicht kaum eine zuverlässige Verankerung der Haken und «garantiert» dem Seilersten bei einem Sturz mindestens 30 Meter freien Falls. An der «Pacific Ocean Wall», die Jim Bridwell 1975 zusammen mit Bill Westbay und Jay Fiske durchsteigt, werden sogar sieben Seillängen mit A5 bewertet. Insgesamt brauchen die drei Alpinisten für die Besteigung neun Tage und 110 Haken. «Alle Wiederholer meiner Routen am El Capitan mussten noch mehr Löcher bohren», erzählte Jim Bridwell 1978 in einem Interview mit berechtigtem Stolz.

Um den Stil von Persönlichkeiten wie Royal Robbins und Jim Bridwell verständlich zu machen, sollen hier zwei Wortwechsel wiedergegeben werden, die Bill Westbay und John Cleare überliefert haben: «Weißt du,» sagt Bridwell zu Westbay während einer Pause am Standplatz einer A5-Seillänge, «was die ‹Pacific Ocean Wall› von allen anderen *Big Walls* unterscheidet, ist, dass es keine Risse gibt, in denen man seinen Hintern verstecken kann, wenn man Angst hat. Außer, du fühlst dich sicher, wenn du deine Nase in einen

zwei Finger breiten Riss steckst». Und der zweite Dialog: «In den States unten sagt man, dass man einen *Aid-man*, einen guten technischen Kletterer, an seinen Händen erkennen kann», meint Robbins zu Tom Patey in einer besonders schwierigen Seillänge am «Old Man of Hoy» in Schottland. «Viele Narben?», fragt Patey hoffnungsvoll mit blutigen Händen. «Gar keine Narben», antwortet Robbins und schüttelt den Kopf.

Neben *The Bird* gibt es in den siebziger und achtziger Jahren auch noch andere *Big-Wall*-Spezialisten, wie etwa Charlie Porter, Dale Bart und Hugh Burton. Die Kletterer sehen ausgeflippt aus, Marihuana und andere Drogen sind im Camp Four, dem Campingplatz und Basislager der Kletterer, an der Tagesordnung. Auch die Routennamen klingen oft etwas freakig: zum Beispiel «Mescalito», «Excalibur», «Cosmos» und «Tangerine Trip». Das klettertechnische Niveau ist aber außergewöhnlich hoch. «Zum ersten Mal in der Geschichte des Kletterns stehen die Amerikaner an allererster Stelle», kommentiert Chris Jones bereits 1976 in *Climbing in North America*.

Aber es ist nicht so, dass sich das Bergsteigen im Yosemite allein auf die *Big Walls* konzentrieren würde. Zu den Spezialisten der langen Aufenthalte von einer Woche und mehr in den Wänden (stets ausgerüstet mit Hängematten, Plattformen und Rucksäcken von gigantischen Ausmaßen) gesellen sich die reinen Kletterer, die die kurzen und dafür extremen Routen an den Felsen in Talnähe vorziehen oder die kompromisslosen Passagen an den *boulders*, den großen Granitfindlingen, von denen es im Yosemite besonders viele gibt. Die bekanntesten Extremkletterer heißen John Bachar, Ron Kauk sowie Ray Jardine. Zu den Bildern von Kletterpartien, die um die Welt gehen, gehören das große Dach von «Separate Reality» und die ungeheuer glatten Platten des Glacier Point Apron.

Neue Techniken, neue Moden

In jenen Jahren machen fast alle Spitzenkletterer aus Europa eine Pilgerfahrt ins Yosemite Valley. Durch die Briten Pete Livesey und Ron Fawcett, den Franzosen Jean-Claude Droyer, die Deutschen Reinhard Karl und Wolfgang Güllich sowie die Italiener Franco Perlotto und Alessandro Gogna findet die Botschaft von der neuen Art des Kletterns bald auf dem europäischen Kontinent Verbreitung. Auf der anderen Seite des Atlantiks kommen die langen Haare und der nach-

225 Mitte   Unter den vielen typischen Passagen in den großen Wänden im Yosemite gehört die «Thank God Ledge» in der Westwand des Half Dome zu den eindrucksvollsten. Dank des schwindelerregend ausgesetzten Felsbands kann ein ziemlich kompakter Teil der Wand umgangen und so eine Reihe einfacherer Risse erreicht werden.

225 unten   Wenn keine Felsbänder vorhanden sind, müssen die Kletterer in den *Big Walls* im Yosemite mit Hängematten oder auf kleinen Plattformen (den *Portaledges*) biwakieren, die mit Haken, Klemmkeilen oder Friends verankert sind. 1968 übernachtet auf diese Weise Warren Harding, der einige Jahre zuvor als Erster die «Nose» durchstiegen hat.

224 links   Ron Kauk spielt eine wichtige Rolle in der jüngeren Geschichte der Kletterei im Yosemite Valley. Er klettert in einem Riss mit der Bewertung 5.11c (achter Grad der UIAA-Skala) in der Route namens «Astroman».

224–225   Viele Kletterer im Yosemite interessieren sich nicht für die *Big Walls*, sondern widmen sich den kurzen und schwierigen talnahen Wänden. John Bachar 1997 im Alleingang in der «Crack a Go Go».

lässige Look der Kalifornier rasch in Mode; aber auch die Kletterschuhe mit der glatten Sohle, die das «Reibungsklettern» möglich machen, das ständige technische und gymnastische Training, die Konzentration und die Fähigkeit, das Freiklettern bis dicht an die Sturzgrenze voranzutreiben, werden übernommen.

Auch die Ausrüstung der Kletterer verändert sich im Granit des Yosemite. Als Folge der von John Salathé begonnenen Revolution werden die Haken aus Spezialstahl industriell von Yvon Chouinard hergestellt, einem ausgezeichneten Alpinisten, der sich schnell einen großen Namen im alpinen Ausrüstungs- und Bekleidungsgeschäft macht. Zu den klassischen Messerhaken und U-Profilhaken, die auch in den Alpen verwendet werden, kommen die Mikrohaken wie die *Rurps* mit den Abmessungen einer Rasierklinge, oder die *Bongs*, die wegen ihrer viel höheren Wirksamkeit die alten Holzkeile ablösen.

Aber es sind nicht nur die Haken. Die amerikanischen Hersteller denken sich auch neue Formen und Maße für die Klemmkeile aus (die in Europa mitunter auch mit den englischen Wörtern *Nut* oder *Chock* bezeichnet werden), die ohne Hammer in den Rissen verkeilt werden. Der ausgezeichnete Kletterer Ray Jardine hat schließlich die ersten *Friends* konstruiert, komplizierte Werkzeuge mit gegeneinander verspannbaren halben Metallscheiben, die sich nach dem Einsetzen in den Riss verklemmen und mit einer unter den Scheiben angebrachten Feder wieder gelöst werden. Zur Ausrüstung der technischen Kletterei gehören auch die *Copperheads*, Metallseile, die durch einen Weichmetallklumpen gezogen werden und mit Hammerschlägen in die kleinsten und unbedeutendsten Rissspuren und Felsvertiefungen hineingetrieben werden können. Desgleichen lassen sich die *Skyhooks*, Stahlhaken, an Felsleisten oder in kleine, manchmal nur wenige Millimeter tiefe Felsvertiefungen einklinken. Alle diese Hilfsmittel ermöglichen es, eine Trittleiter einzuhängen und sich darauf zu stellen – jedoch gibt es keine Garantie, dass sie hält.

Seit den Anfängen dieses Sports haben die amerikanischen Bergsteiger und Kletterer mehr auf den Umweltschutz und den Schutz der Natur geachtet als ihre europäischen Kameraden. Anfang der siebziger Jahre sind es gerade die Perfektionierung der Klemmkeile und die Erfindung der Friends, die den verschwenderischen Einsatz der Haken und Bohrhaken in seine Schranken gewiesen haben.

Nach den Jahren der mit Hakengewittern eröffneten Routen kommt nun das *clean climbing* in Mode, das «saubere» Klettern, bei dem der Fels nicht beschädigt wird. Es wird von den Briten in den Kletterfelsen Englands, Schottlands und Wales' bereits weitgehend praktiziert. Die neue «Kletterethik» gründet auf dem Respekt vor der Natur und dem Wunsch, sie so unversehrt zu hinterlassen, wie man sie vorgefunden hat. Im Yosemite kennt man sie seit 1973, als Doug Robinson, Dennis Hennek und Galen Rowell die von Royal Robbins eröffnete Route am Half Dome ohne einen einzigen Haken wiederholen.

Der Bericht und die Bilder von dieser Besteigung sind von Rowell im renommierten *National Geographic Magazine* veröffentlicht worden und tragen dazu bei, die Botschaft des sauberen Kletterns noch rascher zu verbreiten. Ein Satz aus diesem Artikel macht die neue Verhaltensweise der Alpinisten am besten verständlich: «Am Ende der sechziger Jahre hatten Tausende von Kletterern Zehntausende von Haken im Yosemite geschlagen und wieder herausgezogen und die natürlichen Risse in entsetzliche Narben verwandelt. Sicher, man könnte die Schäden an den Rissen dadurch vermeiden, dass man die Haken in der Route lässt, aber das würde einer Besteigung einen großen Teil des Abenteuerlichen nehmen. Alpinismus, das ist im Wesentlichen eine Tätigkeit in der Wildnis, und eine Reihe Haken, die sich eine Felswand hochschlängelt, mindert doch sehr die Erfahrung, Teil einer vom Menschen unberührten Natur zu sein.» John Muir, der Erste, der sich in das Tal verliebt hatte, wäre mit dieser Aussage einverstanden gewesen.

226 oben Auch wenn die «Lost» nach den Routen an der «Nose» und am «Salathé Wall» eröffnet wurde, ist sie mittlerweile ein Klassiker unter den Wegen am El Capitan. Randy Leavitt überwindet gerade mit Hilfe von Steigklemmen einen Riss.

226 unten links Galen Rowell 1994 am Half Dome. Er gilt als einer der besten Bergsteiger Amerikas. Nach einem Bericht über das Klettern im Yosemite National Park, der 1973 im *National Geographic Magazine* veröffentlicht wurde, machte er das Fotografieren zu seinem Beruf.

226 unten rechts Klettern im Granit ist wesentlich anstrengender als im Kalkgestein; trotzdem sind viele Frauen in den großen Routen im Yosemite Park unterwegs. 1994 begeht Nancy Feagin die Direktroute in der Nordwestwand des Half Dome.

227 Ein Fotoklassiker, der durch die Weltpresse ging: Ron Kauk klettert neben den Upper Yosemite Falls. Hinter ihm lässt die Sonne einen Regenbogen über den zerstiebenden Wassern des Falls aufleuchten.

In den Wänden Patagoniens

Nordwand des Cerro Torre, 1. Februar 1959. Der schönste und wildeste Berg in den patagonischen Anden macht alle Anstalten, die beiden Männer, die 24 Stunden zuvor seinen Gipfel bezwungen haben, nicht mehr aus den Fängen zu lassen. Ihr Kampf ist jetzt ein Kampf ums Überleben mit allen Mitteln. Cesare Maestri aus Trient, die «Spinne der Dolomiten» (siehe Seite 182 ff.) ist einer der Bergsteiger. Sein Kamerad ist Toni Egger, ein Tiroler aus Lienz, ebenfalls ein starker und schneller Bergsteiger. Er hat vor einigen Jahren, ähnlich wie Maestri, im Alleingang die Solleder-Führe an der Civetta in viereinhalb Stunden bewältigt. 1957 erreichte er zusammen mit seinem Landsmann Jungmeier den 6126 Meter hohen Gipfel des Jirishanca, das sogenannte «Eis-Matterhorn der Anden», einer der elegantesten Gipfel in der peruanischen Küstenkette von Huayhuash.

Für die beiden war der Aufstieg zum Gipfel des Cerro Torre ein viertägiges Abenteuer an Wänden aus kompaktem, senkrechtem Granit, oft von einer gefährlichen Schicht instabilen Schnees bedeckt, in den man jedoch Höhlen zum windgeschützten Biwakieren graben kann. Nach der Überquerung des «Colle della Conquista», der den Torre von einer Reihe anderer eleganter Granitnadeln trennt – die später Torre Egger, Punta Herron und Cerro Standhardt genannt werden –, geht der Aufstieg auf der Nordseite des Berges weiter, über verschneite Platten und Risse, die die Nerven Maestris und Eggers auf eine harte Probe stellen. Es folgen kurze, senkrechte Wände, ein mit schuppigem Eis gepanzerter Überhang und ein eher unschwieriges, kleines Couloir.

Nach dem Passieren vieler Überhänge entdeckt Toni, dass der Gipfel inzwischen ganz nah ist. Cesare steigt zwischen den großen Überhängen aus Eis, die den Umriss des Torre so ganz unverwechselbar machen, voran, holt den Kameraden nach und umarmt ihn auf dem 3128 Meter hohen Gipfel. «Das ist keine Umarmung aus lauter Glück, es ist Angst», schreibt er später in seinem Buch *Arrampicare è il mio mestiere* (Klettern ist mein Beruf). «Ein warmer Wind bläst wütend aus Westen, bald wird der Schnee durchnässt sein und Lawinen werden abgehen. Es ist wie der Schlag einer Zyklopenfaust, eine unbezähmbare Kraft, eine Naturkatastrophe.» Dieser Wind, der vom immer bewegten Wasser des Pazifiks her weht, der direkt und mit unerhörter Kraft die Berge trifft, macht das Bergsteigen in Patagonien anspruchsvoll und gefährlich und ist das Hauptthema in allen Berichten über Besteigungen in diesen Bergen. Trotz des Sturms schaffen es Maestri und Egger, mit dem Abstieg zu beginnen. Eine Reihe von Doppelseilen, die mit Eishaken verankert sind, bringt die Bergsteiger zum Loch ihres letzten Biwaks, in dem sie nochmals eine Nacht verbringen.

Am folgenden Tag seilen sie sich weiter ab, meistens mit mühsam in den Granit gemeißelten Bohrhaken. Das fünfte Biwak wird etwas weiter unten aufgeschlagen als das zweite, Nahrungsmittel und der Alkohol für den Kocher sind schon lange ausgegangen. Ständig rauschen Lawinen über die Wand, dadurch wird das schräge Stück, das in Richtung des Colle della Conquista führt, unendlich lang und gefährlich. Aber das Schlimmste scheint vorüber. Jetzt schützen die senkrechten Wände des Torre die beiden Alpinisten vor den stärksten Windböen. Es ist Abend. Maestri möchte anhalten, biwakieren und das Licht des Sonnenaufgangs abwarten, um den 300 Meter beim Anstieg gelegten Fixseilen bis zum Gletscher zu folgen, an dem der gemeinsame Freund Cesarino Fava auf die Rückkehr der erfolgreichen Seilschaft wartet. Egger besteht aber darauf, weiterzugehen. Er lässt sich von Maestri 20 bis 30 Meter tief abseilen, dann verlässt ihn sein Glück. Mit einem Mal «erscheint aus dem Nebel ein immenser, plötzlich auftauchender Schneeberg», der den Österreicher trifft und mit sich in die Tiefe zieht. Als alles zu Ende ist, schaukelt das Ende des zerrissenen Seils verloren im Wind. In der Tiefe haben die Schneemassen der Lawine einen großen Teil der Oberfläche des Gletschers bedeckt. Cesare Maestri ist allein. Um den Wandfuß des Torre zu erreichen, braucht er noch viele Stunden, und das Schicksal meint es auch mit ihm nicht gut. Das letzte Doppelseil dieses offenbar verfluchten Abstiegs löst sich aus der Verankerung, und Cesare stürzt, bis ihn ein Schneehaufen auffängt und ihm das Leben rettet. Fava gelingt es erst 48 Stunden später, ihn zu finden,

228–229 Der Cerro Torre mit seinem unverwechselbaren «Pilz» aus Eis an der Spitze ist der bekannteste Berg Patagoniens und zum Symbol des Alpinismus in diesem Teil der Welt geworden. Vom Gipfel des Fitz Roy aus sieht man rechts (im Norden) neben dem Cerro Torre den Torre Egger, den Cerro Standhardt und die Aguja Bifida; links vom Cerro Torre der Cerro Adela Norte. Jenseits der Gipfel dehnt sich das Patagonische Eis aus.

229 oben Die Trentiner Expedition von Marino Stenico (links) und Cesare Maestri führt 1958 die Erstbesteigung des Cerro Grande (2804 Meter) aus, der nach Süden den Cordón Adela abschließt. Zwei Tage nach ihnen werden Walter Bonatti und Carlo Mauri ebenfalls den Gipfel erreichen.

229 unten Cesare Maestri (rechts) verbindet in vier Expeditionen seinen Namen mit dem des Cerro Torre. Nachdem die Besteigung 1958 nicht geglückt ist, kehrt er mit Toni Egger 1959 zurück und führt die Erstbesteigung durch. Als diese angezweifelt wird, kommt Maestri noch zweimal zum Torre, um die sogenannte «Kompressor-Route» zu eröffnen. Links der Italo-Argentinier Cesarino Fava.

halb vom Schnee begraben und unter Schock. So endet eines der dramatischsten alpinen Abenteuer in Patagonien, dort, wo sich die Küstenkette der Anden mit den eisigen Winden des Südpazifiks und dem frostigen Hauch der nicht mehr fernen Antarktis ein Stelldichein gibt.

Die ersten Entdecker und Forscher

Patagonien und das nahe Feuerland, Land der Pampas und Gletscher, der Fjorde und mannigfaltigen Gewässer, weidender Schafe, Robben- und Seevogelkolonien erleben ab Mitte des 19. Jahrhunderts die Ankunft von Siedlergruppen aus Wales, Skandinavien und Schottland.

230 oben Der Cerro San Lorenzo (in Chile auch als Cerro Cochrane bekannt) ist 3706 Meter hoch und steht auf der Grenze zwischen dem Nördlichen und dem Südlichen Patagonischen Eis. Die Erstbesteigung 1943 ist die größte alpinistische Leistung des italienischen Geistlichen Alberto Maria De Agostini, die dieser mit den Argentiniern Alex Hemmi und Heribert Schmoll vollbringt.

230–231 Zwischen Argentinien und Chile steht der Monte Tronador (3554 Meter), der höchste Gipfel im Nationalpark Nahuel Huapi. Trotz seiner ausgedehnten Gletscher handelt es sich um einen relativ leichten Berg, der im südlichen Sommer von den Alpinisten bestiegen wird, welche ihren Stützpunkt in der nahen Stadt San Carlos de Bariloche haben.

Es folgen die ersten geografischen Erkundungen, die ewigen Grenzstreitigkeiten zwischen Argentinien und Chile und schließlich die Ankunft der Schriftsteller – Bruce Chatwin, Luis Sepùlveda, Fernando Coloane –, die aus diesem Grenzland einen für die Reisenden aus dem übrigen Amerika und Europa unwiderstehlichen Mythos machen. Von Anfang an ist den Reisenden wie auch den Alpinisten klar, dass die Gipfel und Gletscher Patagoniens ein wahres Traumziel für Abenteurer werden könnten. Der Erste, der die alpinistische Herausforderung annimmt, ist Friedrich Reichert (oder Federico, wie die Argentinier ihn nennen), ein im Elsaß geborener deutschsprachiger Chemiker, der 1904 ausgewandert ist, um an der Universität von Buenos Aires zu lehren. Reichert hat bereits schöne Besteigungen in den Alpen und im Kaukasus gemacht, und während seiner ersten Jahre in Südamerika bezwingt er mit großem Eifer die Andengipfel Nordargentiniens. Im Jahr 1910 schickt ihn die Regierung in Buenos Aires zur Erforschung von Erdölvorkommen nach Comodoro Rivadavia. Die einzigartige Landschaft und die Einsamkeit Patagoniens faszinieren Reichert vom ersten Augenblick an.

Im Herbst 1913/14 führt Reichert gemeinsam mit dem Botaniker Cristobal Hicken die erste seiner acht Forschungs- und Alpin-Expeditionen in Westpatagonien durch. Die beiden sind zu Pferd von der Atlantikküste aus gestartet und brauchen einen Monat bis zum Lago Argentino, den sie mit dem Boot überqueren; dann ziehen sie über den Morenogletscher weiter bis zur Hauptwasserscheide.

Auf seinen nächsten Expeditionen besucht Friedrich Reichert die Region am Lago San Martín, erforscht das Nördliche Patagonische Eis (*Hielo Patagonico Norte*) und das Südliche Patagonische Eis (*Hielo Patagonico Sur*) und verliebt sich in zwei der schönsten Berge der südlichen Küstenkette. An der herrlichen Eispyramide des Cerro San Valentín (4058 Meter nach den offiziellen Karten, aber wahrscheinlich eher 3876 Meter) erreicht Reichert den Gipfel trotz dreier Anläufe nicht.

Der zweite Traumgipfel seines Lebens ist der Tronador (3554 Meter) im nördlichen Teil Patagoniens. Der Elsässer

231 oben Die Expeditionen von Padre De Agostini in den Jahren 1912 bis 1943 leisten einen entscheidenden Beitrag zur Erforschung der Berge Patagoniens. Das von De Agostini 1931 gemachte Foto zeigt drei Italiener vor den Séracs des Monte Torino. Das Schneefeld, das sich vor den Männern erstreckt, wird Altoplano Italia genannt und liegt im Herzen des Südlichen Patagonischen Eises.

versucht ab 1919, diesen zu besteigen, und entdeckt, dass die ersten Erforscher der Gegend den Tronador fälschlicherweise für einen Vulkan gehalten haben. Erst 1942, im Alter von 66 Jahren, betritt er den Gipfel.

Im folgenden Jahr krönt ein anderer über sechzigjähriger Alpinist seine lange Reihe von Besteigungen und Erforschungen in Patagonien, als er mit zwei argentinischen Gefährten, A. Hemmi und H. Schmoll, den 3706 Meter hohen Cerro San Lorenzo besteigt, einen der eindrucksvollsten Gipfel der Gegend. Dieser Mann heißt Alberto Maria De Agostini, ist ein salesianischer Missionar und gleich nach seiner Priesterweihe im Jahr 1909 aus Italien nach Punta Arenas gezogen. Von Anfang an beschäftigt sich der italienische Geistliche in der freien Zeit, die ihm die Missionarstätigkeit lässt, mit der Forschung und dem Bergsteigen. Seine Vorgesetzten schätzen seine Beobachtungen und seine Reisen und erlauben ihm, öfters in Richtung Berge und Gletscher zu reisen.

In den Sommern 1912/13 und 1913/14 besucht Padre De Agostini daher in Begleitung des Geologen Giovanni De Gasperi und der Bergführer Abele und Agostino Pession Feuerland, wo er den Monte Olivia besteigt und sich auch am Sarmiento versucht.

Danach folgen 15 Jahre intensiver Arbeit in den salesianischen Missionen. 1928 nimmt der Geistliche seine Expeditionen zu den patagonischen Bergen wieder auf. Während einer dieser Reisen in den Jahren 1935/36 besuchen De Agostini und seine Bergführer Giuseppe Pellissier und Luigi Carrel das Tal des Rio Eléctrico, besteigen den Gipfel des Loma Blanca und schlagen ihr Lager lange Zeit am Fuß des Felsens auf. Dieser wird seitdem De Agostini zu Ehren *Piedra del Fraile*, der Stein des Ordensbruders, genannt und dient heute den Expeditionen, die auf dem Weg zum Fitz Roy sind, zur Aguja Guillaumet und zum Kontinentaleis vorbeikommen, als Etappenstation.

231 Mitte Drei italienische Alpinisten steigen zum Lager I am Cerro San Lorenzo auf. Im Hintergrund die spitzen Felszacken der Torri Feruglio, die 2140 Meter Höhe erreichen.

231 unten 1931 begleiteten den Salesianerpater Egidio Feruglio sowie die Bergführer Evaristo Croux und Leone Bron aus Courmayeur auf den Upsalagletscher.

Die Eroberung des Fitz Roy

Für die Alpinisten aus Europa sind die Gipfel Patagoniens lange Zeit noch zu weit entfernt und zu niedrig, um als interessante Ziele wahrgenommen zu werden. Im Jahr 1898, nach der Besteigung des Illimani, sind der Brite Martin Conway und die Bergführer Antoine Maquignaz und Louis

232 links Der Cerro Torre (3128 Meter, neu vermessen 3102 Meter), der einem spitzen Zahn ähnelt, ist einer der Berge, die am meisten vom Wind umtost werden. Eisige Luftzüge vom Kontinentaleis machen seine Wände zu unüberwindbaren Eisplatten. Im Vordergrund Lionel Terray und Guido Magnone.

232 rechts Zu den besten französischen Führern seiner Zeit gehört Lionel Terray, der 1952 zusammen mit Guido Magnone die Erstbesteigung des Fitz Roy verwirklicht. Außerhalb Europas war er zudem als Erster auf dem Makalu, dem Chomo Lönzo, dem Jannu, dem Chacraraju und dem Taulliraju.

Pellissier aus Valtournanche die ersten Bergsteiger, die bis in den südlichsten Winkel des Kontinents vordringen. Von Bolivien reisen sie nach Chile und nehmen in Valparaíso das Schiff nach Feuerland. Sie versuchen hier jedoch vergebens, den Sarmiento zu besteigen, einen herrlichen Gipfel an den Fjorden, den Conway sogar als das «Weisshorn Chiles» bezeichnet.

Eine italienische Expedition, zu der Aldo Bonacossa, Ettore Castiglioni, Leo Dubosc und Titta Gilberti gehören, nähert sich 1936/37 zuerst der Fitz-Roy-Kette, zu der die schönsten und schwierigsten Gipfel Patagoniens gehören. Von der Laguna de las Tres Piedras Blancas brechen Castiglioni und Gilberti über den Piedras-Blancas-Gletscher zu den Granitwänden des Fitz Roy auf, der mit seinen 3375 Metern (neu vermessen) der höchste Gipfel des Massivs ist.

Die eingeborenen Tehuelche-Indios, die jahrhundertelang dieses Berggebiet bewohnt haben, nennen den Fitz Roy Chaltén. Der Berg wird jedoch von Francisco Perito Moreno dem Kapitän der *Beagle* gewidmet, Robert Fitz Roy, der den Auftrag hatte, die südamerikanische Küste für eine Seekarte zu vermessen. Auf der *Beagle* befand sich damals übrigens auch Charles Darwin, der Material für sein Buch *Die Entstehung der Arten* sammelte.

Für die italienische Expedition stellt sich der Berg schnell als große Herausforderung heraus. Die Ostwand des Fitz Roy, die den Piedras-Blancas-Gletscher beherrscht, ist zu hoch (1200 Meter!) und zu kompakt, um mit den Mitteln der dreißiger Jahre bestiegen zu werden. Leichter erreichbar und kürzer ist der Südgrat des Fitz Roy, zu dem Gilberti und Castiglioni über eine steile Wand aus kombiniertem Gelände, einen Sattel und einen Schneegrat kommen.

Auch wenn dieser Weg weniger steil und kürzer ist als die Wand, so stellt er sich doch als unmöglich begehbar heraus. Nach ihrem Abstieg vom Sattel, der seitdem «Brecha de los Italianos» genannt wird, trösten sich die Alpinisten mit dem weniger schweren Cerro Ñato, einem Gipfel aus Eis und kombiniertem Gelände südlich des Cerro Torre.

Die Eroberung der großen Wände Patagoniens wird noch bis in die fünfziger Jahre auf sich warten lassen, wenn in den Alpen die kompakten Wände des Grand Capucin und der Petit Dru bezwungen werden. Von den Alpinisten, die hauptsächlich am Montblanc aktiv sind, reist einer nach dem anderen nach Patagonien. Im Januar 1952 leitet René Ferlet eine französische Expedition zum Fitz Roy, die von Präsident Perón in Buenos Aires empfangen wird. Das Unternehmen wird durch den Tod von Jacques Poincenot überschattet, der beim Durchqueren des Rio Fitz Roy ertrinkt. An dieser Stelle wird später die Brücke gebaut, die heute den Zugang zur Ortschaft El Chaltén bildet.

Der Geograf Louis Lliboutry widmet sich der Erstellung einer topografischen Karte von der Gegend und benennt die spitzen Felsnadeln rund um den Fitz Roy nach den französischen Postfliegern Antoine de Saint-Exupéry, Henry Guillaumet und Jean Mermoz, die als Erste den Südatlantik überflogen hatten; währenddessen steigen die Bergsteiger dem höchsten Gipfel entgegen.

Zwanzig Tage ständig schlechten Wetters lassen sie schon ans Aufgeben denken, dann verbessern sich die Wetterbedingungen doch noch schlagartig. Am 31. Januar steigen Lionel Terray und Guido Magnone in die Wand des Fitz Roy ein. Obwohl sie bessere Haken und Seile als Castiglioni und Gilberti zur Verfügung haben, stellt sich die Wand doch als sehr schwierig heraus. Ein ganzer Tag ist nötig, um die ersten 120 Routenmeter mit Fixseilen zu versehen. Am folgenden Tag ist das Wetter schön, und die beiden Franzosen starten entschlossen in Richtung Gipfel.

Die Alpinisten geben ihr Bestes während der äußerst harten Kletterei über Platten, Verschneidungen und Risse. Um vier Uhr nachmittags scheint ihnen jedoch ein gewaltiger Überhang endgültig den Weg zu versperren. In einer «tiefen Höhle» eingeschlossen, deren «Dach ein riesiger herzförmiger Block» ist, zweifeln Guido und Lionel einen Augenblick am Erfolg ihrer Unternehmung.

Magnone, ein Meister des technischen Kletterns, greift als Erster den Überhang an und schlägt mit äußerster Vorsicht die wenigen Haken, die ihnen noch geblieben sind, einen nach dem anderen ein. Als nur noch ein paar Meter zu bewältigen sind, fällt durch einen zu starken Hammerschlag der vorletzte Haken ins Leere. Der letzte Haken aber ist zu breit für den einzigen winzigen Riss, der verfügbar ist. Nun scheint die Niederlage gewiss.

Dann hat Terray einen Geistesblitz. Zwei Tage zuvor hat er nämlich zum Öffnen einer Sardinenbüchse ein «Herz-Ass» verwendet, einen winzigen Haken, der ganz unten in den Sack gelegt wurde. Eine fieberhafte Suche lässt ihn zum Vorschein kommen. Jetzt steigt Magnone mit der wertvollen, an einen Karabiner gehängten Metallklinge wieder hoch und schlägt sie in den Riss ein. Schließlich erreicht er auf der Trittleiter stehend einen guten Griff und zieht sich auf den Gipfelgrat des Fitz Roy hoch. Der Überhang ist geschafft.

Auch wenn der Westwind immer kräftiger wird, steigt Terray – er ist der Einzige, der Steigeisen dabei hat – als Seilerster über einen 40 Grad steilen Schneehang. Magnone als Zweiter behilft sich halbwegs mit dem Hammer, den wenigen Felsen, die aus dem Schnee ragen und dem Seil, das der Kamerad gut festhält. Schließlich bringt ein «sehr breiter und sicherer» Grat die beiden auf den 3375 Meter hohen Gipfel.

232–233 Der 3375 Meter hohe, imposante Fitz Roy ist einer der schönsten und anspruchsvollsten Gipfel Südpatagoniens. Die Westwand des Berges wurde erstmals 1965 von den Argentiniern José Luis Fonrouge und Carlos Comesaña bezwungen. Rechts vom Fitz Roy die Granittürme Aguja Poincenot und Aguja Saint-Exupéry.

233 unten Die Westseite des Fitz Roy, hier von der Laguna de Los Tres aus, ist die eindruckvollste und meistbesuchte des Berges. Die Wolke verhüllt einen guten Teil der Route, die die Erstbesteiger, eine französische Expedition, 1952 nahmen. Weiter rechts sind der Ostpfeiler, die Nordost-Verschneidung und der Nordnordostpfeiler zu sehen, der 1979 im Alleingang von Renato Casarotto bestiegen wurde.

Nach einer langen, bewegten Umarmung hinterlassen die beiden Männer einen Karabiner in einer Öffnung zwischen zwei Blöcken und beginnen den schwierigen Abstieg zur «Brecha de los Italianos», zum Gletscher, dem Rio-Blanco-Tal und in die Heimat.

Wann fällt der Cerro Torre?

Nach der Eroberung des Fitz Roy steht noch die Besteigung des Cerro Torre aus. Am Fuß dieses Berges geben sich daher auch zu Beginn des Jahres 1958 die besten italienischen Alpinisten jener Zeit ein Stelldichein. Walter Bonatti etwa, der Held des Montblanc, reist zusammen mit seinem treuen Weggefährten Carlo Mauri und einer Gruppe argentinischer Bergsteiger an. Cesare Maestri, die «Spinne der Dolomiten»,

gehört zur Expedition aus Trient unter der Leitung von Bruno Detassis, an der außerdem Cesarino Fava, Catullo Detassis, Luciano Eccher und Marino Stenico teilnehmen. Allerdings sind die Beziehungen zwischen den beiden Gruppen von Anfang an schlecht. Maestri und seine Kameraden besteigen den Cerro Grande und verzichten auf den Cerro Torre. Bonatti und Mauri dagegen überschreiten den Paso del Viento, dringen zum Kontinentaleis vor und steigen, nach zwei anstrengenden Wochen, in die weiter entfernte Westwand des Berges ein.

Die Umgebung ist außerordentlich unwirtlich und die Felswand den Unbilden der Witterung vollständig ausgesetzt, aber das Können der beiden italienischen Alpinisten erlaubt es ihnen, bis zum Schneesattel vorzudringen, der den Torre vom nahen Cerro Adela Nord trennt und «Colle della Speranza» (der Hoffnungspass) getauft wird. Die Argentinier Folco Doro Altan und René Eggmann erwarten die beiden Lombarden am Ende der Fixseile. Doch eine unangenehme Überraschung steht Mauri und Bonatti auf dem luftigen Schneegrat des Colle noch bevor: Eine hohe, senkrechte Wand, die von unten nicht zu sehen ist, versperrt den Weg zum Gipfel. «Uns war sofort klar, dass wir auch mit aller Mühe unter den Bedingungen, in denen wir uns befanden, den Gipfel nie hätten erreichen können», erzählt Walter Bonatti in *Le mie montagne*, einem der meistgelesenen Bergbücher aller Zeiten.

Mut, Wut und Entschlossenheit bewegen die beiden dazu, noch etwa 100 Meter hoch an senkrechtem oder überhängendem Eis zu klettern. Dann befestigen sie ihr letztes Seil an einem Haken und lassen sich schnell zum Sattel und zu den Kameraden ab, die sie dort schon seit Tagesanbruch erwarten.

Die Bergsteiger haben eine Niederlage erlitten, vertrauen jedoch darauf, im folgenden Jahr wiederzukommen und es erneut zu versuchen. Um nicht mit «leeren Händen» nach Hause zu fahren, beschließen die vier Männer eine Besteigung des Cerro Mariano Moreno, eines vergletscherten Gipfels von 3554 Meter Höhe, den das Kontinentaleis von den Hängen des Cerro Torre trennt. Aus technischer Sicht ist die Besteigung nicht sehr schwierig, aber die körperlichen Anforderungen stellen sich als außerordentlich hoch heraus. Für die Überquerung des Gletschers benötigen die Alpinisten nämlich die gesamte Nacht zwischen dem 3. und dem 4. Februar. Für den Aufstieg zum Gipfel, der ihnen einen Höhenunterschied von 2000 Metern zumutet, benötigen Bonatti, Mauri, Altan und Eggmann sieben Stunden. Dann bringt sie ein weiterer, unendlich erscheinender Nachtmarsch (den Walter Bonatti in seinen Erinnerungen als «Halluzinationen verursachend», «zermürbend», «mühselig» charakterisiert) zurück zu ihren Zelten, nach 70 Kilometern Marsch in 30 Stunden.

Bevor sie nach Hause zurückkehren, bewältigen die beiden Italiener noch die Erstbesteigung des Cerro Adela, eines vereisten Gipfels von 2938 Meter Höhe. Die Überschreitung des gesamten Cordón Adela, zu dem auch die entlang des Grates aufgereihten Gipfel des Cerro Doblado, Cerro Ñato und Cerro Grande gehören, rundet die Unternehmung der beiden Alpinisten ab.

234 oben links   Die Expedition von 1958 aus dem Trentino versucht als Erste die Besteigung des Cerro Torre über die Ostseite. Catullo Detassis, Marino Stenico und Cesare Maestri erholen sich auf der relativ ebenen Oberfläche des Cerro-Torre-Gletschers mit Blick auf den Gipfel und die wichtigsten Nebengipfel.

234 oben rechts   Cesare Maestri 1958 am Fuß des Cerro Torre. Der Kampf gegen den «zu Stein gewordenen Schrei» wird zwölf Jahre lang sein Leben beherrschen.

234 unten   Neben den Gipfeln aus Fels und kombiniertem Gelände faszinieren die immensen Gletscherflächen des Patagonischen Eises. Sie bereiten den Bergsteigern zwar technisch keine Schwierigkeiten, aber das Klima und die Entfernungen erschweren den Zugang.

235 oben   Um das Patagonische Eis zu überqueren, muss man ähnlich vorgehen wie bei einer Polarexpedition. Normalerweise kommt man auf Skiern voran, manchmal müssen auch Schneeschuhe eingesetzt werden, die Lasten werden auf Schlitten gezogen.

234–235   Heute muss man kein Trekker oder Bergsteiger mehr sein, um das außergewöhnliche Schauspiel der Morgendämmerung an den Wänden des Cerro Torre und seiner Satelliten zu beobachten. Bilder wie dieses können am Eingang des Tourismuszentrums El Chaltén gemacht werden, das Ende der siebziger Jahre am Zusammenfluss des Rio Fitz Roy mit dem Rio de las Vueltas entstand. In den fünfziger und sechziger Jahren musste man noch per Pferd anreisen und dabei gefährliche Furten durchqueren.

Trotz seines Versprechens wird Walter Bonatti nicht mehr zum Colle della Speranza zurückkommen. Die Westseite, die wildeste überhaupt am Torre, bleibt in den Händen der lombardischen Alpinisten. Carlo Mauri gehört 1970 zu einer Expedition, die bis 250 Meter unter den Gipfel kommt. Vier Jahre danach, 1974, gelingt es vier anderen «Spinnen» aus Lecco (Casimiro Ferrari, Mario Conti, Pino Negri und Daniele Chiappa), diese Besteigung zu vollenden, die immerhin 57 Seillängen lang ist.

Im Januar 1959 ist der 3128 Meter hohe Gipfel über die der Pampa zugewandte Seite, die Nordseite, von Maestri und Egger erreicht worden. Um diese Besteigung aber brechen bald scharfe Streitereien aus.

Mannschaft geschlagen aus der Ostseite des Torre zurück. Dann folgt im Jahr 1970 die bereits erwähnte zweite Expedition von Carlo Mauri, die ebenfalls aufgeben muss.

Allmählich werden die Zweifel immer lauter. Wie ist es nur Cesare Maestri und Toni Egger mit den wenigen Mitteln, die ihnen zur Verfügung standen, gelungen, den Gipfel zu erreichen? Waren die beiden tatsächlich oben? Wurde der Torre wirklich bestiegen?

In der Geschichte des Alpinismus werden Zweifel dieser Art selten ausgesprochen. Schließlich wurde der Fotoapparat der Seilschaft zusammen mit dem armen Toni Egger unter der Lawine begraben. Sicher, Cesare Maestri, der an schnelle Alleingänge gewöhnt ist, gibt nicht allzu viele technische Einzelheiten der Route preis. Aber wenn fehlende Fotos und mangelnde Details eine Besteigung in Frage stellen, dann könnte man viele Unternehmungen leicht anzweifeln. Am Torre sind andererseits die besten britischen Bergsteiger ihrer Zeit besiegt worden. Und der Nationalstolz der Engländer – die zu jener Zeit an der Spitze des weltweiten Alpinismus stehen – bringt sie dazu, Benzin ins Feuer zu schütten.

Nach den Zweifeln, die die Lombarden ausgesprochen haben, ist Ken Wilson, der Herausgeber der Zeitschrift *Mountain,* der nächste, der die Besteigung von 1959 anzweifelt. Dann folgt Leo Dickinson, einer der berühmtesten Bergfilmautoren, der der Frage, ob der herrliche Obelisk wirklich bestiegen wurde, gleich einen ganzen Film widmet (unter dem Titel *The Cerro Torre Enigma*). Die Briten haben aber ein Detail vergessen: Der Mann, dessen Ehrlichkeit hier öffentlich angezweifelt wird, ist nicht nur für seine außerordentlichen Klettertouren, sondern auch für seine emotionalen Reaktionen bekannt. «Entschuldigen Sie, Maestri, sind Sie wirklich auf den Torre gekommen?», fragt ihn im Frühling 1970 ein Journalist einer italienischen Wochenzeitschrift. Diese Frage löst bei dem Bergsteiger eine Kettenreaktion aus. Erst ist er traurig, dann wütend und dann beschließt Maestri, nochmals auf den Torre zu steigen, um zu beweisen, dass «es keine unmöglichen Berge gibt, sondern nur Menschen, die nicht in der Lage sind, sie zu besteigen». Für seine Rückkehr nach Patagonien sucht sich Maestri die schwierigste Route, die härteste Jahreszeit und einen provozierenden Stil aus. Anstelle der Nordwand, die er mit Egger bestiegen hat («das ist eine der am wenigsten anspruchsvollen Besteigungen meiner Bergsteigerkarriere, die jeder Klet-

Maestris Rückkehr zum Cerro Torre

Im Sommer 1967/68 versucht die kleine britische Expedition, die sich aus den Alpinisten Mick Burke, Pete Crew, Martin Boysen und Dougal Haston zusammensetzt, die Besteigung des Cerro Torre über die Nordwand zu wiederholen. In Begleitung des Argentiniers José Luis Fonrouge erreichen die vier Männer den Colle della Conquista, lassen die Überhänge aus Eis in der Nordwand links liegen, steigen entlang der kompakten und senkrechten Ostwand des Torre in Richtung Gipfel, mit langen Abschnitten extrem schwieriger technischer Kletterei. Nach 35 Tagen anhaltenden Schlechtwetters zwingt eine riesige Lawine, die einen Großteil des Materials unter sich begräbt, die Gruppe zum Aufgeben. Im Jahr darauf ziehen sich auch eine japanische und eine spanische

236–237 Den Besuchern des chilenischen Nationalparks Torres del Paine ist das Granitmassiv der Cuernos del Paine wohlbekannt. Es erreicht eine Höhe von 2100 Metern und verbirgt die sehr eindrucksvollen Torres del Paine dahinter, an denen die anspruchsvollsten Routen im chilenischen Patagonien eröffnet wurden.

236 unten Im Januar 1963, eineinhalb Jahre nach der Eroberung des Frêney-Zentralpfeilers, realisiert die britische Seilschaft aus Chris Bonington und Don Whillans die Erstbesteigung des Torre Centrale del Paine und überwindet dabei eine Route, die mit 6 A3 bewertet wird. Die beiden Bergsteiger (Whillans links) am Wandfuß nach der Besteigung.

terer, dem das eigene Leben gleichgültig ist, zu Ende hätte führen können»), versucht er es nämlich mit der senkrechten Ostwand, die die Engländer abgewiesen hat, mitten im Südwinter.

Um die unvermeidlichen Bohrhaken zu setzen, bringt er einen Atlas-Copco-Kompressor mit, der mit Armeskraft die Wand hinaufgezogen werden muss. In eineinhalb Monaten steigen Maestri, Carlo Claus, Ezio Alimonta, Renato Valentini und Pietro Vidi über den Ostgrat bis auf 600 Meter unterhalb des Gipfels, in einem Kampf, der angesichts von Erfrierungen, Stürmen, fehlenden Nahrungsmitteln absolut heldenhaft ist, trotz der eingesetzten Mittel. Entstanden ist auf etwa 300 Meter Länge die so genannte «Kompressor-Route». Am 9. Juli geht der Kraftstoff für die Kocher aus, und die Bergsteiger sind zur Aufgabe gezwungen.

Mitte November ist Maestri aber wieder in der Wand. Gemeinsam mit Claus und Alimonta begleiten ihn diesmal auch Claudio Baldessari und Daniele Angeli. Die Tage sind lang, das Wetter ordentlich, Maestri ist wild entschlossen. In weniger als einer Woche erreicht die Gipfelseilschaft den höchsten im Juli erreichten Punkt. Dann, im Morgengrauen des 2. Dezember, haben sie das Ende der Felsen erreicht, und der Seilerste beginnt, auf den glatten Eiszungen am Fuß des unverwechselbaren «Gipfelpilzes» zu steigen. Am frühen Nachmittag umarmen sich Maestri, Alimonta und Claus auf der kleinen, vereisten Hochfläche am Gipfel. Beim Abstieg zerschneidet Maestri, den ein unhaltbarer Wutanfall gepackt hat, die Fixseile und zerschlägt die Bohrhaken mit Hammerschlägen. Nur der Kompressor wird ohne Vergaser und Anlasser in die Wand gehängt, um den Sieg der Trienter zur bezeugen.

Die Streitereien sind aber noch nicht zu Ende. Nach den Zweifeln an der Besteigung von 1959 hält nun die Redaktion von *Mountain* jene aus dem Jahr 1970 aufgrund der eingesetzten Mittel für ungültig. *Cerro Torre Climbed* («Der Cerro Torre ist bestiegen») ist folgerichtig der Titel der englischen Zeitschrift nach der Besteigung durch das Team von Casimiro Ferrari aus Lecco im Jahr 1974. Fünf Jahre später wiederholt Jim Bridwell, der amerikanische Staralpinist, die «Kompressor-Route» mit Steve Brewer. Der Abstand zwischen den letzten Bohrhaken und dem Eis (der sich aber jedes Jahr verändert) bringt ihn dazu, weitere Zweifel in der Fachpresse vorzubringen. Aber jetzt ist es wirklich Zeit, dieses unerfreuliche Thema zu wechseln.

237 Mitte links Jim Bridwell am Cerro Torre. Hier wird ein Kardinalproblem in den Wänden Patagoniens deutlich: Der ständige Wechsel von Fels zu Eis zwingt die Bergsteiger dazu, auch die anspruchsvollen Kletterabschnitte im Granit mit Steigeisen an den Füßen zu überwinden.

237 Mitte rechts Renato Casarotto ist für seine Alleingänge in den Alpen, in der Cordillera Blanca und im Karakorum bekannt. 1979 eröffnet er in acht Tagen seine eleganteste Route am Nordnordostpfeiler (heute Casarotto-Pfeiler) des Fitz Roy. In der als Basislager genutzten Eishöhle bereitet er sich auf die Besteigung vor.

237 unten Jim Bridwell steigt in den sechziger Jahren eine Passage artifizieller Kletterei in den Wänden des Torre. Der für seine großen Routen in den Wänden im Yosemite Valley bekannte Amerikaner führt 1979 mit seinem Landsmann Steve Brewer die erste Wiederholung der «Kompressor-Route» am Cerro Torre durch, die neun Jahre zuvor Cesare Maestri und seine Gefährten eröffnet hatten.

Wie so oft, hat die Zukunft bereits begonnen. 1962 bewältigen der Ire Frank Cochrane und der Engländer Don Whillans die Aguja Poincenot, den elegantesten Gipfel im Umfeld des Fitz Roy. Im Jahr danach, als Chris Bonington und Don Whillans den Torre Centrale im Massiv der Torres del Paine ersteigen, erreicht die italienische Expedition von Armando Aste, Vasco Taldo, Josve Aiazzi, Carlo Casati und Nando Nusdeo den einfacheren, aber höheren Torre Sud. 1965 bezwingen die Argentinier Carlos Comesaña und José Luis Fonrouge das Supercouloir, eine Eisrinne von etwa 1700 Meter Länge in der Nordwestseite des Fitz Roy. Drei Jahre später eröffnen die Kalifornier Yvon Chouinard, Dick Dorworth, Chris Jones, Lito Tejada-Flores und Douglas Tompkins eine schöne Route, links von den Rissen, die Guido Magnone und Lionel Terray durchstiegen haben.

Patagonien zieht die Elite an

In den siebziger Jahren kommt eine immer größere Zahl von Alpinisten nach Patagonien, um neue Routen zu eröffnen. Die wilden Felsnadeln um den Cerro Torre und den Fitz Roy werden eine nach der anderen bezwungen. Unter den zahlreichen Besteigungen in diesen Jahren ist aufgrund ihrer Eleganz und Schwierigkeit die des spitzen Nordnordostpfeilers des Fitz Roy hervorzuheben, die im Januar 1979 von Renato Casarotto in nur acht Tagen im Alleingang realisiert wird.

In der Geschichte des patagonischen Alpinismus sollte man den elegantesten Nebengipfel des Cerro Torre nicht vergessen, auf den am 22. Februar 1976 John Bragg, John Donini und Jay Wilson gelangen. Er wurde zwar von einer britischen Seilschaft bezwungen, trotzdem wird der Gipfel Torre Egger genannt zu Ehren des Lienzer Bergsteigers, der 1959 am Cerro Torre abgestürzt war. An diesem Tag beendet die Solidarität zwischen den Alpinisten endlich die Streitereien.

In den achtziger und neunziger Jahren verlieren die Türme Patagoniens endgültig alles Rätselhafte und werden zu einem Pflichtziel der weltbesten Bergsteiger. Über Straßen und Brücken können jetzt die Pfade erreicht werden, die zum Cerro Torre, zu den Torres del Paine und zum Fitz Roy führen, ohne die Abenteuer und gefährlichen Flußdurchquerungen der Vergangenheit. In der Ebene des Rio de las Vueltas entsteht das Örtchen El Chaltén aus dem Nichts, ein Stützpunkt für die Bergsteiger, die aus dem Hochgebirge zurückkehren. Es ist kein Zufall, dass in diesen zwanzig Jahren viele der «letzten Probleme» Patagoniens gelöst werden. Der Cerro Torre wird 1985 von dem Schweizer Marco Pedrini im Alleingang bestiegen und von einer italienischen Seilschaft das erste Mal im Winter.

1988 und 1995 werden zwei schwierige Wege in der Südwand des Berges eröffnet. Der erste ist ein Werk der Slowenen Janez Jeglic und Silvo Karo und wird im Sommer eröffnet. Die Italiener Ermanno Salvaterra, Piergiorgio Vidi und Roberto Manni wählen für den zweiten den Winter aus.

Die erste Winterbesteigung des Fitz Roy erfolgt 1986 durch Sebastián de la Cruz, Gabriel Ruiz und Eduardo Brenner und zeugt vom Wiederaufleben des argentinischen Alpinismus. Fünf Jahre später werden der Schweizer Kaspar Ochsner und der Tscheche Michal Pitelka zu Bezwingern des Ostpfeilers. Zur selben Zeit werden auch an den Torres del Paine (Südwand des Torre Centrale, Besteigung 1982 durch die Amerikaner Alan Kearney und Bobby Knight) und an bisher unbekannten Gipfeln wie dem Cerro Piergiorgio neue wichtige Routen gelegt.

238 oben Vor den Westwänden von Fitz Roy (links im Bild), Aguja Poincenot und Aguja Saint-Exupéry breiten sich die Schneehänge aus, die zu den Felsen des Cerro Torre führen. Links der Gletscher des Cerro Torre.

238 Mitte Die Ostwand des Torre Centrale del Paine gehört zu den steilsten und schwierigsten im chilenischen Patagonien. Im Jahr 1974 wird sie erstmals von den Südafrikanern Michael Scott und Richard Smithers durchstiegen. Zwölf Jahre später eröffnen Maurizio Giarolli, Elio Orlandi und Ermanno Salvaterra eine Direttissima.

238 unten Der Südsporn des Fitz Roy wird von der französischen Expedition 1952 teilweise begangen und 1984 von den Argentiniern Alberto Bendinger, Eduardo Brenner, Marcos Coach und Pedro Friedrich durchstiegen. Hier nähert sich der Amerikaner Mike Graber 1985 dem Sporn. Mit Galen Rowell und David Wilson führt er die erste Wiederholung der Route der Argentinier durch.

238–239 Der Schweizer Fotograf Robert Bösch hat die Einsamkeit und die Stimmung am Fitz Roy eingefangen. Der breite Schneesattel endet an den senkrechten Granitfelsen des patagonischen Giganten. Eine aufziehende Wetterstörung, ziemlich normal in dieser Gegend, wird die Expedition behindern.

239 unten Der Slowene Francek Knez reist oft nach Patagonien und führt dort unter anderem die Erstbesteigungen der Nordostverschneidung des Fitz Roy und der gefährlichen Ostwand des Cerro Torre durch. Mit Steigklemmen arbeitet er sich während eines für Patagonien typischen Sturms vorwärts.

Die eisige Bergwelt im Norden

/Nordseite des Ben Nevis, an einem eisigen Februarmorgen im Jahr 1957. Während die Sonne eines herrlichen Wintertages die Senke des Allt'a Mhuillin bescheint, bahnen sich drei Männer ihren Weg durch den einen Meter hohen Neuschnee in Richtung der bedrohlichen Nordwand des höchsten Gipfels der Britischen Inseln. Sie haben die Nacht in der Charles Inglis Clark Hut verbracht, einer kleinen Hütte in der wildesten Gegend des Massivs.

Ihr Ziel ist ein senkrechter Eistunnel, den seit Jahren viele hochkarätige Kletterer zu bezwingen suchen. Im Jargon der Alpinisten hat diese noch zu eröffnende Route bereits einen Namen: Zero Gully. «Wer die Route Gully, ‹Rinne›, genannt hat, war ein Optimist. Über 150 Meter Länge erstreckt sich eine vertikale Verschneidung mit einer Reihe von Überhängen», schreibt Tom Patey, eines der Mitglieder der Seilschaft, im Jahr darauf in einem Artikel im *Scottish Mountaineering Club Journal*.

Es ist derselbe Patey, der 1956 unter den Alpinisten in aller Welt berühmt wurde, als er im Alpenstil den Muztagh Tower erstieg, einen schwierigen Siebentausender im pakistanischen Karakorum. Jetzt klettert er als Seilerster die erste Seillänge des Zero, «ein erweiterter Einschnitt in der Mitte einer 85-Grad-Wand». Er steigt in Spreiztechnik, ohne Sicherungsmöglichkeit – und das Seil «hängt völlig frei von meiner Taille bis zu den beiden Männern am Stand».

In der zweiten Seillänge macht die vertikale Wand einem beeindruckenden Überhang Platz, den Patey mit dem heiklen Einsatz von Eishaken überwindet. Dann kommt ein schräger Quergang nach rechts, «ein enges Band aus steilem Schnee zwischen zwei Überhängen» entlang, das den drei Alpinisten eine «herrliche Ausgesetztheit» gewährt und zu einem leichteren Hang führt.

Anschließend folgt «eine riesige Eisplatte, die sich 30 Meter senkrecht in die Höhe erhebt und anscheinend den Zugang zum oberen Teil des Couloirs versperrt». Graeme Nicol, seit jeher der Seilpartner von Patey, erreicht den Freund am Fuß des Felsaufschwungs, wo die beiden gemeinsam einen soliden Stand aus zwei Eispickeln und drei Eishaken bauen. Nun kommt Hamish MacInnes ins Bild, der bekannteste schottische Alpinist. Mit seinen gerade 26 Jahren hat dieser Klasse-Abenteurer, der sich immer in den Highlands zu Hause fühlte, bereits einen heimlichen Versuch am Mount Everest hinter sich, den er zusammen mit John Cunningham nur einige Wochen nach dem Erfolg von Hillary und Tenzing unternommen hat. Auch hat er bereits eine ganze

241 oben Der 1931 geborene Hamish MacInnes ist einer der Hauptaktiven des Sommer- und Winterbergsteigens in den schottischen Bergen. Er ist an den ersten Winterbesteigungen des Raven's Gully am Glencoe und des Zero Gully am Ben Nevis beteiligt und erfindet in den sechziger Jahren das *Terrordactyl*, einen Pickel, der sich speziell für das frontale Gehen in Eis und kombiniertem Gelände eignet.

240–241 Die Nordostseite des Ben Nevis wird von einigen der schwierigsten und meistbegangenen Winterrouten der Highlands durchzogen. Links die Orion Face, der Zero Gully und (gegen den Himmel) der North East Buttress. Rechts der dunkle Douglas Boulder, der erste Felsaufschwung der Tower Ridge.

Liste an Erstbesteigungen in den Felswänden und den vereisten Couloirs der Highlands vorzuweisen.

MacInnes hat schon eine ganze Reihe von Versuchen am Zero Gully durchgeführt. Der höchste Punkt, den er jemals erreicht hat, war eben dieser Fuß der beeindruckenden Eisplatte. Nach einigen Metern im Eiltempo zwingt die Schwierigkeit der Wand Hamish dazu, langsamer zu werden, und Patey und Nicol beginnen am Standplatz ihm zu Ehren *Oh, Didn't He Ramble* zu singen, den klassischen Marsch, der bei Begräbnissen in New Orleans gespielt wird.

Aber der Bergsteiger aus Glencoe lässt sich weder vom makabren Gesang der Kameraden noch von der extrem schwierigen Route beeindrucken. Dank *The Message*, dem schweren Hammer, den er im Eigenbau konstruiert hat, klettert MacInnes allmählich höher, indem er in das Eis Stufen schlägt, die Patey als «eines Yetis würdig» bezeichnet. Nach zweistündigem Kampf erhalten die Gefährten endlich das Kommando, ebenfalls hochzusteigen.

Dann nimmt die Hangneigung ab, die Route wird allmählich leichter, und Hamish kündigt an, er wolle wieder als Letzter klettern. «Entschuldigt, aber mich zieht nur was Interessantes an. Ich bin nicht gut im Stufenschlagen», meint er lakonisch. Eine Kletterei wie aus der Konserve, die gelegentlich von kurzen Felsaufschwüngen, bei denen gesichert werden muss, unterbrochen wird, führt die drei Männer auf die von der Sonne erwärmte Gipfelebene des Ben Nevis.

«Es war einer dieser seltenen Tage auf dem Ben Nevis. Alle waren zufrieden, die Kletterbedingungen perfekt und das Panorama unendlich weit, bis zum Sutherland und den Inseln», schließt die Erzählung von Tom Patey. Trotz des typisch britischen Understatements ist die Erstbesteigung des Zero Gully einer der wichtigsten Augenblicke in der Geschichte des Bergsteigens in Schottland.

Schottland hat im Winter Saison

Schottland, das Land der Moore, Heiden und Burgen, der keltischen Sagen und Dudelsäcke, der windgepeitschten Felsen und Fjorde, fasziniert seit langem die Reisenden aus Mittel- und Südeuropa. Das von Sir Walter Scott als ein «Land der Berge und Gezeiten» beschriebene Land füllt sich jeden Sommer mit Touristen aus aller Herren Länder.

Für die Alpinisten, die hierher kommen, ist der Winter in Schottland die Hauptsaison. In der kälteren Jahreszeit wechseln sich nämlich die atlantischen Störungen, die reichlich Niederschläge über die Highlands bringen, mit kurzen Tauwettern und dem eisigen Wind ab, der direkt aus der Arktis kommt und die Berge mit glitzernden Eispanzern überzieht.

Im Sommer bieten die schottischen Felswände schöne und schwierige Kletterrouten; allerdings ist der nur 1344 Meter hohe Ben Nevis in den Augen derer, die an die Alpen gewöhnt sind, allenfalls ein besserer Hügel. Trotz der häufig auftretenden starken Stürme können alle wichtigen Gipfel auf Wegen ohne besondere Schwierigkeiten erreicht werden. Im Winter präsentieren alle 543 Munros, also die schottischen Berge, die über 3000 Fuß (etwa 900 Meter) hoch sind, dem Besucher ein beeindruckendes, wildes Umfeld, in dem sich der Alpinist wie zu Hause fühlt. In den höchsten und steilsten Massiven – dem Ben Nevis und den Cairngorns, den Gipfeln von Lochnagar und den Cuillins von Skye, dem Creagh Meaghaidh und den Gipfeln, die das berühmte Glencoetal beherrschen – sind die Routen meist ziemlich problematisch und anspruchsvoll. Die schwierigsten stellen eine regelrechte hohe Schule der Eiskletterei dar.

Die Alpinisten auf dem europäischen Festland leiden, was die britischen Berge angeht, mehr als ein Jahrhundert lang an einer seltsamen Kurzsichtigkeit. Zwar werden die Leistungen der Briten am Matterhorn, an der Brenvaflanke und

241 Mitte Wenn die Schwierigkeiten des Aufstiegs bewältigt sind, kann die weite Gipfelfläche des Ben Nevis den Alpinisten Probleme bereiten. Bei stürmischem Wetter ist die Orientierung hier besonders schwierig. Es ist daher wichtig, einen Kompass mitzunehmen.

auf dem Grépon mit internationalem Beifall bedacht, ihre heimischen «Tummelplätze» hingegen werden lange Zeit von den Alpenbesuchern links liegen gelassen.

Die schottische Schule

Dabei sind die feuchten, dunklen Felsen in Cornwall und Wales für Generationen von Kletterern eine hochkarätige Schule. Im Eis der Highlands bilden sich nicht nur die Alpinisten aus, die auf den Bergen der ganzen Welt aktiv sind, es liefert auch einen entscheidenden Beitrag zur Entwicklung der Materialien und Klettertechniken, die heute in jedem Winkel dieser Erde verwendet werden.

«Die Fähigkeit, sich auf Eis zu bewegen, erfordert in der Regel eine lange Lehrzeit, in der man viele mühselige Meilen weit mitleidlos am Seil eines Führers hinterhergezogen wird. Einer der wesentlichen Vorzüge des Bergsteigens in unseren Hügeln ist es, dass man es in der Praxis lernt und dies nicht eine ebenso lange Lehrzeit erfordert.» Diese Sätze aus dem Jahr 1894 stammen aus der Feder von Walter P. Haskett-Smith und sind in der Einführung zu seinem Kletterführer *Climbing in The British Isles* nachzulesen.

Der für seine brillanten Touren im Fels (darunter die Erstbesteigung der Napes' Needle im Jahr 1886) bekannte Has-

241 unten Tom Patey (1932–1970) gilt als Vorreiter der Erschließung der Highlands nach dem Krieg. Der Schotte ist Autor von 70 neuen Routen im Gebiet von Glencoe, den Cairngorms und dem Ben Nevis. Im Karakorum führte er die Erstbesteigung des Muztagh Tower (1956) und des Rakaposhi (1958) durch. Er gehörte zu den Spezialisten, die an den Sea Cliffs klettern, den Felstürmen vor den Küsten Schottlands.

kett-Smith veröffentlicht einen Band über England, Wales und Irland, schafft es aber nicht mehr, den zweiten Band über Schottland zu vollenden. Sein frecher und sportlicher Ton passt perfekt zum Stil der ersten Winterbesteigungen in den Highlands, die ab 1890 von Norman Collie und seinen Kameraden ausgeführt werden.

Am Ostersonntag 1894 besteigt die Seilschaft aus Collie, Joseph Collier und Godfrey Solly den Buachaille Etive Mor im Glencoe und dann die lange, eindrucksvolle Tower Ridge am Ben Nevis. Dieser Tag wird von den Historikern als der Geburtstag des schottischen Winteralpinismus bezeichnet.

Norman Collie, Begleiter Albert F. Mummerys am Montblanc und bei der unglückseligen Expedition zum Nanga Parbat, hinterlässt seine Spuren auch auf den Lofoten und im Kaukasus. Seine Leidenschaft für den Kaukasus verbindet ihn mit Harold Raeburn, dem zweiten großen Aktiven im Eis der Highlands in der Frühzeit des Alpinismus.

Raeburn, der durch die ersten führerlosen Besteigungen der Ostwand des Monte Rosa, des Viereselgrats der Dent Blanche und des Zmuttgrats am Matterhorn bekannt ist (Collie realisierte dafür die erste führerlose Besteigung der Brenvaflanke), eröffnet sommers wie winters ein Dutzend Routen am Ben Nevis. Im Sommer 1901 weiht er die schwere Observatory Ridge ein, die er 1920 auch im Winter bezwingt.

Harold Raeburn

In den Couloirs und auf den vereisten Graten der Highlands geht dieser Mann, der sicherlich einen höheren Bekanntheitsgrad verdient hätte, mehrere Male Passagen an, die an der Grenze zur Vertikalen liegen und sicher härter sind als vergleichbare zur selben Zeit in den Alpen. 1898, beim Durchsteigen eines Couloirs, das heute seinen Namen trägt, überwindet Raeburn in den Wänden von Lochnagar, die der königlichen Residenz Schloss Balmoral als Hintergrund dienen, die senkrechten Passagen, indem er sich mit seinem langen Pickel hochzieht, den er ähnlich handhabt wie die Bergsteiger bei der heutigen Schaftzugtechnik.

In seinem Werk *Mountaineering Art*, das vor seiner Abreise mit der ersten Forschungsexpedition zum Mount Everest veröffentlicht wird, schlägt Raeburn gar vor, an den schwierigeren Eispassagen anstelle der unförmigen Eispickel seiner Zeit «eine leichte Axt, ähnlich einem Tomahawk» zu verwenden. Diese Idee wurde allerdings erst ein halbes Jahrhundert später in die Praxis umgesetzt.

Letzte Probleme am Ben Nevis

In den Jahren zwischen den beiden Weltkriegen setzen Bill Murray, Graham MacPhee, Bill MacKenzie und andere Bergsteiger die systematische Erforschung der schottischen Berge im Winter fort und eröffnen beeindruckende Routen wie den Glovers' Chimney am Ben Nevis, den Deep Cut Chimney am Stob Coire nam Beith, den Crowberry Gully und die Garrick Shelf am Buachaille Etive Mor.

Die wichtigsten und schwersten Routen am Ben Nevis und in den Cairngorms werden aber in den fünfziger Jahren durch das Können und den Mut einer neuen Generation von Bergsteigern eröffnet. Die bedeutendsten Namen unter den Schotten (die wiederum getrennt sind durch die heftige

242 links Die unverwechselbare, spitze Gestalt des Buachaille Etive Mor wacht über das mittlere Glencoetal. Der Berg wird erstmals 1898 von dieser Seite bestiegen, als G. Gibbs die Curved Ridge begeht. Die klassische Winterroute verläuft über den tiefen Crowberry Gully, der 1936 begangen wurde.

242–243 Auf der Südseite des Glencoetals ist der Bidean nam Bian mit 1148 Meter Höhe einer der beliebtesten Gipfel bei den Alpinisten. Die interessantesten Routen in Fels und Schnee und im kombinierten Gelände befinden sich in den Wänden des Stob Coire nan Lochan, des Stob Coire nan Beth und des Aonach Dubh.

243 unten links Ein historisches Foto vom Crowberry Ridge am Buachaille Etive Mor. Diese Felskletterroute ist heute einer der Klassiker im Glencoe und den gesamten Highlands. Sie wurde erstmals 1900 von der Seilschaft von A. P. Abraham, G. D. Abraham, E. A. Baker und J. W. Puttrell bestiegen.

243 unten rechts Das gewaltige Massiv des Liathach liegt am Loch Torridon und wird von vielen für das imposanteste in den schottischen Highlands gehalten. Der luftige Gipfelgrat bietet sich im Sommer für trittsichere Wanderer an und verwandelt sich im Winter in eine anspruchsvolle Schneetour.

244–245 Die leichte Route (im Sommer eher ein Trampelpfad), die von Fort William zur Charles Inglis Clark Hut führt, sieht bei Wolken, Schnee und Sturm recht gefährlich aus. In der gemütlichen Berghütte am Fuß des Ben Nevis kann man dann wieder Kraft tanken.

244 links In den Bergen der schottischen Highlands beginnen die Bergsteiger bereits in den sechziger Jahren, senkrechte Abschnitte im Eis und im kombinierten Gelände anzugehen, lange vor der Einführung des *Terrordactyls* und der anderen Geräte für die Frontaltechnik in Großbritannien.

244 unten rechts Das Cairngormsmassiv ist eines der meistbesuchten in den Highlands und wird von bergsteigerisch interessanten Winterrouten durchzogen. Im Winter 1964 klettert Tom Patey in der Y-Rinne des Coire an Lochan.

Rivalität zwischen Aberdeen, Edinburgh und Glasgow) sind Hamish MacInnes, John Cunningham, Tom Patey, Robin Smith und Dougal Haston. Aber auch jene Alpinisten, die südlich der schottischen Grenze geboren sind, angefangen bei den Himalaja-Experten Chris Bonington, Ian Clough und Don Whillans, kommen oft zum Klettern in diese eisverkrusteten Wände.

Wie bereits erwähnt, haben Hamish MacInnes, Tom Patey und Graeme Nicol 1957 den Zero Gully überwunden. Die Aufmerksamkeit der besten Bergsteiger wendet sich nun dem nahen Point Five Gully zu, an dem von Cunningham, MacInnes und dem berühmten walisischen Kletterer Joe Brown animierte Besteigungsversuche stattfinden; dabei stürzt Letzterer aus der zweiten Seillänge bis auf das Schneefeld am Einstieg, ohne sich ernstlich zu verletzen.

Im Januar 1959 wird der Point Five Gully endlich von der englischen Seilschaft Ian Clough, Alexander, Pipes und Shaw nach einer viele Tage dauernden «Belagerung» bezwungen. Am folgenden Wochenende stellen Robin Smith und R. K. Holt die Ehre der schottischen Bergsteiger wieder her, indem sie die Orion Face am Ben Nevis durchsteigen, die den Spitznamen «schottische Nordwand» erhält.

Im folgenden Jahr eröffnet Robin Smith gemeinsam mit Jimmy Marshall in einem einzigen Winter ein halbes Dutzend schwieriger Routen in den Wänden des Ben Nevis. Die schwerste ist die Direttissima, eine Route in der offenen Wand, deren Einstieg wenige Schritte vom Zero-Riss entfernt liegt. Das Ziel der Kampagne ist es, «die letzten ungelösten Probleme am Ben Nevis zu lösen», schreibt Jimmy Marshall bar jeder falschen Bescheidenheit.

Der besonders kreative Alpinist Tom Patey (von Beruf Allgemeinmediziner) begeistert sich für die *Girdle Traverses*, die Quergänge auf halber Höhe in den Wänden von Ben Nevis und Creagh Meaghaidh. Er initiiert auch die erste Winterüberschreitung der Cuillins von Skye, die er schließlich im Februar 1965 zusammen mit Hamish MacInnes, Davie Crabb und Brian Robertson vollendet. Elf Kilometer liegen zwischen dem südlich Ende am Gars Bheinn und dem Sgurr nan Gillean, dazwischen 3000 Höhenmeter im Auf- und Abstieg, Schwierigkeiten bis zum vierten Grad.

«Es gibt schwierigere Routen und anspruchsvollere, und viele andere, die noch erforscht werden müssen. Aber ich glaube wirklich, dass die Winterüberschreitung des Hauptgrates der Cuillins immer als größtes Abenteuer des britischen Alpinismus gelten wird», kommentiert Patey.

Spezialitäten für die Ausrüstung

Was die Besteigungen noch eindrucksvoller macht, ist die absolut klassische Ausrüstung: Die Pickel sind etwa einen Meter lang und haben eine gerade Haue, die im Eis nicht greift, die Steigeisen sind die üblichen mit zwölf Zacken aus Courmayeur und Chamonix, die für die Gletscher in den Alpen verwendet werden. In den Highlands bewegt man sich aber in steilerem Gelände und braucht daher kürzere Geräte. Der Erste, der an geeignetere Werkzeuge für schottische Verhältnisse denkt, ist Hamish MacInnes, der in seiner gut ausgerüsteten Werkstatt in Glencoe ständig neue Pickel-Prototypen produziert. Eine Katastrophe am Ben Nevis, als die Leichen dreier Alpinisten mit den zerbrochenen Holzgriffen ihrer Eispickel gefunden werden, überzeugt Hamish davon, die Geräte ganz aus Metall zu konstruieren. Allmählich fasst auch die Idee Fuß, Hämmer und Pickel mit geneigter und gezahnter Spitze einzusetzen, die auf Eis, aber auch auf Gras und gefrorener Erde benutzt werden können.

The Message, der erste von MacInnes erdachte und gebaute Hammer, ist im Februar 1957 im Zero Gully bereits im Einsatz. In den sechziger Jahren besucht Yvon Chouinard mehrere Male die Highlands; er ist ein Hauptakteur großer Besteigungen im Yosemite und Erfinder speziellen Materials für die *Big Walls* in Übersee. Seine Zusammenarbeit mit MacInnes bringt moderne Materialien für die Eiskletterei hervor. Chouinard baut in Kalifornien die ersten starren Steigeisen, die den Fuß beim Klettern auf senkrechtem Eis besser unterstützen. In seiner Werkstatt in Glencoe legt Hamish MacInnes letzte Hand an das *Terrordactyl*, einen sehr kurzen Hammer-Pickel mit um 45 Grad geneigter Spitze. Dieses ungewohnte Werkzeug ist schwer zu benutzen, ohne dass man sich an den Händen verletzt, und ermöglicht die frontale Klettertechnik an senkrechten Eiswänden oder im kombinierten Gelände. Die schottischen Alpinisten der siebziger Jahre kommen so in der offenen Wand voran, und im Winter überwinden sie die schwierigsten Sommerrouten.

Auf den klassischen Routen ist es mit dem neuen Werkzeug möglich, schneller und viel sicherer voranzukommen. Das beweist Ian Nicholson, ein junger Ausbilder an der Bergsteigerschule in Glencoe, der im Winter 1972/73 an einem einzigen Vormittag nacheinander den Zero und sogar den Point Five Gully durchsteigt. Für keine der beiden Routen braucht er mehr als eine Stunde.

Zur gleichen Zeit entdecken die Bergsteiger auf dem europäischen Festland endlich die Highlands. Genau wie zu den Granitwänden im Yosemite Valley pilgern nun die Besten

245 unten links Abstieg oberhalb des Lochan Meall an t'Suidhe, dem größten Bergsee des Massivs. Auf dem Rückweg können Bergsteiger, die nicht über die Charles Inglis Clark Hut gehen wollen, der leichten Sommerroute folgen.

245 unten rechts Die Winterbesteigung der Nordostseite des Ben Nevis erfolgte im Jahr 1892 gleichzeitig mit der Erstbesteigung der Tower Ridge durch die Seilschaft von Norman Collie, Joseph Collier und Godfrey Solly.

246–247 Unter den fast 200 Routen, die an den Wänden des Ben Nevis eröffnet werden, sind die North East Buttress und die anderen großen Grate (Tower Ridge und Observatory Ridge) die einzigen, die ein elegantes Vorankommen auf einem hohen Grat aus Schnee und Eis erlauben. Von der Atmosphäre und der Schwierigkeit her erinnern sie an die großen Sommerrouten im Montblancgebiet und in den Walliser Alpen.
Unter den Winterrouten am Ben Nevis ist die North East Buttress eine der eindrucksvollsten mit wunderbarer Aussicht. Dieser 400 Meter lange Grat, der im Sommer 1892 erstmals begangen wird (das Datum der ersten Winterbegehung ist nicht bekannt), bietet einen außerordentlichen Ausblick auf die Orion Face, den Zero Gully und die restliche Nordostseite des Berges.

aus den Westalpen zum eisgepanzerten Ben Nevis und den Glencoe-Bergen. Dank ihrer in den Stürmen und an den von gefrorenem Gras überzogenen Platten am Ben Nevis gesammelten Erfahrungen revolutionieren Jean-Marc Boivin, Patrick Gabarrou, Walter Cecchinel und Giancarlo Grassi in wenigen Jahren das Eisklettern.

Dann rückt das Interesse der Fremden, wie das ja immer geschieht, etwas von den Highlands ab. Nachdem sie erst einmal in den Alpen akzeptiert ist, wird die Frontalzackentechnik natürlich bald auch anderem Gelände angepaßt (besonders den Eisfällen) und weltweit zur gängigen Praxis in Bergsteigerkreisen.

Die Besucher, die von weit her kommen, sammeln sich auch weiterhin auf den Straßen von Fort William und entlang der Winterrouten am Buachaille Etive Mor, am Creagh Meaghaidh und Ben Nevis. Technisch gesehen sind die großen Fortschritte bei der Ausrüstungsentwicklung inzwischen abgeschlossen. Für die neue Generation schottischer Alpinisten geht es nun um Geschwindigkeit, Eleganz und das Vorankommen auf immer gefährlicherem Gelände.

247 Mitte Eines der wichtigsten Merkmale der Winterkletterrouten in den Highlands ist die Unsicherheit der Standplätze. Wo keine Risse zur Platzierung von Verankerungen im Fels vorhanden sind, müssen Eishaken, in den Schnee gesteckte Pickel oder Firnanker (also im Schnee vergrabene Verankerungen) verwendet werden, die eigens für die schottischen Berge entwickelt wurden.

247 unten Modernes Eisklettern mit der Schaftzugtechnik an einer der steilsten Passagen der North East Buttress am Ben Nevis. Die Pickel werden nacheinander ziemlich weit oben ins Eis geschlagen. Um das Gleichgewicht zu halten, werden dabei die Beine leicht gespreizt.

Über den sechsten Grad hinaus

Im Jahr 1968 beunruhigt ein in der *Rivista Mensile* des Italienischen Alpenvereins *CAI* erschienener Artikel die Welt der italienischen Alpinisten. Er heißt *L'assassinio dell'impossibile* («Der Mord am Unmöglichen»), und der Autor ist Reinhold Messner, ein junger Bergsteiger aus Südtirol, der bereits viele großartige Unternehmungen im gesamten Dolomitengebiet vorzuweisen hat.

«Einst wurde die Geschichte des Alpinismus mit dem symbolischen Stift der Kühnheit geschrieben: Heute schreibt man sie mit Haken. Die Zeiten ändern sich, und mit ihnen die Konzepte und die Werte. Die Absicherung durch Hilfsmittel hat den Platz der inneren Sicherheit eingenommen, wie tüchtig eine Seilschaft ist, wird an der Anzahl der Biwaks gemessen, während die, die noch frei klettern, als verantwortungslos disqualifiziert werden», schreibt Messner.

«Man bohrt immer mehr und klettert immer weniger. Das Unmögliche ist verjagt, der Drache ist am Gift gestorben, und Held Siegfried ist arbeitslos. Jeder arbeitet an der Wand und biegt sie mit dem Eisen zurecht, bis sie den eigenen Fähigkeiten entspricht. Denkt euch was aus, umgeht den Berg mit allen Mitteln, wenn ihr Erfolg haben wollt. Ich mache mir um den getöteten Drachen Sorgen. Wir müssen etwas tun, bevor das Unmögliche ganz und gar begraben wird. Retten wir also den Drachen. Und in Zukunft folgen wir dem Weg, den uns die Männer der Vergangenheit gewiesen haben: Ich bin davon überzeugt, dass es noch der richtige ist!»

Heute sind Tausende von Alpinisten derselben Ansicht, aber damals werden diese Worte bei ihrer Veröffentlichung hart kritisiert. Zu den wenigen, die ihren Wert begreifen, gehört Claudio Barbier, der eine Route im fünften Grad, welche er im folgenden Sommer am Lagazuoi Nord eröffnet, «Via del Drago», den «Weg des Drachen» nennt. Nun ist der Drache des Freikletterns bereit, sich aus der Asche zu erheben. Das beweisen am besten Messners eigene Unternehmungen.

Messners Freikletterrouten

1965 besteigt der junge Alpinist aus dem Villnösstal, der zum berühmtesten Bergsteiger der Geschichte werden soll, mit seinem Bruder Günther, Paul Kantioler und Heindl Messner den Nordwestpfeiler der Villnösser Geislerspitze (Odla di Funes). Es folgen andere, neue Besteigungen. Aber der methodisch vorgehende Messner wiederholt auch, eine nach der anderen, alle großen Routen, die seine berühmten Vorgänger eröffnet haben.

Stationen auf dieser Pilgerfahrt sind die Südwand der Cima Scotoni, die Nordwand des Monte Pelmo, die «Via dell' Ideale» in der Marmolada d'Ombretta, die «Via Aste» in der Punta Civetta, die Südwestwand des Burèl. Zwischen Februar und März 1967 führt Reinhold Messner die ersten Winterbesteigungen der Solleder-Führe an der Furchetta und der Nordkante des Agnèr durch.

Das größte Freikletter-Abenteuer Messners kommt aber im Juli 1968, als er mit seinem Bruder Günther den Pilastro di Mezzo am Sass dla Crusc in der Cunturinesgruppe angeht. Am Morgen des zweiten Tages steigt Reinhold in eine «glatte Platte, ohne Risse und mit ganz wenigen Griffen» ein, die über einem großen Überhang hängt. Nach einer halben Stunde ergebnisloser Versuche denkt Messner ernsthaft ans Aufgeben. Dann versucht er es ein letztes, verzweifeltes Mal, klammert sich mit den Fingernägeln an eine winzige Felsleiste und findet sich glücklich oberhalb der Platte wieder, ohne sich an den Bewegungsablauf zu erinnern. Zehn Jahre später werden die ersten Wiederholer der Route für diese Passage vom oberen siebten, vielleicht sogar achten Grad sprechen.

1969 verlängert sich die Liste der Alleingänge Messners um die Vinatzer-Führe in der Marmolada (in der Reinhold eine Variante eröffnet, die beinahe eine neue Route ist), die Philipp-Flamm-Verschneidung an der Punta Tissi in der Civetta, die Direktroute an der Nordkante des Langkofels. 1970 folgt dann die Expedition zum Nanga Parbat (siehe Seite 264), bei der Günther Messner das Leben verliert; dies hat das Leben und die bergsteigerische Tätigkeit Reinhold Messners entscheidend beeinflusst.

Bevor über andere Unternehmungen berichtet wird, ist ein kurzer Diskurs notwendig. Wer die Geschichte des Alpinis-

248 oben Der im Villnösstal aufgewachsene Reinhold Messner wird mit seinen Unternehmungen an den Achttausendern in den siebziger Jahren zu einem der berühmtesten Bergsteiger aller Zeiten. Im Jahrzehnt davor hat er Außerordentliches, oft im Alleingang, in den Dolomiten vollbracht.

248 unten Die kompakten Platten des Pilastro di Mezzo am Sass dla Crusc in den Cunturines sind im Sommer 1968 Bühne der Messner-Brüder. Reinhold überwindet als Seilerster (und mit starren Bergschuhen an den Füßen) die «glatte Platte, ohne Risse und mit ganz wenigen Griffen», die die Schlüsselstelle der Route bildet. Die Wiederholer bewerten die Passage zwischen dem siebten und achten Grad.

248–249 Die «Via Aste» in der Nordwestwand der Civetta ist zwar weniger bekannt, aber doch eine anspruchsvolle Route in einer der breitesten und schwierigsten Dolomitenwände.

249 rechts Die Wand der Cunturines, die sich zum oberen Abteital hin wendet, gehört zu den kompaktesten in den Dolomiten. Das obere Foto zeigt eine Passage in der «Via del Gran Muro». Auf dem unteren Bild ist ein Kletterer bei einer der ersten Wiederholungen der von den Messner-Brüdern eröffneten Route am Gran Pilastro des Sass dla Crusc zu sehen.

mus verfolgt hat, weiß, dass der siebte Grad nicht erst durch Messner oder durch die Leistungen Manolos und Mariachers «entdeckt» worden ist. Gerade einmal sieben Jahre nach der Führe Solleders und Lettenbauers (1925) an der Civetta klettert der große Hans Vinatzer (barfuß und praktisch ohne Haken!) in der überhängenden Nordwand der Furchetta Passagen, die schwieriger sind als der «alte» sechste Grad, und wiederholt dies 1935 an der Stevia.

Pioniere des siebten Grades

Weitere Passagen «jenseits des sechsten Grades» meistern Bruno Detassis am Piccolo Dain di Pietramurata im Jahr 1938, Mariano De Toni und Cesare Pollazòn an der Torre di Valgrande 1941 und Domenico Bellenzier an der Torre d'Alleghe 1964. Seit Mitte der sechziger Jahre eröffnen Reinhold Messner und Armando Aste eine Vielzahl von Routen mit Passagen, die die Fachwelt heute mit dem siebten Grad bewertet.

All diese Unternehmungen bleiben Einzeltaten der Großen an den besten Tagen ihrer Karriere. Mitte der siebziger Jahre aber macht die ganze alpine Welt in der Schwierigkeitsskala einen Sprung nach oben. Zum Teil ist es ein «internes» Phänomen, das durch die Reaktionen der jungen und gut auf das technische Klettern vorbereiteten Kletterer verursacht wird. Zum Teil ist es aber auch der Fortschritt, der durch die Beispiele aus der Ferne angeregt wird.
In den Dolomiten weiß man wenig über die Leistungen der angelsächsischen Kletterer, die bereits seit vielen Jahren das Freiklettern in Extremform betreiben. Die führenden Kletterer in den Dolomiten zu Anfang des Jahrhunderts, nämlich die starken Bezwinger der Sandsteintürme in Böhmen und Ostdeutschland, sind von den Dolomiten durch den Eisernen Vorhang getrennt. Nur selten sieht man in den Ostalpen die französischen *Bleausards*, die sich seit einiger Zeit an den Sandsteinblöcken in Fontainebleau weit über den klassischen sechsten Grad hinauswagen.
Ein Kletterer aus Paris, Jean-Claude Droyer, verblüfft gegen Ende der sechziger Jahre die Alpinisten der Dolomiten mit der Begehung der großen klassischen Routen wie der

250 oben links Die Wand des Totoga wird in den siebziger Jahren zu Manolos «Privatkletterfelsen», wo er äußerst schwierige Routen eröffnet. Er klettert gerade eine Platte mit der Schwierigkeit 8a+ in der «Border-Line»-Route.

250 oben rechts Jean-Claude Droyer aus Paris ist für seine Leistungen im Sandstein von Fontainebleau und an den Kalkwänden Südfrankreichs bekannt. Ende der siebziger Jahre begeht er als Erster einige der schwierigsten Dolomitenrouten frei. Hier arbeitet er am berühmten Quergang in der Cassin-Führe in der Nordwand der Westlichen Zinne.

250–251 Der aus Fiera di Primiero stammende Maurizio Zanolla wird in Bergsteigerkreisen und beim breiten Publikum unter dem Spitznamen «Manolo» berühmt. Seit den siebziger Jahren kann er bedeutende Ergebnisse in den Wänden der Dolomiten vorweisen.

Cassin-Führe an der Westlichen Zinne und der Carlesso an der Torre di Valgrande in vollkommen freier Kletterei. In beiden Routen überwindet der französische Spitzenkletterer Abschnitte im siebten Grad mit Passagen im achten.

Maurizio Zanolla, genannt «Manolo»

Die Leistungen, die nun folgen, werden von einer neuen Generation einheimischer Kletterer vollbracht, wie etwa an den Pale di San Martino am 14. November 1978. In der Südwand der Cima della Madonna wartet ein von Alessandro Gogna und Pietro Ravà 1973 geschlagener Haken in der Mitte einer gelben, außerordentlich kompakten Platte auf eine neue Generation von Alpinisten. Ein Kletterer aus Fiera di Primiero wird an diesem sonnigen Novembertag in die Wand einsteigen. Er heißt Maurizio Zanolla, seine Freunde kennen ihn unter dem Spitznamen «Manolo».

Bei vielen seiner schönsten Besteigungen ist dieser außerordentlich begabte Alpinist allein unterwegs. Heute aber bildet er mit Aurelio De Pellegrini, Daniele Ruggero und Marco Simoni eine Seilschaft. Am letzten von Gogna geschlagenen Haken zögert er einen Augenblick, dann beginnt er entschlossen weiterzusteigen und nutzt sein Können, seine ungewöhnliche Behändigkeit und seine während vieler extrem schwieriger Besteigungen verfeinerte Intuition.

In den vergangenen Jahren hat der Kletterer aus Fiera di Primiero Routen höchsten Niveaus eröffnet, wie etwa die in der Südwand der Cima di Val Scura in den Vette Feltrine, auf der Südwestseite des Dente del Rifugio und in der Nordostwand der Cima Immink in der Palagruppe. In den nächsten Jahren werden seine Routen in der senkrechten Totogawand, die die Schlucht des Schenèr überragt, den achten und neunten Grad erreichen.

Aber die Route zur Cima della Madonna wird der Bergsteigerwelt der Dolomiten offiziell das Können Manolos zeigen. «In absurden Positionen, nur barbarisch abgesichert, hat Manolo auch ein paar Haken gesetzt, an denen er sich wie ein Ertrinkender in diesem gelben, vertikalen Ozean aus absurdem Gestein festklammerte», wird einige Jahre später Alessandro Gogna in seinem Buch *Sentieri Verticali* («Senkrechte Wege») schreiben. «Das war der wahre Fortschritt. Die ‹Via dei Piazaroi› ist ein wesentliches Kapitel in der Geschichte der letzten Jahre».

Es vergehen fünf Tage, dann folgt eine weitere Besteigung auf ausgezeichnetem Niveau. Diesmal ist die Südwand der Marmolada das Ziel, und die Akteure reisen von der anderen Seite des Brenners an. Sie heißen Reinhard Schiestl und Ludwig Rieser und haben viele große klassische Dolomitenrouten in ausgezeichneten Zeiten frei kletternd wiederholt. Auch in diesem Fall wollen sie sicher nicht zu viele Haken schlagen. Trotz der bereits kurzen Herbsttage schaffen sie es, ohne Biwak auszukommen. Sie steigen am Morgen ein, klettern rasch entlang der enormen grauen Platten rechts der «Via Conforto», sind nach acht Stunden auf dem Gipfel und kommen mit der letzten Seilbahn ins Tal. Das Ergebnis ihrer Mühe ist der «Schwalbenschwanz», eine Route über 750 Meter, die insgesamt mit dem unteren siebten Grad bewertet wird und einige ganz entschieden härtere Passagen aufweist. «Spontan hat Ludwig sie seine schwierigste Route genannt, aber das ist unwichtig. Sie ist zweifellos die schönste», schreibt Reinhard Schiestl in der Zeitschrift *Alpinismus*.

Auf der gesamten Route, mit Ausnahme der Pausen, hat die österreichische Seilschaft fünf Haken gebraucht. *L'assassinio dell'impossibile* ist vor zehn Jahren veröffentlicht worden: Der Drache, für den Reinhold Messner sich eingesetzt hat, scheint endlich wieder aufgewacht zu sein, um sich lebendiger denn je in den Bleichen Bergen umzuschauen.

Angesichts der «Via dei Piazaroi» und des «Schwalbenschwanz» wird auch den europäischen Alpenverbänden klar, dass das Tabu des sechsten Grades inzwischen gebrochen ist. Zum ersten Mal spricht man nach diesen beiden Routen offiziell vom siebten Grad.

Im Vorjahr wurde eine analoge Wertung für den «Precipizio degli Asteroidi» im Val di Mello und die «Pumprisse» im Wilden Kaiser akzeptiert. In der geschlossenen, traditionellen Bergsteigerwelt Venetiens sollten die Unternehmungen «Manolos» und der Österreicher zusammen mit den Beispielen aus Großbritannien bald bahnbrechende Auswirkungen zeitigen.

251 oben In den Wänden des Totoga klettert «Manolo» an einer überhängenden Wand mit sehr wenigen Griffen. Es handelt sich um eine Passage in 8b, was dem zehnten Grad der UIAA-Skala gleichkommt.

251 Mitte Obwohl er seine bekanntesten Besteigungen im Alleingang machte, eröffnet Manolo wichtige Routen auch in Seilschaft. Hier befindet er sich an einem Kletterfelsen in einer Passage 7c+, was dem neunten Grad der UIAA-Skala entspricht.

Die Turnschuhgeneration

Zu den Ersten, die die britischen Kletterfelsen besuchen, gehört Renato Casarotto, der bedeutende Alleingänge in den Julischen Alpen und auf dem Montblanc vollbringt und später ein tragisches Ende am K2 finden wird. «Die sind zu schwer!», stellt er untröstlich fest, wie Gianni Battimelli in der *Rivista della Montagna* berichtet, nach ein paar Tagen in den Kletterfelsen in Wales zusammen mit einer Gruppe britischer und italienischer Kletterer.

Aber Casarotto ist ein echter Könner, und seine Begegnung mit Leuten wie Pete Livesey, Ron Fawcett und Joe Brown ist für ihn ein weiterer Ansporn. Bereits vor dieser Reise hatte er, wie viele der besten italienischen Dolomitenkletterer Anfang der siebziger Jahre – zum Beispiel Franco Miotto und Riccardo Bee aus Belluno, Enzo Cozzolino aus Triest, Alessandro Gogna aus Genua –, seine gesteigerte Aufmerksamkeit auf die gigantischen Wände in den Belluneser Dolomiten und die Pale di San Lucano gelenkt, an der südlichen Grenze der Dolomiten.

Hier hat er in fünf Tagen im Juni 1975 zusammen mit Piero Radin die Westwand des Spiz di Lagunàz bestiegen, eine eindrucksvolle, mehr als tausend Meter hohe Wand, die

Gogna als «höher als Burèl, Civetta, Marmolada» bezeichnet. Nachdem Casarotto die Lektion von den Britischen Inseln verinnerlicht hat, verfeinert er seine Technik im Freiklettern noch und eröffnet an der Busazza und am Antelao eine Vielzahl eindrucksvoller Routen mit Abschnitten «jenseits des sechsten Grades». Am Spiz di Lagunàz, zu dem er 1977 mit Bruno da Donà zurückkehrt, um eine zweite herrliche Route zu eröffnen, reizt er das Freiklettern bis an die Sturzgrenze aus und durchsteigt eine sieben Meter hohe Verschneidung, die er mit dem siebten Grad bewertet.

Die Redaktion von *Le Alpi Venete*, der mächtigen Zeitschrift der Sektion Venetien des Italienischen Alpenvereins, zensiert aber den Bericht des Alpinisten, um «keinen Skandal und Streitereien unter den venetischen Alpinisten zu provozieren». Das ist eines der letzten Lebenszeichen der Konservativen. Vier Jahre danach, als der siebte Grad von den europäischen Alpenvereinen allgemein anerkannt ist, wird diese Zeitschrift den Berichten über die schwierigsten Routen von Casarotto und Gefährten breiten Raum widmen.

Ein weiteres Element, das die Phantasie der jungen Leute anregt, sind die außergewöhnlichen Alleingänge Messners. Mit seinem Beispiel vor Augen und zunächst in alten Turnschuhen, später mit den neuen Kletterschuhen mit Reibungssohlen an den Füßen, brechen neue Talente auf zu den Routen der Vergangenheit und machen alle Rekorde zunichte.

Zu ihnen gehört der Römer Pierluigi Bini, der allein die Gogna-Führe in der Marmolada und die «Via dei Fachiri» in der Cima Scotoni geht. Dazu zählt auch «Manolo», der herrliche Leistungen im Alleingang in der Palagruppe gezeigt hat. Ebenso Franco Perlotto aus Vicenza, der später als Forscher und als Schriftsteller bekannt wird und in jenen Jahren besonders in der Tofanagruppe aktiv ist. Der junge Deutsche Heinz Grill, der 1980 die ersten Alleingänge der «Via Don Chixote» und der «Via Ezio Polo» in der Südwand der Marmolada schafft, ist ebenfalls einer von ihnen.

Und dann gibt es natürlich Heinz Mariacher, einen Tiroler aus Wörgl, der allein die Vinatzer- und die Conforto-Route in der Marmolada-Südwand begeht, bevor er neue, extrem schwierige Routen in dieser Wand eröffnet. Von der früheren Bergsteigergeneration bleibt Riccardo Bee aktiv, der 1982 im Alleingang drei herrliche Routen mit technischem Klettern im sechsten Grad eröffnet.

Die erste dieser Routen führt durch den rechten Sektor der Piz-Serauta-Südwand (Marmolada), die beiden anderen ziehen sich durch die Südwestwand des Agnèr, eine der höchsten und eindrucksvollsten Felswände der Alpen. Am ersten Weihnachtstag 1982 kommt Bee bei einem Sturz auf der Nordseite des Agnèr ums Leben.

Weitere und noch schwierigere Routen eröffnet Lorenzo Massarotto aus Padua. Der schweigsame und methodisch orientierte Alpinist ist außerhalb seiner Heimatregion wenig

Über den sechsten Grad hinaus

252 links Der Tiroler Heinz Mariacher aus Wörgl wetteifert in den siebziger und achtziger Jahren mit «Manolo» um den Titel als bester aktiver Kletterer in den Dolomiten. Sein bevorzugter Aktionsbereich sind die großen, sehr kompakten Platten in der Südwand der Marmolada. Am liebsten klettert er in den Felsen im Val di San Nicolò.

252–253 Der römische Bergsteiger Pierluigi Bini klettert in den siebziger Jahren in vielen Dolomitenmassiven. Er hat eine lange Liste von Besteigungen in Rekordzeit vorzuweisen. Hervorzuheben sind seine Alleingang-Premieren der Gogna-Führe in der Marmolada-Südwand und der «Via dei Fachiri» in der Cima Scotoni.

253 oben rechts Der berühmte Tiroler Bergsteiger Heinz Mariacher in einer anspruchsvollen Passage an einem Kletterfelsen aus «tropfenförmig» gewölbtem Kalkstein, ähnlich dem, der in den Marmoladawänden zu finden ist.

253 unten rechts Die 1936 von dem großen Alpinisten aus dem Grödner Tal gemeinsam mit Ettore Castiglioni eröffnete Vinatzer-Führe in der Südwand der Marmolada di Rocca ist eine der wichtigsten Routen der goldenen Jahre des sechsten Grades und wird auch heute noch recht häufig wiederholt.

bekannt, führt aber Dutzende hochkarätiger Besteigungen durch, so dass ihn Gogna «den renommiertesten Besteiger großer Dolomitenwände, ob im Sommer oder Winter und auch im Alleingang, der so wenig Haken wie möglich und keine Bohrhaken einsetzt», bezeichnet.

Lorenzo Massarotto

In der Liste seiner neuen Routen sticht die Nordwand des Spiz d'Agnèr Nord heraus, 700 Meter im sechsten und siebten Grad, die er 1980 zusammen mit Ilio De Biasio ohne einen einzigen Haken außer an den Standplätzen durchsteigt. Im Jahr darauf legt Massarotto eine neue Route an der Terza Pala di San Lucano, dann eine Direktroute auf den Spiz de la Lastia und schließlich eine Route in der Nordostwand des Agnèr, rechts von der Route, die 1967 die Brüder Messner und Heini Holzer eröffnet hatten.

Die achte Seillänge am Spiz de la Lastia ist vermutlich die schwierigste in der ganzen Bergsteigerkarriere von Lorenzo Massarotto. Es handelt sich um eine kompakte, 45 Meter hohe Platte zwischen dem siebten und achten Grad, in die der Alpinist sechs der elf Haken schlägt, die er auf der ganzen Route braucht.

«Auf dem luftigen Stand am Ende jener Seillänge fragten wir uns, wieso man so viel Aufhebens um die Berge Kaliforniens macht und diese glänzenden Platten nicht beachtet, die noch so viele Möglichkeiten bieten», erzählt in der *Rivista Mensile* des *CAI* Leopoldo Roman, der Massarottos Seilschaftskamerad und Sprecher ist.

«Auf dem Agnèr ist es noch möglich, sich vom Rest der Welt abzusondern. In diesen Bergen muss man die großen Probleme, die noch zu lösen sind, nicht erst erfinden», fügt der immer bissige Massarotto in einem Interview 1987 hinzu. Gewohnt, mit wenigen Haken zu steigen, liebt es Lorenzo auch, im Alleingang unterwegs zu sein.

In seinem besten Jahr, 1980, durchsteigt er allein in Rekordzeit die Mayerl-Verschneidung am Sass dla Crusc, die Navasa-Route in der Rochetta Alta di Bosconero, jene Routen, die Armando Aste und Enzo Cozzolino auf dem Spiz

254–255 Die Laien kennen die Westseite der Cunturines kaum, die dem oberen Abteital zugewandt ist und eine der senkrechtesten Dolomitenwände aufweist. In dieser Wand werden seit den sechziger Jahren einige der ersten Routen oberhalb des sechsten Grades eröffnet.

254 unten Die Platten der Marmolada d'Ombretta gehören zu den kompaktesten Abschnitten in der Südwand der «Dolomitenkönigin» und werden unter anderem von den Routen «Conforto», «Via dell'Ideale», «Abrakadabra» und «Ali Baba» durchzogen. Die Seilbahn, deren Bergstation auf dem Gipfel deutlich zu erkennen ist, macht den Abstieg zwar zu einem Kinderspiel, trägt aber seit den siebziger Jahren die Schuld an der starken Verschmutzung der Umwelt. Jahrelang wurden Schrott, Müll und Abwässer die Wand hinunter gekippt.

d'Agnèr Nord geschaffen hatten. Es folgen zwei schwierige Touren in der «Via dell'Ideale», der herrlichen Route Armando Astes in der Südwand der Marmolada d'Ombretta. Massarotto besteigt sie erstmals im Sommer mit seinem Freund Cesare De Nardin. Fünfzig Meter vor dem Ausstieg ändert diese schöne Route plötzlich ihr Gesicht. Der Ausstiegsriss ist in eine richtiggehende Müllhalde verwandelt worden durch «Plastik, Eisenrohre, eingeklemmte Eimer, Holzpflöcke und Wellblech», die von der Seilbahnstation weiter oben heruntergeworfen wurden.

Aus dem Gebäude werden in regelmäßigen Abständen die Rückstände aus den Toiletten abgelassen sowie altes Öl, das der Wind dann vernebelt und an die Felsen weht. Unter diesen Bedingungen weiterzuklettern, wäre unnötig gefährlich. Die beiden Männer schreien nach oben und bitten die Touristen auf der Terrasse der Seilbahnstation, ihnen ein Seil herunterzulassen. Diese alarmieren aber die Bergwacht, die die beiden Alpinisten aus der Müllhalde mit Hilfe einer Winde herauszieht, welche eigentlich zur Bergung Verletzter gedacht ist. Für den sehr starken, aber auch sehr empfindlichen Massarotto ist dieser unrühmliche Ausstieg eine Wunde, die so schnell wie möglich geschlossen werden muss. Ende Oktober kehrt er deshalb zurück in die Wand, die jetzt mit Schnee und Eis bedeckt ist. Nach einem Anruf bei der Leitung der Seilbahn, «damit keine stumpfen Gegenstände herabgeworfen werden», steigt er allein ein und erreicht schnell die oberen Kamine, die diesmal von einem richtiggehenden Bach durchflossen werden.

Massarotto zieht es vor, zu biwakieren, aber am Tag darauf ist die Passage zu einer einzigen Eisplatte geworden, die der einsame Alpinist durchquert, indem er mit dem Hammer kleine Stufen für Hände und Füße schlägt. Unter diesen Bedingungen ist keine Sicherung möglich. «Ich schaute auf das Seil, das 40 Meter schräg bis zum Standhaken baumelte. An eine eisgepanzerte Platte im fünften Grad geklammert, habe ich unwiederbringliche, irrsinnige Augenblicke erlebt.» Auch der ekelhafte Felsschacht zum Schluss ist vereist, aber eine externe Variante ermöglicht es Massarotto, seine gefährliche Erstbegehung der Route «Via dell'Ideale» im Alleingang zu vollenden.

Noch erstaunlicher endet im März 1982 der Versuch der ersten Winterbesteigung der «Via della Canna d'Organo», einer weiteren Route, die 1965 von Armando Aste eröffnet wurde. Massarotto ist innerhalb von zwei Tagen bis 200 Meter vor den Ausstieg gekommen, dann wird er von einem heftigen Schneesturm und danach von den Lawinen getroffen, die von der Wand herabstürzen. Er seilt sich bis zu einer kleinen Höhle ab, in der er drei Tage verbringt. Dem Rettungshubschrauber, der nach ihm sucht, signalisiert er, dass alles in Ordnung ist. Als das Wetter besser wird, steigt er weiter, doch kurz darauf wird er von der Bergwacht geholt. Als Experte in dieser Art von Besteigungen hat er ausreichend Lebensmittel und eine ausgezeichnete Ausrüstung dabei und hätte keine Schwierigkeiten, weiterzusteigen. Doch jemand hat ihn für verschollen erklärt, schließlich sogar für tot. «Mit dem Tod von Lorenzo Massarotto hat der italienische Alpinismus einen seiner besten Vertreter verloren» schreibt der *Gazzettino*, die am weitesten verbreitete Tageszeitung in Venetien.

Der Mutter Massarottos wird die Nachricht vom «tragischen Tod» des Sohnes durch den Pfarrer überbracht. Das Stahlseil, mit dem er bis zum Gipfel geschleppt wird, und die Verwirrung, die bei seiner Rückkehr entsteht, beschämen Massarotto noch einmal. Aus seinen Interviews geht hervor, dass er überzeugt ist, seine Unternehmung sei absichtlich sabotiert worden. Im folgenden Jahr kehrt der Alpinist, ohne jemandem etwas davon zu sagen, zurück an die «Via della Canna d'Organo» und vollendet den ersten Winteralleingang in zweieinhalb Tagen. Sechs Jahre später, im Winter 1988, gelingt Massarotto sein schönstes Unternehmen, als er die erste Winterbesteigung der Philipp-Flamm-Verschneidung an der Punta Tissi im Alleingang durchführt, im wilden Gebiet der Nordseite der Civetta.

Wie seine Alleingänge beweisen, ist die Südwand der Marmolada inzwischen zur «Wand der Wände» in den Dolomiten geworden. An ihren teuflisch glatten Platten und ein-

255 links Der Alpinist Lorenzo Massarotto aus Padua ist dem breiten Publikum wenig bekannt, gehört aber zu den aktivsten Bergsteigern in den großen Dolomitenwänden seit den siebziger Jahren. Unter seinen Besteigungen ragen besonders die Alleingänge der Mayerl-Verschneidung am Sass dla Crusc, die «Via Navasa» in der Rocchetta Alta di Bosconero und die «Via dell'Ideale» in der Südwand der Marmolada d'Ombretta heraus.

255 rechts Die im Sommer 1964 von Armando Aste und Aldo Solina eröffnete «Via dell'Ideale» in der Südwand der Marmolada d'Ombretta ist eine der ersten in den Dolomiten, zu der etliche Passagen im siebten Grad zählen.

drucksvollen Überhängen, in den flachen Rissen, in denen das Hakenschlagen so schwierig ist, messen sich in den achtziger und neunziger Jahren die besten Kletterer ganz Europas miteinander.

Heinz Mariacher und Luisa Jovane

Die Ersten sind Anfang der siebziger Jahre Heinz Mariacher, Ludwig («Luggi») Rieser und Reinhard Schiestl, zu denen sich bald Luisa Jovane aus Venedig gesellt, eine starke Kletterin und die Lebensgefährtin Mariachers. 1979, weniger als ein Jahr nach der Eröffnung der Schwalbenschwanz-Route, besteigen Schiestl und Mariacher den Don-Quixote-Pfeiler, eine lange und schwierige Route im sechsten Grad. Luggi Rieser und Heinz Zak bewältigen die «Via degli Elfi», die zweite Route im siebten Grad in dieser Wand. Es vergeht noch ein Jahr, dann schreiben Mariacher und Luisa Jovane eine der bedeutendsten Seiten in der Geschichte der Marmolada, indem sie die «Abrakadabra» eröffnen, eine Route im siebten und oberen siebten Grad von 850 Meter Länge in den Südwänden der Marmolada, die sie – und das ist spektakulär – in weniger als elf Stunden durchsteigen.

Wegen ihrer Passagen im brüchigen Fels und den Wasserläufen, die zum Großteil auch im Sommer noch vorhanden sind, wird diese Route selten wiederholt, bleibt aber eine beachtliche Leistung. Es vergeht jedoch nur ein Jahr, bis sie klar übertroffen wird. Die jungen Tschechoslowaken Igor Koller und Indrich Sustr eröffnen zwischen dem 2. und dem 4. August 1981 den «Weg durch den Fisch» in den herrlichen kompakten Platten der Marmolada d'Ombretta.

Die Route war bereits von Mariacher, Manolo und Luisa entdeckt und versucht worden, diese mussten sie aber durch ein kühnes Abseilmanöver im Dunkeln beenden. Die Seilschaft aus dem Osten muss etwa 20 Passagen artifizieller Kletterei hinter sich bringen, entweder mit Haken oder Skyhooks, den Stahlhaken, die dazu dienen, sich an die kleinen Vertiefungen im Fels zu hängen.

Der erste Kommentar Mariachers in der *Rivista Mensile* des *CAI* ist schneidend: «Da gibt es eine ungewöhnlich schwierige Passage (oberer siebter Grad) mit einem sehr schlechten Haken als einziger Absicherung in sieben Metern Entfernung. Da meint man doch, dass Sustr mit seinen gerade mal 17 Jahren nicht ganz richtig im Kopf war, als er da vorangestiegen ist.» Dennoch wird es Mariacher selbst sein, durch den der «Fisch» dann endgültig in die Geschichte Eingang findet, als er einige Jahre später mit Bruno Pederiva die Route erstmals vollkommen frei klettert und die schwierigsten Abschnitte zum achten Grad erklärt.

1982 hinterlassen Heinz Mariacher und Luisa Jovane ein weiteres Zeichen ihres Könnens in der großen Wand: Die Route «Moderne Zeiten», ein außergewöhnlicher Weg über die Platten der Marmolada di Rocca, den die Seilschaft ganz frei mit Passagen bis zum unteren achten Grad überwindet. Unter guten Bedingungen leicht zu klettern, relativ gut geschützt und auf phantastischem Fels, wird die Route rasch zum «schönsten Geschenk, das man sich von der Marmolada wünschen kann», wie Alessandro Gogna meinte.

In diesem Jahr wird auch eine andere beachtliche Persönlichkeit das erste Mal im Süden aktiv. Das ist Maurizio Giordani aus Rovereto, der eine stille Lehrzeit in den großen Dolomitenwänden hinter sich hat. Im Winter 1982/83 führt Maurizio die ersten Winterbesteigungen der «Don Quixote» und der «Hatschi-Bratschi» durch, der beiden großen Routen Mariachers. Im folgenden Juli eröffnet er mit Paolo Cipriani zusammen die «Via Sandro Pertini» an den Platten des Piz Serauta, seine erste Route im siebten Grad. Ende des Monats wird der Pilastro Agnese bestiegen, eine große «Prärie aus Fels», die der Seilschaft (diesmal ist Rosanna Manfrini, die Freundin Maurizios, dabei) eine «traumhafte Klettertour» bietet. Der Sommer wird mit der «Via dell'Irreale» abgeschlossen, 33 Seillängen bis zum siebten Grad, das furiose Finale der Saison.

Maurizio Giordani

Im folgenden Winter geht Maurizio den gefürchteten «Fisch» an, der bis dahin nicht einmal im Sommer wiederholt worden war. Nach zwei Tagen müssen sich die Gefährten wegen heftigen Schneefalls abenteuerlich aus der Route abseilen. Die Winterbegehung der Route von Koller und Sustr gelingt Giordani, Cipriani und Zenatti im März 1986, in 35 Stunden effektiver Kletterei, obwohl neuerlicher Schneefall im letzten Abschnitt der Route Gefahr verheißt. Zwischen 1984 und 1985 wird die Liste der von Giordani eröffneten Routen immer länger: «Futura», «Estasi»,

256 links Dank der Steilheit und Kompaktheit der Wand sind die Platten von «Abrakadabra» im Winter fast schneefrei. Bei der ersten Winterbegehung der Route steigt Maurizio Giordani vor.

256 rechts Der 1979 von Reinhard Schiestl und Heinz Mariacher (hier als Seilerster) bestiegene Don-Quixote-Pfeiler ist eine der ersten modernen Routen an den großen Platten der Marmolada.

256–257 Die besten Kletterer der siebziger und achtziger Jahre gehen ohne Ehrfurcht die senkrechtesten und kompaktesten Dolomitenwände an. Heinz Mariacher in der Maestri-Führe an der Rotwand im Rosengarten.

257 Mitte rechts Der «Weg durch den Fisch», eröffnet 1981 durch die Tschechen Igor Koller und Indrich Sustr, bietet lange Passagen im siebten Grad und gehört auch heute zu den anspruchsvollsten Dolomitenrouten. Heinz Mariacher steigt bei der ersten Wiederholung der Route vor.

257 unten rechts Im Winter 1986 schaffen Maurizio Giordani, Paolo Cipriani und Franco Zenatti in 35 Stunden effektiver Kletterzeit die erste Winterbesteigung des «Weges durch den Fisch» in der Marmolada-Südwand. Ein heftiger Schneesturm, der auf die Wand niedergeht, macht den letzten Teil des Weges lebensgefährlich.

258 links 1926 ist die Ostwand des Sass Maor in den Pale di San Martino Schauplatz der Eröffnung einer der ersten Routen im sechsten Grad in den Dolomiten. 1979 steht sie wieder im Mittelpunkt des öffentlichen Interesses, als «Manolo» und Piero Valmassoi dort die «Supermatita» eröffnen, eine 1200 Meter lange Route, die durchgehend den siebten Grad aufweist.

258 unten rechts Maurizio Giordani bei der Eröffnung von «Andromeda» in der Marmolada-Südwand, einer seiner vielen Routen in diesem eindrucksvollen Felswall.

259 links Ein Ausschnitt von der Eröffnung der «Via degli Accademici», einer Route von 850 Meter Länge, die 1983 von Maurizio Giordani und Marco Furlani geschaffen wird. Dass auf den kleinen Terrassen und in den Rissen Erde vorhanden ist und Grasbüschel wachsen, zeigt, wie niedrig der Gipfel ist, mindert aber nicht den Schwierigkeitsgrad der Südwestwand des Croz dell'Altissimo in den Brenta-Dolomiten.

259 oben rechts Auf dem während der Erstbesteigung von «Athena» aufgenommenen Bild erkennt man die typische Umgebung der Marmolada-Südwand, die durch kompakte Platten und große Pfeiler gekennzeichnet und von dünnen Rissen durchzogen ist.

259 unten rechts Maurizio Giordani klettert in der Ostwand des Sass Maor bei einer der ersten Wiederholungen der «Supermatita». 1989 führt der Alpinist aus Rovereto die erste Winterbesteigung dieser eindrucksvollen Route im Alleingang durch.

«Fortuna» und «Athena», alle durchweg mit Schwierigkeiten bis zum oberen siebten Grad.
Aus dem Sommer 1985 stammt ein weiteres Meisterwerk Maurizios, der nach einer schnellen Wiederholung der «Via dell'Ideale» im Alleingang die Route «Moderne Zeiten» von Mariacher und Luisa Jovane an der Marmolada di Rocca, auch im Alleingang, geht. «Ich habe etwas zögerlich zu klettern begonnen, dann immer sicherer und schneller weitergemacht. Die Kletterei hat sich nie als gefährlich herausgestellt, nicht einmal auf den schwierigsten Abschnitten, auch wenn sich der Stress durch die ständige Konzentration bemerkbar gemacht hat. Ich habe erst auf dem Gipfel der

Punta Rocca wieder angefangen, mich zu entspannen», schreibt er in der *Rivista della Montagna*. Wie das bei zwei Primadonnen so üblich ist, liefern sich Giordani und Mariacher in den folgenden Monaten öffentliche Wortgefechte.
In der zweiten Hälfte der achtziger Jahre macht Maurizio mit seinen Erstbesteigungen in der Südwand weiter und erreicht den achten Grad mit «Specchio di Sara» (1988) und «Andromeda» (1989). Giordani ist zudem ein leidenschaftlicher Liebhaber der Granittürme in Pakistan, und er realisiert schöne Besteigungen, teils auch als Alleingänge, in anderen großen Dolomitenwänden, von der Südwand des Croz dell'Altissimo bis zur Ostwand am Sass Maor. Dann gelingt ihm überdies an «seiner» Marmolada die Besteigung des «Fischs» (1990) im Alleingang.
Heinz und Luisa ziehen es vor, sich einige Jahre lang in die Felsen des Val di San Nicolò im Fassatal zurückzuziehen. Dann schaffen sie am Sasso delle Undici eine Route, die zum Skandal führt. Sie heißt «Modernste Zeiten» («Tempi Modernissimi»), und ist eine 300 Meter lange Route, die sie vom Wandfuß aus mit Hilfe des Bohrers und einiger Haltepunkte an Haken präparieren und dann vollkommen frei wiederholen mit Passagen bis zum unteren zehnten Grad, einer 7c+ auf der französischen Skala, die auf die Kletterfelsen in ganz Europa angewandt wird.
Das ist ein Stil, der zwar in anderen Alpengegenden akzeptiert wird, der aber zu Streitereien unter den mit den Dolomiten verbundenen Bergsteigern führt. Es ist kein Zufall, dass Mariacher, um allzu große Diskussionen zu vermeiden, für diese Provokation eine fast unbekannte Wand ausgewählt hat. Hätte er den Bohrer an der Marmolada angesetzt, wäre es zu einer heftigen Konfrontation gekommen.

Die achtziger und neunziger Jahre

Andere herausragende Bergsteiger betreten in den achtziger Jahren die Dolomitenbühne. Routen auf allerhöchstem Niveau werden von Marco Furlani, Ermanno Salvaterra und Rolando Larcher eröffnet, von den Slowenen Tomo Cesen, Slavko Sveticic und Francek Knez, von der neuen Generation Südtiroler Bergsteiger, zu der auch Ivo Rabanser, Christoph Hainz und Roland Mittersteiner gehören. Thomas Bubendorfer, ein von den Medien sehr beachteter österreichischer Alpinist, gelingt 1988 ein *Enchaînement* der Cassin-Führe an der Westlichen Zinne, der Comici-Führe an der Großen Zinne, der «Schwalbenschwanz» in der Marmolada und der «Via Niagara» am Sass Pordoi mit Transfers im Helikopter. Manrico dell'Agnola geht umweltbewusster vor. Er besteigt allein und an einem einzigen Tag (1989) die fünf großen Routen am Torre Venezia (Tissi, Ratti, Andrich, Livanos und Cassin) und verbindet dann gemeinsam mit Alcide Prati die Solleder-Führe und die Philipp-Flamm-Verschneidung an der Civetta (1990).
Dieselbe Seilschaft begeht 1993 an einem Tag die Westkante der Busazza und die Nordkante am Agnèr und verwendet dabei Mountainbikes zur Überwindung der großen Distanz. In den Tälern des Cadore sind auch Maurizio («Icio») Dell'Olmo und Gigi Dal Pozzo unterwegs, die Dutzende neuer Routen am Antelao, Sorapis und in den anderen Massiven von Cortina eröffnen. In den Dolomiten jenseits des Piave liegt hingegen das Reich von Mauro Corona, einem sehr guten Kletterer und Holzschnitzer aus Erto. Auch Piero Dal Pra aus Vicenza hat neue Routen und Wintererstbesteigungen in der Marmolada und in der Tofanagruppe durchgeführt. Ivo Ferrari hat sich dagegen auf Alleingänge auf hohem Niveau spezialisiert.
Unter diesen allen bleibt aber «Manolo» die klarste Persönlichkeit mit großem Können. Scheu und wortkarg, obwohl er einer der wenigen Spitzenkletterer ist, die recht häufig im Fernsehen auftreten und über die auch in der populären Presse berichtet wird, widmet er sich seiner Familie und den geliebten Totogawänden, an denen er auch weiterhin neue Routen an der oberen Grenze der Schwierigkeitsskala zieht. In den Dolomiten bleibt sein liebstes Massiv die Palagruppe, wo er in den siebziger Jahren mit der «Via dei Piazaroi» an der Cima della Madonna und der «Supermatita» in der Ostwand des Sass Maor im Sommer 1993 bekannt geworden ist. Hier eröffnet er die außerordentliche Nurejev-Route, eine 600 Meter lange Linie mit anspruchsvollsten Schwierigkeiten bis zum oberen neunten Grad.
An derselben Wand verläuft ganz in der Nähe der neuen Route «Manolos» die elegante Führe, die Emil Solleder in den ersten Jahren des sechsten Grades gezogen hat. Bergab nimmt der Kletterer aus Fiera di Primiero den Normalweg, der 1875 von einem einheimischen Bergführer und einem aus dem fernen Chamonix eröffnet wurde.
Vom Gipfel sieht man nicht nur das tiefe Val Canali und die kleineren Felstürme um den Sass Maor, sondern auch die Pässe, die Douglas Freshfield liebte, und die Wände, an denen Gunther Langes und Hermann Buhl kletterten. An diesem Tag auf dem soliden Kalkstein der Pala scheinen sich die Vergangenheit und die Zukunft des Alpinismus in den Dolomiten die Hand zu reichen.

Die Revolution im Eis

Sonnenaufgang am 28. Dezember 1973. Unter dem Gewicht ihrer riesigen Rucksäcke gebeugt, steuern zwei Alpinisten im Tiefschnee auf eine der eindrucksvollsten Eiswände der gesamten Alpen zu. «Schwer beladen versuchen wir, im Pulverschnee Halt zu bekommen, der sich weigert, sich unter unseren Füßen zusammenpressen zu lassen», wird Claude Jager dann später erzählen.

Auf Jager und Walter Cecchinel (beide sind Bergführer aus Chamonix) wartet das extrem steile Couloir an der Nordostseite der Großen und der Kleinen Dru, die «75 Grad steile Rodelbahn», die vom Nant-Blanc-Gletscher zum Einschnitt zwischen Petit und Grand Dru hinaufzieht. Im Sommer ist das Couloir viel zu gefährlich wegen des Steinschlags, aber im Winter, wenn der Eispanzer die Steine im Gleichgewicht hält, wird es endlich sicherer.

Das Neue an dieser Unternehmung ist nicht die Jahreszeit. Mit der klassischen Technik, bei der mühsam kleine Stufen für die Füße und Hände geschlagen werden und technisch geklettert wird, wenn das Gefälle über 60 bis 65 Grad liegt, bräuchte ein Bergsteiger mindestens eine Woche für diese Route, doch die zwei schaffen es in vier Tagen.

Vor fünf Jahren haben René Desmaison und Robert Flematti acht Tage am Linceul gebraucht. Seit 1970 aber hat die in Schottland begonnene Revolution endlich auch den Alpenraum erreicht. Starre Steigeisen und Eispickel mit gebogener Haue ermöglichen den Anstieg mit Frontalzackentechnik auch in den steilsten Eispassagen. In den Kursen der ENSA, der *Ecole Nationale de Ski et Alpinisme* in Chamonix, lehrt Walter Cecchinel seit fast zwei Jahren die Zugpickeltechnik.

An der Randkluft angelangt, füllen die beiden den Lastsack, der mit einem Flaschenzug eine Seillänge nach der anderen in Richtung Gipfel hochgezogen wird. Hier löst das Eis den Tiefschnee ab. Cecchinel steigt als Erster in die Eiswand ein, die zuerst 60 Grad Neigung hat und sich dann aufsteilt.

Nach vier Seillängen können die Bergsteiger auf einer ins Eis gehauenen Stufe die Waden entspannen. Die beiden Männer biwakieren in den an Haken befestigten Hängematten. Viel Akrobatik ist nötig, um in die Schlafsäcke hineinzukriechen und dann etwas Eis über dem Kocher zu schmelzen, damit sie ein heißes Getränk zubereiten können. Trotz ihrer recht unsicheren Position sind die beiden Bergsteiger lediglich wegen «der Angst vor schlechtem Wetter, das uns in diesem düsteren Lawinentrichter gefangen halten könnte», beunruhigt. Diese Angst beschäftigt ganz besonders Cecchinel, der 1971 schon einen ersten Versuch durch Abseilen im Nordostcouloir hatte abbrechen müssen.

Am Morgen des 29. Dezember bringt ein heikler Quergang an «buckligen und eisgepanzerten Felsen» mit «unsicheren Standplätzen und wenig Vertrauen erweckenden Haken» die Männer zum Fuß eines überhängenden Risses. Nachdem sie problemlos diese Passage überwunden haben, bietet eine Felsschuppe glücklicherweise ein gemütlicheres Biwak als in der ersten Nacht. Am dritten Tag nähert sich ein Hubschrauber dem Couloir, während der Seilerste an einem fast senkrechten Abschnitt beschäftigt ist.

Dann kommen die beiden Schritt für Schritt der großen Unbekannten in der Wand näher – einer gewundenen Verengung, die von den Grands Montets aus nicht einsehbar ist und in der das Couloir noch steiler wird. Nach drei Längen ist das Rätsel dann gelüftet. Man kann auf dem Eis im Couloir, das ohne Unterbrechung hinaufführt, vorankommen. «Walters Technik ist perfekt, kein Zeitverlust», schreibt Jager in seinem Bericht. Cecchinel setzt in jeder Seillänge

zwei Eishaken zu seiner eigenen Sicherheit und richtet an den Seiten Standplätze im Granit ein.
Während des dritten Biwaks bedeckt leichter Schneefall die Hängematten der Alpinisten, aber am Morgen ist das Wetter beständig schön. Die erste Seillänge am letzten Tag, dem 31. Dezember, bietet wieder extreme Schwierigkeiten, dann wird das Gelände einfacher. Um ein Uhr nachmittags, während Cecchinel und Jager sich in der Brèche des Drus (Dru-Scharte) ausruhen, kommt der Hubschrauber noch einmal und bringt den beiden ihr Silvestermenü, bestehend aus heißem Kaffee mit Kirsch, Obst und Pudding. Das nehmen sie dann später zu sich, nachdem sie schon einen guten Teil des Normalweges zur Petit Dru abgestiegen sind.

1977 schafft wieder Boivin in 2 Stunden und 45 Minuten das «Leichentuch», für das Desmaison und Flematti noch acht Tage gebraucht hatten.
In der zweiten Hälfte der Siebziger vergrößert sich die Zahl der Anhänger der Zugpickeltechnik. Am Montblanc und in den Walliser Alpen widmet sich Patrick Gabarrou einer systematischen Erforschung der steilsten Couloirs. Zu seinen bevorzugten Zielen zählen die Südostseite des Mont Maudit, die Nordwand der Grandes Jorasses, die Aiguille Noire de Peuterey und die Aiguille Sans Nom.
Immerhin zwanzig seiner Routen führen auf den höchsten Gipfel Europas. Besonders eindrucksvoll sind die «Divine Providence» am Pilier d'Angle (mit François Marsigny,

261 unten Der Franzose Patrick Gabarrou ist einer der wichtigen modernen Eiskletterer. Von den Routen, die er eröffnet hat, sind besonders das Supercouloir am Mont Blanc du Tacul (1975), das Hypercouloir am Brouillard (1982), «Frêneysie Pascale» neben dem Frêney-Mittelpfeiler, «Divine Providence» am Pilier d'Angle sowie der Notre-Dame-Wasserfall am Brouillard (alle drei 1984) zu erwähnen.

261 Mitte rechts In den kältesten Wochen des Winters bilden sich überall im Alpenbogen und in den übrigen Gebirgsketten der Erde interessante Eisfälle. Ein Alpinist klettert hier an «Gin Tonic», einem schwierigen gefrorenen Wasserfall in der Somprade-Schlucht in den Dolomiten.

Eine Technik setzt sich durch

Das bedeutet endlich den Sieg über das Dru-Nordostcouloir, eine eindeutige Linie an einem der berühmtesten Berge der Alpen, die allen klar macht, dass hier jemand eine bahnbrechende Leistung vollbracht hat. In Wirklichkeit hat die Revolution im Eis bereits ein paar Jahre davor begonnen. Im September 1971 hat Cecchinel mit Georges Nominé eine Direttissima in der Nordwand des Pilier d'Angle eröffnet und dabei Eisrinnen von etwa 70 Grad überwunden. Die Protagonisten haben damals die ersten Werkzeuge für die Zugpickeltechnik selbst angefertigt. Seit die Ausrüstungshersteller die neuen Modelle produzieren, verbreitet sich die Kunde wie ein Lauffeuer. Im Mai 1975 überwinden Jean-Marc Boivin und Patrick Gabarrou mit drei Biwaks das Supercouloir, eine Eisrinne von 800 Meter Höhe und bis zu 80 Grad Neigung. Zwei Monate später besteigt Boivin mit Patrick Vallençant ein anderes Couloir an der Nordwand des Pilier d'Angle.
Im folgenden Jahr entdeckt Boivin im Oisansmassiv die Raye des Fesses, ein Couloir am Pic Sans Nom, das der Alpinist aus Dijon zusammen mit seinen Gefährten Diaféria, Vionet und Fuasset durchsteigt.

260 Eisklettern in einer Eiswand am Shisha Pangma: Beim Einsatz der Frontalzackentechnik müssen die Alpinisten von heute die Eisstruktur viel besser als früher kennen, da sie im Gegensatz zum statischen Fels eine sich ständig wandelnde Materie ist.

260–261 Die bei großen Besteigungen auf den höchsten Bergen der Welt (von den Alpen bis nach Alaska, von Patagonien bis zum Himalaja) einsetzbare Frontalzackentechnik erlaubt es den Bergsteigern, sich auch an Séracs und dünnen, fragilen Eistürmchen zu versuchen.

1984) und die sieben Eisfälle, die der französische Alpinist in den Couloirs zwischen dem Frêneypfeiler und dem Brouillardpfeiler entdeckt hat.

Dank so schwieriger Routen wie «Frêneysie Pascale» (mit Marsigny, 1984) und «Hypercouloir» (mit Pierre Alain Steiner, 1982) wird Patrick zu einem der bekanntesten Bergsteiger. In den Walliser Alpen besteigt Gabarrou das «Betttuch» an der Ostwand des Nordend (mit Christophe Viard, 1984), eine Route mit 2300 Meter Höhenunterschied und Passagen in senkrechtem Eis. Im Lebenslauf Patricks fehlen auch schöne Unternehmungen im Fels nicht, wie etwa die Direttissima am Roten Brouillardpfeiler, die er 1983 zusammen mit Alexis Long durchsteigt.

Giancarlo Grassi und Gianni Comino

Ende der Siebziger beginnen Alpinisten verschiedener Nationalität, die Hegemonie der Franzosen zu brechen. Die Briten eröffnen einige hochklassige Routen wie das Couloir MacIntyre in der Nordwand der Grandes Jorasses. Hervorzuheben ist die piemontesische Seilschaft von Giancarlo Grassi und Gianni Comino. Grassi zieht Hunderte neuer Linien ins Eis des Aostatals und im Piemont und allein im Montblancmassiv 50 Routen. Comino bringt Kreativität und Entschlossenheit ins Team und begeht 1978 im Alleingang das Supercouloir des Tacul.

Einige Tage darauf sind die beiden auf der Südseite der Grandes Jorasses, in der sie das Hypercouloir, eine Eisrinne mit senkrechten und überhängenden Abschnitten, durchsteigen. Es folgen eine Direttissima zum Sérac auf der Nordseite der Aiguille Verte (mit Renato Casarotto) und einige Routen in den Couloirs am Cirque Maudit. Grassi und Comino mögen aber am liebsten die Brenvaflanke,

262–263 Philippe Grenier befindet sich im Le Grand Bleu, einem der eindrucksvollsten Gletscherflüsse, die sich im Winter auf der orografisch rechten Seite des Argentièregletschers (Montblanc) bilden. Die Erschließung von Eisfällen hat den Alpinisten neue Betätigungsfelder eröffnet.

262 unten Cathérine Destivelle klettert an einem Eisfall in der Schlucht von Le Chatelard auf der Schweizer Seite des Montblancmassivs: In Gebirgen bildet sich die Mehrzahl der Eisfälle am Grund der im Sommer von Bächen durchflossenen Täler. Die kleinen «Wellen» im Eis dienen den Füßen als Stütze und manchmal als Standplatz.

263 links In bizarre Formen verwandeln sich zuweilen Wasserfälle im Argentièrebecken (hier «Shiva Lingam» nahe bei Lognan). Es ist beeindruckend, wie scheinbar mühelos die Alpinisten heute in der Lage sind, mit der Ausrüstung für die Frontalzackentechnik auch gewaltige Überhänge im Eis zu klettern.

wegen der enormen Séracs, die zwischen den klassischen Routen liegen und diese voneinander trennen. Im Sommer 1979 überwinden die beiden den Sérac des Col Maudit und die gefährliche Eiswand links der 1933 von Graham T. Brown eröffneten «Poire»-Route.

Im darauf folgenden Februar kommt Gianni Comino durch Steinschlag ums Leben, während er im Alleingang die gefährliche Rinne durchquert, die die «Poire»-Route von den Schneegraten der Major-Route trennt.

Giancarlo Grassi fährt mit seiner Suche fort. Zu seinen besten Leistungen gehören die Direttissima in der Südwand der Grandes Jorasses, ein «Geister-Couloir» mit 1500 Metern Höhenunterschied, dann die Nordverschneidung und das Couloir «Ice Fresser» zur Roccia Nera des Breithorns. Am Ostersonntag 1991 setzt eine abbrechende Wächte auch dem Leben Giancarlos ein Ende.

Eisfallklettern

In den achtziger und neunziger Jahren finden immer mehr Bergsteiger Interesse am Eisfallklettern in geringer und mittlerer Höhe, während die langen Routen in großer Höhe kaum noch gegangen werden. Diese neue Spezialität des Alpinismus ist wegen der kurzen Zugangswege und der Möglichkeit, sich schnell zum Grund abzuseilen, für viele besonders attraktiv. Eisfälle zu besteigen, ist jedoch etwas ganz anderes als das Klettern an Felswänden, an denen man sich durch Bohrhaken absichert. An gefrorenen Wasserfällen muß man damit rechnen, daß einzelne Eisstrukturen abbrechen, und auch die Eisschrauben sind nicht immer hundertprozentig sicher.

Trotzdem macht die Mode des Eisfallkletterns die gefrorenen Wildbäche im Mer de Glace, im Val Varaita oder den Sottoguda-Schluchten am Fuß der Marmolada populär. Außerhalb der Alpen existieren in Norwegen und im Kessel von Gavarnie faszinierende Eisfälle.

Das Mekka der Eiskletterer ist aber das kanadische Britisch-Kolumbien. Hier bilden sich an den Hängen der Rocky Mountains aufgrund der Polartemperaturen jeden Winter enorme Eisstrukturen mit sehr hohem Schwierigkeitsgrad. Sie werden seit Anfang der siebziger Jahre von den schottischen Alpinisten Bugs McKeith, Dick Howe und Rob Wood erforscht. Bergsteiger finden hier herrliche Routen wie die «Takkakaw Falls», «Weeping Wall» und die extrem schwierige «Nemesis» am Fuß der Nordseite des Mount Stanley.

263 oben rechts Britisch-Kolumbien in Kanada mit seinem durch die eisigen arktischen Winde beeinflussten Klima ist eines der interessantesten Gebiete für die moderne Eiskletterei. Ein Kletterer bewegt sich im «Innern» des Eisfalls «Pilsner Pillar» in der Nähe von Field.

263 unten rechts Wenn die Kälte besonders intensiv ist, bilden sich in den Eisfällen der Alpen, Norwegens, Nordamerikas und der Pyrenäen senkrechte Säulen aus Eis, die keinen Kontakt zur Felswand haben. Beim Klettern in diesen Strukturen muss man sich – neben der Technik – auch besonders auf die Stabilität und Konsistenz des Eises konzentrieren.

Himalaja im Alpenstil

Im Juli 1975 zieht eine Expedition über die tristen Moränen des Baltorogletschers im pakistanischen Karakorum, die sich in wesentlichen Punkten von den anderen unterscheidet. Seit der Eroberung der Achttausender sind zwanzig Jahre vergangen, und die Gruppen, die die höchsten Berge der Welt besteigen, werden immer größer.

In einigen Monaten wird die von Chris Bonington geleitete britische Expedition endlich die Südwestwand des Everest überwunden haben, drei Jahre später werden die Japaner mit 42 Alpinisten am Fuß des Abruzzensporns am K2 stehen, einen gigantischen Bandwurm von mehr als 1200 Trägern hinter sich her ziehend.

Zwei Monate zuvor, in der Vormonsunzeit 1975, musste sich eine große italienische Expedition unter der Leitung des berühmten Riccardo Cassin aus der Lhotse-Südwand zurückziehen, weil zweimal riesige Lawinen das Basislager zerstört hatten und nur durch ein Wunder das Leben der Alpinisten und der Sherpas verschont blieb. Einer der Teilnehmer hat sich nicht abschrecken lassen und will nun nochmals im selben Jahr einen Achttausender angehen.

Der Stil der Unternehmung könnte aber gar nicht unterschiedlicher sein. An Stelle der starren Organisation mit Fixseilen und dem aufreibenden Transport der Lebensmittel für die Gipfelseilschaft zu den Hochlagern zählen die beiden Bergsteiger, die den 8068 Meter hohen Hidden Peak besteigen wollen, auf ihre Schnelligkeit und Selbstgenügsamkeit, so wie es in den Alpen üblich ist. Dazu müssen sie Alpinisten der Spitzenklasse sein. Peter Habeler und Reinhold Messner kann man sicher als solche bezeichnen.

Habeler ist Österreicher, 33 Jahre alt und macht gerade seine ersten Erfahrungen im Himalaja, hat aber in ungewöhnlicher Geschwindigkeit einige der schwierigsten Routen der Alpen durchstiegen. Die Eiger-Nordwand etwa haben Messner und er in nur sechs Stunden geschafft. In Bergsteigerkreisen ist Reinhold Messner zwar bekannt, aber er ist noch nicht der große Star wie einige Jahre später, als er es nach der Besteigung aller 14 Achttausender der Welt an Prominenz durchaus mit einem Rocksänger oder einem erfolgreichen Fußballspieler aufnehmen kann.

Mit 31 Jahren hat Messner bereits zahlreiche außerordentliche Leistungen in den Dolomitenwänden vollbracht (siehe Seite 248 f.) und zwei fulminante, aber leidvolle Erfolge an den Achttausendern im Himalaja hinter sich. Am Nanga Parbat hat er im Jahr 1970 die Rupalwand erstiegen, die höchste und schwerste des Berges, aber beim Abstieg ist sein Lieblingsbruder Günther, der seit Jahren sein bester Seilkamerad war, in einer Eislawine ums Leben gekommen.

Zwei Jahre darauf, 1972, erreicht er allein den 8156 Meter hohen Gipfel des Manaslu. Nur wenige Stunden nach seiner Rückkehr ins Zelt kostet ein fürchterlicher Schneesturm Franz Jäger und Andreas Schlick das Leben. «Ich hatte zum zweiten Mal die Lust verloren, zu den Achttausendern zurückzukehren. Aber nur kurz. Ich war durch erneute Erfrierungen und den Verlust der Kameraden verstört. Auch glaubte ich, die Verzweiflung, die ich ertragen hatte, um hinauf und lebend wieder herunterzukommen, ein drittes Mal nicht durchstehen zu können.» So erzählt Messner in seinem Buch *Überlebt* davon.

«Alter Stil» am Hidden Peak

Wie immer heilt die Zeit die Wunden, die die «Todeszone» geschlagen hat. Drei Jahre nach dem Manaslu, also 1975, ist Messner wieder zur Besteigung eines Achttausenders bereit. Nachdem die Hochtäler wegen zahlreicher Konflikte mit Indien jahrelang geschlossen waren, hat die Regierung Pakistans das Baltorogebiet nun für Fremde wieder geöffnet und erteilt Messner endlich die lang ersehnte Erlaubnis für einen Versuch am Hidden Peak.

Zuvor gilt es aber noch eine andere große Wand zu besteigen. Das ist die Lhotse-Südwand, zu der Messner – ein Südtiroler deutscher Muttersprache mit italienischem Pass – als Mitglied der Expedition des Italienischen Alpenvereins eingeladen ist und zu der viele große Namen des italienischen Alpinismus gehören. Die Schwierigkeiten der Wand – eine der höchsten und gefährlichsten im Himalaja – bremsen auf 7500 Meter Höhe den Gipfelsturm der Alpinisten.

264 oben rechts Der Hidden Peak, der mit seinen 8068 Metern der elfthöchste Berg der Erde ist, wird 1975 von Reinhold Messner und Peter Habeler über die Nordwestwand erstiegen. Damit wird ein «alter Stil» auch an den Achttausendern praktiziert.

264–265 Die eindrucksvolle Südwand des Lhotse, welche die Wiesen und Weiden des Chukhung dominiert, ist eine der gefährlichsten Wände im gesamten Himalaja. Während Reinhold Messner an der italienischen Expedition im Jahr 1975 teilnimmt, die durch enorme Lawinen aus der Wand vertrieben wird, kommt er zu der Überzeugung, dass der so genannte Alpenstil (darunter versteht man die Besteigung in einem Durchgang vom Fuß bis zum Gipfel) für diese Art von Wänden offenbar am besten geeignet ist.

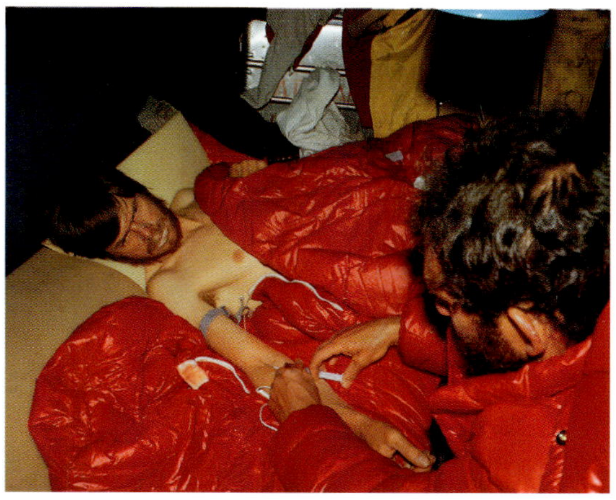

264 unten Der 1944 in Brixen in Südtirol geborene Reinhold Messner verblüfft in den sechziger Jahren die Alpinistenkollegen mit seinen Leistungen in den Dolomiten. Das erste Mal kommt er 1970 in den Himalaja, und zwar im Rahmen der dramatisch verlaufenden Expedition zur Rupalwand am Nanga Parbat.

265 oben Mit der Besteigung des Manaslu 1972, die zusammen mit der Tiroler Expedition unter der Leitung von Wolfgang Nairz realisiert wurde, kann Reinhold Messner als dritter Mensch zwei Achttausender auf seinem Konto verbuchen. Die Expedition wird durch den Tod von Franz Jäger und Andreas Schlick überschattet, die auf der Gipfelfläche im Sturm das Zelt nicht mehr finden.

Für Messner ist dieses Abenteuer jedoch ein wichtiger Wendepunkt. Er ist bisher daran gewöhnt, sich in den Bergen allein oder mit wenigen vertrauten Gefährten zu bewegen – wie das vor dreißig oder vierzig Jahren Riccardo Cassin in den Alpen schon praktizierte –, und erträgt die Organisation und die Totzeiten einer großen Expedition nicht.

Er entwickelt aus einem «alten Stil» eine neue Idee, er will wie in den Alpen «in einem Zug, mit aller Ausrüstung und Verpflegung auf dem Rücken, vom Basislager bis zum Gipfel und zurück klettern». Zum Hidden Peak starten Habeler und er mit 200 Kilo Gepäck und lediglich einem Dutzend Trägern. «Wir hätten mit der Hälfte auskommen können, wären wir nicht genötigt gewesen, einen Begleitoffizier mitzunehmen.» Alle Expeditionen sind dazu aber verpflichtet.

Nach einem Marsch vom Basislager zum Fuß des Berges und zurück, der der Akklimatisation und dem genauen Studium der Aufstiegsroute dient, kehren Messner und Habeler am 8. August zurück, um am Fuß der Steilhänge des Hidden Peak zu schlafen. Im Morgengrauen des folgenden Tages greifen die beiden entschlossen an und überwinden ungesichert in schwieriger Kletterei im kombinierten Gelände den Mittelteil der Nordwestwand, das schwierigste Stück. «An diesem Tag kamen wir bis auf 7100 Meter Meereshöhe. Hier bauten wir unser winziges Zelt auf, biwakierten. Am dritten Tag stiegen wir zügig bis in Gipfelnähe des Hidden Peak», den sie am Nachmittag ohne Probleme erreichen.

Nun bleibt noch der Abstieg, der bei den höchsten Bergen der Erde fast immer das Heikelste ist. Nach einer aufgrund eines heftigen Sturms schwierigen Nacht verlassen die beiden Alpinisten bei Tagesanbruch das zerfetzte Zelt, kehren zum Saum der Wand zurück und beginnen den Abstieg auf demselben Weg wie den Aufstieg, was zwar schwierig, aber windgeschützt ist. «Wir waren immer aufs Äußerste angespannt, wie ein wildes Tier beim Sprung. Wir mussten ständig alle unsere Sinne einsetzen, alle Möglichkeiten bedenken, um keinen Fehler zu machen.» Auf dem letzten Hang werfen die beiden Männer, um die Kräfte zu schonen, die Rucksäcke hinunter, die sie später auf dem Gletscher wieder aufsammeln. Erleichtert und glücklich kehren sie ins Gasherbrumtal und zum Baltoro zurück nach einer Unternehmung, die ein alpinistisches Tabu durchbrochen hat und künftig zu einem neuen Expeditionsstil beiträgt.

Der Mount Everest ohne Sauerstoff: 1978

Drei Jahre später besteigt die stärkste Seilschaft ihrer Zeit den höchsten Berg der Welt. Wie Habeler und Messner schon vor der Abfahrt zugeben, ist ihre Expedition nicht vollkommen unabhängig. Formell gehören sie nämlich für die nepalesischen Behörden zu einer Tiroler Gruppe unter der Leitung von Wolfgang Nairz, der den Mount-Everest-Gipfel im klassischen Stil erreichen will.

Diese Gruppe kümmert sich dann auch um die Absicherung der Route, das Aufstellen der Zelte in den Hochlagern und um die Versorgung mit Lebensmitteln und Brennmaterial. Auf dem Mount Everest müssen Reinhold und Peter aber mit einem Problem fertig werden, das viel größer ist als alle technischen Schwierigkeiten der Route. Der Hidden Peak war nur wenig mehr als 8000 Meter hoch, aber seine 8846 Meter machen aus dem Mount Everest fast einen Neuntausender.

Hier ist der Sauerstoffmangel ein wirklich ernst zu nehmendes Risiko für den Menschen. «Vor dem Aufbruch zur Everest-Besteigung ohne Sauerstoffmaske hatte es gegen meine Person und meine Idee mehr Widerstand gegeben als je zuvor. Im Fernsehen, in großen Pressekonferenzen traten Gegner auf den Plan. Sie meinten, wir könnten den Everest-Gipfel vielleicht ohne Maske erreichen, aber nicht wieder herunterkommen. Und wenn, dann völlig verblödet», erzählt Messner in seinem Buch *Überlebt*, in dem er über seine Besteigungen aller 14 Achttausender berichtet.

Am 23. April 1978 liegt Habeler krank im Zelt, und Messner versucht mit zwei Sherpas das erste Mal den Aufstieg zum Gipfel. Ein Orkan, der 48 Stunden lang tobt, wirft den Gipfelsturm um zwei Wochen zurück. Am 3. Mai erreichen Wolfgang Nairz, Robert Schauer, Horst Bergmann und der Sherpa Ang Phu mit Sauerstoffgeräten den Gipfel. Messner und Habeler starten fünf Tage später.

Die beiden Alpinisten verlassen mitten in der Nacht das Zelt, das auf dem eisigen, unwirtlichen Südsattel steht, und steigen über die Route von Hillary und Tenzing zum Gipfel. Heftige Windböen treffen von Südwest auf den Berg. «Uns wurde plötzlich klar, dass wir nun über den Wolken und dem Ziel nahe waren», schreibt Peter Habeler später. Kurz vor dem Vorgipfel legt er den Rucksack ab, Messner steigt vor und filmt mit einer kleinen Kamera den Gefährten bei der Überwindung des Hillary Step, des senkrechten Felsaufschwungs, der den Grat kurz vor dem Gipfel unterbricht.

Die Ankunft auf dem Gipfel ist ein ganz intensiver Moment: «Ich war vollkommen von einem Glücksgefühl durchdrungen. Ich fühlte mich frei und gelöst und war überzeugt, dass mir nichts Unangenehmes mehr passieren könnte», fährt der Österreicher in seiner Erzählung fort. Aber auch am Everest erwarten Messner und Habeler die größten Probleme beim Abstieg zum Basislager.

Vor dem Anstieg hatten die Ärzte den beiden Alpinisten ganz klar zu verstehen gegeben, dass jede Minute ohne Sauerstoff in der Todeszone über 8000 Meter die Gefahr bleibender Gehirnschäden erhöht. Von dem Gedanken daran angetrieben,

266 oben links Der Tiroler Wolfgang Nairz ist einer der erfahrensten Alpinisten, die im Himalaja aktiv sind. Er leitet 1978 die Expedition zum Everest, der sich Reinhold Messner und Peter Habeler anschließen. Nairz und weitere sechs Bergsteiger kommen mit Hilfe von Sauerstoff auf den Gipfel. Messner und Habeler sind die Ersten, die es ohne Maske schaffen.

266–267 Selbst mit Hilfe von Fixseilen und Sauerstoff ist das Klettern an der vereisten mächtigen Lhotsewand der zugleich monotonste und auch mühsamste Teil des nepalesischen Normalwegs auf den Everest. Auch die österreichisch-deutsche Expedition von 1978 hat Gelegenheit, das festzustellen.

266 unten links Der unkonventionelle Extrembergsteiger Reinhold Messner, hier im Basislager am Everest, bringt frischen Wind in die Alpinistenszene. Wie aus seinen Schriften hervorgeht, ist der Südtiroler jedoch sehr gewissenhaft, was sein Training und die logistische Vorbereitung der Expeditionen angeht.

266 unten rechts Das Stativ, das die Chinesen 1975 zurückgelassen haben, dient den Alpinisten, die auf dem Gipfel des Everest posieren, als Hintergrund. Ein Expeditionsteilnehmer der Nairz-Gruppe freut sich, dass er die 8846 Meter erreicht hat.

267 Wie für alle Expeditionen über die Normalroute von Nepal aus ist der Weg durch den Khumbu-Eisbruch auch für die Teilnehmer von 1978 schwierig und gefährlich.

geht Habeler dem Gefährten voran, der zunehmend von Schneeblindheit geplagt wird, da er vorher zum Filmen die Schutzbrille abgesetzt hatte. Habeler überschreitet den Vorgipfel und beginnt dann eine Rutschpartie auf dem Hinterteil in Richtung Südsattel, wobei er den Pickel als Bremse benutzt. Messner folgt langsamer und von so heftigen Augenschmerzen gequält, dass er öfter anhalten muss.

Als Reinhold Messner den Sattel erreicht, begleiten ihn Peter Habeler, der Kameramann Eric Jones und die Sherpas in die relative Sicherheit der Zelte. Während der folgenden Nacht werden die Augenschmerzen kontinuierlich stärker, der Südtiroler lehnt jedoch den von den Kameraden angebotenen Sauerstoff entschieden ab. Auch der Abstieg über die steile Lhotsewand ist ein Leidensweg, aber die Fixseile und die abnehmende Höhe helfen den Alpinisten beim Vorankommen. Am Ende des steilsten Abschnitts werden sie von Oswald Ölz, dem Expeditionsarzt empfangen, der selbst einige Tage später den Gipfel erreichen wird. Als Messner und Habeler im Basislager eintreffen, sind sie bereits auf der ganzen Welt berühmt.

Allein am Nanga Parbat

Am Fuß des Mount Everest löst sich die Seilschaft Messner-Habeler für immer auf. Während Peter in die Tiroler Berge und zu seinem Beruf als Bergführer zurückkehrt, bleibt Messner im Herzen Asiens, um eine weitere außerordentliche Leistung zu vollbringen. Er ist auf dem Höhepunkt seiner Himalaja-Karriere, und er weiß es. Für seine neue Unternehmung hat er sich den Berg ausgesucht, der ihn an eine persönliche Tragödie erinnert. Um «den größten Sprung in meinem Bergsteigerleben» zu vollführen, kehrt er auf den Nanga Parbat zurück, im Alleingang in die Eiswand, die acht Jahre zuvor seinen Bruder umgebracht hat.

Am 7. August 1978 um fünf Uhr morgens verlässt Messner die Moränen des Diamirtals und steigt in die steilen Flanken des Berges ein, an dem in den dreißiger Jahren die besten deutschen und österreichischen Alpinisten scheiterten. In wenigen Stunden erreicht er eine Höhe von 6400 Metern, wo er auf einer ebenen Fläche im Gletscher das Zelt aufstellt. Es folgt ein Tag, der der Akklimatisation und der Erholung gewidmet ist. Am 9. August um fünf Uhr morgens verursacht ein Erdbeben den Abgang einer riesigen Lawine. Messner und sein Zelt bleiben wie durch ein Wunder unversehrt.

Der erste Teil seiner Route ist nun jedoch für den Abstieg zu gefährlich geworden. Der einzig mögliche Ausweg führt nach oben. Messner ist von «so etwas wie Übermut» gepackt, der sich rasch in einen «Zustand des Hochgefühls» verwandelt. Er kommt im tiefen Schnee nur mühsam voran, überwindet steile Felspassagen und erreicht schließlich den 8125 Meter hohen Gipfel, auf dem er sich mit dem Selbstauslöser fotografiert und für künftige Gipfelstürmer einen Haken als Beweis für seinen Erfolg hinterlässt.

«Ich kam mir vor wie ein Schatten, der nicht verwundbar war. [...] Nur das Aktivsein im Dasein hebt die wesentlichen Fragen des Lebens auf. Da oben habe ich mich nicht gefragt, warum ich das tue, warum ich da bin. Das Steigen, die Konzentration, das Sich-Aufwärtsmühen waren die Antwort. Ich selbst war die Antwort, die Frage war aufgehoben», bekennt der Alpinist später in seinem Buch *Überlebt – Alle 14 Achttausender*. Beim Abstieg hält ihn heftiger Schneefall zwei Nächte lang in seinem Zelt auf 7400 Metern fest.

Als der Nebel kurz aufreißt, führt ihn sein ungewöhnlicher Instinkt entlang eines neuen Weges, der ihn sicher bis ins Basislager zurückbringt. «Bei meiner ersten Expedition am Nanga Parbat hatte ich die ‹Hölle› erlebt. Bei meinem zweiten Aufstieg, im Alleingang, den ‹Himmel›. Jetzt kannte ich den Himalaja.» So knapp fasst Messner die Erfahrung dieser außerordentlichen Expedition zusammen.

Auf dem K2: 1979

1979 wendet sich Reinhold Messner dem K2 zu, und zwar wieder ganz ohne Sauerstoff. Der zweithöchste Berg der Welt (8616 Meter) leistet dem Alpinisten heftigeren Widerstand als der Mount Everest. Als Leiter einer kleinen Expedition, zu der auch der Deutsche Michl Dacher, der Österreicher Robert Schauer, der Südtiroler Friedl Mutschlechner und die Italiener Alessandro Gogna und Renato Casarotto gehören, möchte Messner den K2 über die *Magic Line* besteigen, eine gedachte Linie am eleganten Südpfeiler, die direkt vom Gipfel zum Godwin-Austen-Gletscher abfällt.

Durch die Verzögerungen beim Anmarsch und den Tod eines Trägers beim Sturz in eine Gletscherspalte verzichtet die Expedition auf die neue Route und benutzt den normalen Anstiegsweg. Über den Abruzzensporn (auch Abruzzi-Grat), der 1909 von der Expedition des Herzogs der Abruzzen entdeckt wurde, Schauplatz der Versuche Wiessners und Houstons war und 1954 von Compagnoni und Lacedelli bis zum Gipfel begangen worden war, erreichen Messner und Dacher am 12. Juli 1979 glücklich den Gipfel: «Es war ein strahlender Tag. Weit und breit keine Wolke. Wie ein Schwarzweißbild lagen die Berge und Täler unter uns. Kein Grün, kein Rot, kein Gelb. Nur der Himmel war blau. Je höher wir kamen, um so dunkler wurde er.»

Am folgenden Tag zieht rasch schlechtes Wetter auf und vereitelt den Versuch von Schauer, Mutschlechner und Gogna, den Gipfel zu erobern. Messner hat es mittlerweile auf fünf Achttausender gebracht.

268 unten links Nach dem Verzicht auf die *Magic Line* am Südpfeiler führt Reinhold Messner im Jahr 1979 die vierte Besteigung des K2 über die Route von 1954 durch. Nachdem sie unter großen Strapazen und ohne Zuhilfenahme von Sauerstoff den mit 8616 Metern zweithöchsten Gipfel der Welt erreicht haben, ruhen sich Messner und Michl Dacher auf der so genannten «Schulter» aus.

268–269 Die Besteigung des K2, seines fünften Achttausenders, macht aus Reinhold Messner den unbestrittenen, öffentlichkeitswirksamen Star unter den Alpinisten im Himalaja. Hinter ihm fließen der Godwin-Austen-Gletscher und der Obere Baltorogletscher am Concordiaplatz zusammen, und darüber thront majestätisch die unverwechselbare Schneepyramide der Chogolisa.

Der Everest im Alleingang: 1980

Eines der letzten großen Himalaja-Abenteuer von Messner spielt sich nochmals am Mount Everest ab, den er von der tibetischen Seite besteigen will, welche die Behörden in Peking endlich wieder für ausländische Reisende und Bergsteiger freigegeben haben. Ziel der auf drei Tage angesetzten Expedition ist die Route über den Nordostgrat, auf dem die ersten britischen Besteigungsversuche in den zwanziger und dreißiger Jahren stattgefunden haben. 1960 gelang einer chinesischen Expedition die Erstbesteigung über diese Seite. Auch diesmal klettert Reinhold ohne Sauerstoff. Die Neuheit liegt darin, dass er diesmal ganz allein auf den Hängen des höchsten Berges unterwegs ist. Nur seine Freundin, die Kanadierin Nena Hòlguin, erwartet ihn im Basislager auf den Moränen des Rongbukgletschers. «Ich habe dieser Expedition entgegengefiebert wie keiner anderen vorher und nachher», wird der Alpinist in seinem Buch *Der Gläserne Horizont* schreiben, das er der Unternehmung gewidmet hat.

Wenige Tage nach der Ankunft im Rongbuktal steigt Messner allein und mit wenig Gepäck bis auf 7800 Meter. Nach einer kleinen Pause im Basislager startet er am 18. August wieder in Richtung Gipfel. Oberhalb des Nordsattels hindern ihn jedoch große Massen instabilen Schnees daran, dem Nordostgrat zu folgen, auf dem sich vor so vielen Jahren Mallorys und Irvines Spuren verloren haben.

Wie die letzten britischen Expeditionen quert auch Messner schräg die steile Nordseite des Berges, biwakiert abends auf 8200 Metern und läuft dann weiter, nur mit seinem Fotoapparat und dem Pickel bewaffnet in Richtung Gipfel, den er inzwischen für zum Greifen nah hält. Aber auch der letzte Tag des Anstiegs, der 20. August, stellt den zu dieser Zeit besten Alpinisten der Welt noch auf eine harte Probe.

Nachdem er das äußerst gefährliche Norton-Couloir durchquert hat, steigt er auf, um das letzte Stück des Nordostgrates zu erreichen, umgeht den letzten senkrechten Felsaufschwung (den die Engländer *Second Step* nennen) und läuft dann weiter in Richtung Gipfel. Die letzten Meter legt er unter Aufbietung aller Willenskraft zurück: «Ich kroch auf Armen und Knien dahin. Es war eine unendliche Qual. Ich bin in meinem Leben nie so müde gewesen wie damals am Gipfel des Mount Everest. Eine Zeit lang saß ich nur da, hatte alles vergessen. Ich wusste, dass ich meine physische Grenze erreicht hatte», wird er nach der Rückkehr sagen.

269 oben Auf der Spitze des Abruzzensporns bietet Lager III den Bergsteigern etwas Erholung, bevor sie die letzten 1000 Höhenmeter des 8616 Meter hohen K2 in Angriff nehmen. Abgesehen von den bergtechnischen Problemen macht ihnen der Sauerstoffmangel in dieser Höhe zu schaffen.

269 unten links Der Abruzzensporn am K2 ist nicht nur steil, sondern auch besonders gefährlich. Die ersten 2000 Höhenmeter der Normalroute werden daher von allen Expeditionen mit einer Reihe von Fixseilen versehen.

269 unten rechts Bei der K2-Expedition von 1979 erweist sich der deutsche Bergsteiger Michl Dacher – hier auf dem Schneegrat der «Schulter» – als schneller und zuverlässiger Kamerad von Messner.

270 Reinhold Messner hat ihn als den «Achttausender der Zukunft» bezeichnet, und der Makalu ist wirklich für viele Expeditionen, die diese Wände angehen, eine harte Nuss. An ihm ist 1997 eine französische Expedition unter der Leitung von Cathérine Destivelle unterwegs.

Beim Abstieg macht ihm der weiche Schnee zu schaffen. Er rutscht mehr, als er klettert, und erreicht irgendwie das Lager. Die Quälerei dieses Anstiegs hat ihn gezeichnet, sie hat ihm aber auch das nächste Ziel gezeigt, das er sich nun wieder stecken kann: «Ich stand in der Mitte meines Lebens, fühlte mich stark. Vor allem hatte mir dieser Everest-Alleingang klar gemacht, dass ich mit dieser Taktik kleinere Berge im Handumdrehen besteigen konnte.»

In den sechs darauf folgenden Jahren beschäftigt sich Reinhold Messner mit der systematischen Besteigung sämtlicher 14 Achttausender. Nachdem er der Reihe nach den Shisha Pangma (1981), den Kangchendzönga, den Gasherbrum II (1982 und 1984) und den Broad Peak (1982), den Cho Oyu

270–271 Selbst vom 800 Meter hoch gelegenen Pokhara aus betrachtet ist die Südwand der Annapurna beeindruckend. Die Gebirgskette zieht jedes Jahr Tausende von Trekkern in das seenreiche Tal von Pokhara. Der Annapurna-Gipfel wurde als Erster im Himalaja von Menschen bestiegen. Die britische Expedition unter der Leitung von Chris Bonington versucht sich 1970 an der Südwand, Dougal Haston und Don Whillans sind schließlich erfolgreich.

271 unten links Die Südwand der Annapurna zwingt die Alpinisten, mehrmals mit Hilfe von Fixseilen über senkrechte und überhängende Passagen aus Fels und Eis auf- und abzusteigen. Mick Burke an einem steilen Felsaufschwung.

(1983), die Annapurna und den Dhaulagiri (1985) sowie im dritten Anlauf den Makalu (1986) bestiegen hat, führt ihn sein Weg am 16. Oktober 1986 auf den 8511 Meter hohen Lhotse, den vierthöchsten Berg der Erde, den er zusammen mit seinem Freund Hans Kammerlander begeht. Messner kommentiert diesen Augenblick mit dem Wort, das die tibetischen Händler und Pilger verwenden, nachdem sie einen besonders schwierigen Pass überschritten haben: «*Lhagyelo*, die Götter haben gesiegt.»

Der Wandel im Himalaja-Bergsteigen

Die «großen Jahre» Reinhold Messners verändern das Bergsteigen im Himalaja radikal, denn es wandelt sich allmählich von der geografischen Erforschung zum rein sportlichen Abenteuer. Derselbe Wandel war bereits ein Jahrhundert zuvor beim Bergsteigen in den Alpen zu erleben gewesen. Bis zur Besteigung des Hidden Peak im Jahr 1975 im Alpenstil hätte man die Eröffnung neuer Routen ohne jegliche Unterstützung von außen für absolut unmöglich gehalten, aber in wenigen Jahren wird der «alte Stil» zur Normalität. Nach den beiden Besteigungen des Everest durch Messner (1978 und 1980) werden auch die übrigen Achttausender ohne Sauerstoff bestiegen und Alleingänge auf die höchsten Gipfel der Erde zu einer völlig normalen Angelegenheit.

Der Alpinismus mit hohem Schwierigkeitsgrad beginnt nicht erst mit Reinhold Messner. Bereits 1958 hat nämlich eine amerikanische Expedition unter der Leitung von Norman Dyrenfurth außer der dritten Besteigung des Mount Everest über die Engländer-Route auch die erste Überschreitung des Gipfels durchgeführt. Tom Hornbein und Willy Unsoeld sind über den Westgrat aufgestiegen und über den Normalweg von Süden wieder herunter.

Vier Jahre später, 1962, haben die Deutschen Toni Kinshofer, Anderl Mannhardt und Sigi Löw, die große Unternehmungen in den Alpen hinter sich haben, eine neue, schwierige Route in der Diamirwand am Nanga Parbat eröffnet. Der eigentliche Wandel wird aber durch die britische Expedition unter Chris Bonington ausgelöst, die 1970 die eindrucksvolle Südwand der Annapurna erobert, eine steile Mauer von fast 3000 Meter Höhe. Am 27. Mai können sich Don Whillans und Dougal Haston nach zweimonatigem ständigem Kampf mit dem Berg auf dem Schneehäubchen des Gipfels umarmen. Schon fast in Sicherheit, wird Ian Clough im Abstieg von einer nicht vorhersehbaren Lawine erfasst. Die Trauer um seinen Tod mindert jedoch nicht die technische Bedeutung seines Unterfangens.

Einen Monat später besteigt die Tiroler Expedition unter der Leitung von Karl Herrligkoffer die Rupalwand am Nanga Parbat. Den Gipfel erreichen als Erste die Brüder Reinhold und Günther Messner. Dann werden die Besteigungen der großen Wände im Himalaja und auch im Karakorum immer zahlreicher. 1971 bezwingt eine französische Expedition unter Robert Paragot den Westpfeiler am Makalu. Im

Himalaja im Alpenstil

271 unten rechts Ian Clough klettert mit Steigklemmen eine überhängende Passage im Eis. Während die anderen nach dem Erreichen der Annapurna wohlbehalten ins Tal zurückkehren, wird er am Wandfuß von einer Lawine erfasst und getötet.

272 oben links   Wer den Mount Everest von der nepalesischen Seite angeht, muss wie das britische Team von 1975 den total zerklüfteten Khumbu-Eisbruch überwinden, der von den Sherpas zuvor mit Fixseilen und Trittleitern präpariert worden ist.

272–273   Doug Scott schießt während des Versuchs von 1987 am Nordostgrat des Mount Everest dieses Foto. Nick Kekus im Vordergrund und Rick Allen etwas weiter oben.

272 unten   Auch auf dem nepalesischen Normalweg auf den Mount Everest können Schneestürme zu einem großen Problem werden. Ein Zelt der britischen Expedition von 1975 wurde vom Wind im «Western Cwm» eingedrückt.

273 Mitte rechts Ein steiles, kleines Eiscouloir, das während der vergangenen Expeditionen unbeachtet geblieben war, ermöglicht es den britischen Alpinisten, den steilsten Abschnitt der Südwestwand des Everest zu überwinden. Weiter oben kommen Dougal Haston (im Bild) und Doug Scott über einen langen, aber eher unproblematischen schrägen Anstieg auf den Gipfelgrat.

273 unten rechts Anders als in den Alpen ist die Eröffnung einer neuen Route im Himalaja erst dann abgeschlossen, wenn die Begeher auf dem höchsten Gipfel stehen. Daher steigen Haston (im Bild) und Scott auch weiter im Licht des Sonnenuntergangs in Richtung Gipfel, nachdem sie bereits den Südgipfel und den Normalweg erreicht haben.

darauf folgenden Jahr versuchen zwei internationale Teams erfolglos, die bedrohliche Südwestwand des Mount Everest zu durchsteigen, die das Tal des Schweigens und den Normalweg zum Gipfel beherrscht. Im Jahr 1975 bezwingt eine jugoslawische Expedition unter der Leitung von Alex Kunaver die steile Südwand des Makalu.

Die Bonington-Expedition 1975

In diesem Jahr sind es noch einmal der Mount Everest und ein Team unter der Leitung von Chris Bonington, die die Aufmerksamkeit der Medien auf sich lenken. Die Expedition ist ausgezeichnet ausgerüstet, und es nehmen einige der besten Bergsteiger der Zeit daran teil. Sie umgeht den Felsriegel, der die vorangegangenen Versuche blockiert hatte, durch einen Richtungswechsel nach links und die Überwindung eines schwierigen Couloirs; das erinnert Nick Estcourt und Paul «Tut» Braithwaite an die klassischen Wintertouren in Schottland. Ungewöhnlich spät im Jahr, am 22. September 1975, stellen Dougal Haston und Doug Scott das letzte Lager oberhalb des Felsriegels auf.
Am nächsten Tag legen sie 500 Meter Fixseile in die Wand. Am 24. September starten sie schließlich entschlossen in Richtung Gipfel und überwinden die steilen und gefährlichen Schneefelder, die durch unsichere Felsmäuerchen unterbrochen werden. Um 15 Uhr stehen die beiden Männer endlich auf dem Südgipfel des Mount Everest, wo ihr Weg sich mit dem Hillarys und Tenzings kreuzt. «In den Alpen ist es in Ordnung, wenn man eine Route geht, ohne den Gipfel zu erreichen, aber im Himalaja sieht die Sache anders aus. Wir wussten, dass wir nicht angekommen waren», wird Dougal Haston dazu schreiben.
Es dauert noch drei weitere Stunden, bis die beiden völlig erschöpften Alpinisten auf 8846 Meter Höhe angelangt sind, wo eine chinesische Expedition einige Wochen zuvor ein Stativ aus Metall hinterlassen hatte. Beim Abstieg ist noch

ein weiteres Biwak wenige Meter vom Südgipfel entfernt notwendig. Am nächsten Tag begegnen Dougal und Scott drei weiteren Bergsteigern, die zum Gipfel wollen. Mick Burke und Pertembar, der *sirdar* (Verbindungsoffizier) der Expedition, erreichen den Gipfel des Everest, während das Wetter rasch schlechter wird. Mick Burke wird das letzte Mal allein und ohne Seil auf dem Grat gesehen, während er langsam zum Gipfel ansteigt. Es sind die letzten Momente seines Lebens; er wird nie wieder ins Tal zurückkehren.

Kleine Teams an großen Wänden

Der Wettlauf zu den großen Wänden geht in den achtziger Jahren mit der Besteigung der Südwand des Dhaulagiri (einer 4000 Meter hohen Wand!) weiter, die 1981 durch die Jugoslawen Stane Belak, Cene Bercic, Rok Kokar, Emil Tratnik und Joze Zupan durchgeführt wird. Zwei Jahre darauf eröffnen die Polen Jerzy Kukuczka und Woytek Kurtyka hintereinander zwei neue Routen auf den Hidden Peak und den Gasherbrum II. Diese Leistung wird 1984 von den Katalanen Eric Lucas und Nil Bohigas übertroffen, die jeweils in Zweierseilschaften eine weitere schwierige Route durch die Südwand der Annapurna eröffnen. Selbstverständ-

274 links In den ersten Monaten des Jahres 1985 gelingt polnischen Alpinisten die erste Winterbesteigung des Cho Oyu, die zwei Jahre zuvor eine Expedition unter der Leitung von Reinhold Messner vergeblich in Angriff genommen hatte. Der Expeditionsleiter Andrzej Zawada während eines anspruchsvollen Abschnitts im kombinierten Gelände an den Fixseilen.

274 oben rechts Bei den Winterexpeditionen zu den Achttausendern müssen die beteiligten Bergsteiger mit einem außerordentlich harten Klima fertig werden. Der Pole Andrzej Zawada im Sturm neben den Zelten im Basislager am K2.

274 Mitte rechts Der Pole Jerzy Kukuczka (links), auf diesem Foto aus dem Jahr 1980 neben seinem Landsmann Andrzej Czok, ist der zweite Alpinist, dem die Besteigung aller 14 Achttausender im Himalaja und im Karakorum gelingt. Nur wenig später kommt Kukuczka in der Südwand des Lhotse ums Leben.

274 unten rechts Andrzej Zawada ist nicht nur ein erfolgreicher Alpinist, sondern auch Organisator von Expeditionen, die in den siebziger und achtziger Jahren die Wintererstbesteigungen der Achttausender zum Ziel haben.

275 Mitte links Der Spitzenalpinismus im Himalaja findet nicht nur an den Achttausendern statt. Joe Tasker auf dem Gipfel des Changabang im indischen Garwhal, nach der erfolgreichen Begehung an der schwierigen senkrechten Westwand des Berges.

275 rechts Im Winter 1987/88 versucht ein polnisches Team unter der Leitung von Andrzej Zawada, den K2 zu besteigen, muss aber auf 7350 Metern aufgeben. Die Alpinisten im Bild haben beinahe das Basislager erreicht.

Himalaja im Alpenstil

276 oben Während das breite Publikum sich einzig und allein für die Achttausender interessiert, konzentrieren sich viele der weltbesten Bergsteiger auf die großen Granittürme im Karakorum und im Garwhal. Einer amerikanischen Expedition gelingt im Jahr 1977 schließlich die Erstbesteigung des Gipfels des Großen Trango-Turms.

276–277 Nachdem sie große Schwierigkeiten im Fels und im Eis gemeistert haben, gelangen die Amerikaner Dennis Hennek, Jim Morrissey, Galen Rowell und John Roskelley über einen leichten Schneegrat zum Gipfel des Großen Trango-Turms.

277 oben Ähnlich wie an den großen Gipfeln in den Alpen, Patagonien und Nordamerika müssen die Bergsteiger an den Trango-Türmen von ungeheuer steilen Eis- und Schneehängen zu genauso schwierigen Kletterpassagen im Granit wechseln.

277 unten Von Liligo aus gesehen, an der Route zum Fuß des K2, taucht der Große Trango-Turm wie ein riesiges Granitschloss auf. Auf seinen Felswänden zeichnet sich der Schatten seines Nachbarn, des nicht minder schwierigen Nameless Tower ab, auf deutsch Kleiner Trango-Turm.

278 Die von britischen Bergsteigern an den Flanken des Ogre eröffnete Route führt mit einer Reihe von anspruchsvollen Quergängen über sehr steile Schnee- und Eishänge. Die Bewältigung dieser Passagen durch Doug Scott, bergab und mit gebrochenen Beinen, ist eine der unglaublichsten Leistungen in der alpinen Geschichte.

279 Mitte links Die steilen Hänge des Ogre zwingen die Alpinisten dazu, ihr Lager an besonders luftigen Orten aufzustellen. Für die Zelte müssen kleine Plateaus oder sogar richtige Höhlen ins Eis geschlagen werden.

279 oben Chris Bonington ist in den sechziger Jahren ein Pionier bedeutender Besteigungen in den Alpen und in Patagonien. In den folgenden Jahrzehnten geht er einige der schwierigsten Wände im Himalaja und im Karakorum an. Im Jahr 1977 steht er auf dem Gipfel des Ogre.

lich werden bei diesem Wettlauf auch die Berge, die unter der magischen Achttausend-Meter-Grenze liegen, nicht ausgelassen. Dieser neue Trend wird 1976 durch zwei Besteigungen der besten britischen Alpinisten ihrer Zeit eingeläutet. Im indischen Garwhal überwinden Joe Tasker und Peter Boardman die eindrucksvolle Westwand des Changabang (6782 Meter).

Im Karakorum besteigen Mo Anthoine, Martin Boysen, Joe Brown und Malcolm Howells als Erste den Nameless Tower (6239 Meter) im Trangomassiv. Im folgenden Jahr wird der Große Trango-Turm (6257 Meter) dann von einer amerikanischen Expedition erreicht. 1978 bezwingen Chris Bonington und Doug Scott den Gipfel des Ogre (7285 Meter), eine weitere Felsnadel im Karakorum. Beim Abseilen während des Abstiegs rutscht Scott jedoch aus und bricht sich beide Beine. Sein Kamerad muss ihn deshalb die ganze Wand hinablassen. Als sie endlich den Gletscher erreicht haben, begibt sich der erschöpfte Bonington sofort auf die Suche nach Hilfe. Bevor die Helfer kommen, schleppt sich Scott auf allen vieren tapfer über den unendlichen langen, mit Schotter bedeckten Gletscher bis zum Basislager.

Als weniger dramatisch, dafür aber aus technischer Sicht überlegen ist die Unternehmung des Österreichers Robert Schauer und des Polen Woytek Kurtyka an der beeindruckenden Südwestwand des Gasherbrum IV anzusehen. Es handelt sich um eine Besteigung von hohem Niveau an einem Berg, der nur wenige Meter unter der berühmten Achttausender-Grenze liegt.

Die kleinen Expeditionen zu den schwierigsten und gefährlichsten Wänden der Achttausender dauern bis heute an und

279 Mitte rechts Doug Scott im Jahr 1978 in stolzer Pose auf dem Gipfel des Ogre; dieser Berg gehört zu den anspruchsvollsten und schwierigsten Siebentausendern im pakistanischen Karakorum.

279 unten links Nochmals ein Bild vom Abstieg am Ogre mit Doug Scott, der sich auf den Knien auf Clive Rowlands zu bewegt und dabei die großen Stufen benutzt, die seine Kameraden für ihn gegraben haben.

279 unten rechts Trotz des beachtlichen technischen Niveaus während des Anstiegs geht die Erstbesteigung des Ogre in die Geschichte des Alpinismus eher wegen des schrecklichen Unfalls von Doug Scott ein, der sich zu Beginn des Abstiegs beide Beine brach. Das ungewöhnliche Bild hält fest, wie der britische Bergsteiger mit seinen verletzten und unbrauchbaren Beinen auf allen vieren über den Gletscher am Fuß des Siebentausenders robbt.

zeitigen ganz beachtliche Ergebnisse. Zu den bedeutendsten gehören die an der Ostwand des Mount Everest durch eine amerikanische Expedition (1983), die *Magic Line* am K2 durch die Polen Jerzy Kukuczka und Tadeusz Piotrowski (1986), der Nordwestgrat des K2 durch die Franzosen Christophe Profit und Pierre Béghin (1991), der Südwestgrat des Kangchendzönga Süd (7476 Meter) durch die Slowenen Andrej Stremfelj und Marko Prezelzj (1994).

Winterbegehungen und Schnellklettern

Auf den höchsten Gipfeln der Erde finden zunehmend andere Arten des Wettstreits zwischen Mensch und Berg Verbreitung. Die härteste ist zweifellos der Kampf um die ersten

280 links Die elegante Schneepyramide des Jannu (der von den Nepalesen Kumbakharna genannt wird) erreicht eine Höhe von 7710 Meter und wird von einer französischen Expedition unter der Leitung von Lionel Terray 1962 erstmals bestiegen.

280 oben rechts Die Besteigung des Jannu, die eine französische Expedition mit Hilfe vieler Fixseile durchgeführt hat, wird 1982 von einer von Pierre Béghin geleiteten französischen Mannschaft im Alpenstil wiederholt.

280 unten rechts Einige Alpinisten der französischen Expedition von 1982 zum Jannu begehen eine steile Schneewand.

281 Die gewaltige Eispassage, in der die Alpinisten der Expedition Béghin im Jahr 1982 klettern, zeigt, dass etliche Siebentausender im Himalaja, auch wenn sie über den Normalweg begangen werden, viel schwierigere Anstiege bieten als die meisten Achttausender.

Winterbesteigungen. Dabei setzen sich die Bergsteiger bewusst arktischen Temperaturen bis 60 Grad unter Null und einem grausamen Kampf ums Überleben aus. An der Spitze liegen die polnischen Expeditionen, die in der Wintersaison 1980 den Everest besteigen (unter der Leitung von Andrzej Zawada), den Cho Oyu 1985 (über eine neue Route!) und den Kangchendzönga im Winter 1986.

Auch der Trend zum Geschwindigkeitsklettern wird immer stärker. 1984 ist der Pole Krzystof Wielicki der Erste, der einen Achttausender an einem Tag besteigt und wieder absteigt, in diesem Fall den Broad Peak. 1986 gelingt Benoît Chamoux das Gleiche am K2, und 1988 ist Marc Batard der erste Mensch, der an einem Tag den Mount Everest besteigt und wieder hinunterkommt.

Auch wenn diese Leistungen aus athletischer Sicht außerordentlich sind, so erfolgen sie doch über Routen, die von anderen präpariert wurden, und sind deshalb nur von bedingtem technischem Wert. Vom alpinistischen Standpunkt zeigt die 1986 durch die Schweizer Erhard Loretan und Jean Troillet vollführte Schnellbesteigung des Everest mehr Engagement. Die beiden sind in nur 43 Stunden das steile, im Jahr 1924 von Edward Norton entdeckte Norton-Couloir an der Nordseite des Berges auf- und abgestiegen.

Alleingänge

Das Abenteuer Messners im Alleingang auf der Nordseite des Mount Everest läutet eine weitere Reihe von wichtigen Unternehmungen ein: Alleingänge auf die höchsten Berge der Welt. 1953 wurde zwar bereits der Nanga Parbat von Hermann Buhl im Alleingang erreicht, aber der österreichische Alpinist brachte lediglich allein die Arbeit zu Ende, die seine Mannschaft in den Bergflanken begonnen hatte.

Echte Alleingänge sind hingegen die Besteigungen des Kangchendzönga durch Pierre Béghin (1983) und des Ma-

282 unten Der obere Bereich der Nordwand des K2 ist durch eine Reihe von steilen Schnee- und Eishängen gekennzeichnet, die sich zum Gipfel hin zwischen den Felsprofilen der Nordkante und des Nordostgrats erheben.

kalu-Westpfeilers durch Marc Batard (1989) sowie die Erstbesteigung des Broad Peak North (7550 Meter) 1982 in sieben Tagen durch Renato Casarotto. Im «schwarzen Jahr» des K2, 1986, gelingt es wiederum Casarotto, einen guten Teil der *Magic Line* allein zu begehen. Ein weiterer Großer des Alleingangs am Himalaja ist Tomo Cesen, ein Slowene aus Kranj, der im Lauf der achtziger Jahre die Nordwand des Yalung Kang (des nördlichen Vorgipfels des Kangchendzönga, 8433 Meter) besteigt, eine neue Route auf den K2 und eine äußerst schwierige Route auf die Nordwand des Jannu (7710 Meter) eröffnet. Als Cesens Meisterwerk gilt die absolute Erstbesteigung der Lhotse-Südwand 1990 im Alleingang: Dies ist die gefährlichste Himalajawand, an der große Alpinisten wie der Franzose Nicolas Jaeger und der Pole Jerzy Kukuczka ums Leben gekommen sind.

Die zunächst mit Beifall bedachte Besteigung der Südwand wird in den nun folgenden Jahren von einigen französischen Bergsteigern und von Reinhold Messner angezweifelt. Wer hat Recht? Die Tatsache, dass es an Fotografien fehlt, die das Erreichen des Gipfels durch Cesen dokumentieren, gilt auch für andere wichtige Besteigungen in der Geschichte, an denen jedoch nie gezweifelt wurde. Cesens Lebenswerk zeigt, dass er sicher in der Lage war, diese Wand zu durchsteigen. Mehr kann man heute nicht dazu sagen.

Das Janusgesicht des Alpinismus

Das Bild der neuen Trends im Himalaja-Alpinismus wird durch das früher so genannte *Rat race* vervollständigt, das «Mäuserennen», an dem sich alle führenden Alpinisten

283 Mitte Das Hochlager einer modernen Himalaja-expedition von 1988 auf der Nordseite des K2. An dem Felssporn, der das Zelt vor Lawinen schützt, ist mit einigen Haken und einer Menge Seil eine Leine gespannt, die das Material in Ordnung halten soll.

282–283 Francis Younghusband hat die Nordseite des K2 zwar schon im Jahr 1887 gesehen, für die Alpinisten bleibt sie jedoch bis 1982 unbekanntes Gelände, als eine japanische Expedition von der Regierung in Peking die Erlaubnis erhält, die Nordwand zu durchsteigen. Sieben Bergsteiger erreichen den Gipfel. Das Foto entstand während der französischen Expedition 1988.

283 unten Auch bei sehr strengem Frost ist der Sonnenuntergang vor der mächtigen Kulisse der höchsten Berge der Welt ein bewegender Augenblick. Unten die Zelte des Basislagers einer Expedition zum K2 im Jahr 1991.

284 oben Das magische und sanfte Licht des Vollmonds lässt die Nordwand des K2 besonders eindrucksvoll hervortreten. Diese Seite ist erstmals von einer japanischen Expedition im Jahr 1982 bestiegen worden.

284–285 Im Sommer 1991 eröffnen die Franzosen Pierre Béghin und Christophe Profit eine komplizierte und schwierige Route an den Flanken des K2. Die beiden Männer laufen vom Savoiagletscher aus über den Nordwestgrat, die Nordwestwand und den letzten Abschnitt der Japaner-Route von 1982. Im Bild Christophe Profit im oberen Abschnitt.

285 oben Während der französischen Expedition von 1991 steigt Christophe Profit im Verlauf der steilen und ausgesetzten Querung der Nordwestwand des K2. Ganz links steht das Zelt der beiden Franzosen auf einem Felssporn.

285 unten Zu den bisher ungelösten Problemen am K2 gehört auch der Nordsporn, der im Lauf der achtziger und neunziger Jahre von verschiedenen Expeditionen vergeblich in Angriff genommen wurde. Die Gesamtansicht des Sporns vom Ansatz bis ganz oben entstand 1988.

286–287 Trotz etlicher neuer, schwieriger Routen am Everest bleibt der Weg zum Nordsattel, den die sieben britischen Expeditionen in der Zeit zwischen den beiden Weltkriegen entdeckt haben, einer der meistbegangenen im Himalaja. Der Kanadier Patrick Morrow hat die mühsam durch den Schnee gelegte Spur zum Kamm oberhalb des Nordsattels im Bild festgehalten.

287 oben Unter den außereuropäischen Unternehmungen des Italieners Renato Casarotto beeindruckt besonders die Eröffnung einer neuen Route am Broad Peak Nord. Der Alpinist ist zwischen den Séracs am Fuß des Berges unterwegs.

287 Mitte Abgelegenheit, Schwierigkeitsgrad und Höhe machen aus dem Kangchendzönga – hier vom Gipfelgrat des Jannu aus gesehen – auf der Grenze zwischen Nepal und dem indischen Sikkim einen der am seltensten erreichten Achttausender.

287 unten links Benoît Chamoux zeichnet sich in den achtziger Jahren durch seine äußerst schnellen Besteigungen der Normalrouten auf die Achttausender aus. Sein Traum, der dritte Alpinist zu werden, der sämtliche 14 Achttausender besteigt, endet 1995 mit seinem Tod kurz vor dem Gipfel des Kangchendzönga.

287 unten rechts Der französische Bergsteiger mit den Skiern auf dem Rucksack während einer Ruhepause auf der Nordseite des Mount Everest.

beteiligen. Der 1986 von Messner gewonnene Wettlauf um sämtliche 14 Achttausender bringt nacheinander auch die Bergsteiger Jerzy Kukuczka, Erhard Loretan, Krzystof Wielicki, Carlos Carsolio, Fausto De Stefani und Sergio Martini ins Ziel. Pat Morrow, der kanadische Alpinist und Bergfotograf, hat Messner und den amerikanischen Milliardär Dick Bass ganz knapp beim Wettstreit um die *Seven Summits* besiegt, also die Besteigung der sieben höchsten Gipfel auf den sieben Kontinenten hintereinander.

Eher nachdenklich stimmt das andere Gesicht des Himalaja-Alpinismus, das den Mount Everest, den K2 und die anderen Gipfel so oft auf die Titelseiten der Weltpresse gebracht hat. Es ist das Gesicht des Todes, der in den höchsten Höhen Asiens immer noch eine ganz konkrete Bedrohung darstellt. Das Ende Mummerys, Welzenbachs und Merkls am Nanga Parbat, Mallorys und Irvines am Everest, Art Gilkeys und Mario Puchoz' am K2 erinnert daran, dass das

288 oben Obwohl schon viele Alpinisten bis ganz nach oben gekommen sind, bleibt der Gipfel des Everest doch *das* Ziel für alle Bergsteiger der Welt. Zwei Sherpas, die die kanadische Expedition im Jahr 1982 begleitet haben, feiern auf dem Gipfel.

288 Mitte Viele der tödlichen Unfälle am Mount Everest ereignen sich auf dem luftigen Schneegrat, der den Südgipfel mit dem Hillary Step und dem Gipfel verbindet. Einen Ausrutscher an dieser Stelle bezahlt man fast immer mit dem Leben.

Überleben auf großer Höhe zumindest während der ersten Himalaja-Expeditionen zu Beginn des 20. Jahrhunderts besonders schwierig war.

In den achtziger und neunziger Jahren wird durch die Steigerung der Schwierigkeiten und die Verbreitung kleinerer und kleinster Expeditionen das «Spiel» auch für die besten Bergsteiger der Welt immer riskanter. Bis zum Zweiten Weltkrieg verloren viele der besten Kletterer in den Alpen ihr Leben durch einen Bergunfall. Heute setzen sich die Spezialisten in den Dolomiten und am Montblanc dank ausgeklügelten Trainings und fortschrittlicher Materialien nur noch relativ selten tödlichen Gefahren aus. Im Himalaja sorgen Sauerstoffmangel und Wetterumstürze wie auch schwieriges Gelände dennoch dafür, dass die Grenze zwischen Leben und Tod dünn bleibt. Beweis dafür ist der Tod vieler Spitzenbergsteiger. Das tragische Ende von Alan Rouse, Pierre Béghin, Benoît Chamoux, Wanda Rutkiewicz, Renato Casarotto und Jerzy Kukuczka rechtfertigt den Titel von Reinhold Messners Buch über alle 14 Achttausender: «Überlebt».

Traumziel für zu viele

Aber es sterben natürlich nicht nur die Besten. Besonders auf dem Mount Everest und den «leichteren» Achttausendern, etwa Hidden Peak, Cho Oyu, Gasherbrum II und Broad Peak, gesellen sich zu den professionell vorbereiteten Expeditionen solche aus Ländern mit geringer bergsteigerischer Tradition und neuerdings sogar kommerzielle Gruppen, die von Bergführern organisiert werden.

Tragödien wie im Sommer 1986 am K2 (13 Tote) oder im Frühling 1996 am Everest (12 Tote) sind eine Warnung, die ernst zu nehmen ist. Kurt Diemberger und Jon Krakauer haben als überlebende Zeugen über die Hintergründe und den Ablauf dieser Dramen mit einigem zeitlichen Abstand packende Bücher verfasst, die viele Leser (und Bergsteiger) nachdenklich gemacht haben. In diesen Werken wird deutlich, dass – selbst nachdem alle erdenklichen Rekorde gebrochen wurden – die Achttausender nach wie vor die schwierigsten und gefährlichsten Berge der Welt bleiben.

288–289 Alle Expeditionen, die die nepalesischen Normalwege zum Everest und zum Lhotse einschlagen, müssen den Khumbu-Eisbruch überwinden. Vor und nach dem Monsun wird die Passage heutzutage von Sherpas präpariert, die sich diese gefährliche Arbeit zu Recht teuer bezahlen lassen.

289 rechts Der Normalweg aus Norden ist den eisigen Winden auf der tibetischen Hochebene stärker ausgesetzt und erlaubt es, den Everest auf den Spuren der britischen Bergsteiger der Vorkriegszeit zu besteigen. Die Alpinisten der kanadischen Expedition von 1991 sind auf dem Hang vor dem Nordsattel unterwegs.

290 oben Drei amerikanische Expeditionsmitglieder steigen angeseilt langsam über den Abruzzensporn auf einer schmalen, verschneiten Passage aufwärts. Hinter ihnen fließen unter den Wolken die gewaltigen Zungen des Godwin-Austen-Gletschers und des Baltorogletschers am Fuß des K2 zusammen.

290 unten Der Amerikaner Phil Ershel, Mitglied der amerikanischen Expedition von 1990 zum K2, steigt im Schneesturm eine der steilen Wände des Abruzzensporns hinab; durch die geringe Sicht wird die Passage noch schwieriger. Die enge Verbindung zum Seil ist die einzige Sicherheit in solch einer feindlichen Umgebung.

290–291 Ein Wetterumschwung in luftiger Höhe: Der Gipfel des K2 ist in dichte Wolken gehüllt, während das Streiflicht der Sonne und der aufgewirbelte Schnee ein eisiges Schauspiel aus Farben und Bewegung schaffen.

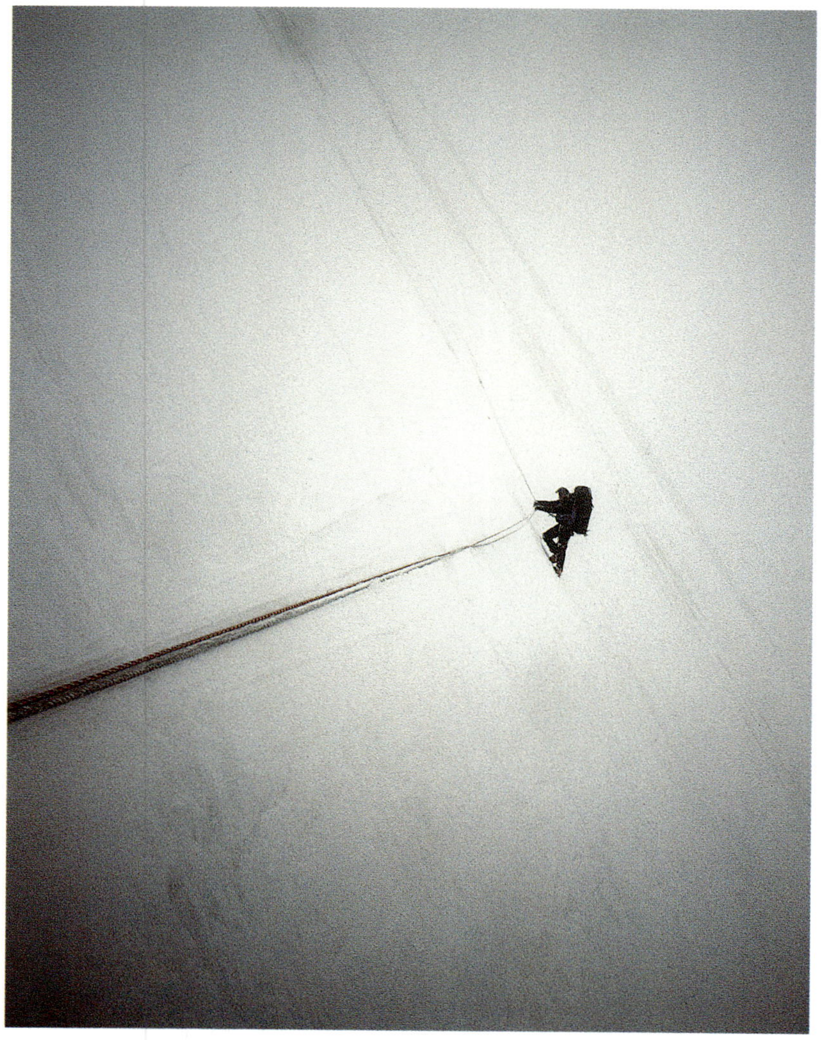

291 unten links Zwei amerikanische Bergsteiger in Lager I während der Expedition von 1992 zur Westseite des K2.

291 unten rechts Der Amerikaner Scott Darsney beginnt den Aufstieg entlang des Westgrats des K2 und lässt die Zelte von Lager II hinter sich.

292–293 Die Begehung des Everest-Gipfelgrats ist extrem anstrengend; alle Mühen werden jedoch durch das majestätische Panorama belohnt. Im Vordergrund nähert sich die Französin Christine Janin dem Gipfel.

293 oben Im Licht des Sonnenuntergangs steigt ein französischer Bergsteiger, Mitglied der Herbstexpedition von 1990 unter der Leitung von Marc Batard, zum Lager III auf, das an der nepalesischen Normalroute zum Everest aufgestellt wurde.

293 Mitte Französische Bergsteiger überqueren das Labyrinth aus Séracs, riesigen, instabilen Eisblöcken und unsicheren Schneebrücken im «Ice Fall», der zu den gefährlichsten Abschnitten auf dem nepalesischen Normalweg zum Everest gezählt wird.

293 unten Die vom Jetstream umtoste enorme Gipfelpyramide des Everest erhebt sich vor den beiden Bergsteigern, die den schier unendlich langen Aufstieg noch vor sich haben.

Himalaja im Alpenstil

294 oben Zwei amerikanische Alpinisten, Mitglieder der Expedition zum Kangchendzönga im Jahr 1997, werden von einem Sturm überrascht und beeilen sich, die Zelte im Lager III auf der Nordseite des Berges gegen den Wind zu drehen.

294 unten Teilnehmer der Expedition zum Kangchendzönga von 1997 spuren sich ihren Weg auf der Nordseite des Berges, was wegen des Neuschnees jedoch nur sehr langsam vonstatten geht.

294–295 Dieses Foto von Scott Darsney spricht für sich: Man kann leicht nachvollziehen, welche Entschlossenheit, Widerstandskraft und technische Fähigkeiten für das Vorankommen auf der abschüssigen Eisplatte an der Nordseite des Kangchendzönga notwendig sind.

295 unten Der Kangchendzönga ist mit seinen 8598 Metern der dritthöchste Berg der Welt. Er liegt an der Grenze zwischen Sikkim und Nepal und wird von einer britischen Expedition 1955 erstmals bestiegen.

Neue Rekorde in der Wand

Am letzten Tag im Juni 1982 wird in der Geschichte des Alpinismus am Montblanc ein neues Kapitel aufgeschlagen. Der in Chamonix mit dem Hubschrauber gestartete 24-jährige Franzose Christophe Profit steigt um ein Uhr mittags in die Petit-Dru-Westwand ein, die in den letzten dreißig Jahren bereits Schauplatz der Unternehmungen von Bergsteigergrößen wie Lucien Bérardini, Walter Bonatti, Royal Robbins und René Desmaison war.

Seine Vorgänger in der Wand trugen Rucksäcke voller Seile, Haken, Lebensmittel und Biwakausrüstung. Christophe aber hat in der «Directe Américaine», der anspruchsvollsten und elegantesten Route in der Wand, nur ein T-Shirt und leichte Hosen am Leib. Er hat keinen Rucksack und kein Seil, nicht einmal einen Karabiner, um sich an einem Haken zu sichern. Ein wenig angespannt ist er im ersten Teil der Route. Dann gewinnen das Training und Können Profits die Oberhand. Der französische Alpinist überwindet erst die 45-Meter-Verschneidung, den «Bloc Coincé», sodann die 90-Meter-Verschneidung und die anderen ungewöhnlich schwierigen Passagen, die diesen Weg bei den Alpinisten in aller Welt bekannt gemacht haben.

Nach drei Stunden und 10 Minuten ist Christophe Profit am Ausstieg der «Directe Américaine», an welchem ihn einige Freunde mit Bergschuhen, Eispickel und Steigeisen erwarten, die für die steilen Hänge mit kombiniertem Gelände, die ihn noch vom Gipfel trennen, unbedingt notwendig sind. Christophes Geschwindigkeit und Stil wird von den Bergsteigern bewundert. Ein paar Puristen rümpfen jedoch wie immer die Nase. «Ich habe diese Besteigung für mich selbst gemacht», tritt der Franzose selbstbewusst 1984 in einem Interview solchen Vorwürfen entgegen.

Und weiter meint er: «Wer sagt, ich hätte betrogen, der hat nichts verstanden. Ich habe es geschafft, diese Route allein zu klettern, weil ich die Passagen kannte, weil ich keinen Rucksack dabei hatte, keine Energien beim Zustieg verschwendet habe. Wenn jemand die Route wiederholt und zu Fuß herkommt und seine Bergschuhe und alles andere mit sich trägt, bin ich der Erste, der applaudiert.»

Diese Unternehmung in der «Directe Américaine» ist keine Einzelleistung. Ende der siebziger Jahre frönt eine ganze Generation von Franzosen dem Geschwindigkeitsklettern in den schwierigsten Routen im Montblancmassiv. Außer Jean-Marc Bovin und Christophe Profit gehören Eric Escoffier, Patrick Bérhault, Thierry Renault und Cathérine Destivelle zur Gruppe. Später kommen noch Alain Ghersen, Fred Vimal und François Marsigny dazu.

Die Trilogien des Christophe Profit

Zu Beginn der achtziger Jahre ist aber Profit der unangefochtene Vorreiter. 1980 gelingt ihm in viereinhalb Stunden das Nordostcouloir der Dru, für das Cecchinel und Jager noch drei Biwaks gebraucht hatten. Im Winter 1983 klettert der Mann aus Rouen in 22 Stunden nacheinander die Nordwand der Droites, die Nordwand der Aiguille de Talèfre und das «Leichentuch» in den Grandes Jorasses.

1984 eröffnet Profit gemeinsam mit Dominique Radigue eine neue Route in den Jorasses und bewältigt im Alleingang in sechs Stunden das Hypercouloir. Im darauf folgenden Winter durchsteigt er allein in 32 Stunden den «gesamten Grat» von Peuterey. Fünf Jahre darauf wiederholt er, ebenfalls im Winter, die Unternehmung und braucht nur noch sage und schreibe 19 Stunden dafür.

Die eindrucksvollen Fotos, die von *Paris Match* veröffentlicht werden, machen aus Christophe Profit einen Star. Im Juli 1984 begeht er in Seilschaft mit Thierry Renault in einem Tag den Pilier d'Angle, die Direttissima Bardill und die klassische Route auf den Zentralpfeiler, gefolgt vom leichteren Innominatagrat. Kurz darauf schafft er mit Dominique Radigue an einem Tag die vier Frêneypfeiler.

Aber seine am meisten Aufsehen erregende Leistung gelingt ihm im Sommer 1985 mit der Besteigung der drei berühmtesten Nordwände der Alpen hintereinander an einem Tag. Für den Transfer an den Wandfuß wird der Hubschrauber und für den Abstieg der Gleitschirm benutzt. In der Eiger-Nordwand, der längsten und gefährlichsten der drei Wände, braucht Christophe sechs drei viertel Stunden. Die Eisrinnen der Matterhorn-Nordwand werden in vier Stunden bewältigt. Am Ende des Tages, in der Nordwand der Grandes Jorasses, überwindet der Franzose in vier Stunden das «Leichentuch», für das der große René Desmaison 16 Jahre zuvor noch ganze sieben Biwaks gebraucht hatte.

296 unten rechts Der französische Alpinist Christophe Profit ist der bekannteste Vertreter des Geschwindigkeitskletterns in den Wänden am Montblanc und der anderen hohen Berge in den Westalpen, wie hier bei seinem Alleingang im Winter 1987 in der Matterhorn-Nordwand.

296–297 Der Alleingang der «Directe Américaine» in der Dru-Westwand zu Beginn des Sommers 1982 ist eine der berühmtesten Taten Christophe Profits. Diese Direkte, für die viele Alpinisten ein oder mehrere Biwaks in der Wand brauchen, schafft Profit in etwas mehr als drei Stunden.

297 Mitte rechts Bei den Enchaînements von Christophe Profit, denen in den Medien große Beachtung geschenkt wird, geht es nicht ohne den Einsatz eines Hubschraubers für die Transfers. Der Helikopter nähert sich hier gerade dem Gipfel der Grandes Jorasses.

297 unten rechts Die äußerst schwierige Eiger-Nordwand, für die die Erstbesteiger (1938) und die ersten Winterbesteiger (1961) viele Biwaks gebraucht haben, wird von den schnellen Alpinisten der achtziger Jahre in Rekordzeit durchstiegen.

Bei alldem entdeckt Christophe Profit, dass er seine Grenzen noch lange nicht erreicht hat. 1987 wiederholt der erstaunliche Alpinist das Enchaînement der drei Nordwände mitten im Winter und braucht 42 Stunden effektive Kletterzeit. Diesmal gestaltet der offene Wettstreit zwischen Profit und seinem Freund und Rivalen Eric Escoffier die Sache für das breite Publikum noch mitreißender.

Christophe steigt als Erster ein und hat immer einen leichten Vorsprung vor Eric, der ihm sowohl in den Grandes Jorasses als auch am Matterhorn auf den Fersen ist. In der Eiger-Nordwand wird dieser Vorsprung jedoch entscheidend. Im Berner Oberland kommt es nämlich zu einer heftigen Wetterstörung aus Westen, die Eric Escoffier davon abhält, die letzte Wand der Trilogie anzugehen.

Profit ist bereits in der Wand, als das Wetter umzuschlagen beginnt. Er beschließt zu bleiben, beschleunigt sein Tempo und erreicht den Gipfel und den Helikopter, der ihn nach Grindelwald zurückbringt, bevor das Unwetter die dunklen Wände des «Menschenfressers» einhüllt.

Man muss an dieser Stelle jedoch daran erinnern, dass das schnelle Klettern keine Erfindung von Christophe Profit ist. 1975 hat der Franzose Nicolas Jaeger hintereinander in eineinhalb Tagen den Pilier d'Angle und den Montblanc-Zentralpfeiler bestiegen. 1977 bewältigt Jean-Marc Boivin das Linceul in zwei drei viertel Stunden.

Dann durchsteigt er gemeinsam mit Patrick Bérhault nacheinander die Südwand der Aiguille du Fou und die «Directe Américaine» an der Dru und benutzt für den Abstieg einen Tandem-Drachen. Im Sommer 1983 besteigt Boivin in unglaublichen zehneinhalb Stunden den gesamten Peutereygrat. Drei Jahre später gelingen ihm mitten im Winter nach-

einander vier Nordwände, nämlich die von Aiguille Verte, Droites, Courtes und Grandes Jorasses.
Tomo Cesen sorgt schließlich dafür, dass die Vormachtstellung der Franzosen gebrochen wird. Der junge slowenische Alpinist wird zwischen 1989 und 1990 berühmt für seine Alleingänge an Jannu und Lhotse. Auch er besteigt im Sommer 1987 hintereinander die Nordwände von Eiger, Grandes Jorasses und Matterhorn. In der Wand ist er genauso schnell wie die beiden französischen Champions. Was ihn Zeit kostet, sind die Transfers zwischen den Bergen. Anstelle des Hubschraubers benutzt Tomo nämlich seinen nicht mehr ganz neuen jugoslawischen Kleinwagen.

Spektakuläre Enchaînements

Als Christophe Profit 1990 beschließt, etwas ruhiger zu werden und sich mehr dem Beruf des Bergführers zu widmen, verlieren auch die Medien das Interesse an den Wettrennen durch die Wände. Am Montblanc fahren die Franzosen Fred Vimal, Alain Ghersen, Jean-Christophe Lafaille und Cathérine Destivelle mit ihren erstaunlichen Enchaînements fort.
1990 kombiniert Vimal den Walkerpfeiler mit dem gesamten Peutereygrat in insgesamt 48 Stunden, dann wiederholt Ghersen diese Kombination, fügt am Anfang noch die «Directe Américaine» an der Dru hinzu und schafft das Ganze in 66 Stunden. Danach erklimmt der Kletterstar Cathérine Destivelle in fünf Stunden den Bonattipfeiler an der Dru. Im folgenden Jahr eröffnet Lafaille nacheinander zwei neue Routen am Pilier d'Angle und am Zentralpfeiler. Den Oscar der Phantasie verdient aber Alain Ghersen, der in 49 Stunden von Paris bis auf den Gipfel des Montblanc kommt und dazu – fast nebenbei – noch eine 7b-Passage in den Felsen bei Fontainebleau, eine 8a+-Route in den Wänden des Saussois und den ganzen Peutereygrat «mitnimmt».
Aber nicht alle wirklich guten Alpinisten haben es so eilig. Der Franzose Louis Audoubert, ein großer Kenner der Pyrenäen, schafft zwischen 1972 und 1982 in Seilschaft und mit vielen Biwaks erstmals im Winter die drei großen Grate auf der italienischen Montblancseite: Peuterey-, Innominata- und Brouillardgrat. Zu Beginn der neunziger Jahre kreieren Cathérine Destivelle und Marc Batard (jeweils im Alleingang) ihrerseits verschiedene neue Routen in den Grandes Jorasses und an der Dru.
Der hervorragendste Vertreter dieser Art des Bergsteigens ist und bleibt aber Renato Casarotto, der großartige Alleingänge auch in den Dolomiten und den Anden gemacht hat und schließlich 1986 am K2 den Tod findet. Im Montblancmassiv realisiert er seine berühmteste Unternehmung im Februar 1982. Unter einen 40 Kilo schweren Rucksack gebeugt, den er meist trägt und nur bei den schwierigsten Seillängen hinter sich her zieht, durchsteigt Casarotto nacheinander die Ratti-Vitali in der Westwand der Aiguille Noire, die Gervasutti-Boccalatte am Pic Gugliermina und den Frêney-Zentralpfeiler auf der Südseite des Montblanc.

298–299 Die bekannteste in den Westalpen aktive Bergsteigerin im letzten Jahrzehnt ist zweifellos die Französin Cathérine Destivelle, die hier an einem schwierigen Riss im Montblancmassiv frei klettert.

299 unten rechts Tomo Cesen, der starke Alpinist aus Kranj, klettert in den Kalkfelsen von Osp im slowenischen Karst. Der Schwierigkeitsgrad dieser Passage beträgt 7c+.

298 links Der slowenische Alpinist Tomo Cesen erlangt Ende der Achtziger durch seine Alleingänge in den Wänden von Jannu und Lhotse einige Berühmtheit. Nur mit den notwendigsten Geräten versehen, klettert er im Montblancmassiv.

298 rechts Auch der Franzose Jean-Christophe Lafaille wechselt mit Leichtigkeit von den Alpen in den Himalaja. Hier «klebt» er beim artifiziellen Klettern in einem Riss im Granit des Montblancmassivs regelrecht in der Wand.

Die «Nouveaux Grimpeurs»

Es sind die genannten Alpinisten, die in den achtziger und neunziger Jahren auf den Titelseiten der Zeitungen und im Fernsehen erscheinen. Aber für die Mehrheit der Bergsteiger besitzt ein anderes Phänomen größere Bedeutung. Auch in den Wänden der Westalpen wird nämlich zunehmend der im Yosemite Valley und an den sonnigen Kletterfelsen des Verdon entstandene Kletterstil praktiziert.

Dank verbesserter Materialien und eines spezifischen Trainings kann eine neue Generation Hunderte von «neuen Problemen» finden und lösen. So ändert sich zum wiederholten Mal in zwei Jahrhunderten die alpinistische Geografie des Montblancmassivs und der Walliser Alpen. Selbst an den schwierigsten Platten und Rissen klettern die so genannten *nouveaux grimpeurs* leicht und schnell. Mit Hilfe von Doppelseilen können sie sich rasch wieder zu ihrer Ausrüstung abseilen, um ins Tal zurückzukommen.

Am Montblanc heißt die Schlüsselfigur dieser Wiederentdeckung des Felsens Michel Piola. Der schweigsame Genfer Bergführer und Autor von Kletterführern entwickelt Hunderte von neuen Routen an den Platten der Peigne, der Aiguille de Blaitière, den Aiguilles Doreés und den Petites Jorasses.

Die von Michel und seinen Seilkameraden Pierre-Alain Steiner, Daniel Anker, Gérard Hopfgartner und Romain Vogler bevorzugte Bühne sind aber die herrlichen Platten an der Ostseite des Grépon, der Aiguille du Plan und ihrer komplizierten Ausläufer. Dank der neuen Routen wird die einsame Hütte «Envers des Aiguilles», die bis in die siebziger Jahre hinein ausschließlich von den Nachfahren von Young, Knubel, Lochmatter und Ryan besucht wurde, nun zum meistbesuchten Treffpunkt der Kletterer.

Michel Piola

Schwierige Wege von außerordentlicher Eleganz werden von Michel und seinen Gefährten auch an der Südwand der Aiguille du Midi und der Ostwand des Grand Capucin eröffnet, wo die großen Routen, die Gaston Rébuffat und Walter Bonatti gezogen haben, rasch vernachlässigt werden zugunsten neuer Routen wie «Ma Dalton», «Monsieur de Mesmaeker», «Super Dupont», «O sole mio» und «Voyage selon Gulliver» – allesamt schwierige Führen, die zum Großteil über dem sechsten Grad liegen.

Es wäre jedoch ein Fehler, Michel Piola «nur» als einen Spezialisten für sonnige, kurze Wände hinzustellen. Zusammen mit seinen Freunden hinterlässt der Schweizer seine Unterschrift vielmehr auch am Frêney- und am Brouillardpfeiler im Montblancmassiv sowie an den Pfeilern des Mont Blanc du Tacul.

In vier Tagen besteigt Piola 1979 gemeinsam mit Gérard Hopfgartner den Felspfeiler, der die Eiger-Nordwand nach rechts abschließt. Vier Jahre später kommt er zusammen mit René Ghilini zum Eiger zurück, um dort die senkrechte, kompakte Wand rechts der Direttissima John Harlins zu durchsteigen, die dieser im Winter 1966 legte. Für diese Route mit langen Abschnitten in 6a und vielen Passagen mit schwierigem technischem Klettern brauchen die Kletterer fünf anstrengende Tage.

1988 vervollständigt Michel Piola mit Daniel Anker seine Dreierserie an der rechten Ecke der Eiger-Nordwand mit der grauen Wand links der Route von 1979. Die Schwierigkeiten beim Freiklettern erreichen den Grad 6c, aber die Seilschaft braucht «nur» drei Tage in der Wand. Die eindrucksvolle Liste der Unternehmungen Michel Piolas in den Alpen wird schließlich durch eine Route über die überhängende Zmuttnase am Matterhorn komplettiert.

In den Jahren 1983 und 1984 führt der Schweizer während zweier Expeditionen nach Grönland die Erstbesteigungen von riesenhaften Granitwänden wie der 1000 Meter hohen Südwand des Ulamertoksuak und der Westwand des Ketil Pingasut durch, die 1400 Meter hoch ist. Im Karakorum klettert Piola mit Stéphane Schafter, Michel Fauquet und Patrick Delale unter anderem den Westpfeiler des Zentralen Trango-Turms, eine Route mit 27 Seillängen und Schwierigkeiten bis 6c und A4.

«Kleine» Alpen – große Leistungen

Neben Michel Piola sind in den achtziger und neunziger Jahren in den Felswänden des Montblancmassivs die Franzosen Jean-Marc Boivin, René Ghilini, Jean-Marc Troussier und Bruno Cormier unterwegs, die Brüder Claude und Yves Rémy aus der Schweiz und die Italiener Manlio Motto und Giovanni Bassanini – der Letztere ein Römer, der in Courmayeur Bergführer geworden ist und sich auf Freikletter-Wiederholungen der härtesten Routen spezialisiert hat. Regelmäßig bringt er seine Kunden in die schwierigsten Wände des Montblancmassivs.

Während das «Dach Europas» nach wie vor eine ideale Bühne für die Granitkletterei ist, werden im Berner Oberland und in den Massiven der Walliser Alpen auch weiterhin neue und hochklassige Routen im Eis und im kombinierten Gelände eröffnet.

Denn hier, weit entfernt von den Scheinwerfern von Chamonix, werden außerordentliche Enchaînements durchgeführt. Im Winter 1986 gelingt den Schweizern Erhard Loretan – später der dritte Mensch, der alle 14 Achttausender bestiegen hat – und André Georges in 18 Tagen die «Kaiserkrone», das Gipfelrund, zu dem Monte Rosa, Matterhorn, Dent Blanche und Weisshorn gehören, welche einen Kreis um Zermatt und das Mattertal bilden.

Drei Winter später, zwischen 1988 und 1989, glückt denselben Alpinisten ein weiteres ungewöhnliches Enchaînement. In 13 Tagen besteigen die beiden Männer 13 Nordwände im Berner Oberland. Dazu gehört natürlich – wie könnte es anders sein – auch die Eiger-Nordwand.

Selbst in den alten, «kleinen» Alpen sind also spektakuläre Leistungen möglich, die den Vergleich mit dem riesigen Himalaja nicht zu scheuen brauchen, wenn man ihre Möglichkeiten mit Intelligenz und Können nutzt.

300–301 Ende der siebziger Jahre revolutioniert Michel Piola (hier in den Trango-Türmen) das Bergsteigen im Montblancmassiv, indem er Hunderte extrem schwieriger Wege eröffnet. Im Massiv sind seine liebsten «Spielplätze» die Aiguille du Midi, der Grand Capucin und die Pfeiler an den Grands Charmoz. Der Schweizer zieht aber auch wichtige Routen in den Wänden im Karakorum, auf Baffin Island und in Madagaskar.

301 unten rechts Der Schweizer Bergsteiger Michel Piola im Biwak in der Eiger-Nordwand. Drei sehr schwierige Routen sind bereits in dieser Wand von ihm eröffnet worden.

300 links Extreme technische Schwierigkeiten hindern die modernen Kletterer nicht am Spiel mit dem Fels. Romain Vogler «umarmt» einen Überhang in «Rêve de Singe».

301 Mitte rechts Pierre-Alain Steiner gehört zu den liebsten Seilkameraden Michel Piolas und klettert hier im Nebel in der Route «Passage Cardiaque» an der Petit Dru.

Der Triumph des Freikletterns

Zu Beginn der achtziger Jahre macht ein sensationelles Kletterbild ganz schnell die Runde in Europa. Die Leser von *Epoca, Paris Match* und *Stern* und die Fernsehzuschauer in ganz Europa, die seit Jahrzehnten an die Fotografien von Reinhold Messner im Schnee des Himalaja und den Dolomitenalpinismus im alten Stil mit Trittleitern und überhängenden Felswänden gewöhnt sind, sehen sich plötzlich einem vollkommen neuen Bild gegenüber.
Auf den Fotos und im Film sieht man einen jungen französischen Kletterer in einer kompakten, senkrechten Kalkwand, die in den Augen eines Laien absolut unüberwindbar scheint. Das große Publikum diesseits des Atlantiks weiß nichts von Yosemite und den Freaks, die dort normalerweise unterwegs sind. Die Hose und das T-Shirt in lebhaften Farben und die langen Haare des Hauptdarstellers sorgen dafür, dass die Szene noch ungewöhnlicher wirkt.
Der junge französische Kletterer ist aber in Wirklichkeit kein Hippie. Er heißt Patrick Edlinger, ist knapp über zwanzig Jahre und widmet sich mit Leib und Seele den Kletterfelsen, nachdem er jahrelang als Extrembergsteiger in der Dauphiné unterwegs war. Der Schauplatz der Fotos und des Films sind die Wände in der Verdonschlucht, dem «Grand Canyon du Verdon» in der Provence.

Die Verdonschlucht

Hier, nur 30 Kilometer Luftlinie von der Esterel-Küste und von Saint-Tropez entfernt, scheinen die Sanftheit der Côte d'Azur und die von Van Gogh so geliebten Pastelltöne nur noch verblasste Erinnerungen zu sein. Das ist die steinerne Provence der klaren Linien im Kalkfels, der harten, kompromisslosen Felsprofile. Hier haben die kalten, wilden Wasser des Verdon in jahrtausendelanger Arbeit die eindrucksvollste Schlucht Frankreichs eingegraben. Seit den Anfängen des Tourismus beschreiben Franzosen und Ausländer dieses Tal als den «Grand Canyon Europas».
Edouard-Alfred Martel, der Begründer der Höhlenforschung, wagt sich als Erster 1905 mit drei Freunden und zwei Faltbooten in die Stromschnellen des Verdon. Für die komplette Durchquerung der 20 Kilometer langen Schlucht braucht er vier Tage. In den Jahren zwischen den beiden Weltkriegen stattet der Touring Club Frankreich den beeindruckenden Steig durch die Klamm mit Tunnels und Metallleitern aus und widmet ihn dem Andenken Martels. Auch die Straßen oberhalb des Canyons werden verbreitert und mit Aussichtspunkten versehen. Der Abschnitt am Südrand der Schlucht zwischen der Brücke von Artuby und Aiguines wird auf den Namen «Corniche Sublime» getauft.
Die Entfernung von den großen Städten und den Alpen sowie die außerordentliche Kompaktheit des Felsens sind die Gründe dafür, dass die Kletterer den Verdon relativ spät entdecken. Erst im Jahr 1968 überwinden Joel Coqueugniot und François Guillot die Escalès-Wand, die höchste und kompakteste der Schlucht, über die 320 Meter lange Route «Voie de la Demande». Dieser Weg im sechsten Grad verläuft zum großen Teil in Rissen und wird rasch berühmt.
In den folgenden Jahren wechseln sich hier viele der besten französischen Kletterer beim Eröffnen immer Schwindel erregenderer und schwierigerer Routen entlang der Risse und der Platten steil über dem Wasser des Verdon ab. Es werden immer höhere Schwierigkeitsgrade bewältigt. Der Fels ist außerordentlich kompakt und zwingt die Kletterer rasch, sich mit Spits, den Bohrhaken, die auch in den Kletterfelsen im restlichen Europa üblich werden, abzusichern. Auch die extreme Ausgesetztheit (*le gaz* sagen die französischen Kletterer dazu) ist absolut atemberaubend.

Eine neue Ära im Klettersport

In den stark überhängenden Bereichen werden zu Beginn der siebziger Jahre lange, technisch anspruchsvolle Kletterrouten eingerichtet, die (wenn auch in kleinerem Maßstab) an die prominenteren Wege im Yosemite Valley erinnern. Die Routen, die später weltberühmt werden sollen, sind aber die frei gekletterten, die mit phantasievollen Namen bedacht werden: «Necronomicon», «Dingomaniaque», «La Mangoustine Scatophage», «Luna-Bong», «Caca-Boudin», «L'Eperon Sublime» sowie «Le Triomphe d'Eros». Im Hinblick auf Exposition und zu überwindende Schwierigkeiten ein Schritt nach vorn ist aber insbesondere «Pichenibule», bei der alle Risse links liegen gelassen werden und direkt entlang der kompaktesten Platten der Wand geklettert wird. «Pichenibule hat den Beginn einer neuen Ära in der Kletterei im Verdon eingeläutet. Das Umfeld dieser Passagen ist außerordentlich, es herrscht eine vollkommene Leere, die Felsqualität nähert sich der Perfektion», schreibt Patrick Cordier euphorisch im Vorspann zur Routenbeschreibung in seinem Buch *Les Préalpes du Sud*.
Cordier erläutert auch den Ursprung des Namens: «*Pichenibule* hieß ein Hammel von Jean-Patrick Moron, einem der Erstbesteiger der Route. Dieser Hammel hat nicht nur bei den französischen Kletterern Berühmtheit erlangt, schließlich kennt man heute die Route auf der ganzen Welt!»
Der Wettstreit um die Eröffnung neuer Routen im Verdon zwischen den besten Namen des neuen französischen Sportkletterns, der bereits zu den Zeiten von «Voie de la Demande» vorhanden war, hat sich verstärkt. In den siebziger Jahren, den Jahren der verstärkten Erforschung, heben sich außer Coqueugniot und Guillot auch Jacques Perrier, genannt «Pschitt», Jean-Claude Droyer, Christian Guyomar, Patrick Cordier, Guy Abert, Bernard Gorgeon und Stéphane Troussier von den anderen ab.

Kletterfelsen mit Tradition

Gegen Ende der achtziger Jahre gehört das Wiederholen der alten Routen frei kletternd zur Tagesordnung. Diesmal besetzen Patrick Bérhault und Patrick Edlinger die Hauptrollen. Edlinger macht dann auch durch seine Präsenz in der Werbung, im Fernsehen und in der Presse in allen Ländern der Welt die kompakten Kalkwände der Provence berühmt. Wenn der Verdon in wenigen Jahren so populär geworden ist, dann sollte man nicht vergessen, dass das Klettern an niedrigen Felsen immer eine wichtige Rolle für das Training der Alpinisten aus der Stadt spielte. Bereits zu

302 oben Als starke Felskletterin hat sich Cathérine Destivelle seit Mitte der achtziger Jahre am Montblanc und im Himalaja einen Namen gemacht. Natürlich klettert sie auch in den Verdonwänden.

302 unten Wolfgang Güllich arbeitet sich an einem schrägen Riss in Gegendrucktechnik hoch. 1992 verunglückte der außerordentliche Climber bei einem Autounfall tödlich.

Anfang des 20. Jahrhunderts haben die besten deutschen Kletterer wie Rudolf Fehrmann und Fritz Wiessner Passagen im sechsten Grad an den Felsen des Elbsandsteingebirges und im nahen Böhmen überwunden.

In den Jahren zwischen den beiden Weltkriegen verfeinern Pierre Allain und andere Alpinisten aus Paris ihre Technik an den Felsblöcken im Wald von Fontainebleau vor den Toren von Paris, während die Kletterer aus Genf sich an den Kalkwänden des Salève üben, die auf französischem Gebiet etwas südlich vom Genfer See liegen. Auf der italienischen Seite der Alpen besteigen Riccardo Cassin und seine Gefährten die schlanken Felsnadeln der Grigna über dem Lago di Lecco in den lombardischen Voralpen.

Weiter östlich sind Emilio Comici und die anderen Kletterer aus Triest systematisch in den Wänden des Val Rosandra im Karst unterwegs. In Großbritannien gibt es wenige Berge, und daher haben die Kletterfelsen eine sehr lange Tradition: Die Wände und Kliffs in Cornwall, im Lake District in Nordengland und in Wales werden von den Alpinisten seit den Anfängen dieses Sports frequentiert.

Die schönsten und eindrucksvollsten Wände von geringer Höhe in Europa sind sicher die Calanques, ein Mikrokosmos aus Türmen, Fjorden und Kalkwänden, die außerordentlich elegant dem Blau des Mittelmeeres ganz in der Nähe von Marseille zugewandt sind. Die Klippen von Morgiou, Sormiou, Sugiton und En Vau, welche die einheimischen Alpinisten bereits seit Beginn des 20. Jahrhunderts besuchen, werden zu klassischen Wänden und besonders in den Jahren

vor dem Zweiten Weltkrieg frequentiert. Als der Frieden wieder in Europa Einzug hält, sind es die großen Bergsteiger aus Marseille, wie Gaston Rébuffat und Georges Livanos, die diese Felsen nicht weit von dem Fischerdorf Cassis bei allen europäischen Kletterern bekannt machen.

In den siebziger Jahren führt die Suche nach neuen Wänden und die Erfindung neuer Materialien und Techniken zur Veränderung des gesamten Klettersports in Europa. Diesmal sind es aber nicht nur die Schuhe, Seile oder die zur Absicherung dienende «Schlosserei», die eine Veränderung erfahren – auch das Verhalten, die Kultur und die Werte der Alpinisten ändern sich letztendlich.

303 links In den Kalkwänden des Verdon im französischen Département Haute Provence werden in den Siebzigern Hunderte von anspruchsvollen Routen eröffnet.

303 rechts Patrick Edlinger, hier an einem Überhang in den Cimaiwänden, wurde bekannt durch seine Leistungen in den Kalkwänden der Provence. Er ist auch einem breiteren Publikum ein Begriff.

Mit Ausnahme der Briten haben die Bergsteiger auf dem europäischen Kontinent die niedrigen Wände als eine Art Turnhallen angesehen, in denen man besonders in der kalten Jahreszeit trainieren kann, während man auf die «richtigen» Klettereien in den Wänden «richtiger» Berge wartet.

Die Umwertung der Kletterfelsen

Während der Jahre der «Erfindung» des Verdon verbreitet sich eine ganz neue Mentalität. Die Kletterfelsen fern der Alpen sind nicht mehr nur für die Verbesserung der Technik bestimmt, sie werden selbst zu faszinierenden Zielen. Vom einfachen Training wird die Kletterei zu einem eigenständigen Sport mit eigenen Regeln und Werten. Im Gebirge ist es traditionell wichtig aufzusteigen und dann aus der Wand so schnell wie möglich auszusteigen, auch um sich vor objektiven Gefahren wie Steinschlag und Wetterumsturz zu schützen. Bei Passagen, die mit Haken versehen sind, hat es daher wenig Sinn, zu versuchen, frei kletternd vorbeizukommen. Es ist besser, sich am Haken zu sichern und weiterzumachen. Im Klettergarten, wo man sich schnell abseilen kann, ist dieses Verhalten aber nicht zulässig.

Das stilreine Klettern einer Passage wird zum zentralen Anliegen des Spiels. Das vollkommen freie Klettern, das die Engländer und die Kletterer aus dem Osten bereits praktizieren(«all free» auf Englisch, «Rotpunkt» bei den Deutschen, «en jaune» bei den Franzosen), verbreitet sich gegen Ende der Siebziger in allen Ländern Westeuropas. Dank dem neuen Verhalten der Climber, des intensiveren und spezifischeren Trainings, der besseren Sicherungsmittel wird die Schwierigkeitsgrenze mit rasanter Geschwindigkeit angehoben. Während die Existenz des siebten Grades (6b auf der französischen Skala, die fast überall für das Sportklettern gilt) noch Mitte der siebziger Jahre von den Alpenvereinen kritisiert wird, bewegen sich zum Ende des Jahrzehnts hin die Spitzenkletterer bereits zwischen dem achten und neunten Grad, also zwischen 7a und 7c.

Im nächsten Jahrzehnt geht es, wenn auch langsamer, weiter auf den zehnten Grad (8b) zu und sogar noch darüber hinaus. Zurzeit werden die schwierigsten Kletterrouten der Welt mit 9a bewertet, was ungefähr dem elften Grad auf der klassischen Skala entspricht.

Die Verbreitung des Freikletterns verändert die Landkarte für die Climber Europas (und der Welt). Im Frühjahr und im Herbst und manchmal auch mitten im Winter pilgern die Kletterer aus ganz Europa zu den provenzalischen Wänden wie dem Verdon oder den Calanques, aber ebenso auch nach Buoux, Céüse, zur Sainte-Victoire und Presles. Genauso frequentiert sind die italienischen Kletterzentren wie

Finale Ligure, Arco, Sperlonga, Muzzerone und Gaeta. Etwas weniger besucht sind die Kalkwände Sardiniens, die Granitblöcke und -türme Korsikas und die unzähligen Kalkfelsen Kataloniens, Andalusiens und der Balearen. Nach einer durch den Krieg auf dem Balkan erzwungenen Pause sind die Kletterer langsam auch wieder in die kroatischen Wände von Paklenica und Tulove Grede zurückgekehrt.

Im Sommer, wenn das milde Klima es möglich macht, in den Alpen zu klettern, kann man an den Granitplatten der Grimsel im Berner Oberland, am Arnad im Aostatal und im wilden Val di Mello im Veltlin klettern oder die herrlichen Kalkwände rund um Briançon im Herzen der französischen

Alpen angehen, die den Kletterfans Hunderte von ganz ausgezeichnet abgesicherten Routen bieten.

Mitten in den Dolomiten, wo seit hundert Jahren der klassische Alpinismus regiert, wird im modernen Stil an den Cinque Torri von Cortina und in den Kletterfelsen der Crepe d'Oucera und den Mèsules de las Bièsces geklettert.

Nur ein Teil der Kletterer fühlt sich aber in den eindrucksvollen Konglomerat-Wänden der Mallos de Riglos (Aragon), im Montserratmassiv (Katalonien) und an den berühmten Felstürmen von Meteora wohl, auf denen oben einige der schönsten Klöster Griechenlands zum Besuch einladen.

Heute betreiben Zehntausende von jungen Leuten in Europa Sportklettern. Neue Kletterfelsen werden überall erschlossen, und es werden auch, besonders in Gegenden mit rauherem Klima, geschützte Kletterwände in Hallen errichtet, an denen man an kalten Winterabenden trainieren kann.

Das moderne Sportklettern ist mittlerweile säuberlich vom klassischen Alpinismus getrennt, es hat aber einen beachtlichen Einfluss auf diesen. Dank des Trainings an den Kletterfelsen haben die Alpinisten im Fels ein höheres Durchschnittsniveau erreicht – während viele aus der Stadt, die es langweilig finden, mit schweren Rucksäcken auf dem Rücken durchs Gebirge zu laufen, sich den Bergen und dem Bergsteigen gerade durch das Sportklettern annähern.

Die außerordentliche Verbreitung des neuen Sports an den Felsen macht es nicht gerade einfach, eine komplette Liste der wichtigsten Routen zu erstellen. Bei den Climbern kommt man nicht umhin – ohne Gewähr auf Vollständigkeit –, den Deutschen Wolfgang Güllich zu nennen, der einige der ersten 8c-Wege eröffnete und wichtige Besteigungen im Himalaja durchgeführt hat. Auch Alexander Huber und die Schweizer Claude und Yves Rémy hinterlassen ihre Spuren an den Felsen der Grimsel und an anderen Schweizer Kletterfelsen. Diese Liste wird durch die Franzosen Didier Raboutou, François Petit, Isabelle Patissier und François Legrand, die Amerikaner Ron Kauk und Lynn Hill vervollständigt, die sich sowohl in den gut abgesicherten europäischen Wänden wie auch in den Vereinigten Staaten wohl fühlen, sowie die Italiener Maurizio «Manolo» Zanolla, Roland Larcher, Cristian Brenna und Pietro Dal Prà. Hinzu kommen der Brite Ben Moon, der Österreicher Beat Kammerlander, der Spanier Bernabé Fernandez, der Slowene Tadej Slabe und der Japaner Yuji Hirayama.

Das Tabu Wettkampf

Interessanter ist es, vom Zusammenbruch eines der zähesten Tabus im Alpinismus zu berichten, dem des wirklichen Wettkampfes. Im Juli 1985 haben sich erstmals viele der besten Kletterer Europas in einem richtigen Wettkampf miteinander gemessen. Es hat bereits in den siebziger Jahren Kletterwettkämpfe in der damaligen Sowjetunion und in anderen osteuropäischen Ländern gegeben. Dies waren aber Geschwindigkeitswettbewerbe mit Schwierigkeiten nach der klassischen Skala. Im Kalk der Militi-Wand an der Grenze zwischen dem italienischen Susatal und Frankreich dreht sich der Wettkampf um den überwundenen Schwierigkeitsgrad. Viele berühmte Alpinisten kritisieren offen die Initiative, bekannte Climber wie «Manolo» und der Engländer Jerry Moffat beobachten die Konkurrenten vom Felsfuß aus, wollen jedoch nicht mitmischen. Zum Schluss applaudiert das Publikum, das aus fast 2000 Fans – zum Großteil Kletterern – besteht, nach zwei herrlichen Sonnentagen den

Siegern, und zwar dem Deutschen Stefan Glowacz bei den Männern und der Französin Cathérine Destivelle bei den Frauen, gefolgt von Jacky Godoffe und Thierry Renault bei den Männern, Luisa Jovane und Martine Rolland bei den Frauen.

Die Kletterwettkämpfe werden von den Organisatoren als ein historischer Schritt nach vorne gefeiert, sie stoßen jedoch auf ein beschränktes Interesse. Nach dem Erfolg der ersten Ausgabe werden solche Wettbewerbe regelmäßig abgehalten, mit einem Weltcup ähnlich dem Rad- und Skiweltcup. Da sie an künstlichen Wänden durchgeführt werden, weil verständlicherweise alle die gleichen Bedingungen antreffen sollen, ziehen sie das Interesse eines kleinen Kreises von Kletterern an, aber es erfolgt kein Durchbruch beim großen Publikum. Die Bergsteiger und die übrigen Kletterer ziehen es vor, den Sonntag in der Wand zu verbringen, statt anderen bei der Ausübung des Sports zuzusehen. Das scheint nun doch eine beruhigende Nachricht zu sein.

304 oben links Cathérine Destivelle ist der Stolz des französischen Alpinismus. Einen Kamin im Montblancgebiet spreizt sie in klassischer Manier hoch.

304 unten links Die Wände von Lumignano nahe Vicenza zählen zu den bekanntesten in Venetien. Pietro Dal Prà klettert in der Route «Passo falso» (7c+).

304–305 Die Kletterfelsen von Sperlonga, mit Aussicht auf das Tyrrhenische Meer, liegen auf halbem Weg zwischen Rom und Neapel. Sie werden das Jahr über von Kletterern aus ganz Europa besucht. Cristiano Delisi überwindet einen Überhang an «Il Tempio».

305 oben links Obwohl sich das moderne Klettern hauptsächlich im Kalkgestein abspielt, bleiben die Granitwände im Yosemite Valley ein bevorzugtes Ziel für Climber aus aller Welt.

305 Mitte links Die Französin Isabelle Patissier ist eine der besten Kletterinnen der Welt. Sie begeht eine anspruchsvolle Passage an den Felsen des Verdon.

305 unten links Patrick Edlinger an den Klippen der Calanques vor den Toren von Marseille.

305 rechts Cathérine Destivelle plant den nächsten Schritt in den Rissen der Aiguille du Midi.

WESTALPEN

1492. Der Franzose Antoine de Ville und seine Kameraden besteigen den Mont Aiguille (Vercors).
1828. Die Franzosen A. Durand, A. Liotard und J.E. Matheoud erreichen den Gipfel des Pelvoux (Oisans).
1860. J.J. Cowell und W. Dundas aus Großbritannien besteigen mit den Bergführern J. Payot und J. Tairraz den Gran Paradiso.
1861. Die Briten William Mathews und William Jacomb und die Bergführer Michel und Jean-Baptiste Croz ersteigen den Gipfel des Monviso.
1864. Die Briten Edward Whymper, Adolphus W. Moore und Horace Walker führen mit den Bergführern Christian Almer und Michel Croz die Erstbesteigung der Barre des Ecrins (Oisans) durch.
1877. Die Franzosen Henri Emmanuel Boileau de Castelnau und die Führer Pierre Gaspard Vater und Sohn besteigen die Meije (Oisans).
1878. Der Amerikaner William A.B. Coolidge und die Bergführer Christian und Ulrich Almer durchsteigen das Couloir von Lourousa in der Argentera (Seealpen). Dem Italiener Leopoldo Barale gelingt mit den Bergführern Antonio und Giuseppe Castagneri und Antonio Bugiatto die erste Winterbesteigung des Monviso.
1881. William A.B. Coolidge und die Bergführer Christian Almer Vater und Sohn durchsteigen die Nordostwand des Monviso.
1903. Victor de Cessole aus Frankreich besteigt mit den Bergführern Jean-Baptiste Plent und A. Ghigo den Corno Stella (Seealpen).
1912. Die Österreicher Max und Guido Mayer und die Führer Angelo Dibona und Luigi Rizzi durchsteigen die Südwand der Meije (Oisans).
1925. Die Franzosen Pierre Dalloz, Henri de Ségogne, Jacques Lagarde und Jean Vernet durchsteigen das Nordwestcouloir des Pic Sans Nom (Oisans).
1926. Amilcare Crétier und Lino Binel aus dem Aostatal durchsteigen die Nordostwand der Grivola (Gran Paradiso).
1930. Amilcare Crétier, L. Bon und Renato Chabod durchsteigen die Nordwestwand des Gran Paradiso.
1934. Der Italiener Giusto Gervasutti und der Franzose Lucien Devies durchsteigen die Nordwand des Olan (Oisans). Die Franzosen Pierre Allain, Raymond Leininger und Vernet eröffnen eine Direkte in der Meije-Südwand (Oisans).
1936. Giusto Gervasutti aus Italien und Lucien Devies aus Frankreich durchsteigen die Nordwestwand der Ailefroide (Oisans). Die Italiener Vitale Bramani und Ettore Castiglioni durchsteigen die Ostwand des Torre Castello (Val Maira).
1956. Jean Couzy und René Desmaison eröffnen eine Direkte in der Nordwand des Olan.
1964. E. Stagni, C. Dalphiun, M. Ebneter, S. Martin und R. Wohlschlag eröffnen die Route Voie du Bouclier in der Ostwand des Gerbier (Vercors).
1967. Die Italiener Paolo Armando und Alessandro Gogna durchsteigen die Nordostwand des Scarason (Seealpen).
1969. Der Franzose P. Renaud eröffnet eine Direttissima in der Meije-Nordwand (Oisans).
1970. Giancarlo Grassi und Mike Kosterlitz eröffnen die englisch-italienische Route in der Südwand des Corno Stella (Seealpen) und die Via dei Tetti a Zeta in der Rocca Provenzale (Val Maira). M. Charles und G. Héran besteigen den Eperon Sublime im Grand Canyon du Verdon.
1973. Die Franzosen Jean-Marc Boivin und Jean-Michel Cambon eröffnen die Voie des Dijonnais an der Tête d'Aval de Montbrison (Briançonnais).
1974. A. Bultel, J. Ginat, P. Grenier, P. Martinez, J.-P. Moron, J. Perrier, S. Troussier und G. Thomas aus Frankreich eröffnen Pichenibule im Grand Canyon du Verdon.
1975. Die Franzosen Pierre Béghin, Pierre Caubet, Ollivier Challeat und Pierre Guillet führen die erste Winterdurchsteigung der Nordwand der Ailefroide (Oisans) durch.
1976. Der Franzose Michel Berrueux führt die erste Besteigung der Route Couzy-Desmaison in der Olan-Nordwand (Oisans) im Alleingang durch.
1978. Die Franzosen Jean-Marc Boivin, Diaféria und Vionet-Fuasset besteigen La raie des fesses in der Nordwand des Pic Sans Nom (Oisans).
1979. Die Italiener Giancarlo Grassi, Gianni Comino und Marco Bernardi besteigen die Gran Cascata an der Ostseite des Dome du Moulinet.
1981. Der Italiener Marco Bernardi besteigt im Alleingang die Route Armando-Gogna an der Cima di Scarason (Seealpen).
1983. Die Franzosen Christian Ferrera und Jean-Michel Cambon eröffnen Ranxerox an der Tête d'Aval de Montbrison (Briançonnais).
1992. Der Franzose Christophe Moulin verbindet im Alleingang die Direttissima Renauld in der Meije-Nordwand mit der Gervasutti-Devies in der Ailefroide-Nordwand (Oisans). Bruno Ravanat aus Frankreich durchsteigt in 2 Stunden im Winter die Raie des Fesses am Pic Sans Nom.
1998. Den Franzosen Patrick Bérhault und Bruno Sourzac gelingt in sechs Tagen im Winter das Enchaînement der Routen Pinard-Ginel am Mont Pelvoux, George-Russenberger am Pic Sans Nom, Chapoutot am Pic Coup de Sabre und Gervasutti-Devies an der Ailefroide (Oisans).

MONTBLANC

1775. Jean-Nicholas Couteran, François Paccard, Michel-Gabriel Paccard und Victor Tissai aus Chamonix versuchen als Erste, den Montblanc zu besteigen. Sie erreichen 4000 Meter.
1786. Jacques Balmat und Michel-Gabriel Paccard aus Chamonix gelingt die Erstbesteigung des Montblanc über den Bossonsgletscher, das Grand Plateau und die Ancient Passage.
1808. Marie Paradis aus Chamonix ist die erste Frau auf dem Gipfel des Montblanc.
1821. Gründung der Compagnie des Guides de Chamonix.
1853. Die Gemeinde Chamonix läßt die Grands-Mulets-Hütte bauen.
1855. Die Bergführer Gratien Bareux, J.M. Chabod, genannt Turin, J.M. Chabod, genannt Turisa, Alexis Clusaz, Alexandre Fenopillet, J.M. Perrod und Alexis Proment aus Courmayeur erforschen die Route zum Montblanc über den Col du Midi und den Mont Blanc du Tacul.
1865. Edward Whymper erobert die Grandes Jorasses und die Aiguille Verte. Die Bergführer Christian Almer und Franz Biner begleiten ihn beide Male, Michel Croz nur bei der zweiten Besteigung. Die Briten G.S. Mathews, A.W. Moore, F. und H. Walker mit Jakob und Melchior Anderegg als Führern besteigen den Montblanc über den Brenvasporn.
1879. Die Franzosen Jean Charlet-Straton, Frédéric Folliguet und Prosper Payot besteigen die Petit Dru.
1881. Albert F. Mummery führt mit den Bergführern Alexander Burgener und Benedikt Venetz die Erstbesteigung des Grépon durch.
1882. Die Italiener Alessandro, Alfonso, Corradino und Gaudenzio Sella mit Baptiste, Daniel und Jean-Jacques Maquignaz als Führern besteigen die Dent du Géant.
1888. Alessandro, Alfonso, Corradino und Gaudenzio Sella führen mit den Bergführern Emile Rey, Jean-Joseph und Daniel Maquignaz die erste Winterüberschreitung des Montblanc durch.
1892. Der französische Astronom Jules-César Janssen lässt auf dem Gipfel des Montblanc ein Observatorium errichten. 1909 fällt es dem Eis zum Opfer.
1893. Paul Güssfeldt begeht mit den Führern Emile Rey, Christian Klucker und César Ollier erstmals den gesamten Peutereygrat.
1911. G.W. Young, H.O. Jones und Ralph Todhunter erobern mit den Führern Josef Knubel und Henri Brocherel die Ostseite (über dem Mer de Glace) am Grépon.
1928. Der Bergführer Armand Charlet unternimmt einen Versuch am Walkerpfeiler an den Grandes Jorasses. Frank Smythe und Thomas Graham Brown eröffnen die Major-Route an der Brenvaflanke.
1930. Die Deutschen Karl Brendel und Hermann Schaller bezwingen den Südgrat der Aiguille Noire de Peuterey.
1935. Die Deutschen Martin Meier und Rudolf Peters überwinden den Crozpfeiler in der Nordwand der Grandes Jorasses.
1938. Die Italiener Riccardo Cassin, Luigi Esposito und Ugo Tizzoni besteigen den Walkerpfeiler in der Nordwand der Grandes Jorasses.
1942. Die Italiener Giusto Gervasutti und Giuseppe Gagliardone durchsteigen die Ostwand der Grandes Jorasses.
1951. Walter Bonatti und Luciano Ghigo durchsteigen die Ostwand des Grand Capucin.
1952. Den Franzosen Lucien Bérardini, Adrien Dagory, Marcel Lainé und Guido Magnone gelingt die Durchsteigung der Dru-Westwand.
1955. Der Italiener Walter Bonatti begeht im Alleingang den Südwestpfeiler der Dru.
1961. Der Besteigungsversuch des Zentralpfeilers des Montblanc durch die Italiener Walter Bonatti, Roberto Gallieni und Andrea Oggioni und die Franzosen Antoine Guillaume, Pierre Kohlmann, Pierre Mazeaud und Antoine Vieille endet mit dem Tod von vier Alpinisten. Die Besteigung wird durch die Briten Chris Bonington, Don Whillans und Ian Clough und den Polen Jan Djuglosz vollendet, gefolgt von einer italienisch-französischen Mannschaft.
1962. Die Italiener Walter Bonatti und Cosimo Zappelli bezwingen die Nordwand des Pilier d'Angle. Gary Hemming und Royal Robbins aus den USA eröffnen die Directe Américaine in der Dru-Westwand.
1963. Die Amerikaner Tom Frost, Steve Fulton, John Harlin und Gary Hemming durchsteigen die Südwand der Aiguille du Fou.
1967. René Desmaison und Robert Flematti realisieren die erste Winterbegehung des Zentralpfeilers am Montblanc.
1972. Der Franzose René Desmaison führt die erste Besteigung des gesamten Peutereygrats im Alleingang durch. Louis Audoubert, Marc Galy, Yannick Seigneur und Michel Feuillarade und die Italiener Arturo und Oreste Squinobal schaffen die erste Winterbesteigung dieser Route.
1973. Der Südtiroler Heini Holzer fährt die Brenvaflanke mit Skiern ab. Die Franzosen Walter Cecchinel und Claude Jager besteigen das Nordostcouloir der Dru.
1975. Jean-Marc Boivin und Patrick Gabarrou begehen erfolgreich das Supercouloir des Mont Blanc du Tacul.
1977. Der Franzose Jean-Marc Boivin besteigt das Leichentuch der Grandes Jorasses in 2 Stunden und 45 Minuten.
1979. Die Italiener Gianni Comino und Giancarlo Grassi überwinden den Sérac links der Poire-Route. Stefano de Benedetti fährt mit Skiern vom Montblanc über die Major-Route hinunter.
1981. Die Franzosen Jean-Marc Boivin und Patrick Bérhault besteigen die Route des Américains in der Aiguille du Fou, fliegen mit dem Drachenflieger herunter und machen mit der Directe Américaine in der Dru weiter.
1982. Der Franzose Christophe Profit durchsteigt allein in 3 Stunden und 10 Minuten die Directe Américaine in der Dru.
1984. Die Schweizer Michel Piola und Pierre-Alain Steiner eröffnen O sole mio in der Ostwand des Grand Capucin. Piola eröffnet mit Gérard Hopfgartner die Ma Dalton in der Südwand der Aiguille du Midi. Die Franzosen Christophe Profit und Dominique Radigue schaffen an einem Tag die vier Freney-Pfeiler.
1986. Stefano de Benedetti fährt auf Skiern die Innominata-Seite am Montblanc ab.
1988. Der Franzose Bruno Gouvy springt aus einem Helikopter mit dem Fallschirm auf den Gipfel der Petit Dru, seilt sich dann an der Nordwand ab und fährt mit dem Snowboard den 50-Grad-Hang der Niche hinunter.
1990. Der Franzose Patrick Gabarrou überquert das Massiv von Nord nach Süd und besteigt u. a. die Courtes-Nordwand, den Walkerpfeiler in den Jorasses und den Pilier d'Angle.
1991. Catherine Destivelle eröffnet im Alleingang eine neue Route in der Dru-Westwand.
1993. Der Italiener Giovanni Bassanini überwindet ein Dach in 8a an den Gendarmes der Cosmiques (Aiguille du Midi).
1995. Die Franzosen Jerome Ruby und Samuel Bogey fahren mit Snowboard bzw. auf Skiern das Linceul der Grandes Jorasses ab.

WALLISER ALPEN

1778. Valentin und Josef Beck, Etienne Lisgie, Josef Zumstein, François Castel de Perlatol, Niklaus Vincent und Sebastiano Linty aus Gressoney erreichen den Entdeckungsfelsen in der Nähe des Lyskamms.
1779. Der Kanonikus des Großen Sankt Bernhards, Laurent-Joseph Murit, besteigt mit den Jägern Genoud und Moret den Mont Vélan.
1819. Johann Niklaus Vincent und dem Deutschen Friedrich Parrot gelingt die Besteigung der Pyramide Vincent.
1820. Johann Niklaus Vincent und Josef Zumstein aus dem Aostatal besteigen mit vier Kameraden die Zumsteinspitze auf dem Monte Rosa.
1842. Die Italiener Giovanni Gnifetti, Cristoforo Grober, Giovanni Giordani, Giacomo Giordani, Cristoforo Ferraris und Giuseppe Farinetti erreichen mit zwei Trägern die Signalkuppe (Punta Gnifetti) im Monte-Rosa-Massiv.
1855. Die Briten Charles Hudson, John Birkbeck, E.J. Stephenson, J.G. und C. Smyth besteigen mit den Führern J. und M. Zumtaugwald und Ulrich Lauener die Dufourspitze am Monte Rosa.
1858. Der Brite J.L. Davies führt mit den Führern Johann Zumtaugwald, Johann Kronig und Hieronymus Brantschen die Erstbesteigung des Dom durch.
1861. Der Brite John Tyndall und die Bergführer J.J. Bennen und U. Wenger besteigen erstmals das Weisshorn.
1862. Thomas S. Kennedy und William Wigram führen mit den Bergführern Jean-Baptiste Croz und Johann Kronig die Erstbesteigung der Dent Blanche durch.
1864. Die Briten Leslie Stephen und Edward Buxton führen die erste Überschreitung des Lyskamms gemeinsam mit den Führern Jakob Anderegg und Franz Biner durch.
Stephen und Anderegg besteigen mit Francis Crauford Grove und Melchior Anderegg später noch das Zinalrothorn.
1865. Die Briten Edward Whymper, Charles Hudson, Francis Douglas und D.R. Hadow führen mit den Bergführern Michel Croz und Peter Taugwalder Vater und Sohn die Erstbesteigung des Matterhorns über den Hörnligrat durch. Beim Abstieg stürzen vier der sieben Alpinisten ab. Drei Tage später erreichen die Bergführer Jean-Baptiste Bich und Jean-Antoine Carrel den Gipfel über den Liongrat.
1872. Die Engländer Richard und William Pendlebury und Charles Taylor durchsteigen mit den Führern Gabriel Spechtenhauser, Ferdinand Imseng und Giovanni Oberto die Ostwand der Dufourspitze am Monte Rosa.
1879. Der Brite Albert F. Mummery und die Bergführer Alexander Burgener, Johann Petrus und A. Gentinetta besteigen den Zmuttgrat am Matterhorn.
1881. Der Italiener Damiano Marinello stirbt mit den Bergführern Ferdinand Imseng und Battista Pedranzini durch eine Lawine in der Ostwand des Monte Rosa.
1882. Dem Italiener Vittorio Sella gelingt mit den Führern Jean-Antoine, Jean-Baptiste und

Louis Carrel die erste Winterbesteigung des Matterhorns, wobei der Aufstieg über den Liongrat und der Abstieg über den Hörnligrat erfolgt.
1887. Der Brite Harold W. Topham, der Bergführer Alois Supersaxo und ein Träger ersteigen den Signalgrat an der Signalkuppe (Monte Rosa).
1890. Der Schwede Norman-Neruda und die Bergführer Christian Klucker und Josef Reinstadler begehen die Nordostwand des Lyskamms.
1893. Die Margherita-Hütte wird auf 4554 Meter Höhe auf der Signalkuppe des Monte Rosa eingeweiht.
1906. Der Brite Valentine J.E. Ryan besteigt mit den Führern Franz und Josef Lochmatter den Nordostgrat (auch Santa-Caterina-Grat) des Nordend (Monte Rosa). Dieselbe Seilschaft durchsteigt mit Geoffrey W. Young die Täschhorn-Südwand. Young und seine Landsleute R.Y. Mayor und C.D. Robertson und die Bergführer Josef Knubel und Moritz Ruppen besteigen den Nordgrat des östlichen Breithorns.
1909. Der Brite Geoffrey W. Young und der Amerikaner Oliver Perry-Smith durchsteigen mit Josef Knubel als Führer die Weisshorn-Südwand.
1911. Der Italiener Mario Piacenza erreicht mit den Führern J. Gaspard und J. Carrel den Furggengrat am Matterhorn. Der Deutsche Dietrich von Bethmann-Hollweg und seine Bergführer Oskar und Othmar Supersaxo durchsteigen die Lenzspitze-Nordwand.
1925. Der Deutsche Willo Welzenbach durchsteigt die Nordwand der Dent d'Hérens.
1928. Der Schweizer E.R. Blanchet und der Bergführer Kaspar Mooser besteigen den Südgrat (auch Kanzelgrat) des Zinalrothorns.
1930. Den Österreichern Hans Kiener und Rudolf Schwarzgruber gelingt die Erstbesteigung der Nordostwand des Obergabelhorns.
1931. Die Deutschen Franz und Toni Schmid durchsteigen die Matterhorn-Nordwand. Die Franzosen Lucien Devies und Jacques Lagarde begehen die Ostwand der Signalkuppe am Monte Rosa.
1932. Willo Welzenbach und Eugen Allwein aus Deutschland durchsteigen die Gletscherhorn-Nordwand. Der Deutsche Karl Schneider und der Österreicher Franz Singer durchsteigen die Nordwand der Dent Blanche.
1945. Die Schweizer André Boch, Robert Gréloz und Ruedi Schmidt durchsteigen die Ostwand des Zinalrothorns.
1953. Die Italiener Emilio Amosso und Oliviero Elli führen die erste Winterbesteigung der Monte-Rosa-Ostwand durch.
1956. Kurt Diemberger und Wolfgang Stefan aus Österreich eröffnen eine Direttissima an der Lyskamm-Nordwand.
1962. Die Schweizer Hilti von Allmen und Paul Etter führen die erste Winterdurchsteigung der Matterhorn-Nordwand durch.
1965. Der Italiener Walter Bonatti eröffnet im Winter im Alleingang eine neue Direttissima in der Matterhorn-Nordwand.
1966. Michel und Yvette Vaucher aus der Schweiz eröffnen eine Direttissima in der Dent-Blanche-Nordwand.
1969. Den Italienern Alessandro Gogna und Leo Cerruti gelingt die Besteigung der Zmuttnase an der Matterhorn-Nordwand.
1974. Heini Holzer fährt als Erster mit Skiern die Nordostwand des Lyskamms ab.
1979. Der Italiener Stefano de Benedetti führt die erste Skiabfahrt (über die Via dei Francesi) der Monte-Rosa-Ostwand durch.
1981. Die Schweizer Michel Piola und Pierre-Allain Steiner eröffnen eine neue Route an der Zmuttnase am Matterhorn.
1984. Giancarlo Grassi aus Italien und der Kanadier Bernard Mailhot eröffnen Immaginando l'inimmaginabile an der Nordwand des östlichen Breithorns.
1985. Der Italiener Marco Barmasse schafft die vier Matterhorn-Grate an einem Tag.
1986. Den Schweizern Erhard Loretan und André Georges gelingt in 18 Tagen das Enchaînement der «Kaiserkrone», des Gipfelbogens (darunter 30 Viertausender) um Zermatt und das Mattertal.
1993. Simon Jenkins und Martin Mora aus Schottland besteigen in 50 Tagen alle Viertausender der Alpen und benutzen das Fahrrad für den Transfer im Tal.
1994. Die Französin Cathérine Destivelle wiederholt im Winter im Alleingang die Via Bonatti an der Matterhorn-Nordwand. Die Slowenen Matjaz Jamnik und Bojan Pockar eröffnen die slowenische Route an der Ostwand der Punta Gnifetti (Monte Rosa).

BERNER OBERLAND
1811. Die Schweizer Hieronymus Meyer und Johann Rudolf Meyer besteigen mit den Führern Alois Volker und Josef Bortis zum ersten Mal die Jungfrau.
1829. Die Bergführer Jakob Leuthold und Hans Wahren ersteigen das Finsteraarhorn. Der Geologe Franz Josef Hugi lässt sich eine Hütte auf dem Aargletscher bauen.
1859. Die Briten Francis F. Tuckett und die Führer Johann Josef Bennen, Victor Tairraz und Peter Bohren besteigen das Aletschhorn.
1861. Der Brite Leslie Stephen führt mit den Bergführern Christian Michel, Peter Michel und Ulrich Kaufmann die Erstbesteigung des Schreckhorns durch.
1866. Edmund von Fellenberg und den Bergführern Christian Michel und Peter Egger gelingt die Besteigung des Nollen am Mönch.
1904. Die Schweizer Gustav Hasler und Fritz Amatter besteigen den Nordwestgrat am Finsteraarhorn.
1907. Die Briten H.J. Wicks, E.H.F. Bradby und C. Wilson besteigen den Südwestgrat am Schreckhorn.
1912. Einweihung der Zahnradbahn auf das Jungfraujoch, die durch die Felsen von Eiger und Mönch gelegt wird.
1921. Der Japaner Yukio Maki und die Führer Samuel Brawand, Fritz Amatter und Fritz Steuri begehen den Mittellegigrat am Eiger.
1930. Willo Welzenbach und Heinz Tillmann aus Deutschland durchsteigen die Nordwand (Fiescherwand) am Großfiescherhorn.
1932. Willo Welzenbach durchsteigt die Nordwand am Gletscherhorn. Die Schweizer Hans Lauper und Alfred Zürcher besteigen mit den Führern Alexander Graven und Josef Knubel die Nordwestwand des Eiger.
1935. Die Deutschen Karl Mehringer und Max Sedlmayr führen den ersten Versuch der Durchsteigung der Eiger-Nordwand durch. Sie sterben auf 3300 Meter Höhe in der Wand auf dem kleinen Absatz, der «Todesbiwak» genannt wird.
1936. Die Deutschen Andreas Hinterstoisser und Toni Kurz sowie Willy Angerer und Eduard Rainer versuchen erneut eine Besteigung der Eiger-Nordwand. Sie sterben beim Abseilversuch.
1938. Anderl Heckmair und Ludwig Vörg aus Deutschland und den Österreichern Fritz Kasparek und Heinrich Harrer gelingt die Erstdurchsteigung der Eiger-Nordwand.
1961. Der Österreicher Walter Almberger und die Deutschen Toni Kinshofer, Anderl Mannhardt und Toni Hiebeler schaffen die erste Winterbesteigung der Eiger-Nordwand.
1963. Der Schweizer Michel Darbellay durchsteigt als Erster die Eiger-Nordwand im Alleingang.
1966. Der Brite Dougal Haston und die Deutschen Jörg Lehne, Günther Strobel, Roland Voetteler und Siegfried Hupfauer eröffnen im Winter die Direttissima (John-Harlin-Route) in der Eiger-Nordwand.
1970. Der Schweizer Sylvain Saudan fährt auf Skiern die Eiger-Westseite ab.
1979. Die Schweizer Michel Piola und Gérard Hopfgartner besteigen den Genfer Pfeiler an der Eiger-Nordwand.
1983. Michel Piola und der Franzose René Ghilini eröffnen eine neue Route in der Eiger-Nordwand. Dem Österreicher Thomas Bubendorfer gelingt die klassische Route in der Eiger-Nordwand in 4 Stunden und 50 Minuten.
1985. Der Franzose Christophe Profit besteigt in 22 Stunden die Nordwände von Matterhorn, Grandes Jorasses und Eiger, wobei der Transfer im Helikopter erfolgt.
1987. Christophe Profit wiederholt seine Dreierreihe im Winter. Er braucht 42 Stunden, davon 16 für die Eiger-Nordwand.
1989. Die Schweizer Erhard Loretan und André Georges besteigen in 13 Tagen ebenso viele Nordwände im Berner Oberland.
1990. Der Slowene Slavko Sveticic führt die erste Winterbesteigung der John-Harlin-Route in der Eiger-Nordwand im Alleingang durch.
1991. Der Amerikaner Jeff Lowe eröffnet allein in 13 Tagen eine Direttissima in der Eiger-Nordwand.

ZENTRALALPEN
1804. Der Südtiroler Josef Pirchler erreicht mit zwei Kameraden den Ortlergipfel.
1850. Die Schweizer J. Coaz und J. und L. Ragut Tscharner besteigen den Piz Bernina.
1862. Die Briten Leslie Stephen, E.S. Kennedy und M. Cox erreichen den Gipfel des Monte Disgrazia.
1863. A.W. Moore und H. Walther aus Großbritannien besteigen mit den Führern Jakob und Melchior Anderegg den Piz Roseg.
1864. Die Briten F.F. Tuckett, E.H. Buxton und E.N. Buxton und die Bergführer F. Biner und C. Michel besteigen den Gran Zebrù.
1867. Dem Amerikaner William A.B. Coolidge und den Führern Henri und François Devouassoud gelingt die Erstbesteigung des Piz Badile.
1878. Der Deutsche Paul Güssfeldt und die Bergführer Hans Grass und Johann Gross ersteigen den Piz Bernina über den Nordgrat (Biancograt).
1887. Hans Bumiller aus der Schweiz und die Bergführer Martin Schocher, Johann Gross und Hans Zippert erreichen den mittleren Piz Palü über den Nordgrat.
1890. Der Schwede Ludwig Norman-Neruda und der Führer Christian Klucker durchsteigen die Nordostwand des Piz Bernina.
1895. Der Italiener Scipione Borghese und die Bergführer Martin Schocher und Christian Schnitzler durchsteigen die Nordwestwand des Piz Cengalo.
1910. Die Briten Harold Raeburn und W.H. Ling begehen die Nordwand des Monte Disgrazia.
1912. B. de Ferrari und I. dell'Andrino aus Italien besteigen den Nordostgrat (oder Corda Molla) des Monte Disgrazia.
1923. Die Schweizer W. Risch und A. Zürcher ersteigen die Nordkante des Piz Badile.
1930. Die Deutschen Hans Ertl und Hans Brehm durchsteigen die Nordwand des Gran Zebrù.
1931. Hans Ertl und Franz Schmid aus Deutschland begehen die Ortler-Nordwand.
1937. Die Italiener Riccardo Cassin, Luigi Esposito, Vittorio Ratti, Mario Molteni und Giuseppe Valsecchi besteigen die Nordostwand am Piz Badile.
1947. B. und E. Favre und L. Henchoz aus der Schweiz erreichen den Westgrat des Salbitschijen (Zentralschweiz).
1956. Der Österreicher Kurt Diemberger besteigt im Alleingang die «Meringue» in der Nordwand am Gran Zebrù.
1958. Kurt Diemberger und Karl Schontaler aus Österreich eröffnen eine Direttissima in der Nordostwand des Piz Roseg.
1959. Die Italiener Nando Nusdeo und Vasco Taldo durchsteigen die Südostwand des Piz Luigi Amedeo.
1963. Der Südtiroler Dieter Drescher führt die erste Besteigung der Ortler-Nordwand im Alleingang durch.
1968. Richard Isherwood und Mike Kosterlitz aus Großbritannien eröffnen eine neue Route in der Nordostwand des Piz Badile. Den Schweizern Michel Darbellay, Camille Bournissen und Daniel Troillet und den Italienern Paolo Armando, Gianni Calzagno und Alessandro Gogna gelingt in drei Wochen die erste Winterbegehung dieser Route.
1972. Die Italiener Ermanno und Franco Gugiatti führen die erste Winterdurchsteigung der Nordwestwand des Piz Cengalo durch.
1976. Die Schweizer M. Bellini, Marco Grandi und Romolo Nottaris eröffnen eine Direttissima am Nordpfeiler des mittleren Piz Palü.
1977. Ivan Guerini und Mario Villa aus Italien eröffnen die Route Oceano Irrazionale am Precipizio degli Asteroidi (Val di Mello). Der Südtiroler Heini Holzer fährt mit Skiern die Nordostwand des Gran Zebrù ab und kommt beim Sturz aus der Nordwand des Piz Roseg ums Leben.
1981. Dem Südtiroler Reinhard Patscheider gelingt das Enchaînement der Nordwände von Ortler, Monte Zebrù und Gran Zebrù in 10 Stunden.
1985. Die Italiener Tarcisio Fazzini, Ottavio Fazzini und Tita Gianola eröffnen Ringo Starr in der Nordostwand des Piz Badile.
1988. Tarcisio Fazzini, Ottavio Fazzini und Norberto Riva aus Italien eröffnen La Spada nella Roccia am Piz Qualido (Val di Mello). Den Tschechoslowakinnen Zuzana Hoffmannova und Alena Stehlikova gelingt die erste Winterbesteigung der englischen Route in der Nordostwand des Piz Badile.
1991. Der Österreicher Beat Kammerlander klettert die Südwand der Siebten Kirchlispitze (Rätikon) frei.
1992. Der Deutsche Tobias Heymann schafft in 11 Stunden das Enchaînement der Nordost- und der Nordwestwand des Scerscen, der Nordwest- und Westwand des Pizzo Bernina und der Direttissima Diemberger am Piz Roseg. Dem Italiener Guido Lisignoli gelingt in 7 Stunden das Enchaînement des Nordwestpfeilers des Piz Cengalo, der Pinardi-Route an der Punta Sertori und der Cassin-Führe in der Nordostwand des Piz Badile.

OSTALPEN
1778. L. Willonitzer führt mit drei Kameraden die Erstbesteigung des Triglav (Julische Alpen) durch.
1800. Drei Gebirgler aus Heiligenblut besteigen den Großglockner (Hohe Tauern).
1801. V. Stanig besteigt als Erster den Watzmann (Berchtesgadener Alpen).
1820. Die Deutschen G. Deutschl, Maier und K. Naus besteigen die Zugspitze (Wetterstein).
1848. Der Österreicher L. Klotz führt mit einem Kameraden die Erstbesteigung der Wildspitze durch (Ötztaler Alpen).
1865. Paul Grohmann aus Österreich besteigt mit dem Bergführer Napoleone Sottocorona den Coglians (Karnische Alpen).
1876. Graf A. Pallavicini begeht mit G. Bauerle, J. Kromser und V. Tribusser das Nordcouloir am Großglockner (Hohe Tauern).
1881. J. Kederbacher und O. Schück durchsteigen die Watzmann-Ostwand (Berchtesgadener Alpen).
1886. Der Deutsche Georg Winkler eröffnet eine neue Route in der Totenkirchl-Ostwand (Kaisergebirge).
1895. Der Österreicher Hans Kofler besteigt im Alleingang die Nordwand der Creta da Cjanevate (Karnische Alpen).
1905. Julius Kugy begeht mit G. Bolaffio, A. Oitzinger und G. Pesamosca die Nordseite des Jof Fuart (Julische Alpen).
1908. Julius Kugy, G. Bolaffio, A. Oitzinger und G. Pesamosca begehen den Südwestpfeiler des Jof di Montasio (Julische Alpen). H. Matejak besteigt den Predigtstuhl-Nordgrat (Wilder Kaiser). Tita Piaz, J. Klammer, R. Schietzold, F. Egger und Schroffen durchklettern die Totenkirchl-Westwand (Wilder Kaiser).
1911. Die Österreicher Guido und Max Mayer durchsteigen mit den Führern Angelo Dibona und Luigi Rizzi die Nordwand der Lalidererspitze (Karwendel).
Paul Preuß klettert im Alleingang die Totenkirchl-Westwand (Wilder Kaiser).
1913. Die Deutschen Hans Dülfer und W. von Redwitz eröffnen eine Direttissima in der Totenkirchl-Westwand (Wilder Kaiser). Die Deutschen

Hans Fiechtl und Otto Herzog durchsteigen die Südwand der Schüsselkarspitze (Wetterstein).
1924. Willo Welzenbach und F. Rigele durchsteigen die Nordwestwand des Großen Wiesbachhorns (Hohe Tauern).
1925. Die Deutschen Fritz Wiessner und Roland Rossi durchsteigen die Fleischbank-Südostwand (Wilder Kaiser).
1926. Die Deutschen Willo Welzenbach und Karl Wien eröffnen eine Direttissima in der Nordwand des Großglockners (Hohe Tauern).
1928. Die Italiener Celso Gilberti und G. Granzotto eröffnen eine Direttissima in der Triglav-Nordwand (Julische Alpen).
1929. Die Deutschen Ernst Krebs und Toni Schmid eröffnen eine neue Route in der Nordwand der Lalidererspitze (Karwendel).
1930. Den Österreichern Peter Aschenbrenner und Karl Lucke gelingt die Durchsteigung der Fleischbank-Südostwand (Wilder Kaiser).
1946. Mathias Rebitsch und S. Spiegl aus Österreich eröffnen eine Direttissima in der Nordwand der Lalidererspitzen (Karwendel).
1947. Hermann Buhl aus Österreich gelingt die Fiechtl-Herzog-Führe an der Schüsselkarspitze im Alleingang (Wetterstein).
1948. Die Österreicher Hermann Buhl, Hans Reischl und Wastl Weiss durchsteigen die Maukspitze-Westwand (Wilder Kaiser).
1949. Die Italiener Cirillo Floreanini und M. Kravanja durchsteigen die Nordwand am Piccolo Mangart di Coritenza (Julische Alpen).
1953. Der Österreicher Herrmann Buhl führt die erste Durchsteigung der Watzmann-Ostwand im Alleingang durch (Berchtesgadener Alpen).
1955. Ales Kunaver und Ante Mahkota aus Slowenien führen die erste Winterbesteigung der Direttissima in der Triglav-Nordwand durch (Julische Alpen).
1970. Die Italiener Enzo Cozzolino und A. Bernardini durchsteigen die große Verschneidung am Piccolo Mangart di Coritenza (Julische Alpen). Die Deutschen Helmut Kiene und Reinhard Karl durchsteigen die Pumprisse an der Fleischbank (Wilder Kaiser).
1977. Die Österreicher Heinz Mariacher und Peter Brandstätter eröffnen die Route Charlie Chaplin in der Nordwand der Lalidererspitze (Karwendel).
1981. Die Deutschen Kurt Albert und Wolfgang Güllich eröffnen Locker vom Hocker in der Südwand der Schüsselkarspitze (Wetterstein).
1983. Renato Casarotto aus Italien führt die erste Winterbesteigung der großen Verschneidung am Piccolo Mangart di Coritenza (Julische Alpen) im Alleingang durch.
1987. Der Österreicher Heinz Zak und die Deutschen Peter Gschwendtner und Georg Walch eröffnen Märchenprinz in den Schnidlwänden (Karwendel).
1990. Heinz Zak und Peter Gschwendtner gelingt das Enchaînement von Nordverschneidung, Schmid-Krebs-Route und Charlie Chaplin in der Nordwand der Lalidererspitze (Karwendel) in sechzehneinhalb Stunden.
1991. Die Slowenen Marko Lukic und Miha Prapotnik führen die erste Winterbesteigung der Tuhinjska-Smer-Route am Travnik (Julische Alpen) durch.

DOLOMITEN
1726. Die venezianischen Botaniker Pietro Stefanelli und Giovanni Zanichelli erreichen den Gipfel des Cimone del Cavallo (Dolomiten jenseits des Piave).
1802. Don Giuseppe Terza führt mit sechs Kameraden den ersten Besteigungsversuch der Marmolada durch, verliert dabei aber das Leben.
1857. Der Ire John Ball besteigt mit einem Führer aus dem Zoldiner Tal (vielleicht Giovan Battista Giacin, «Sgrinfa» genannt) erstmals den Monte Pelmo.
1863. Der Österreicher Paul Grohmann besteigt mit den Führern Francesco Lacedelli, Alessandro Lacedelli und Matteo Ossi den Antelao.
1864. Paul Grohmann besteigt die Marmolada di Penia, den höchsten Dolomitengipfel, mit Angelo und Fulgenzio Dimai, und den Sorapis mit Francesco Lacedelli und Angelo Dimai. Beim Abstieg von diesem Gipfel wird das erste Abseilmanöver der Geschichte durchgeführt.
1867. Dem Briten Francis Fox Tuckett und den Bergführern Melchior und Jakob Anderegg gelingt die Erstbesteigung der Civetta.
1869. Der Österreicher Paul Grohmann besteigt mit den Führern Franz Innerkofler und Peter Salcher aus Sexten die Große Zinne.
1876. Auf Initiative der Sektion Agordo des Italienischen Alpenvereins CAI wird eine künstliche Grotte in der Nähe des Marmoladagipfels in den Fels gehauen. Das ist die erste «Hütte» in den Dolomiten.
1877. Der Bergführer Luigi Cesaletti aus Cadore besteigt den Torre dei Sabbioni, einen schwierigen Felsturm zwischen den Marmarole und dem Sorapis.
1887. In den Vajolet-Türmen klettert der Bayer Georg Winkler den Turm, der heute seinen Namen trägt.
1892. Dem Deutschen Theodor von Wundt gelingt mit den Führern Michele Bettega und Johann Watschinger die erste Winterbesteigung der Großen und der Kleinen Zinne.
1897. Nino Pooli, Carlo Garbari und Antonio Tavernaro aus Trient versuchen den Campanile Basso di Brenta: sie müssen 25 Meter vor dem Gipfel umkehren.
1898. Der Bergführer Tita Piaz besteigt in acht Stunden sieben Gipfel in der Rosengartengruppe.
1899. Die Tiroler Otto Ampferer und Karl Berger erreichen den Gipfel des Campanile Basso di Brenta.
1900. Tita Piaz ersteigt den Riss an der Punta Emma, der heute seinen Namen trägt (Vajolet-Türme).
1901. Die Britin Beatrice Tomasson durchsteigt mit den Bergführern Michele Bettega und Bortolo Zagonel die Südwand der Marmolada.
1902. Die Österreicher Viktor von Glanvell und Günther von Saar besteigen den Campanile di Val Montanaia (Dolomiten jenseits des Piave).
1903. Die Sektion Nürnberg des DÖAV weiht am Westgrat der Marmolada den ersten Klettersteig der Dolomiten ein.
1908. Der Deutsche Rudolf Fehrmann und der Amerikaner Oliver Perry-Smith ersteigen die große Verschneidung des Campanile Basso di Brenta.
1910. Die Österreicher Max und Guido Mayer durchsteigen mit den Führern Angelo Dibona und Luigi Rizzi die Südwestwand des Croz dell'Altissimo (Brenta-Dolomiten).
1911. Der Österreicher Paul Preuß durchsteigt allein die Ostwand des Campanile Basso di Brenta; wenige Tage später klettert er diese Route mit Paul Relly ab. Dieselben Bergsteiger überwinden die Nordostwand des Crozzon di Brenta und die Nordostwand der Kleinsten Zinne.
1913. Die Deutschen Hans Dülfer und Willy von Bernuth durchsteigen die Westwand der Großen Zinne.
1924. Roland Rossi und Felix Simon aus Deutschland gelingt die Durchsteigung der Nordwand des Monte Pelmo.
1925. Die Deutschen Emil Solleder und Gustav Lettenbauer durchsteigen die Nordwestwand der Civetta: Das ist die erste Route in den Alpen im sechsten Schwierigkeitsgrad.
1929. Die Italiener Renzo Videsott und Domenico Rudatis und der Österreicher Leo Rittler überwinden die Westkante der Busazza in der Civettagruppe.
Luigi Micheluzzi, Demetrio Christomannos und Robert Perathoner besteigen den Südwestpfeiler der Marmolada di Rocca.
1932. Die Südtiroler Hans Vinatzer und Hans Riefesser eröffnen eine Direkte (bis siebter Grad) in der Furchetta-Nordwand (Geislerspitzen).
1933. Emilio Comici, Angelo und Giuseppe Dimai aus Italien besteigen die Nordwand der Großen Zinne. Dann überwindet Comici mit Renato Zanutti und Mary Varale die Gelbe Kante an der Kleinen Zinne.
1934. Bruno Detassis und Enrico Giordani aus Trient eröffnen die Via delle Guide in der Nordostwand des Crozzon di Brenta. Dann klettern sie gemeinsam mit Ulisse Battistata die Nordostwand der Brenta Alta.
1935. Die Italiener Riccardo Cassin und Vittorio Ratti ersteigen die Nordwand der Westlichen Zinne.
1936. Gino Soldà und Umberto Conforto aus Italien begehen eine Direktroute in der Südwand der Marmolada di Penia. Später eröffnen Hans Vinatzer und Ettore Castiglioni eine neue Route in der Südwand der Marmolada di Rocca.
1938. Die Österreicher Fritz Kasparek und Sepp Brunhuber führen die erste Winterbegehung der Comici-Dimai-Führe in der Nordwand der Großen Zinne durch.
1946. Die Italiener Ettore Costantini und Luigi Ghedina ersteigen die Südwestkante des Pilastro di Rozes (Tofanagruppe).
1950. Den Österreichern Hermann Buhl und Kuno Rainer gelingt die erste Winterbesteigung der Soldà-Führe in der Marmolada-Südwand.
1951. Die Franzosen Georges Livanos und Robert Gabriel klettern die Große Verschneidung an der Cima Su Alto (Civetta).
1952. Die «Scoiattoli» Lino Lacedelli, Luigi Ghedina und Guido Lorenzi ersteigen die Südwestwand der Cima Scotoni (Fanes). Cesare Maestri aus Trient besteigt im Alleingang die Solleder-Führe an der Civetta.
1956. Cesare Maestri steigt im Alleingang die Via delle Guide am Crozzon di Brenta ab.
1957. Die Wiener Walter Philipp und Dieter Flamm erklettern die Verschneidung, die die Nordwestwand der Punta Tissi durchzieht.
1958. Die Deutschen Dietrich Hasse, Lothar Brandler, Jörg Lehne und Sigi Löw eröffnen eine Direttissima in der Nordwand der Großen Zinne.
1959. Die Franzosen René Desmaison, Pierre Mazeaud, Pierre Kohlmann und Bernard Lagesse eröffnen die Jean-Couzy-Route in der Nordwand der Westlichen Zinne.
1961. Dem Belgier Claudio Barbier gelingt das Enchaînement der Cassin-Führe in der Nordwand der Westlichen Zinne, der Comici-Führe in der Nordwand der Großen Zinne, der Preuß-Führe in der Kleinsten Zinne, der Innerkofler-Führe in der Kleinen Zinne und der Dülfer-Führe an der Punta di Frida.
1963. Die Italiener Ignazio Piussi und Giorgio Redaelli und der Bayer Toni Hiebeler führen die erste Winterbegehung der Solleder-Führe in der Civetta durch.
1964. Armando Aste und Aldo Solina aus Italien eröffnen die Via dell'Ideale in der Südwand der Marmolada d'Ombretta.
1967. Die Südtiroler Reinhold Messner, Günther Messner und Heini Holzer eröffnen eine neue Route in der Nordostwand des Agnèr. Die Italiener Giorgio Garna und Gianni Gianeselli und die Polen Roman Bebak, Janusz Ferenski und Ryszard Zawadski durchsteigen die Südwestwand des Burèl (Belluneser Dolomiten).
1968. Reinhold und Günther Messner erklimmen den Mittelpfeiler am Sass dla Crusc (Cunturines).
1969. Reinhold Messner führt die ersten Alleingänge der Philipp-Flamm-Verschneidung an der Civetta und der Soldà-Führe in der Nordwand des Langkofels durch.
1974. Der Italiener Renato Casarotto besteigt im Alleingang im Winter die Simon-Rossi-Route in der Nordwand des Monte Pelmo.
1978. Der Franzose Jean-Claude Droyer klettert die Cassin-Ratti-Führe in der Westlichen Zinne frei. Die Italiener Maurizio Zanolla («Manolo»), Aurelio De Pellegrini, Daniele Ruggero und Marco Simoni eröffnen die Via dei Piazaroi in der Südwand der Cima della Madonna (Pale di San Martino). Die Österreicher Reinhard Schiestl und Ludwig Rieser eröffnen die neue Route Schwalbenschwanz in der Marmolada-Südwand.
1980. Der Italiener Lorenzo Massarotto erklettert im Alleingang die Mayerl-Verschneidung am Sass dla Crusc (Cunturines) und die Via dell' Ideale in der Südwand der Marmolada d'Ombretta. Manolo und Piero Valmassoi eröffnen die Route Supermatita in der Ostwand des Sass Maor (Pale di San Martino). Der Tiroler Heinz Mariacher und die Italienerin Luisa Jovane eröffnen Abrakadabra in der Marmolada-Südwand.
1981. Die Tschechen Igor Koller und Indrich Sustr eröffnen den Weg durch den Fisch in der Marmolada-Südwand.
1982. Heinz Mariacher und Luisa Jovane eröffnen Moderne Zeiten in der Marmolada-Südwand.
1984. Die Italiener Maurizio Giordani und Rosanna Manfrini eröffnen Futura in der Südwand der Marmolada di Rocca.
1985. Maurizio Giordani gelingt Moderne Zeiten im Alleingang und er eröffnet die Routen Olimpo und Fortuna in der Marmolada-Südwand. Bei Olimpo begleitet ihn Rosanna Manfrini, bei Futura Fabio Zenatti.
1986. Maurizio Giordani, Paolo Cipriani und Franco Zenatti gelingt die erste Winterbesteigung von Weg durch den Fisch an der Marmolada. Heinz Mariacher und Bruno Pederiva klettern dieselbe Route frei. Heinz Mariacher und Luisa Jovane eröffnen Tempi Modernissimi in der Ostwand des Sasso delle Undici (Marmolada).
1988. Lorenzo Massarotto besteigt im Winter im Alleingang die Philipp-Flamm-Führe an der Punta Tissi (Civetta). Dem Österreicher Thomas Bubendorfer gelingt das Enchaînement der Cassin in der Westlichen Zinne, der Comici in der Großen Zinne, der Helversen in der Kleinen Zinne, der Schwalbenschwanz in der Marmolada und der Niagara am Sass Pordoi (Sella) mit Transfers mit dem Hubschrauber.
1989. Maurizio Giordani schafft die erste Besteigung der Via Supermatita im Alleingang im Winter am Sass Maor. Dem Slowenen Tomo Cesen gelingt die erste Winterbesteigung von Moderne Zeiten im Alleingang. Ermanno Salvaterra aus Trient gelingt das Enchaînement des Franzosenpfeilers am Crozzon di Brenta, der Detassis-Graffer am Tosa-Pfeiler, der Graffer am Campanile Basso, der Detassis in der Brenta Alta und der Oggioni-Verschneidung am Campanile Alto di Brenta. Manrico d'Agnola aus Venetien klettert hintereinander die Routen Tissi, Ratti, Andrich, Livanos und Castiglioni am Torre Venezia (Civetta).
1990. Die Südtiroler Christoph Hainz und Valentin Pardeller eröffnen das Elefantenohr am Torre del Murfreid (Sella).
Maurizio Giordani schafft den ersten Alleingang von Weg durch den Fisch in der Marmolada-Südwand.
1991. Die Südtiroler Christoph Hainz und Oswald Celva eröffnen Zauberlehrling in der Südwand der Cima Scotoni (Fanes).
1992. Die Slowenen Slavko Sveticic und Franceк Knez eröffnen fünf Routen zwischen dem siebten und oberen achten Grad in der Südwand des Piz Serauta (Marmolada).
1993. Manolo sichert die Nurejev-Route in der Südostwand des Sass Maor (Pale di San Martino) ab und klettert sie dann frei.
1999. Der Italiener Mauro Bole klettert als Erster vollkommen frei die Route Jean-Couzy in der Westlichen Zinne.

ANDERE EUROPÄISCHE MASSIVE
1573. Der Italiener Francesco de Marchi besteigt mit dem Bergführer Francesco di Domenico und zwei anderen Kameraden den Corno Grande (Gran Sasso, Abruzzen).
1799. Der Deutsche Alexander von Humboldt, der Franzose Aimé Bompland und einige einheimische Führer besteigen den Pico de Teide (Kanarische Inseln).
1802. Louis Ramond de Carbonnières aus Frankreich erreicht den Gipfel des Mont Perdu oder Monte Perdido (Pyrenäen).
1827. Die Norweger C. Hoel und H. Bjermeland

führen die Erstbesteigung des Romsdalhorns (Norwegen) durch.
1842. Die Franzosen A. de Franqueville und P. de Tchihatcheff besteigen mit den Führern B. Arrazau, P. Redonnet, P. Saniau und G. Sors den Pico de Aneto (Pyrenäen).
1850. Die Norweger L. Arnesen, S. Flotten und S. Sulheim besteigen den Goldhoppigen (Jotunheimen).
1855. Den Polen Bozniachi und W. Grzegorszek gelingt die Erstbesteigung des Gerlachowski Stit (Hohe Tatra).
1877. L. Chalubinski, M. Sieczka und W. Roj besteigen den Wieliki Mieguszowiecki (Hohe Tatra).
1886. Der Brite W.P. Haskett-Smith führt die Erstbesteigung der Napes' Needle (Lake District) durch.
1889. Die Franzosen H. Brulle, J. Bazillac, R. de Monts, C. Passet und F. Salle durchsteigen das Gaube-Couloir des Pique Longue du Vignemale (Pyrenäen). Die Norweger Martin Ekroll und Angel Johansson besteigen den Vagakallen (Lofoten).
1894. Die Briten Norman Collie, Joseph Collier und Godfrey Solly besteigen den Buchaille Etive Mor und die Tower Ridge am Ben Nevis (Highlands).
1904. Den Spaniern Pedro Pidal und Gregorio Pérez gelingt die Erstbesteigung des Naranjo de Bulnes (Picos de Europa).
1906. Die Polen S. Krygowski, J. Marusarsz-Startsky und J. Stopka Ceberniak ersteigen die Nordwand des Wieliki Mieguszowiecki (Hohe Tatra).
1913. Die Schweizer D. Baud-Bovy und F. Boissonnas und der Grieche K. Kakalòs besteigen als Erste den Mytikàs (Olymp).
1920. Der Brite Harold Raeburn führt die erste Winterbesteigung der Observatory Ridge am Ben Nevis durch (Highlands).
1922. Die Italiener Enrico Jannetta, Michele Busirio Vici, Giulio Tavella, Mario Giaquinto, Raffaele Rossi und Raffaello Mattiangeli besteigen den Paretone am Corno Grande (Gran Sasso).
1924. Die Spanier V. Martinez Campillo und V. Carriòn Roca durchsteigen die Südwand des Naranjo de Bulnes (Picos de Europa).
1930. Die Italiener Emilio Comici und Anna Escher durchsteigen die Nordwände des Mytikàs und des Stefani (Olymp).
1933. Die Franzosen H. Barrio und R. Bellocq durchsteigen die Nordwand des Pique Longue du Vignemale (Pyrenäen).
1936. Eine bulgarische Seilschaft durchsteigt die Nordwand des Vihren (Pirin). Die Polen Z. Korosadowicz und J. Staszel führen die erste Winterdurchsteigung der Nordwand des Wieliki Mieguszowiecki durch (Hohe Tatra).
1938. Die Bulgaren Konstantin Savadjev und Georgi Stoyanov durchsteigen die Nordwand der Maljovitsa (Rila).
1940. Die Italiener Nino Oppio und S. Colnaghi durchsteigen die Nordwand des Pizzo d'Uccello (Apuanische Alpen).
1946. Jordi Panyella und Jordi Casasayas aus Spanien besteigen den Mallo Pisòn (Mallos de Riglos).
1949. Die Franzosen B. Clos und M. Jolly besteigen im Winter die Nordwand des Vignemale (Pyrenäen).
1956. Die Spanier J. Alvarez, J. Ayats und M. Navarro durchsteigen die Nordwand des Cavall Bernat (Montserrat).
1957. Die Briten Tom Patey, Graeme Nicol und Hamish MacInnes ersteigen den Zero Gully am Ben Nevis (Highlands).
1958. Die Norweger R. Hoibakk und A. Randers Heen führen die Erstbesteigung des Ostpfeilers des Trollryggen (Norwegen) durch.
1959. Die Briten Ian Clough, John Alexander, Don Pipes und Robin Shaw besteigen im Winter den Point Five Gully am Ben Nevis (Highlands). Robin Smith und R.K. Holt besteigen die nahe Orion Face.
1960. Die Franzosen P. de Bellefon und S. Sarthou und die Spanier J.M. Anglada und F. Guillamon durchsteigen die Südwand des Tozal de Mallo (Pyrenäen).
1961. Die Spanier A. Rabada und E. Navarro besteigen den Mallo Firé (Mallos de Riglos, Spanien).
1962. A. Rabada und E. Navarro durchsteigen die Westwand des Naranjo de Bulnes (Picos de Europa). Die Polen C. Momatjuk, K. Jurkowski, A. Nowacki, A. Szurek und A. Wojnarowicz eröffnen die Route Monatjukowka in der Kazalnica (Hohe Tatra).
1965. Den Briten Tom Patey, Hamish MacInnes, Davie Crabb und Brian Robertson gelingt die erste Überschreitung der Cuillins auf Skye im Winter (Schottland). Die Norweger L. Pettersen, J. Tiegland, O.D. Enersen und O. Eliassen realisieren die Besteigung des Trollveggen oder Troll Wall (Norwegen).
1967. Die Franzosen Patrice de Bellefon und Raymond Despiau ersteigen die Südkante der Petite Aiguille d'Ansabère (Pyrenäen).
1972. Die Briten E. und H. Drummond eröffnen die Route Arch Wall am Trollryggen (Norwegen).
1974. Die Briten Ken Crocket und Colin Stead durchsteigen den Minus One Gully am Ben Nevis (Highlands). Am selben Berg eröffnen Doug Lang und Neil Quinn Slav.
1975. Ein britisches Team unter der Leitung von S. Chadwick eröffnet eine neue, schwierige Direttissima in der Südwand des Ingolsfield (Norwegen).
1978. Die Franzosen Dominique Julien, M. Boulang und F. Tomas ersteigen die Grande Cascade im Cirque de Gavarnie (Pyrenäen). Die Norweger Arild Meyer und Brynjar Tollefsen besteigen den Westpfeiler des Presten (Lofoten).
1979. Die Briten Mick Fowler und Victor Saunders eröffnen Shield Direct am Carn Dearg Buttress am Ben Nevis (Highlands).
1980. Dem Italiener Giampiero Di Federico gelingt die erste Winterbesteigung des Dritten Paretone-Pfeilers am Corno Grande (Gran Sasso).
1983. Die Spanier José Luis und Miguel Angel Gallego durchsteigen vollkommen frei kletternd die Westwand des Naranjo de Bulnes (Picos de Europa).
1986. Kenny Spence und Spider McKenzie aus Großbritannien besteigen Centurion am Carn Dearg Buttress am Ben Nevis (Highlands).
1992. Die Polen W. Derda und A. Marciaz durchsteigen frei kletternd die Route Monatjukowka in der Kazalnica (Hohe Tatra).
1994. Dem Franzosen R. Thivel gelingt in einem Tag das Enchaînement der drei Couloirs (Arlaud-Souriac, Y und Gaube) in der Nordwand des Vignemale (Pyrenäen).

KARAKORUM UND HINDUKUSCH

1887. Der Brite Francis Younghusband sieht als erster Europäer den K2 aus der Nähe.
1895. Albert Frederick Mummery versucht in Begleitung zweier Gurkhas den Nanga Parbat zu besteigen, verschwindet aber am Berg.
1899. Die Briten Martin Conway und Charles Bruce, der Deutsch-Engländer Oskar Eckenstein und der Bergführer Mathias Zurbriggen besteigen den Golden Throne (Baltoro Kangri).
1909. Eine Expedition unter der Leitung des Herzogs der Abruzzen entdeckt den Weg zur Besteigung des K2 (Abruzzi-Grat).
1933. Die Deutschen Peter Aschenbrenner und Erwin Schneider erreichen eine Höhe von 7850 Metern am Nanga Parbat. Beim Abstieg kommen vier Alpinisten und sechs Sherpas ums Leben.
1934. Eine internationale Expedition unter der Leitung von Günther O. Dyhrenfurth versucht die Besteigung des Hidden Peak und des Gasherbrum II.
1937. Ein neuer Versuch am Nanga Parbat wird von einer österreichisch-ungarischen Expedition durchgeführt. Eine riesige Lawine verschüttet die sieben Bergsteiger und neun Sherpas.
1939. Der Deutsche (und dann US-Bürger) Fritz Wiessner und der Sherpa Pasang Dawa Lama erreichen eine Höhe von 8300 Metern am K2. Beim Abstieg kommen ein Alpinist und drei Sherpas aus ihrer Gruppe ums Leben.
1950. Die Norweger Arne Naess, P. Kvenberg und H. Berg und der Brite Tony Streather führen die Erstbesteigung des Tirich Mir (Hindukusch) durch.
1953. Eine österreichische Expedition startet zum Nanga Parbat. Hermann Buhl erreicht allein den Gipfel.
1954. Bei einer italienischen Expedition zum K2 erreichen Achille Compagnoni und Lino Lacedelli den Gipfel.
1957. Die Österreicher Kurt Diemberger, Fritz Wintersteller, Marcus Schmuck und Hermann Buhl besteigen den Broad Peak. Wenige Tage später kommt Buhl an der Chogolisa ums Leben.
1958. Die Amerikaner Nick Clinch, Pete Schoening und Andy Kauffman besteigen den Hidden Peak. Eine italienische Expedition führt die Erstbesteigung des Gasherbrum IV durch; den Gipfel erreichen Walter Bonatti und Carlo Mauri.
1960. Eine amerikanische Expedition führt die Erstbesteigung des Masherbrum durch. G. Bell und W. Unsoeld erreichen den Gipfel.
1962. Die Österreicher Toni Kinshofer, Anderl Mannhardt und Sigi Löw eröffnen eine neue Route auf den Nanga Parbat. Beim Abstieg verliert Löw bei einem Sturz das Leben.
1970. Die Südtiroler Reinhold und Günther Messner führen die Erstdurchsteigung der Rupalwand am Nanga Parbat durch. Beim Abstieg über die Westseite kommt Günther durch eine Lawine ums Leben.
1975. Reinhold Messner und der Österreicher Peter Habeler eröffnen eine neue Route in der Nordwand des Hidden Peak.
1976. Die Briten Joe Brown, Mo Anthoine, Martin Boysen und Malcolm Howells besteigen den Nameless Tower (Trango-Türme). Die Amerikaner Dennis Hennek, Jim Morrissey, Galen Rowell und John Roskelley besteigen den Großen Trango-Turm (Trango-Türme).
1977. Den Briten Chris Bonnington und Doug Scott gelingt die Erstbesteigung des Ogre (oder Baintha Brakk). Scott bricht sich zu Beginn des Abstiegs beide Beine, schafft es aber, ins Basislager zu gelangen.
1978. Reinhold Messner durchsteigt allein über eine zum Teil neue Route die Diamirwand am Nanga Parbat.
1980. Eine japanische Expedition besteigt den Westgrat des K2.
1982. Eine japanische Expedition besteigt die Nordkante des K2. Der Schweizer Sylvain Saudan fährt mit Skiern den Hidden Peak ab: Das ist die erste Skiabfahrt von einem Achttausender.
1984. Die Südtiroler Reinhold Messner und Hans Kammerlander besteigen den Gasherbrum I und dann den Hidden Peak, ohne Zwischenstopp im Basislager.
1985. Robert Schauer aus Österreich und der Pole Woytek Kurtyka durchsteigen die Südwestwand des Gasherbrum IV.
1986. Die Polen Tadeusz Piotrowsky und Jerzy Kukuczka besteigen die «Magic Line» der Südwestwand des K2. Am gleichen Berg sterben dreizehn Alpinisten in einem Unwetter.
1987. Die Slowenen Francek Knez, Slavko Cantarm und Bojan Srot eröffnen eine Route am Nameless Tower (Trango-Türme). Die Schweizer Michel Piola, Stéphane Schafter, Michel Fauquet und Patrick Delale besteigen den Westpfeiler des Großen Trango-Turms (Trango-Türme).
1988. Die Italiener Maurizio Giordani, Rosanna Manfrini, Kurt Walde und Maurizio Venzo besteigen den Südpfeiler des Ulibiaho-Turms.
1991. Die Franzosen Pierre Béghin und Christophe Profit besteigen den Nordwestgrat des K2.
1992. Der Australier Greg Child und der Amerikaner M. Wilford eröffnen eine neue Route in der Südwand des Großen Trango-Turms. Der Italiener Alberto Soncini und die Spanier Oscar Cadiach, Luis Rafols und Enrico Dalmao besteigen den Broad Peak von der chinesischen Seite.
1997. Alexander und Thomas Huber aus Bayern und der Schweizer Conrad Anker durchsteigen die Südwestwand des Latok II.

INDISCHER HIMALAJA

1828. Der Brite J.G. Gerard besteigt einen namenlosen, 6220 Meter hohen Gipfel im Garhwal.
1907. Der Brite Tom Longstaff besteigt mit den Führern A. und H. Brocherel aus Courmayeur den Trisul.
1931. Die Briten Frank Smythe, Eric Shipton und Holdsworth erreichen mit dem Sherpa Lewa den Gipfel des Kamet.
1936. Harold Tilman und Noel Odell aus Großbritannien besteigen den Nanda Devi.
1939. Die Schweizer Expedition unter der Leitung von André Roch führt die Erstbesteigung des Dunagiri und zwei weiterer Gipfel des Garhwal durch.
1947. Der Schweizer Expedition unter der Leitung von André Roch gelingt die Erstbesteigung des Satopanth und weiterer drei Gipfel im Garhwal.
1974. Eine indische Expedition, geleitet von H. Singh, führt die Erstbesteigung des Shivling (Garhwal) durch.
Eine englisch-indische Expedition besteigt den Changabang (Garhwal). Den Gipfel erreichen Chris Bonington, Martin Boysen, Doug Scott, Dougal Haston, Balwant Sandhu und Tashi Chewang.
1976. Die Briten Peter Boardman und Joe Tasker besteigen die Westwand des Changabang (Garhwal). Die Japaner Y. Hasegawa und K. Tagami überschreiten den Gipfelgrat des Nanda Devi (Garhwal).
1977. Eine indische Expedition unter der Leitung von N. Kumar besteigt die Nordostseite des Kangchendzönga.
1978. Eine internationale Expedition aus A. McIntyre, J. Porter, V. Kurtyka und K. Zurek überwindet die großartige Südwand des Changabang (Garhwal).
1979. Die Amerikaner R. Kliegfield, J. Trackeray und P. Thexton vollenden die Erstbesteigung des Thalay Sagar (Garhwal).
1981. Die Briten Doug Scott und R. White, der Franzose Georges Bettembourg und der Australier Greg Child ersteigen den Ostgrat des Shivling (Garhwal). Eine tschechoslowakische Expedition unter der Leitung von V. Smìda legt eine sehr schwierige Route in der riesigen Nordostwand des Nanda Devi.
Einer internationalen Mannschaft aus G. Bettembourg, D. Scott, G. Child und R. White gelingt die Erstbesteigung des Ostgrates am Shivling (Garhwal).
1982. Die Schotten R. Barton und A. Fyffe besteigen den Westpfeiler des Bhagirathi III (Garhwal).
1984. Die Spanier J.O. Aldeguer, S. Martinez, J.L. Moreno und J. Tomas ersteigen den Westpfeiler des Bhagirathi III (Garhwal).
1986. Die Italiener P. Bernascone, F. Manoni und E. Rosso eröffnen eine schwierige neue Route in der Nordostwand des Shivling (Garhwal).
1990. Die Slowenen Silvo Karo und Janez Jeglic durchsteigen die Ostwand des Bhagirathi III (Garhwal).
1993. Die Südtiroler Hans Kammerlander und Christoph Hainz eröffnen eine Direttissima auf den Nordpfeiler des Shivling (Garhwal). Die Tschechen Z. Michalec und Z. Slachta eröffnen eine schwierige Route auf den Mittelpfeiler der Westwand des Bhagirathi III (Garhwal).
1994. Die Italiener E. Rosso, G. Ruffino und E. Vanetti legen eine neue Route in den Nordostpfeiler des Thalay Sagar (Garhwal).
1997. Die Australier A. Lindblade und A. Whimp eröffnen eine neue, sehr schwierige Route in der Nordwand des Thalay Sagar. A. Cave, B. Murphy, M. Fowler und S. Sustad durchsteigen die Nordwand des Changabang (Garhwal).
1998. Der Amerikaner Carlos Bühler und die Russen Pavel Shabalin, Ivan Dusharin, Andrej Mariev und Andrej Volkov eröffnen eine Direttis-

sima in der Nordwand des Changabang (Garhwal). Die Russen L. Potankin, V. Kachov, A. Lukin und Y. Koshlenko schaffen eine neue, sehr schwierige Route in der Westwand des Baghirati III (Garhwal).

NEPALESISCHER UND TIBETISCHER HIMALAJA

1899. Die Briten Douglas Freshfield und Edmund J. Garwood, der Italiener Vittorio Sella und Rinzin Namgyal aus Nepal meistern die Umrundung des Kangchendzönga.

1921. Die erste britische Expedition erforscht das Rongbuktal, versucht die Besteigung des Nordgrats des Mount Everest und erreicht den Nordsattel.

1922. Während der zweiten britischen Expedition kommen George Finch und Geoffrey Bruce auf 8320 Meter Höhe. Sieben Sherpas verlieren durch eine Lawine ihr Leben.

1924. Bei der dritten britischen Expedition erreicht E.F. Norton eine Höhe von 8580 Metern. Dann versuchen George Mallory und Andrew Irvine, den Gipfel zu erreichen, sie werden noch auf 8450 Metern gesehen, dann verschwinden sie.

1929. Eine deutsche Expedition versucht erstmals, den Kangchendzönga zu erobern und kommt bis auf 7400 Meter Höhe.

1933. Während der vierten britischen Expedition erreichen Percy Wyn Harris, Lawrence Wager und Frank Smythe eine Höhe von 8580 Metern.

1934. Der Brite Maurice Wilson versucht im Alleingang und ohne Erlaubnis die Besteigung des Mt. Everest. Seine Leiche wird im Jahr darauf auf 6400 Metern gefunden.

1938. Bei der siebten britischen Expedition erreichen Frank Smythe und Eric Shipton 8320 Meter Höhe.

1950. Die Franzosen Maurice Herzog und Louis Lachenal schaffen die Erstbesteigung der Annapurna. Das ist der erste Sieg über einen Achttausender.

1951. Nach der Öffnung der Grenzen zu Nepal führt Eric Shipton eine Forschungsexpedition in die Täler des Khumbu. Der heutige Normalweg auf den Everest wird entdeckt und bis auf eine Höhe von 6400 Metern begangen.

1952. Zwei Schweizer Expeditionen versuchen den Aufstieg von Süden. Im Mai erreichen Raymond Lambert und der Sherpa Tenzing Norgay 8595 Meter Höhe. Bei diesem Versuch in der Nachmonsunzeit wird der Südsattel des Everest nicht überschritten.

1953. Einer britischen Expedition unter John Hunt gelingt die Erstbesteigung des Mt. Everest. Den Gipfel besteigen der Neuseeländer Edmund Hillary und der Sherpa Tenzing Norgay.

1954. Eine österreichische Expedition führt die Erstbesteigung des Cho Oyu durch. Herbert Tichy und der Sherpa Pasang Dawa Lama erreichen den Gipfel.

1955. Eine britische Expedition führt die Erstbesteigung des Kangchendzönga durch. Auf dem Gipfel stehen George Band, Joe Brown, Norman Hardie und T. Streather.
Eine französische Expedition erobert den Makalu. Die erste Gipfelseilschaft besteht aus Jean Couzy und Lionel Terray, dann kommen die anderen Alpinisten und der Sherpa Gyaltzen Norbu auf den Gipfel.

1956. Einer Schweizer Mannschaft gelingt die zweite Besteigung des Everest (den Gipfel erreichen Jürgen Marmet, Ernst Schmied, Adolf Reist und Hans Rudolf von Gunten) und die Erstbesteigung des Lhotse durch F. Luchsinger und E. Reiss. Eine japanische Expedition besteigt den Manaslu. T. Imanishi, K. Kato, M. Higeta und der Sherpa Gyaltzen Norbu erreichen den Gipfel.

1959. Die Briten Mike Ward und Mike Gill, der Amerikaner Barry Bishop und der Neuseeländer Wally Romanes besteigen den Ama Dablam.

1960. Die Erstbesteigung des Mt. Everest von tibetischer Seite gelingt einer chinesischen Expedition. Auf dem Gipfel stehen Wang Fu-chou, Chu Yin-hua und der Tibeter Gonpa. Eine internationale Expedition besteigt als Erste den Dhaulagiri: Die Schweizer E. Forrer, A. Schelbert, M. Vaucher und H. Weber, der Deutsche P. Diener, der Österreicher Kurt Diemberger und die Sherpas Nima Dorje und Nawang Dorje erreichen den Gipfel.

1963. Während einer amerikanischen Expedition führen Tom Hornbein und Willy Unsoeld die Erstbesteigung des Westgrats und die erste Überschreitung des Everest durch.

1964. Zehn Alpinisten einer chinesisch-tibetischen Expedition besteigen den Shisha Pangma.

1970. Der Japaner Yuichiro Miura fährt den Everest-Südsattel mit Skiern ab. Eine britische Expedition durchsteigt die Annapurna-Südwand. Den Gipfel erreichen Bernard Mellet und Yannick Seigneur.

1975. Die Japanerin Junko Tabei ist die erste Frau auf dem Gipfel des Mt. Everest. Eine jugoslawische Expedition unter der Leitung von Alex Kunaver überwindet die steile Südwand des Makalu. Eine britische Expedition durchsteigt die Südwestwand des Mt. Everest. Den Gipfel erreichen Dougal Haston, Doug Scott, Peter Boardman, der Sherpa Pertemba und vielleicht Mick Burke, der am Berg verschwindet.

1978. Dem Südtiroler Reinhold Messner und dem Österreicher Peter Habeler gelingt die erste Besteigung des Mt. Everest ohne Sauerstoff über den Normalweg aus Nepal.

1979. Die Briten Doug Scott, Peter Boardman und Joe Tasker und der Franzose Georges Bettembourg durchsteigen die Nordwand des Kangchendzönga im Alpenstil und ohne Sauerstoff.

1980. Eine polnische Expedition schafft die erste Winterbesteigung des Mt. Everest über den nepalesischen Normalweg. Den Gipfel erreichen Leszek Cichy und Krystof Wielicki. Reinhold Messner besteigt den Everest im Alleingang von Tibet aus und verwendet keinen Sauerstoff.

1981. Die Jugoslawen Stane Belak, Cene Bercic, Rok Kokar, Emil Tratnik und Joze Zupan durchsteigen die Südwand des Dhaulagiri.

1982. Die Briten Doug Scott, Alex McIntyre, Baxter-Jones und Prescott durchsteigen die Südwand des Shisha Pangma.

1983. Eine amerikanische Expedition durchsteigt die Ostwand (von Kangshung) des Everest. Carlos Bühler, Kim Momb, Louis Reichardt, Jay Cassell, George Lowe und Dan Reid erreichen den Gipfel.

1984. Eine nepalesische Expedition führt den ersten Versuch durch, den Mt. Everest von allen Abfällen zu reinigen, den die vorangegangenen Expeditionen hinterlassen haben. Eine australische Mannschaft besteigt das Norton-Couloir in der Everest-Nordwand. Tim McCartney-Snape und Greg Mortimer kommen bis zum Gipfel.

1986. Reinhold Messner erreicht den Gipfel des Lhotse und wird zum ersten Alpinisten, der alle 14 Achttausender bestiegen hat.

1988. Eine gemischte chinesisch-japanisch-nepalesische Expedition führt die erste Everest-Überschreitung von Nord nach Süd und umgekehrt durch. Es wird die erste Fernsehdirektübertragung auf dem Gipfel durchgeführt. Eine von französischen und Schweizer Bergführern organisierte Expedition führt erstmals Kunden auf den Everest. Der Franzose Marc Batard schafft in 22-einhalb Stunden den Auf- und Abstieg vom Basislager zum Gipfel über den Normalweg aus Nepal.

1989. Der Amerikaner Tom Whittaker ist der erste behinderte Bergsteiger auf dem Everestgipfel. Der Slowene Tomo Cesen durchsteigt im Alleingang die Jannu-Nordwand.

1990. Tomo Cesen durchsteigt als Erster im Alleingang die Lhotse-Südwand.

1992. Eine japanische Expedition steigt auf den Namche Barwa, den höchsten noch nicht bestiegenen Gipfel (7782 Meter) der Welt.

1995. Der Südtiroler Reinhard Patscheider schafft in 21 Stunden Aufstieg und Abstieg vom Basislager bis zum Everestgipfel über den Normalweg aus Tibet.

1996. Ein heftiges Unwetter am Everest verursacht den Tod von neun Alpinisten. Dem Südtiroler Hans Kammerlander gelingt die erste Skiabfahrt vom Everestgipfel. Der Schwede Göran Kropp besteigt den Everest über der Normalweg von Süden, nach einer Fahrt mit dem Fahrrad aus Europa bis nach Nepal.

1997. Der Sherpa Ang Rita steht zum zehnten Mal auf dem Gipfel des Mt. Everest.

1999. Eine amerikanische Expedition findet die Leiche von George Leigh Mallory in der Nähe des Nordgrats am Everest.

ANDERE BERGE IN ASIEN

1788. Der Russe Denil Gauss besteigt den Vulkan Kljucevskaia (Kamtschatka).

1828. Der japanische Mönch Bannryu besteigt den Yarigadake (Japanische Alpen).

1829. Der Schweizer Friedrich Parrot besteigt als Erster den Ararat (Türkei).

1836. Die Expedition von Sir W. Taylor Thompson erreicht den Gipfel des Demavend (Iran).

1888. Der Brite Albert F. Mummery führt mit dem Schweizer Bergführer Hans Zurfluh die Erstbesteigung des Dych Tau aus (Kaukasus). Der Brite J. Cockin und die Schweizer Führer Ulrich Almer und C. Roth besteigen den Shkhara (Kaukasus).

1903. Die Briten Tom Longstaff und R.W. Rolleston besteigen den Westgipfel des Shkhara (Kaukasus).
Eine östereichische Seilschaft unter der Leitung von Hans Pfannl führt die erste Überschreitung des Ushba (Kaukasus) durch.

1921. Der Japaner K. Kobayashi ersteigt den Nordostgrat des Yarigadake (Japanische Alpen).

1928. Die Deutschen Kurt Wien, Eugen Allwein und Erwin Schneider besteigen den Pik Lenin (Pamir).

1931. Der sowjetischen Expedition unter der Leitung von P. Pogrebetsky gelingt die Erstbesteigung von Pik Pobedy und Khan Tengri (Tien Shan).

1932. Die Amerikaner Richard Burdsall, Arthus Emmons, Terris Moore und Jack Young besteigen den Minya Konka (Setschuan, China).

1933. Die von E. Abalakov geleitete sowjetische Expedition führt die Erstbesteigung des Pik Kommunismus (Pamir) durch.

1936. Die Deutschen Frauenberger, Raditschnig und Peringer überschreiten die zehn Gipfel vom Dych Tau bis zum Koshan Tau (Kaukasus).

1953. Die sowjetische Expedition unter der Leitung von A. Ugatov besteigt den Pik Evgenia Korzhenevskaja (Pamir).

1956. Eine chinesisch-sowjetische Expedition besteigt den Muztagh Ata (Kun Lun). Eine russisch-mongolische Expedition hat den Gipfel des Huithen (Mongolei) zum Ziel.

1962. Eine englisch-sowjetische Expedition unter der Leitung von John Hunt und A. Ovchinnikov durchsteigt die Südwand des Pik Kommunismus (Pamir).

1964. Eine von P. Baudish geleitete tschechische Seilschaft durchsteigt die Nordwand des Shkhara (Kaukasus).

1971. Eine kleine Gruppe russischer Alpinisten unter der Leitung von J. Arzischwski eröffnet eine schöne neue Route in der Westwand des Ushba und kommt auf dem Südgipfel heraus. Vier russische Kletterer unter der Führung von L. Kensizki eröffnen eine neue, schwierige Route in der Südwand des Shkhara. Die Briten P. Nunn, H. MacInnes und C. Wood eröffnen eine neue Route in der Nordwand des Pik Schurowsky. Vier Russen weihen eine neue, schwierige Route in der Nordwand des Tschantschachi (Kaukasus) ein. Zwei russischen Seilschaften gelingt die Erstbesteigung des Pik Kirow mit Aufstieg über die Westwand.

1974. Eine kasachische Expedition unter der Leitung von B. Studenin besteigt die Nordwand des Khan Tengri (Tien Shan).

1981. Eine von Y. Tada geleitete japanische Expedition erreicht den höchsten Gipfel des Amne Machin. Wenige Tage später kommen auch die Amerikaner G. Rowell, H. Knutsen und K. Schmitz auf den Gipfel, wählen aber eine direktere und schwierigere Route.
Eine englische Expedition unter der Leitung von Michael Ward, zu der Peter Boardman, Chris Bonington, Alan Rouse und Joe Tasker gehören, besteigt den Mount Kongur (Sinkiang, China).

1982. Eine sowjetische Expedition besteigt über zwei verschiedene Routen den Mount Aksu (Pamir-Alai).

1983. Eine sowjetische Seilschaft unter der Leitung von Kaluzj durchsteigt die Südostwand des Kamen (Kamtschatka).

1988. Eine sowjetische Expedition gelangt über vier verschiedene Routen durch die Westwand auf den Pik 4810 (Pamir-Alai).

1990. Eine russische Expedition unter der Leitung von V. Khrishchaty führt die erste Winterüberschreitung des Pik Pobedy am Khan Tengri (Tien Shan) durch.

AFRIKA

1503. Der Portugiese Antonio de Saldanha besteigt den Tafelberg.

1848. Der Schweizer Johann Rebmann sieht den Kilimandscharo und den Mount Kenya aus der Ferne.

1886. Der Ungar Samuel Teleki de Szek versucht, den Kilimandscharo und den Mount Kenya zu besteigen.

1888. Der Angloamerikaner Henry Morton Stanley erblickt den Ruwenzori. Die Südafrikaner A.H. und F.R. Stocker besteigen den Champagne Castle (Drakensberg).

1889. Der Deutsche Hans Meyer und der Österreicher Ludwig Purtscheller führen die Erstbesteigung des Kibo (Kilimandscharo) durch.

1899. Der Schotte Halford Mackinder und die Bergführer César Ollier und Joseph Brocherel aus Courmayeur erreichen den Batian, den höchsten Gipfel des Mount Kenya.

1905. Die Briten Douglas Freshfield und Arnold L. Mumm versuchen mit dem Führer Moritz Inderblatten die Besteigung des Ruwenzori.

1906. Eine italienische Expedition besteigt alle höchsten Gipfel im Ruwenzori. Die Margherita-Spitze erreichen Luigi Amedeo di Savoia, der Herzog der Abruzzen, und die Führer Joseph Pétigax, César Ollier und Joseph Brocherel.

1912. Die Deutschen Eduard Oehler und Fritz Klute erreichen den Gipfel des Mawensi (Kilimandscharo).

1927. Die Franzosen Jacques de Lépiney und A. Stofer besteigen den Jebel Toubkal (Hoher Atlas) über den Südostgrat.

1929. Die Briten Eric Shipton und Percy Wyn Harris besteigen den Nelion (Mount Kenya).

1932. Die Belgier X. De Grunne, W.J. Ganshof van der Merck, P. Solvay, J. Georges und H. de Schriver durchsteigen die Westwand der Margherita-Spitze (Ruwenzori).

1935. Die Franzosen Roger Frison-Roche und Raymond Coche besteigen die Garet el Djenoun (Tefedest) sowie den Iharen und den Saouinan (Hoggar).

1938. Die Deutschen Eugen Eisenmann und Theo Schnakig begehen den Decken-Gletscher am Kibo (Kilimandscharo).

1944. Die Briten A.H. Firmin und P. Hicks besteigen die Nordseite des Batian (Mount Kenya). Die Südafrikaner H. und E. Wongtschowski bezwingen The Bell (Drakensberg).

1951. Die Franzosen André Contamine, M. Mora und R. Thomas durchsteigen die Westwand der Aiguille de Tigrite (Hoher Atlas).

1957. M.R. Roussaire, S. Valentini, P. Cauderlier und G. Vidal durchsteigen die Südwand des Tehoulag Sud (Hoggar).

1966. Die Franzosen Pierre Mazeaud und Lucien Bérardini führen die Erstbesteigung des Takouba (Hoggar) durch.

1967. Die Spanier J.-M. Anglada, F. Abella, D. Alegre, F. Plana und J. Pons ersteigen den Nordgrat des Garet el Djenoun (Tefedest).

1968. Bernard Amy und Bernard Domenech aus Frankreich durchsteigen die Nordwand des Aroudane (Hoher Atlas).

1973. Der Engländer Phil Snyder und der Kenianer Thumbi Mathenge ersteigen das Diamond Couloir am Mount Kenya mit Ausstieg nach links.

1975. Der Amerikaner Yvon Chouinard und der Brite Mike Covington durchsteigen das Diamond Couloir am Mount Kenya mit direktem Ausstieg.
1978. Die Briten J. Allen und I.F. Howell ersteigen die große Verschneidung in der Ostwand des Nelion (Mount Kenya). Der Südtiroler Reinhold Messner durchsteigt den Breach Wall am Kilimandscharo.
1981. Die Franzosen Patrick Edlinger, G. Merlin und M. Ricard eröffnen die Route Tin'Hinan in der Westwand des Daouda (Hoggar).
1983. A. Wielochowski und R. Corkhill aus Großbritannien führen die Erstbesteigung des Poi (Nordkenia) durch.
1995. Die Deutschen Kurt Albert und Bernd Arnold durchsteigen die Südwand des Karambony (Madagaskar).
1998. Der Schweizer Michel Piola, der Franzose Benoît Robert und die Italiener Manlio Motto und Emanuele Pellizzari eröffnen elf neue Routen in den Wänden von Karambony, Tsaranoro, Vatovarindry und Dondy (Madagaskar).

NORDAMERIKA
1520. Eine Gruppe spanischer Soldaten unter der Führung von Diego de Ordaz besteigt den Popocatèpetl (Mexiko).
1847. Eine amerikanische Militäreinheit unter dem Befehl von William Raynolds besteigt den Pico de Orizaba (Mexiko).
1853. Der Amerikaner Thomas Dryer erreicht den Gipfel des Mount St. Helens.
1870. Die Amerikaner Hazard Stevens und Philemon Van Trump führen die Erstbesteigung des Mount Rainier (Staat Washington) durch.
1872. Die Amerikaner Nathaniel Langford und James Stevenson behaupten, den Grand Teton (Wyoming) bestiegen zu haben.
1893. Die Amerikaner W. Ripley und W. Rogers besteigen den Devil's Tower (Wyoming) unter Einsatz vieler künstlicher Hilfsmittel.
1896. Die Amerikaner William O. Owen und Franklin Spaulding führen die erste belegte Besteigung des Grand Teton (Wyoming) durch.
1897. Luigi Amedeo di Savoia, der Herzog der Abbruzzen, führt mit Vittorio Sella, Erminio Botta, Francesco Gonella und den Führern Joseph Pétigax, Laurent Croux, Antoine Maquignaz und André Pellissier die Erstbesteigung des Mount Saint Elias durch.
1906. Die Amerikaner Frederick Cook, Ed Barrill, Hershel Parker und Belmore Brown behaupten, den Mount McKinley bestiegen zu haben (Alaska): Die Lüge wird vier Jahre später aufgedeckt.
1913. Die Amerikaner Harry Karstens, Walter Harper, Hudson Stuck und Robert Tatum besteigen den Mount McKinley (Alaska). Der Österreicher Conrad Kain, der Amerikaner Albert H. MacCarthy und der Kanadier W.W. Forster besteigen den Mount Robson (Rocky Mountains).
1916. Conrad Kain, Albert H. MacCarthy und J. Vincent aus den USA besteigen die Bugaboo Spire (Purcell Range).
1925. Die Amerikaner Albert H. MacCarthy, H. Lambart, W. Foster, L. Lindsay, N. Reade und A. Carpe besteigen als Erste den Mount Logan (Yukon).
1931. Die Amerikaner Allen Carpé und Terris Moore besteigen den Mount Fairweather (Alaska).
1934. Charles Houston und C. Waterston aus Amerika und der Brite Thomas Graham sind die Ersten auf dem Mount Foraker (Alaska). Die Amerikaner Jules Eichorn, Dick Leonard und Bestor Robinson besteigen die Higher Cathedral Spire und die Lower Cathedral Spire (Yosemite Valley).
1936. Die Amerikaner Fritz Wiessner und Bill House besteigen den Mount Waddington (Kanadische Küstenkette). Jack Durrance, P. und E. Petzoldt aus den USA durchsteigen die Nordwand des Grand Teton (Wyoming).
1937. Die Amerikaner Fritz Wiessner, Bill House und L. Cloveney besteigen frei kletternd den Devil's Tower (Wyoming).
1939. Den Amerikanern Dave Brower, John Dyer, Raffi Bedayn und Bestor Robinson gelingt die Erstbesteigung des Shiprock (New Mexico).
1946. Fred Beckey, R. Craid und C. Schmidtke (USA) besteigen den Devil's Thumb (Kanada).
1950. Die Amerikaner John Salathé und Allen Steck besteigen den Sentinel Rock (Yosemite).
1954. Fred Beckey und H. Meybohm aus Amerika und der Österreicher Heinrich Harrer besteigen den Mount Deborah (Yukon). Die Amerikaner Elton Thayer, George Argus, Les Viereck und Morton Wood führen die erste Überschreitung des Mount McKinley (Alaska) durch. Thayer kommt beim Abstieg ums Leben.
1957. Die Amerikaner Royal Robbins, Jerry Gallwas und Mike Sherrick durchsteigen die Südwestwand des Half Dome (Yosemite).
1958. Warren Harding und Wayne Merry besteigen die Nose am El Capitan (Yosemite).
1959. Die Österreicher Leo Scheiblehner und Richard Griesmann durchsteigen die Südostwand am Mount La Pérouse (Alaska).
1960. Die Amerikaner Dave Rearick und Bobb Kamps durchsteigen die Ostwand (The Diamond) am Longs Peak (Colorado).
1961. Die Amerikaner Royal Robbins, Chuck Pratt und Tom Frost durchsteigen den Salathé Wall am El Capitan (Yosemite). Die Italiener Riccardo Cassin, Jack Canali, Gigi Alippi, Annibale Zucchi, Romano Perego und Natale Airoldi durchsteigen die Südwand des Mount McKinley (Alaska). Die Amerikaner H. Swedlund und R. Jacquot begehen das Black Ice Couloir am Grand Teton (Wyoming).
1963. Jim MacCarthy, Royal Robbins, Layton Kor und Dick McCracken aus den USA durchsteigen die Südostwand am Mount Proboscis im Cirque of the Unclimbables (Yukon).
1964. Royal Robbins, Yvon Chouinard, Chuck Pratt und Tom Frost besteigen den North America Wall am El Capitan (Yosemite). Die Deutschen Klaus Bierl, Arnold Hasenkopf, Alfons Reichegger und Walter Welsch besteigen Moose's Tooth.
1965. Die Amerikaner Don Jensen, Dave Roberts, Ed Bernd und Matt Hale durchsteigen die Ostwand des Mount Huntington (Alaska). Dick Long, Jim Wilson, Allen Steck, Joe Evans, Paul Bacon und Frank Coale überwinden den Südgrat am Mount Logan (Yukon).
1967. Einer internationalen Expedition gelingt die Erstbesteigung des Mount McKinley im Winter (Alaska). Die Amerikaner Dave Johnston und Art Davidson und der Schweizer Ray Genet erreichen den Gipfel. Der Franzose Jacques Batkin kommt ums Leben.
1972. Die Amerikaner Bill Forrest und Kris Walker besteigen den Painted Wall am Black Canyon of the Gunnison (Colorado).
1973. Dough Robinson, Dennis Hennek und Galen Rowell aus den USA wiederholen frei kletternd die Südwestwand am Half Dome (Yosemite).
1975. Die Amerikaner Jim Bridwell, Bill Westbay und Jay Fiske besteigen den Pacific Ocean Wall am El Capitan (Yosemite). In derselben Wand gelingt Bridwell und Westbay gemeinsam mit John Long die erste Besteigung der Nose an einem Tag.
1976. Die Briten Doug Scott und Dougal Haston eröffnen eine neue Route in der Südwand des Mount McKinley (Alaska).
1977. Der Amerikaner Henry Barber eröffnet die Mr. Clean-Route am Devil's Tower (Wyoming).
1978. Die Amerikaner «Mugs» Stump und J. Logan besteigen die Emperor Face am Mount Robson (Rocky Mountains). Die Amerikaner Jim Bridwell, Dale Bard und D. Diegelman eröffnen Sea of Dreams am El Capitan (Yosemite). S. McCartney und J. Roberts führen die Erstbesteigung der Nordwand des Mount Huntington (Alaska) durch.
1984. Der Italiener Renato Casarotto besteigt im Alleingang den Nordostgrat (Ridge of No Return) am Mount McKinley.
1986. Eine Gruppe von Alpinisten aus Alaska führt die Erstbesteigung des Mount Logan durch.
1988. Dem Schweizer Xavier Bongard gelingt der erste Alleingang von Sea of Dreams am El Capitan (Yosemite). In derselben Wand klettern die Amerikaner Paul Piana und Todd Skinner den Salathé Wall erstmals frei.
1991. Der Tscheche Miroslaw Smid eröffnet im Alleingang eine neue Route in der Südwand des Mount McKinley.
1992. Die Amerikaner Paul Piana, Galen Rowell und Todd Skinner eröffnen die Route The Great Canadian Knife in der Südostwand des Mount Proboscis im Cirque of the Unclimbables (Yukon). Die Spanier Carlos, Javier, José Garcìa und Miguel Angel Gallego besteigen den West Temple (Utah).
1993. Lynn Hill und B. Sandahl aus den USA klettern als Erste frei die Nose am El Capitan (Yosemite).
1994. Die Amerikaner Marc Twight und Scott Backes eröffnen Deprivation am Nordgrat des Mount Hunter (Alaska).
1995. Die Kanadier J.Elzinga und D.Serl durchsteigen die Südwand des Mount Waddington (Kanadische Küstenkette).
1997. Der Österreicher Thomas Bubendorfer führt die Erstbesteigung des Mount Laurens (Alaska) durch.

ARKTIS UND GRÖNLAND
1921. Die Briten James M. Wordie, Mercanton und Lethbridge besteigen den Beerenberg (Jan-Mayen-Insel).
1935. Die britische Expedition von L. Wager besteigt den Gunnbjorns Fjeld (Grönland)
1953. Die Schweizer Hans Weber, J. Marmet-Röthlisberger und F. Schwarzenbach besteigen den Mount Asgaard (Baffin Island).
1960. Die italienische Expedition unter der Leitung von Piero Ghiglione besteigt die Punta Italia (Grönland).
1972. Die Briten Doug Scott, Paul Nunn und Paul Braithwaite und der Amerikaner Dennis Hennek besteigen den Südwestgrat am Mount Asgaard (Baffin Island).
1975. Der Amerikaner Charlie Porter besteigt im Alleingang den Asgaard Tower (Baffin Island).
1976. Der Brite Doug Scott und der Amerikaner Dennis Hennek erklettern den Westpfeiler des Mount Overlord (Baffin Island).
1984. Die Schweizer Michel Piola, Christian Dalphin und Nicolas Schenkel durchsteigen die Südwand des Ketil Pingasut (Grönland).
1985. Eine amerikanische Seilschaft unter der Leitung von Earl Redfern eröffnet eine Direttissima in der Westwand des Mount Thor (Baffin Island).
1994. Die Südtiroler H. Gargitter und W. Obergolser, der Brite B. Masterson und die Deutschen H.M. Götz, K. Albert, S. Glowacz und D. Lang besteigen die Westwand des Ulametorssuaq (Grönland).
1995. Die Amerikaner Paul Gagner und Rick Lovelace eröffnen die Route Superunknown in der Südwand der Walker Citadel (Baffin Island). Der Schweizer Michel Piola und die Italiener Paolo Cavagnetto, Manlio Motto und Vincenzo Ravaschietto eröffnen eine Direttissima in der Südwestwand des Mount Suikarsuak (Grönland).
1998. Der Amerikaner Jason Smith besteigt im Alleingang die Westwand des Mount Thor (Baffin Island).

SÜDAMERIKA
1802. Der Deutsche Alexander von Humboldt, der Franzose Aimé Bonpland und Carlos Montùfar aus Ecuador versuchen die Besteigung des Chimborazo (Ecuador).
1834. Dem Briten Robert Schomburg gelingt die Erstbesteigung des Roraima (Venezuela).
1872. Der Deutsche Wilhelm Reiss und der Kolumbianer Angel M. Escobar führen die Erstbesteigung des Cotopaxi (Ecuador) aus.
1879–1880. Dem Briten Edward Whymper und den Bergführern Jean-Antoine und Louis Carrel gelingen die Erstbesteigungen von Chimborazo, Cayambe, Antisana, Carihuairazo, Sincholagua, Cotacachi und Sara Urco in Ecuador. Die beiden Carrel besteigen auch den Illiniza Sur erstmals.
1897. Der Bergführer Mathias Zurbriggen führt die Erstbesteigung von Aconcagua und Tupungato (Cordillera Central, Argentinien) durch.
1898. Der Brite Martin Conway erreicht mit den Führern Antoine Maquignaz und Louis Pellissier den Gipfel des Illimani (Cordillera Oriental, Bolivien).
1908. Der Amerikanerin A. Peck und den Bergführern G. Zumtaugwald und P. Taugwalder gelingt die Erstbesteigung des Nordgipfels des Huascaràn (Cordillera Blanca, Peru).
1919. Der Deutsche R. Dienst besteigt den Huayna Potosì (Cordillera Oriental, Bolivien).
1932. Die Deutschen H. Bernard, E. Hein, H. Hoerlin und E. Schneider besteigen Huascaràn Sud, Huandoy, Artesonraju, Huascaràn Est und Nevado de Copoa (Cordillera Blanca, Peru).
1934. Die Polen S. Osiewski, V. Ostrowski, A.Karipnski, J. Dorawski und S. Dassinsky besteigen den Cerro Mercedario (Argentinien).
1936. F. Weiss besteigt den Pico Bolivar (Sierra Nevada de Merida, Venezuela).
1939. A. Bakewell, A. Praolini und W.A. Wood gelingt die Erstbesteigung des Pico Colòn (Sierra de Santa Marta, Kolumbien).
1953. Die Briten G. Bell, F. Auyres, D. Michael und W. Graham besteigen den Nevado Salcantay (Cordillera de Vilcabamba, Peru).
1954. Eine französische Expedition durchsteigt die Südwand des Aconcagua. Lucien Bérardini, Adrien Dagory, E. Denis, Pierre Lesueur und G. Poulet erreichen den Gipfel.
1956. Die Franzosen Lionel Terray, M. Martin, R. Devaille und R. Sennelier besteigen den Chacraraju und den Taulliraju (Cordillera Blanca, Peru).
1957. Den Österreichern Toni Egger und Stefan Jungmeier gelingt die Besteigung des Jirishanca (Cordillera de Huayhuash, Peru).
1961. Die Italiener Riccardo Cassin, Gigi Alippi, Casimiro Ferrari, Giuseppe Lafranconi, Annibale Zucchi, Sandro Liati und Natale Airoldi besteigen die Westkante des Jirishanca (Cordillera de Huayhuash, Peru).
1962. Eine französische Expedition unter der Leitung von Lionel Terray durchsteigt die Ostwand des Chacraraju (Cordillera Blanca, Peru).
1968. Die Briten Chris Jones und Paul Dix durchsteigen die Nordostwand des Yerupaja (Cordillera de Huayhuash, Peru).
1973. Joe Brown, Mo Anthoine, Don Whillans und Hamish MacInnes aus Großbritannien ersteigen den Nordgrat des Roraima (Venezuela).
1974. Der Südtiroler Reinhold Messner führt den ersten Alleingang durch die Südwand des Aconcagua durch.
1975. Die Italiener Casimiro Ferrari, Pino Negri, Antonio Zoia, Danilo Borgonuovo, Sandro Liati und Piero Castelnuovo durchsteigen die Südwestwand des Alpamayo (Cordillera Blanca, Peru). Der Franzose Nicolas Jaeger ersteigt die Südwand des Chacraraju (Cordillera Blanca, Peru).
1977. Die Briten Rab Carrington und Alan Rouse durchsteigen die Westwand des Rondoy (Cordillera de Huayhuash, Peru). Der Italiener Renato Casarotto schafft im Alleingang die Nordwand des Huascaràn Norte (Cordillera Blanca, Peru).
1983. Die Italiener Franco Perlotto und Gianni Bisson durchsteigen die Wand links vom Salto Angel (Venezuela).
1988. Der Franzose Patrick Gabarrou eröffnet im Alleingang eine Route in der Südwand des Illimani (Cordillera Oriental, Bolivien).
1991. Der Slowene Slavko Sveticic eröffnet eine Route in der Südwestwand des Huascaràn (Cordillera Blanca, Peru).
1992. Die Slowenen Dusan Debelak und Tomas Zerovnik besteigen den Mittelpfeiler der Nordwand des Illampu (Cordillera Real, Bolivien).
1996. Die Slowenen Viktor Milnar, Dusan Debelak und Tomas Zerovnik durchsteigen die Westwand des Chacraraju (Cordillera Blanca, Peru). Der Amerikaner S. House besteigt eine Reihe

schwieriger vereister Couloirs in der Westwand des Chimborazo (Ecuador).

PATAGONIEN UND FEUERLAND
1942. Friedrich (Federico) Reichert besteigt den Monte Tronador.
1943. Der Italiener Alberto Maria De Agostini und die Argentinier Alex Hemmi und Heribert Schmoll besteigen den Cerro San Lorenzo.
1947. Die italienische Expedition von Aldo Bonacossa, Ettore Castiglioni, Leo Dubosc und Titta Gilberti führt den ersten Besteigungsversuch am Fitz Roy durch.
1952. Den Franzosen Lionel Terray und Guido Magnone gelingt die Erstbesteigung des Fitz Roy. Die Argentinier Dinko Bertoncelij, Birger Lantschner, Toncek Pangerc, Gregorio Ezquerra, Carlos Sonntag, Otto Meiling und Juan Neumayer besteigen den Cerro San Valentin.
1956. Die Italiener Carlo Mauri und Clemente Maffei, die zu einer Expedition unter Padre Alberto Maria De Agostini gehören, schaffen die Erstbesteigung des Monte Sarmiento (Ostgipfel).
1957. Die Italiener Jean Bich, Leonardo Carrel, Toni Gobbi, Camillo Pellissier und Pierino Pession besteigen den Paine Grande.
1958. Zwei italienische Expeditionen versuchen, den Cerro Torre zu besteigen. Die Italiener Walter Bonatti und Carlo Mauri und die Argentinier Folco Doro Altan und René Eggmann besteigen den Cerro Mariano Moreno. Bonatti und Mauri überschreiten den Cordón Adela.
1959. Der Italiener Cesare Maestri und der Österreicher Toni Egger führen die Erstbesteigung des Cerro Torre durch. Egger wird beim Abstieg von einer Lawine erschlagen.
1962. Der Ire Frank Cochrane und der Brite Don Whillans besteigen die Aguja Poincenot.
1963. Die Briten Chris Bonington und Don Whillans bezwingen den mittleren Paine-Turm. Die Italiener Armando Aste, Vasco Taldo, Josve Aiazzi, Carlo Casati und Nando Nusdeo besteigen den Südlichen Turm der Paine.
1965. Carlos Comesaña und José Luis Fonrouge schaffen die Supercanaleta am Fitz Roy.
1966. Die Italiener Casimiro Ferrari, Cesare Giudici, Gigi Alippi, Guido Machetto, Carlo Mauri und Giuseppe Pirovano besteigen als erste den Monte Buckland (Feuerland).
1968. Die Amerikaner Yvon Chouinard, Dick Dorworth, Chris Jones, Lito Tejada-Flores und Douglas Tompkins besteigen den Südwestpfeiler des Fitz Roy (Kalifornier-Führe).
1970. Cesare Maestri, Daniele Alimonta und Carlo Claus bewältigen den Ostgrad des Cerro Torre («Kompressor-Route»).
1974. Die Italiener Casimiro Ferrari, Mario Conti, Pino Negri und Daniele Chiappa klettern die Westwand des Cerro Torre.
1976. Die Amerikaner John Bragg, John Donini und Jay Wilson besteigen den Torre Egger.
1979. Der Italiener Renato Casarotto bezwingt im Alleingang den Nordostpfeiler des Fitz Roy. Die Amerikaner Jim Bridwell und Steve Brewer wiederholen frei den Ostgrat des Cerro Torre.
1982. Die Amerikaner Alan Kearney und Bobby Knight durchsteigen die Südwand des mittleren Paine-Turms.
1985. Der Schweizer Marco Pedrini führt den ersten Alleingang am Cerro Torre durch. Den Italienern Paolo Caruso, Maurizio Giarolli, Ermanno Salvaterra und Andrea Sarchi gelingt die erste Winterbesteigung des Cerro Torre. Die Italiener Mario Manica und Renzo Vettori durchsteigen die Nordwestwand des Cerro Piergiorgio.
1986. Die Argentinier Sebastian de la Cruz, Gabriel Ruiz und Eduardo Brenner führen die erste Winterbesteigung des Fitz Roy durch. Die Italiener D. Bosisio, M. Della Santa, M. Panzeri und P. Vitali besteigen den Westgipfel des Monte Sarmiento.
1988. Die Slowenen Janez Jeglic und Silvo Karo durchsteigen die Südwand des Cerro Torre.
1991. Der Schweizer Kaspar Ochsner und der Tscheche Michal Pitelka bezwingen den Ostpfeiler des Fitz Roy.
1995. Die Italiener Ermanno Salvaterra, Piergiorgio Vidi und Roberto Manni eröffnen im Winter und im Alpenstil eine neue Route in der Südwand des Cerro Torre.

OZEANIEN UND ANTARKTIS
1882. Reverend W.S. Green versucht als Erster die Besteigung des Mount Cook (Neuseeländische Alpen).
1888. Die Expedition von W. MacGregor besteigt den Mount Victoria (Irian Jaya, Neu-Guinea). Der Brite J. Whitehead besteigt den Low's Peak am Kinabalu (Borneo).
1894. Die Neuseeländer George Graham, Tom Fyffe und Jack Clark führen die Erstbesteigung des Mount Cook durch (Neuseeländische Alpen).
1895. E.A. Fitzgerald und Jack Clarke führen mit dem Bergführer Mathias Zurbriggen die Erstbesteigung des Mount Tasman (Neuseeländische Alpen) durch.
1908. Die Briten J. Adams, T. David, A. Mackay, E. Marshall und der Australier D. Mawson fahren mit der Nimrod, dem Schiff von E. Shackleton, und besteigen den Erebus von der Westseite aus (Ross Island, Antarktis).
1922. Der Brite A.F. Wollaston versucht, die Pyramide Carstenz (Neu-Guinea) zu besteigen.
1934. Die Amerikaner Q. Blackburn, S. Paine und R. Russel besteigen als Mitglieder der zweiten Expedition von Byrd den Mount Weaver (Queen Maud Mountains, Antarktis).
1936. Eine holländische Expedition unter der Leitung von A.H.Colijn besteigt den Ngga Poloe, scheitert aber an der Besteigung der Pyramide Carstenz (Neu-Guinea).
1940. Die Amerikaner H. Gilmour, C. Passel, L. Warner und L. Wells erreichen den Gipfel des Mount Berlin (Hal Flood Range, Marie Byrd Land, Antarktis).
1951. Die Neuseeländer George Lowe, Edmund Hillary, Earle Riddiford und Ed Cotter besteigen den Maximilian-Grat am Elie de Beaumont (Neuseeländische Alpen).
1955. W. Hinson, A. Rennie und A. Shewry aus Großbritannien besteigen den Mount Français von der Westseite (Antarktische Halbinsel).
1956. Die Briten J. Cunningham, S. Paterson, T. Price und K. Warburton besteigen den Mount Paterson (South Georgia).
1958. Die Neuseeländer G. Marsh und R. Miller erreichen den Claydon Peak (Queen Elizabeth Range, Antarktis). Ihre Landsleute F. Brooke und B. Gunn kommen zum Gipfel des Mount Huggins (Royal Society Range, Victoria Land, Antarktis).
1959. Der Brite J. Pirrit vollendet im Alleingang die Erstbesteigung des Mount Sidley (Marie Byrd Land, Antarktis), und die Neuseeländer B. Alexander, M. White und J. Wilson ersteigen den Mount Terror (Ross Island, Antarktis).
1961. Ein australisches Team durchsteigt die Nordwestwand des Federation Peak (Tasmanien). Die Australier D. Keyser, J. Seavers, D. Traill erreichen den Gipfel des Mount Menzies (Prince Charles Mountains, Antarktis).
1962. Der Österreicher Heinrich Harrer, der Neuseeländer Philip Temple und die Holländer Kippax und Huizinga besteigen die Pyramide Carstenz (Neu-Guinea). Die Neuseeländer R. Hewson, G. Grindley und J. Montgomery vollenden die Erstbesteigung des Mount Falla (Queen Alexandra Range, Antarktis). Der Brite W. Herbert und die Neuseeländer V. McGregor, P. Otway und K. Pain besteigen den Mount Fridtjof Nansen (den südlichsten Viertausender der Antarktis). Dann besteigen die Neuseeländer B. Gunn und J. Wilson als Erste den Mount Lister (Royal Society Range, Antarktis).
1964. Die Expedition unter der Leitung von M.K. Burkley führt die Erstbesteigung des Mount Paget (South Georgia) durch.
1965. Eine australisches Team besteigt zum ersten Mal die Ball's Pyramid.
1966. Den Amerikanern B. Corbet, J. Evans, W. Long und P. Schoening gelingt die Erstbesteigung des Mount Vinson (Antarktis). B. Corbet, C. Hollister, S. Silverstein und R. Wahlstrom vollenden die Erstbesteigung des Mount Shinn (Sentinel Range, Ellsworth Mountains, Antarktis). Im selben Gebiet begehen J. Evans und B. Marts den Mount Gardner.
1967. B. Corbet und J. Evans realisieren die Erstbesteigung des Mount Tyree. Hier begehen J. Evans, C. Hollister, S. Silverstein und R. Wahlstrom auch den Mount Ostenso. Gleichzeitig erobern E. Fukushima, W. Long, B. Martis und P. Schoening den Mount Long Gables.
1968. Ignazio Piussi gelingen verschiedene Erstbesteigungen in der Royal Society Range (Victoria Land, Antarktis): Mt. Hercules (mit G. Wilson), St. Paulis Mountain (mit M. Manzoni), Mt. Fleming (mit M. Manzoni). Im selben Gebiet besteigen Carlo Mauri und Attilio Ollier zum ersten Mal den Mount Warren (heute Warren Range HP).
1969. Die Neuseeländer George Harris und Murray Jones durchsteigen die Südwand des Douglas Peak (Neuseeländische Alpen). Carlo Mauri und Attilio Ollier besteigen den Mount Portal (Victoria Land, Antarktis). In dieser Gegend führt I. Piussi mit drei Kameraden aus Neuseeland die Erstbesteigung des Mount Odin durch.
1970. Die Neuseeländer Pete Gough und John Glasgow durchsteigen die Südostwand (oder: Caroline Face) des Mount Cook (Neuseeländische Alpen).
1972. Die Neuseeländer Bill Denz und Brian Pooley durchsteigen die Nalfour-Wand am Mount Tasman (Neuseländische Alpen). Die Briten Richard Isherwood, Leo Murray und Jack Baines eröffnen eine Direttissima in der Nordwand der Pyramide Carstenz (Neu-Guinea).
1976. Walter Bonatti und dem Neuseeländer Gary Ball gelingen Erstbesteigungen in der Royal Society Range (Victoria Land, Antarktis): Mount Hooker, Mount Giulia, Mount Rucker, The Twins.
1978. Die Briten Peter und Hillary Boardman durchsteigen die Südwand der Pyramide Carstenz (Neu-Guinea).
1980. Der Franzose P. Cardis besteigt den Nordostgrat des Mount Paget (South Georgia).
1981. W. Atkinson und W. Fowlie aus Neuseeland besteigen als Erste den Mount Adam und den Mount Black Prince (Admiralty Mountains, Antarktis).
1985. Die Kanadier P. Morrow und M. Williams fahren als Erste mit Skiern den Mount Vinson ab, den höchsten Gipfel der Antarktis (Sentinel Range, Ellsworth Mountains). Die Amerikaner D. Egerton und E. Stumps und der Australier R. Korsch besteigen den Mount Korsch und den Mount Markham (Queen Elizabeth Range, Antarktis).
1986. Der Kanadier Pat Morrow besteigt die Pyramide Carstenz und wird zum ersten Alpinisten, der die höchsten Gipfel der sieben Kontinente bezwungen hat.
1989. Den Neuseeländern P. Fitzgerald und R. Hall und den Amerikanern E. und T. Stump gelingt die Erstbesteigung des Mount Vinson im Alpenstil (Sentinel Range, Ellsworth Mountains, Antarktis). Im selben Gebiet gelingen T. Stump die Erstbesteigungen im Alleingang von Mount Gardner und Mount Tyree. R. Hall besteigt als Erster im Alleingang den Mount Shinn.
1991. Die Amerikaner D. Elliot, T. Fleming und C. Miller besteigen den Mount Kirkpatrick (Queen Alexandra Range, Antarktis). Der Österreicher R. Lang schafft im Alleingang die Erstbesteigung des Mount Vinson über eine neue Route auf der Westseite. Die Amerikaner C. Anker, C. Duval, J. Smith und P. Teten besteigen den Mount Craddock über den Westgrat (Sentinel Range, Ellsworth Mountains, Antarktis).
1994. Eine norwegische Expedition besteigt den Ulvetanna im Queen Maud Land (Antarktis).
1994. Der Schweizer Erhard Loretan besteigt im Alleingang als Erster den Mount Epperly (Sentinel Range, Ellsworth Mountains, Antarktis).
1996. Die Franzosen Eric Decamp und Cathérine Destivelle führen die Erstbesteigungen des Mount Viets und eines schwierigen namenlosen Gipfels (4111 m) über die Westwand durch (Sentinel Range, Ellsworth Mountains, Antarktis).

REGISTER

Personen
Kursive Ziffern verweisen auf Abbildungen

Orte, Berge

BIBLIOGRAFIE

Pierre Allain, *Alpinisme et Compétition*, Paris, Grenoble 1949.

Iain Allan/Gordon Boy/Clive Ward, *Snowcaps at the Equator*, London 1988.

Stefano Ardito, *Montblanc*, Erlangen 1996.

Yves Ballu, *Les Alpinistes*, Grenoble 1984.

Edwin Bernbaum, *Sacred Mountains of the World*, San Francisco 1990.

Karl Blodig/Helmut Dumler, *Die Viertausender der Alpen*, München 1989.

Walter Bonatti, *Berge – meine Berge*, Rüschlikon – Zürich 1964.

Walter Bonatti, *Große Tage am Berg*, Rüschlikon – Zürich 1971.

Walter Bonatti, *Montagne di una vita*, Milano 1997.

Chris Bonington, *Annapurna Südwand*, Frauenfeld 1971.

Chris Bonington, *Triumph in Fels und Eis*, Stuttgart 1995.

Chris Bonington, *I Chose to Climb*, London 1966,

Chris Bonington, *The Next Horizon*, London 1973.

Chris Bonington/Alessandro Gogna, *La grande montagna*, Novara 1995.

Joe Brown, *The Hard Years*, London 1967.

Thomas Graham Brown, *Brenva*, London 1955.

Thomas Graham Brown/Gavin de Beer, *The First Ascent of Mont Blanc*, Oxford 1957.

Hermann Buhl, *Achttausend drüber und drunter*, München 1960.

Gino Buscaini/Silvia Metzeltin, *Patagonien*, München 1990.

Riccardo Cassin, *Cinquant'anni di alpinismo*, Milano 1977.

Antonio Cembran/Maurizio Giordani, *Marmolada sogno di pietra*, Trento 1986.

Giovanni Cenacchi, *Gli Scoiattoli di Cortina*, Cortina 1989.

Tomo Cesen, *Solo*, Milano 1991.

Chistine de Colombel, *Les grands de la montagne*, Paris 1979.

Emilio Comici, *Berge, Klettern – ein Leben, eine Kunst*, München 1964.

William A. B. Coolidge, *Josias Simler et les origines de l'alpinisme jusqu'en 1600*, Grenoble 1904.

Filippo De Filippi, *Himalaia, Caracorum e Turchestan Cinese*, Bologna 1924.

Ardito Desio, *K2, zweiter Berg der Erde*, München 1956.

René Desmaison, *Berge – meine Leidenschaft*, Rüschlikon – Zürich 1971.

Kurt Diemberger, *K2 – Traum und Schicksal*, München 1999.

Kurt Diemberger, *Gipfel und Gefährten*, München 1990.

Horace Bénédict de Saussure, *Voyages dans les Alpes*, Neuchâtel 1779–1796.

Claire-Eliane Engel, *Histoire de l'alpinisme des origines à nos jours*, Paris 1950.

Roger Frison-Roche/Sylvain Jouty, *A History of Mountain Climbing*, Paris 1996.

Giusto Gervasutti, *Bergfahrten*, München 1992.

Paul Grohmann, *Wanderungen in den Dolomiten*, Wien 1877.

Heinrich Harrer, *Die weiße Spinne – das große Buch vom Eiger*, Berlin 1999.

Dougal Haston, *In High Places*, New York 1973.

Maurice Herzog, *Annapurna, erster Achttausender*, Wien 1955.

Toni Hiebeler, *Eigerwand*, Gütersloh 1976.

Edmund Hillary, *Wer wagt, gewinnt – eine Autobiographie*, Bergisch Gladbach 1976.

Edmund Hillary, *Ich stand auf dem Everest*, Wiesbaden 1956.

Thomas F. Hornbein, *Everest – the West Ridge*, San Francisco 1966.

John Hunt, *Mount Everest – Kampf und Sieg*, Wien 1956.

Chris Jones, *Climbing in North America*, Seattle 1997.

Pierre Joutard, *L'invention du Mont Blanc*, Paris 1986.

Jon Krakauer, *In eisige Höhen – das Drama am Mount Everest*, München 1999.

Julius Kugy, *Aus dem Leben eines Bergsteigers*, München 1989.

Jerzy Kukuczka, *Im vierzehnten Himmel – Wettlauf im Himalaja*, München 1990.

Georges Livanos, *Über dem Abgrund, senkrecht bis überhängend*, Rüschlikon – Zürich 1960.

Cesare Maestri, *Il Ragno delle Dolomiti*, Milano 1981.

Roberto Mantovani, *Everest, storia del gigante himalayano*, Vercelli 1997.

Roberto Mantovani, *K2 – sfida ai confini del cielo*, Vercelli 1998.

Fosco Maraini, *Gasherbrum IV*, Bari 1960.

Reinhold Messner, *Die Herausforderung*, 1976

Reinhold Messner, *Siebter Grad*, München 1981.

Reinhold Messner, *Die Freiheit, aufzubrechen, wohin ich will*, München 1991.

Reinhold Messner, *Der gläserne Horizont*, München 1982.

Reinhold Messner, *Überlebt – Alle 14 Achttausender*, München 1995.

Gian Piero Motti/Enrico Camanni, *La storia dell'alpinismo*, Torino 1995.

John Muir/Galen Rowell, *The Yosemite*, San Francisco 1989.

Albert F. Mummery, *Meine Bergfahrten in den Alpen und im Kaukasus*, München 1988.

Jim Perrin, *Mirrors in The Cliffs*, London 1983.

Tita Piaz, *Dolomiten, meine Freiheit*, Bern 1966.

Gaston Rébuffat, *Sterne und Stürme – Die großen Nordwände der Alpen*, München 1986.

Galen Rowell, *Mountains of the Middle Kingdom*, San Francisco 1983.

Galen Rowell, *Mountain Light*, San Francisco 1986.

Doug Scott, *Himalayan Climber – Ein Leben in den höchsten Gebirgen der Welt*, Rosenheim 1992.

Eric Shipton, *The Six Mountain-Travel Books*, London, Seattle 1995.

Lionel Terray, *Les conquérants de l'inutile*, Paris 1961.

Lionel Terray, *Vor den Toren des Himmels*, München 1965.

Walt Unsworth, *Encyclopedia of Mountaineering*, London 1992.

Edward Whymper, *Berg- und Gletscherfahrten in den Jahren 1860 bis 1869*, München 1990.

Edward Whymper, *Travels amongst the Great Andes of the Equator*, London 1892.

Ken Wilson, *The Games Climbers play*, London 1986.

William Windham/Pierre Martel, *An Account of The Glacières or Ice Alps in Savoy*, London 1744.

DANKSAGUNG

Der Verleger bedankt sich für die wertvolle Mitarbeit bei: Annetta Stenico, Dott. Floriano Menapace von der Autonomen Provinz Trient, SAT Trient, Manrico Dell'Agnola, Mario Colonel, Pascal Tournaire, Sektion Agordo des CAI, Sektion Cortina des CAI, Walter Bonatti, Alpenverein Varallo, Bergmuseum Turin, Nationalbibliothek des CAI in Turin, Fabrizio De Francesco, Luciano Eccher, französischer Klettererverband, Sell-Stiftung in Biella, Salvatore Tutino, Associazione Scoiattoli aus Cortina, Ed Webster vom Alpine American Journal, SAT Triest, Adriano Tomba, Giovanni Cavulli, Angelo Gandini, Studio Donati in Vercelli.

Archiv White Star: Seite 9 oben, 16 unten, 19 unten rechts, 20 oben, 24 oben, 24 Mitte, 24 unten, 26 unten, 27 oben, 27 unten links und rechts, 34 unten, 35 links, 36 unten links, 37 oben, 37 Mitte, 38 oben und Mitte, 39 oben links und rechts, 45 oben, 45 Mitte rechts, 45 unten, 47 unten Mitte, 47 unten rechts, 66–67, 69 oben rechts, 76 links, 78 rechts, 79 oben links, 103 oben rechts, 103 unten links, 110 oben, 110 unten, 111 unten, 138–139, 138 oben, 140–141, 157 unten links.
Antonio Attini/Archiv White Star: Seite 21 oben, 75 unten rechts; 107 oben rechts.
Marcello Bertinetti/Archiv White Star: Seite 9 Mitte, 16-17, 17 unten, 28-29 oben, 30 oben, 30–31, 38–39, 40–41, 41 oben, 42–43, 44–45, 46–47, 54–55, 55 unten, 56 unten, 57, 58 Mitte, 59 unten rechts, 60 oben rechts, 60–61, 62–63, 71 oben, 75 links, 84–85, 85 oben, 86–87, 87 Mitte, 87 unten, 92 links, 92–93, 128–129, 141 oben, 143 oben rechts, 144–145, 175 oben rechts.
Livio Bourbon/Archiv White Star: Seite 38 unten, 49 oben, 53 oben links, 60 unten links, 61 rechts, 68 oben, 72 oben links und rechts, 73 oben links, 73 oben rechts, 78 links, 80 links, 81 links, 81 rechts oben und unten, 90 oben, 93 rechts, 93 unten, 94 links, 114 Mitte, 118 links unten, 123 unten rechts, 130 links, 131 oben, 132 unten links, 132 oben rechts, 132 unten rechts, 143 unten links, 145 rechts, 183 rechts, 243 unten links.
Luciano Ramires/ Archiv White Star: Seite 52, 62 Mitte, 68-69, 119 rechts.
Giulio Veggi /Archiv White Star: Seite 9 oben links, 29 unten rechts, 30 unten links, 30 rechts, 32–33, 33 unten, 47 oben, 144 unten.
Lulgi Accusani: Seite 96.
Alpenverein Museum Innsbruck: Seite 82 oben links, 85 unten, 89 oben rechts und Mitte, 119 unten.
The Alpine Club Library: Seite 117 unten, 151 oben, 151 unten.
Alpines Museum, München: Seite 120 unten links, 120 links, 139 unten.
Giulio Andreini: Seite 230–231.
Fabrizio Antonioli: Seite 248–249.
Stefano Ardito: Seite 24–25, 34–35, 53 oben rechts, 103 Mitte rechts, 104 unten rechts, 105 oben, 107 unten rechts, 173 unten, 303 links.
J.M. Asselin: Seite 111 oben links und rechts.
Yves Ballu: Seite 16 oben, 19 oben, 21 unten, 43 unten links, 43 rechts, 46 unten rechts, 47 unten links, 50 oben, 51 oben, 67 oben, 69 unten rechts, 74 rechts, 77 unten rechts, 132 oben rechts, 142 unten links, 142 unten rechts, 180 oben links, 191 oben.
Pierre Béghin/Foc Photo: Seite 98 unten, 146–147, 161 Mitte, 280 links, 280 oben rechts, 281, 282–283, 282 unten, 283 oben, 283 unten, 284 oben, 285 unten, 287 Mitte, 293 Mitte.
Marco Bianchi: Seite 152–153.
Peter Boardman/Chris Bonington Picture Library: Seite 274–275.
Christophe Boisvieux: Seite 112–113.
Walter Bonatti: Seite 194 oben links, 196 oben links, 196 oben rechts.
Chris Bonington Picture Library: Seite 100–101, 135 unten, 180 rechts, 194 unten links, 194 Mitte rechts, 194–195, 196, 196–197,197 rechts, 198 unten links, 198–199, 199 oben, 199 unten, 210–211, 211 oben, 236 unten, 237 oben links, 237 unten, 241 unten, 242 links, 242–243, 244 links, 244 unten rechts, 271 unten rechts.
Robert Bösch: Seite 10, 132–133, 171 rechts, 232–233, 234–235, 238 oben, 238–239, 293 unten.
Mark Buscail: Seite 18 unten, 72–73, 156 oben, 156–157, 261 unten.
CAI Agordo: Seite 57 unten links, 63 unten links und rechts.
Biblioteca Nazionale del CAI Torino /Antonio Attini: Seite 22 oben, 23 unten, 37 unten, 40 links, 40 rechts oben, 40 Mitte rechts, 40 unten rechts, 42 unten, 43 oben links, 44 oben, 46 unten links, 48 unten links, 48 unten rechts, 64 oben, 65 unten, 65 Mitte, 65 unten, 66 rechts, 68 unten, 73 unten, 74 links, 75 oben rechts, 79 oben Mitte, 93 oben links, 124 rechts.
CAI Varallo: Seite 30 unten rechts, 31 links, 32 oben und unten.
Alberto Campanile: Seite 88–89, 90–91, 188–189, 252–253, 261 Mitte.
Archivio Casarotto: Seite 212 unten, 237 oben rechts, 287 oben.
Giovanni Cavulli: Seite 118–119, 120 unten rechts, 121 oben, 124–125, 174–175, 186–187.
Sylvie Chappaz: Seite 190–191.
Greg Child: Seite 98–99, 203, 223 oben, 226 oben, 290 oben, 290 unten, 290–291.
John Cleare/Mountain Camera: Seite 103 oben links, 104 oben links, 190 unten.
Mario Colonel: Seite 36 unten rechts, 64-65, 143 unten rechts, 193 oben links, 193 oben rechts, 201 unten links, 211 unten, 232 links, 232 rechts, 298 links.
Javier Corripio / Stock Shot: Seite 243 unten rechts.
Jordan Coonrad: Seite 204–205, 205 rechts.
Scott Darsney: Seite 110–111, 291 unten links, 291 unten rechts, 294 oben, 294 unten, 294–295, 295 unten.
Manrico Dell'Agnola: Seite 185 rechts.
Giuliano De Marchi / Archiv Dell'Agnola: Seite 248 unten.
Kurt Diemberger: Seite 147 unten.
Kurt Diemberger / K3: Seite 170 Mitte links.
M. Droyer: Seite 250 oben rechts.
Luciano Eccher: Seite 124 links, 229 oben, 229 unten.
Fédération française de la montagne et de l'escalade: Seite 162 links, 162 rechts, 163 unten links, 170 oben, 170–171,171 unten links, 180 unten links, 180 unten rechts.
Ferrero-Labat/ Ardea London: Seite 104 unten links.
Archivio Fondazione Sella: Seite 9 unten, 70 oben, 70 Mitte, 70–71, 71 Mitte, 71 unten links und rechts, 94 rechts, 95 unten links, 97 Mitte, 97 unten, 101 oben und unten, 98 oben, 98 Mitte, 99 unten, 115 rechts, 114–115 unten.
Archiv Fontanive: Seite 60 oben links, 126 unten, 127 rechts.
Gandini: Seite 52-53, 54 oben, 54 unten, 56 oben, 58 oben, 58 unten, 58–59, 59 rechts oben, 59 rechts Mitte, 60 unten rechts, 82 oben rechts, 83 unten, 84 unten, 91 oben links, 91 oben Mitte, 91 oben rechts, 91 unten rechts.
Maurizio Giordani: Seite 249 unten, 253 unten, 254 unten, 255 rechts, 256 links, 257 unten, 258 links, 258 rechts, 259 oben links, 259 oben rechts, 259 unten rechts.
Brian Hall / Stock Shot: Seite 66 links, 218–219, 280 unten rechts.
Heinrich Harrer: Seite 131 unten, 134 oben, 134 Mitte links, 134 Mitte rechts, 134 unten, 134–135.
David Harris: Seite 214, 215 Mitte unten.
A. Heinrich: Seite 274 links.
Toni Hiebeler / Bavaria Bildagentur: Seite 172–173.
J. Huber / SIME: Seite 20–21, 50–51, 65 oben, 78–79.
Sigi Hupfauer/Chris Bonington Picture Library: Seite 116-117.
Marco Milani/K 3: Seite 53 unten, 80–81, 83 oben, 120–121, 122–123, 130–131, 136–137, 177 rechts, 178–179, 178–179, 179 oben rechts, 182–183, 248 oben, 268–269.
Alessandro Gogna/K 3: Seite 88 oben, 142–143, 168–169, 185 links, 187 links, 187 oben rechts, 187 unten rechts, 200 oben, 201 oben links, 201 oben rechts, 201 unten rechts, 249 oben, 252 links, 253 oben, 254–255, 264 unten, 268 unten links, 269 oben, 269 unten links.
Reinhold Messner/K 3: Seite 269 unten rechts.
Archiv Knez: Seite 239 unten.
Nazima Kowall: Seite 114–155 oben.
D. Lafond/Ag.Freestyle: Seite 18–19, 22–23, 26–27.
Library of Congress: Seite 106 oben, 106 unten, 108 oben links und rechts.
J.C. Ligeon / Foc Photo: Seite 26 oben.
Manuel Lugli: Seite 235 oben.
Marco Mairani: Seite 104–105, 150 oben, 158–159, 230 oben, 234 unten.
Eugenio Manghi: Seite 36–37.
Heinz Mariacher: Seite 256 rechts, 257 oben.
James Martin: Seite 108–109.
Mary Evans Picture Library: Seite 44 unten, 161 oben rechts.
Colin Monteath/Hedgehog House: Seite 155 Mitte.
Colin Monteath/Mountain Camera: Seite 103 unten rechts.
Patrick Morrow/Mountain Camera: Seite 4–5, 95 oben.
Patrick Morrow: Seite 163 unten rechts, 213, 288 oben und unten, 288–289, 289 rechts.
J.C. Munoz/Panda Photo: Seite 236–237.
Museo Nazionale della Montagna, Torino: Seite 7, 72 unten, 76 rechts, 77 links, 77 Mitte, 82 unten, 141 unten, 144 oben links, 146, 166 oben, 166 unten, 167 unten, 168 unten, 169 oben links, 169 oben rechts, 169 Mitte, 169 unten links, 169 unten rechts, 170 unten rechts, 172 oben links, 172 oben rechts, 172 unten, 230 oben, 230 Mitte, 230 unten.
Wolfgang Nairz: Seite 265 oben, 266 oben, 266 unten links, 266 unten rechts, 266–267, 267.
Peter Noebel: Seite 206–207.
Michel Piola: Seite 300–301, 301 oben, 301 unten.
Jean Marc Porte: Seite 159 unten.
Ruaridh Pringle/Stock Shot: Seite 100 oben, 240–241, 245 unten rechts.
Privatsammlung: Seite 165 oben, 165 Mitte, 165 unten rechts, 170 unten links, 188 oben links, 188 unten, 202 oben, 202 Mitte, 204 oben rechts, 204 unten rechts.
Christophe Profit: Seite 284–285, 285 oben, 296 rechts, 296–297, 297 oben, 297 unten.
Provincia Autonoma di Trento: Seite 128 unten links, 182 links, 182 rechts.
Mauro Raffini/Agenzia Franca Speranza: Seite 67 Mitte.
René Robert/Ag. Freestyle: Seite 2–3, 12 Mitte, 12–13, 13 unten, 20 unten, 23 Mitte, 150–151, 241 Mitte, 244–245, 245 unten, 246–247, 247 unten, 247 oben, 260–261, 262–263, 262 unten, 263 links, 270, 298–299, 304 oben links, 305 rechts.
Leopold Roman: Seite 255 links.
Royal Geographical Society: Seite 28 unten, 28–29 unten, 112 unten, 113 unten, 148–149 unten, 149 rechts oben und unten, 150 unten links, 150 unten rechts, 152 links, 152 oben rechts, 152 unten rechts, 153 oben, 154 oben, 154 unten, 155 oben, 155 unten, 158 oben, 158 unten, 159 oben links, 159 oben rechts, 160–161, 160 unten, 161 oben links.
Royal Geographical Society/The Bridgeman Art Library London: Seite 161 unten links.
Galen Rowell/Mountain Light: Seite 106–107, 108 unten, 109 rechts, 114 oben, 157 unten rechts, 162–163, 165 unten links, 166–167, 204 links, 210 unten links, 215 oben links, 215 oben rechts, 215 unten, 216 links, 217 rechts, 218 links, 219 oben, 219 unten, 220 oben links, 220 rechts, 221 unten links, 221 rechts, 224 links, 224–225, 225 oben, 225 unten, 226 unten links, 226 unten rechts, 227, 228–229, 233 unten, 238 unten, 264 oben links, 276 oben, 276–277, 277 oben, 277 unten.
SAT Trieste: Seite 62 oben, 62 unten.
Archiv Schmitt: Seite133 oben links und rechts.
Doug Scott: Seite 6–7, 11, 212 oben, 272 oben, 272 unten, 272–273, 273 oben, 273 unten, 278, 279 oben, 279 Mitte links, 279 Mitte rechts, 279 unten links, 279 unten rechts.
Andy Selters: Seite 216 rechts, 217 links.
Mark Shapiro: Seite 148–149 .
Janez Skok: Seite 299 unten.
Sean M. Smith/Tibet Images: Seite 116 oben, 116 unten, 238 Mitte.
Società Alpina delle Giulie: Seite 122 oben links, 122 unten links, 122 oben rechts.
Societa Scoiattoli di Cortina: Seite 174 unten links, 175 links, 176 links, 176 rechts, 180 oben.
Archivio Stenico: Seite 123 unten links, 125 rechts oben und unten, 126–127, 129 unten, 177 links, 178 oben links, 179 unten rechts, 180 unten links, 184 oben, 184 unten.
Tadashi Kajiyama/Mountain Camera: Seite 164.
The Science Museum: Seite 112 oben, 113 oben.
Adriano Tomba: Seite 127 unten, 128 rechts.
Pascal Tournaire: Seite 10–11, 79 oben rechts, 86 unten links und rechts, 89 links, 105 Mitte, 105 unten, 136 unten links, 137 unten links, 138 unten, 190 oben, 202 unten, 270–271, 287 unten links, 287 unten rechts, 292–293, 293 oben.
Archivio Tutino: Seite128 oben links.
Mark Twight: Seite 12 oben links, 208 oben rechts, 208–209, 209 rechts.
Sandro Vannini/Agenzia Franca Speranza: Seite 35 rechts.
Mario Verin: Seite 34 oben, 82–83, 126 oben.
Ed Webster: Seite 207 oben rechts, 207 unten rechts, 208 oben links, 222 links, 222 rechts, 223 unten links.
Gordon Wiltsie/Alpen Image: Seite 215 oben Mitte.
Brad Wroblesky: Seite 95 Mitte; 95 unten rechts, 97 oben, 206 oben links, 206 unten links, 212 Mitte, 263 oben rechts.
Heinz Zak: Seite 256–257, 264–265, 302 unten, 305 oben links.
Maurizio Zanolla: Seite 250 oben links, 250–251, 251 oben, 251 unten.
Archivio Zappelli: Seite 102, 192–193, 192 unten, 193 unten links, 193 unten Mitte, 193 unten rechts, 223 unten rechts.
Andrej Zawada: Seite 274 oben rechts, 274 Mitte rechts, 274 unten rechts.